T0198502

Sammlung Metzler
Band 311

Hans Jörg Sandkühler (Hrsg.)

F. W. J. Schelling

mit Beiträgen von
Christian Danz, Walter E. Ehrhardt, Michael Franz,
Wilhelm G. Jacobs, Jörg Jantzen, Lothar Knatz, Siegbert Peetz,
Hans Jörg Sandkühler und Martin Schraven

Verlag J.B. Metzler Stuttgart · Weimar

Die Deutsche Bibliothek – CIP-Einheitsaufnahme

F. W. J. Schelling / Hans Jörg Sandkühler (Hrsg.)
Mit Beitr. von Christian Danz ...
– Stuttgart ; Weimar : Metzler, 1998
  (Sammlung Metzler ; Bd. 311)
  ISBN 978-3-476-10311-6

ISBN 978-3-476-10311-6
ISBN 978-3-476-04025-1 (eBook)
DOI 10.1007/978-3-476-04025-1
ISSN 0558 3667

SM 311

© 1998 Springer-Verlag GmbH Deutschland
Ursprünglich erschienen bei J.B. Metzlersche Verlagsbuchhandlung
und Carl Ernst Poeschel Verlag GmbH in Stuttgart 1998

Inhalt

Vorbemerkung

F.W.J. Schelling ist ein philosophischer *Zeitgenosse*; sein Denken ist aktuell. Dies belegen nicht nur die intensive historisch-philologische Forschung und deren Fortschritte, die erfolgreichen Bemühungen um die *Historisch-kritische Ausgabe* und um die Edition von Schriften aus dem Nachlaß bzw. von Nachschriften seiner Vorlesungen sowie die schnell ansteigende Zahl der Veröffentlichungen, die seinem Werk gewidmet sind, sondern vor allem auch die Bedeutung, die Schellingsche Ideen in heutigen Debatten etwa zur Naturphilosophie, zur Theorie des Mythos oder zur Religionsphilosophie gewonnen haben.

In der *Sammlung Metzler* habe ich im Jahre 1970 die Einführung *Friedrich Wilhelm Joseph Schelling* vorgelegt. Sie entspricht heute weder dem Stand der Forschung noch genügt sie als zu subjektiv gefärbte Interpretation den entwickelten Standards philosophiegeschichtlicher Hermeneutik. Von Interesse bleibt die Bibliographie der Schelling–Literatur für die Jahre 1953–1969.

Nicht anders als in anderen Bereichen philosophiehistorischer Forschung haben sich auch in der Schelling–Forschung Spezialisierungen herausgebildet. Es lag deshalb nahe, die Bearbeitung der Einführung nicht erneut als Einzelner zu versuchen, sondern kompetente Kenner zu bitten, einzelne Gegenstandsbereiche in der Philosophie Schellings darzustellen. Der nun vorliegende Band ist gleichwohl mehr als eine Sammlung individueller Beiträge. Die Autoren haben sie der wechselseitigen Kritik ausgesetzt und in Kenntnis des Ganzen bearbeitet. Nicht versucht wurde, unterschiedliche, auch gegensätzliche Perspektiven einander anzupassen; der Konflikt der Interpretationen gehört zu Schelling seit dessen Lebzeiten und er kennzeichnet die Fruchtbarkeit der Forschung zu einer Philosophie, die noch immer das Denken anregt und provoziert. Ich danke allen, die zum philosophischen Gespräch über Schelling und zum Gelingen dieses Bandes beigetragen haben.

In den Zitaten aus Schellings Werk wurden Orthographie und Interpunktion in der Regel nicht modernisiert. Begriffe, deren Verständnis nicht vorausgesetzt werden kann, werden im *Glossar* erläutert.

Am Ende der einzelnen Beiträge wird jeweils nur eine kurze Auswahlbibliographie gegeben. Ausführliche bibliographische Informationen finden sich in der Bibliographie im Anhang.

Bremen, im Oktober 1997   H. J. S.

**Hans Michael Baumgartner
zum 65. Geburtstag**

1. F.W.J. Schelling – ein Werk im Werden. Zur Einführung

1.1 Kontexte einer Intellektuellen-Biographie

Die Philosophiegeschichte bezeichnet noch heute die Ideen-Konstellation, zu der sich Schelling rechnet, mit einem Namen, der sich bereits um 1800 als Selbstbezeichnung eingebürgert hat: *Idealismus*. In sich weder homogen noch in ihrer Bedeutung konstant, begreift sich diese intellektuelle Bewegung aus ihrer Zeitgenossenschaft im ›Zeitalter der Vernunft‹, näher: der Manifestationen dieser Vernunft als Wissen des Ganzen, als Wissenschaft und als Fortschritt, Freiheit und Recht. Von der Idylle des kontemplativen Lebens in und von ›abstrakten Ideen‹, die ihm anzudichten man sich bald anschickte, ist nicht die Rede. Das Zeitalter weiß sich im Aufbruch, und es ist es auch. Der Idealismus in Deutschland ist im ausgehenden 18. und bis zur Mitte des 19. Jahrhunderts Zeitzeuge eines Zyklus von wissenschaftlichen, kulturellen und politisch-sozialen Veränderungen, die als *Revolutionen* verstanden werden, und auch eines Anti-Zyklus von Gegen-Revolutionen und Restaurationen. Wie seine Zeitgenossen, wie Kant, Fichte und Hegel, und auch wie Baader, Görres und Müller, weiß Schelling – er spricht es 1803 deutlich an –, daß die Philosophie kein bloß äußerliches Verhältnis zu den Umbrüchen des politischen Systems der Feudalität und der bürgerlichen Gesellschaft, des ästhetischen und religiösen Weltbildes und philosophischen und wissenschaftlichen Wissens hat:

Den Bewegungen der äußeren Welt entsprechen nach einem notwendigen Gesetz die stilleren, aber deswegen nicht minder tiefgreifenden Metamorphosen, die in dem Geiste des Menschen selbst vorgehen. Zu glauben, daß die geistigen Veränderungen, die Revolutionen der Wissenschaften, die Ideen, die sie erzeugt, die Werke selbst, in denen sich ein bestimmter wissenschaftlicher oder Kunst-Geist ausgesprochen hat, ohne Notwendigkeit seien, und nicht nach einem Gesetz, sondern durch Zufall entstehen, ist die höchste Barbarei. (SW V, S. 226)

Kants ›Revolution der Denkungsart‹ und Fichtes Philosophie der Freiheit der Subjektivität begleiten den Prozeß nach 1789; Hegels Philosophie der Geschichte im Bewußtsein des Fortschritts erlebt noch die Revolution von 1830, Feuerbachs Kritik der Religion und der spekulativen Philosophie tragen dazu bei, den Vormärz zu prägen und die demokratischen Revolutionen von 1848 zu begreifen. Für keinen der deutschen philosophischen Klassiker dieser Zeit aber

kann gesagt werden, was die intellektuelle Biographie Schellings und
sein Werk zwischen der Magisterdissertation von 1792 *Antiquissimi
de prima malorum humanorum origine philosophematis Genes. III. explicandi tentamen criticum et philosophicum* und der auch im Todes-
jahr 1854 noch nicht vollendeten *Philosophie der Mythologie* und
Philosophie der Offenbarung als eine *Philosophie im Werden* (Tilliette
1970) kennzeichnet: *Zeitgenosse* dieser gesamten Epoche von Revolutionen zu sein, an deren Beginn die Aufklärung und die bürgerliche Emanzipation mit vorproletarischem Aufruhr zusammenspielen,
und an dessen Ende sich das Bürgertum bedroht weiß von der ›sozialen Frage‹ bzw. dem Antagonismus des Kapitalverhältnisses, aus
dessen Dialektik die Zukunftsentwürfe des zeitgenössischen Sozialis-
mus und Kommunismus erwachsen. Schellings Denken vermittelt
sich in und mit dem Geist einer Zeit, in der Kant und Herder, Fichte und Jacobi, Hegel und Schopenhauer, Feuerbach und der Spätidealismus und Marx, Lessing und Goethe, Wieland und Lenz, Bürger und Schiller, Forster und Humboldt, Kierkegaard und Heine
koexistieren.

Schelling hat seine Zeit nicht allein, ja nicht einmal in erster Linie als eine Epoche politischer Revolutionen wahrgenommen.
Spricht er von den »Metamorphosen, die in dem Geiste des Menschen selbst vorgehen«, als »Revolutionen der Wissenschaften«, so
belegt dies, wie sehr auch ihn Atmosphäre von Innovationen geprägt
hat, die das Jahrhundert kennzeichnen, nicht zuletzt jene in den
Wissenschaften. Wie jede Philosophie, versteht man auch die seine
nicht allein aus der Philosophiegeschichte. Es empfiehlt sich vielmehr eine ausgreifende *kulturgeschichtliche* Lektüre, an der – neben
der für Schelling bedeutsamen politischen – immer auch von Wissenschaftsgeschichte beteiligt ist. Hier müssen wenige Hinweise ge-
nügen. Zu Schellings Lebenszeit gehört die Chronologie wissenschaftlicher Entdeckungen und Erfindungen, z.B. auf dem Gebiet
der Elektrodynamik – von der quantitativen Elektrostatik im letzten
Drittel des 18. Jahrhunderts (Priestley, Cavendish, Coulomb) über
Galvani, Volta und Davy, Ampère, Ohm und Faraday (Gleichstrom
bzw. magnetisches Feld eines Stromes) bis hin zur Theorie des elek-
tromagnetischen Feldes Mitte der 1840er Jahre. Zu erwähnen sind
die Wiederbelebung und Präzisierung der Wellentheorie des Lichts,
die Entwicklung der Wärmelehre, der Übergang vom chemischen
Gewerbe zum wissenschaftlichen System der Chemie; die Phlogiston-Theorie wird durch den experimentellen Nachweis chemischer
›Elemente‹ und Verbindungen auf der Grundlage von Lavoisiers
Oxydationstheorie abgelöst. Gewichtige Entwicklungen spielen sich
in der Biologie ab, so im Bereich der Morphologie und Klassifikati-

on der Arten und in der durch Verbesserung der technischen Erkenntnismittel (Mikroskope) geförderten Embryologie; in der Zellen-Lehre wird das struktuelle Grundelement aller Lebewesen festgestellt. Nicht weniger bedeutend sind die Veränderungen in der geologischen Forschung, in der etwa durch Lyell bewußt wird, daß in
der Erdgeschichte mit langen Zeiträumen zu rechnen ist (vgl. hierzu
Schellings Äußerung in den *Weltaltern:* »Kaum waren die ersten
Schritte, Philosophie mit Natur wieder zu vereinigen, geschehen, als
das hohe Alter des Physischen anerkannt werden mußte [...]« (SW
VIII, S. 205). Die Geographie wird in einer zweiten Zeit der Entdeckungsreisen durch eine Fülle an Daten bereichert, z.B. durch die
Südamerika-Expeditionen A. v. Humboldts, mit dem Schelling in
Verbindung steht. Einen Schlüssel zu jenem Schelling, den die Nähe
zur wissenschaftlichen Forschung auszeichnet, vor allem zu seiner
frühen Naturphilosophie, bietet inzwischen der umfassende »Wissenschaftshistorische Bericht zu Schellings naturphilosophischen
Schriften 1797-1800« mit den Arbeiten von M. Durner zur Chemie, von F. Moiso zu Magnetismus, Elektrizität und Galvanismus
und von J. Jantzen zur Physiologie; sie rekonstruieren den heute
kaum mehr präsenten Stand der Wissenschaften, aus denen Schelling geschöpft hat. (AA I, Erg.Bd. zu Werke Bd. 5-9)

Mit dem Hinweis auf die Naturwissenschaften wäre der ›Geist
der Zeit‹ freilich noch nicht hinreichend erfaßt. Schelling verfolgt
auch gesellschaftstheoretischen Debatten, vor allem die in Frankreich. Auch hier verlangt eine *philosophie positive* mit ihrer Kritik an
der Vernunft der Aufklärung Gehör. Das Wissens über Geschichte
und Gesellschaft wird durch Modelle substituiert, die im Kontext
einer Naturwissenschafts*ideologie* gewonnen werden. Die ›geliehenen
Wahrheiten‹ der Analogien zu Physik und Mathematik prägen dann
das Profil von A. Comtes ›physique sociale‹. Comte, der langjährige
Sekretär Saint-Simons, sucht bereits 1825 in *Le producteur* die Geltungsansprüche der Sozialwissenschaft nach dem Modell von Mathematik und Physik zu sichern und erklärt, »daß wir unter *gesellschaftlicher Physik* die Wissenschaft verstehen, welche das Studium
der gesellschaftlichen Phänomene zum eigentümlichen Gegenstande
hat, diese Phänomene betrachtet in demselben Geiste, wie die astronomischen, physischen, chemischen und physiologischen, d.h. als
unterworfen solchen unabänderlichen Naturgesetzen, deren Entdekkung das spezielle Ziel ihrer Untersuchung ist«. Der *Discours sur
l'esprit positif* aus dem Jahre 1844 faßt mit dem Wort »positiv« nun
»das *Tatsächliche* im Gegensatz zum Eingebildeten«, um zu erklären,
daß die »neuzeitliche wahre Philosophie [...] von Hause aus nicht
dazu bestimmt ist, zu zerstören, sondern zu *organisieren*«. Weil sich

aber diese Sozialwissenschaft auf die Analyse des *Status quo* beschränkt und *Positivität* als Anerkennung der naturgesetzlichen Notwendigkeit des Bestehenden propagiert, ist sie nicht etwa eine Parallele zu Schellings zeitgleicher ›positiver Philosophie‹, sondern deren Gegenbild: Schelling hält der *Philosophie der Wirklichkeit* die Dimensionen des Vergangenen und des Zukünftigen offen.

Schelling hat sich den intellektuellen, theoretischen und politischen Anforderungen und Zumutungen seiner Epoche nicht entzogen. Die Universität, die Akademie, der Hof der Monarchien, der Salon der Gebildeten und das Gespräch in Gesellschaft beim Essen mit Freunden, Honoratioren, Mächtigen und Epigonen, die intensive Lektüre von Zeitungen und Zeitschriften und nicht zuletzt eine weitverzweigte Korrespondenz – er lebt ein öffentliches Leben und trägt maßgeblich dazu bei, das 19. Jahrhundert in Deutschland – durch viele Schüler auch über den nationalen Bereich hinaus – zu prägen. Auch in den langen Zeiten, in denen er nicht veröffentlicht, ist er über andere Formen der Kommunikation und Einflußnahme ein engagierter Zeitgenosse, sei es in Zustimmung zu von ihm begrüßten Tendenzen, sei es als einer *der* Antipoden des Jahrhunderts. Wo sich der frühe Schelling, immer in kritischem Habitus, intellektuell auf dominante Denkbilder einläßt – so vor allem auf die kritische Philosophie Kants, die Geschichtstheorie des Fortschritts und die Naturforschung –, leistet er wesentliche *Beiträge* zur Entwicklung. Wo er Fehlentwicklungen beobachten zu können und kritisieren zu müssen meint, leistet er *Gegen-Entwürfe*. Sich in Opposition zu Formen des *Geistes der Zeit* zu wissen, charakterisiert sein Denken und Handeln weit mehr als das Mitläufertum, das ihm und seiner ›positiven Philosophie‹ in Zeiten der Restauration nachgesagt wurde.

Der Antipode streitet mit der Idee *freier Subjektivität* gegen Zwangsrecht und Staat, mit *spekulativer Physik* gegen den einfachen Induktivismus positiver Wissenschaften, mit der *Kunst* als ›Organon‹ der Philosophie gegen abstrakte Verstandeskonstruktionen, mit der Idee einer *Zukunft der Mythologie* gegen den theologischen und philosophischen Rationalismus und mit der *geschichtlichen Rekonstruktion des Seins* gegen die Hegelsche ontologische Dialektik des Seienden. Philosophie hat – so läßt sich dieser theoretische Weltzugriff auf einen Nenner bringen – die ganze Seinsgeschichte als offenen Prozeß zu ihrem Gegenstand; sie läßt sich nicht auf die Endlichkeit menschlicher Existenz fixieren; sie zielt auf die Rückkehr zum philosophisch offenbaren göttlichen Absoluten, das sich in einer Vernunft eröffnet, die die mit einem rational geprüften Glauben vereinbar ist. Die Utopie menschlicher Autonomie geht über in die Anti-Utopie der ›unvordenklichen‹, allem Denken vorausliegenden Identität mit der *Natur* und mit *Gott*. Das praktisches Weltverhalten orientiert sich an einer Anti-Politik der Rebellion gegen das voreilig befriedete In-der-Welt-Sein.

1.2 Schelling-Bilder

Es gibt Schelling-Biographien; doch ist jene Lebensgeschichte noch nicht geschrieben, in der die wesentlichen Elemente dieses Lebens zwischen öffentlichem, oft polemischen Eingreifen und scheinbar stummem Rückzug in die Privatheit einer an Politik, Kultur und Philosophie verzweifelnden *theoria* erhellt wären. Erst mit dem Fortgang der *Historisch-kritischen Ausgabe* und der Veröffentlichung der von 1809 bis 1854 nahezu lückenlos vorliegenden *Tagebücher* wird auch das biographische Profil klarere Züge annehmen. Es ist keine historiographische Paradoxie, sondern hermeneutische Normalität, wenn man feststellt: Als *Werk für uns* entsteht Schellings Philosophie noch immer. Karl Rosenkranz' Wort »Schelling ist einmal Schelling und man muß ihn nehmen, wie er ist«, bezeichnet ein Problem, keine Tatsache. Schellings Philosophieren hat Freunde und Feinde provoziert. Nie hat ein Schelling-Bild verbindlich werden können. Es oszilliert zwischen heftiger Anklage und kritikloser Verteidigung.

Für Fichte war dieses Denken schon bald ›absolute Unphilosophie und Antiphilosophie‹; Hegel würdigte den ›Stifter der neueren Naturphilosophie‹ und geißelte die Genialitätsanmaßung einer Philosophie, die sich nicht gemein machen wollte mit dem ›profanum vulgus‹; Friedrich Schlegel warnte vor dem ›kritischen Mystizismus‹, der, ›wie der Prometheus des Äschylus, mit Erdbeben und Untergang‹ ende; für Heine war Schelling nur ›restaurierende Reaktion‹, für Feuerbach letztlich nicht anderes als ›entstellter Hegelianismus‹ und ›theosophische Posse‹.

Einmalig in ihrer Individualität, hat sich Schellings Philosophie in kontinuierlicher Entfaltung immer gleicher Fragen nach dem Sein *und* zugleich in Brüchen der Selbstüberprüfung entwickelt. Tritt in den *Werken* die philosophierende Persönlichkeit hinter die geradezu anonymisierte systematische öffentliche Aussage der Philosophie zurück, so begegnet in der Korrespondenz und in den privaten Aufzeichnungen der Tagebücher, dieser Werkstatt des Philosophierens, eine um Einsichten ringende, in Details unablässig nach Verbesserungen der Begründung suchende und von Selbstzweifeln nicht unbehelligte Persönlichkeit. Nach seiner *Freiheitsschrift* (1809)

wird Schelling mit keinem seiner großen Veröffentlichungspläne
mehr fertig. Er kündigt an, verwirft, kündigt an ...

Es wäre aber ein Irrtum, hieraus zu schließen, sein Denken sei
sprunghaft, unsystematisch. Was Schelling sucht, ist der *systemische*
allen Seins in Natur und Geist. Anders aber als z.b. für Hegel ist es
für ihn nicht mehr selbstverständlich, daß das Bemühen um Systematik sich nur in einem philosophischen *System* artikulieren könne.
Immer wieder fragt er, so im Tagebuch von 1846: »Warum muß die
Philosophie die bestimmte Form, (das Systematische) haben?« Wie
seine Vorlesungen zeigen, zielt sein Denken nie auf ein abgeschlosse-
nes System; er hält sich in seinem Denken offen. Er weiß zugleich
und leidet darunter, daß es eine interessierte, sei es freundlich einge-
stellte, sei es in Häme wartende Öffentlichkeit gibt, von der er sich
bedrängt sieht. In seinen späten Jahren häufen sich die Skrupel und
die Ängste, nicht verstanden zu werden; im Tagebuch 1846 finden
sich zahlreiche Varianten:

Indem ich zugleich <hoffte>, daß der Charakter der Improv|isation,| den
eine Gelegenheitsschrift unter allen Umständen an sich trägt und der auch
diesem Vortrag durch einige Erweiterungen nicht genommen werden könnte, die Leser nur um so geneigter machen werde, der den Äußerungen des-
selben zu Grunde liegenden |...| Ich dürfte dagegen auch hoffen, <es wer-
de> eben das Fragmentarische der Äußerungen den Vorteil mit sich bringen, daß nicht jeder sich in den Stand gesetzt glaube, die zu Grunde
lieg|ende| Denkweise |...|
Es wird sich zeigen, ob das Publ|ikum| nicht die Vorbereitungen auch nötig
gehabt hatte, die ich für meine Zuhörer erforderlich fand. Aber dem
Publ|ikum| das Letzte zu geben mußte doch mir freistellen.
Das frühere Herausgeben hätte doch nichts geholfen, so wenig meine jetzt
erscheinenden Schriften helfen werden, denn wenn man ihnen das Futter
nicht vorschneidet|,| wie sie es gewohnt sind, können sie sich doch nichts
aneignen noch etwas verstehen. Sie sollten mich vielmehr loben, daß ich
mir überh|aupt| noch Mühe gebe, ein verdrehtes|,| verbogenes Geschl|echt|
gelegenheitlich mit zu belehren|.| (TGB 1846, S. 84)

Die Rezeption seines Denkens wurde so nicht befördert. Schellin-
gianismus gab und gibt es nicht. Und doch machten und machen
sich das historisch-philologische Interesse und die kritische philosophische Würdigung, die der ganze Schelling verdient, immer wieder
und heute zunehmend geltend. Die Tatsache, daß sich die Schelling-
Literatur neuerdings etwa in Dezennien-Abständen verdoppelt,
spricht hierfür. Schellings Philosophie ist aktuell. »Schelling wie er
einmal ist« – er ist und bleibt eine Aufgabe der Erinnerung und der
Forschung.

1.3 Die frühen Jahre

Schelling entstammt einer traditionsreichen schwäbischen Pfarrers-
familie. Der Vater, Leonberger Pastor, wurde 1777 Professor am
Höheren Seminar des Bebenhausener ›Klosters‹, ein Theologe im
Traditionsfeld auch des spekulativen Pietismus. Früh an der deutschen und der Lateinschule in der geistigen Kultur der Antike, pro-
testantischer Theologie und Ethik, in Logik und Rhetorik und nicht
zuletzt in Sprachen geschult, gelangt Schelling bereits 1790 ans feu-
dal-konservativ regierte und um so mehr zu Opposition geneigte
Tübinger Stift. Theologie, (Kantische) Philosophie, eine nachhaltig
wirkende Platon-Rezeption (vgl. Franz 1996 und Kap. 3 in diesem
Band), Psychologie, Mathematik und Naturwissenschaft, Ästhetik
und Recht und, bereits jetzt lebenslanges Interesse auslösend, die historische Mythenkritik sind die Wegmarken einer Bildung, die der
junge Schelling weniger als fraglose Überlieferung denn als Auslöser
intellektueller Unruhe aufnimmt. Auch hierin ist er den Tübinger
Freunden Hölderlin und Hegel verbunden. Aufklärerische Christen-
tum-Kritik, Rousseaus Traum einer im Vertrag zur Vernunft gezü-
gelten Gesellschaft und die Französische Revolution tragen im Stift
zur jugendlichen republikanischen Gebärde bei; Republikaner wurden und blieben wenige.
   Es war J.G. Fichte, der – wohl 1794 – Schelling zu ersten Arbeiten zur Möglichkeit von Philosophie und zur Rechtskritik inspiriert
hat. Als *Fichte-Schüler* wäre er aber verkannt. Schelling macht sich
schon bald als originärer Denker einen Namen. Zunächst aber teilt er
ab 1796 als Hauslehrer der Barone von Riedesel, die er an die Leipziger Universität begleitet, das Los junger Intelligenz in feudaler Gesellschaft: Der Hofmeister dient; sein Wissen macht ihn suspekt. Schellings Selbstbeobachtung: »Sie sollen alle von der französischen Propa-
ganda in ihr Interesse gezogen sein und sich anheischig machen, ihre
adeligen Jungen zu Demokraten und Revolutionäre zu bilden.«
   1796 oder 1797 wird ein Programm verfaßt. Wer von den Tü-
bingern der Autor des so kurzen wie begeisterten Textes ist, der als
Das älteste Systemprogramm des deutschen Idealismus Geschichte geschrieben hat, ist umstritten. Es muß hier nicht interessieren, ob er
aus Schellings Feder stammt. Dieses Programm gibt ein Echo der
Revolution weiter, und es ist in einem solchem Maße der Vorschein
dessen, was Schelling später systematisch zusammenbindet – die
Idee der Freiheit, die spekulative Physik, die Philosophie der Kunst,
die Erinnerung der Mythos, die Religionen des Polytheismus und
des Monotheismus, die Kritik des Staates ... –, daß seine Philosophie als die eigentliche Vollstreckerin des Programms gelten kann:

– *eine Ethik.* [...] Die erste Idee ist natürlich die Vorstellung *von mir selbs* als einem absolut freien Wesen. Mit dem freien, selbstbewußten Wesen tritt zugleich eine ganze *Welt* – aus dem Nichts hervor – die einzig wahre und gedenkbare *Schöpfung aus Nichts.* – Hier werde ich auf die Felder der Physik herabsteigen; die Frage ist diese: Wie muß eine Welt für ein moralisches Wesen beschaffen sein? Ich möchte unserer langsamen, an Experimenten mühsam schreitenden Physik ein mal wieder Flügel geben.

So, wenn die Philosophie die Ideen, die Erfahrung die Data angibt, können wir endlich die Physik im Großen bekommen, die ich von späteren Zeitaltern erwarte. Es scheint nicht, daß die jetzige Physik einen schöpferischen Geist, wie der unsrige ist oder sein soll, befriedigen könne.

Von der Natur komme ich aufs *Menschenwerk.* Die Idee der Menschheit voran, will ich zeigen, daß es keine Idee vom *Staat* gibt, weil der Staat etwas *Mechanisches* ist, so wenig als es eine Idee von einer *Maschine* gibt. Nur was Gegenstand der *Freiheit* ist, heißt *Idee.* Wir müssen also über den Staat hinaus! – Denn jeder Staat muß freie Menschen als mechanisches Räderwerk behandeln; und das soll er nicht; also soll er *aufhören.* [...]

Endlich kommen die Ideen von einer moralischen Welt, Gottheit, Unsterblichkeit, – Umsturz alles Afterglaubens, Verfolgung des Priestertums, das neuerdings Vernunft heuchelt, durch die Vernunft selbst. – Absolute Freiheit aller Geister, die die intellektuelle Welt in sich tragen und weder Gott noch Unsterblichkeit *außer sich* suchen dürfen.

Zuletzt die Idee, die alle vereinigt, die Idee der *Schönheit,* das Wort in höherem platonischen Sinne genommen. Ich bin nun überzeugt, daß der höchste Akt der Vernunft, der, in dem sie alle Ideen umfaßt, ein ästhetischer Akt ist und daß *Wahrheit und Güte nur in der Schönheit* verschwistert sind. Der Philosoph muß ebensoviel ästhetische Kraft besitzen als der Dichter. [...]

Die Poesie bekommt dadurch eine höhere Würde, sie wird am Ende wieder, was sie am Anfang war – *Lehrerin der Menschheit;* denn es gibt keine Philosophie, keine Geschichte mehr, die Dichtkunst allein wird alle übrigen Wissenschaften und Künste überleben.

Zu gleicher Zeit hören wir so oft, der große Haufen müsse eine *sinnliche Religion* haben. Nicht nur der große Haufen, auch der Philosoph bedarf ihrer. Monotheismus der Vernunft und des Herzens, Polytheismus der Einbildungskraft und der Kunst, dies ist's, was wir bedürfen. Zuerst werde ich hier von einer Idee sprechen, die, soviel ich weiß, noch in keines Menschen Sinn gekommen ist – wir müssen eine neue Mythologie haben, diese Mythologie aber muß im Dienste der Ideen stehen, sie muß eine Mythologie der *Vernunft* werden.

Ehe wir die Ideen ästhetisch, d.h. mythologisch machen, haben sie für das *Volk* kein Interesse; und umgekehrt, ehe die Mythologie vernünftig ist, muß sich der Philosoph ihrer schämen. So müssen endlich Aufgeklärte und Unaufgeklärte sich die Hand reichen, die Mythologie muß philosophisch werden und das Volk vernünftig, und die Philosophie muß mythologisch werden, um die Philosophen sinnlich zu machen. Dann herrscht ewige Einheit unter uns. [...] (HW Bd. 1, S. 234ff.)

Schelling reist; er sieht Heidelberg, Frankfurt a.M., Jena, Leipzig und auch Berlin. Seine eigenen Studien erstrecken sich vor allem auf Mathematik, Naturwissenschaften und Medizin. Mitte 1798 wird er von der abhängigen Stellung frei; sein Interesse richtet sich auf das universitäre philosophische Lehramt. Pläne für Tübingen zerschlagen sich. Im Sommer 1798 nimmt er für sechs Wochen in Dresden Kontakt mit dem romantischen Kreis Schlegels auf. Im Juli wird der Dreiundzwanzigjährige als außerordentlicher Professor nach Jena berufen, nachdem nach einem Gespräch Ende Mai 1798 Goethes Urteil günstig ausgefallen war: »Es ist ein sehr klarer, energischer und nach der neuesten Mode organisierter Kopf, dabei habe ich keine Spur einer Sansculotten-Tournure an ihm bemerken können«. Goethes Urteil ist nicht oberflächlich; schon zuvor hat er von der *Weltseele* und den *Ideen* Schellings Kenntnis; Schelling wird ihn auch weiter interessieren; vom 12. November 1798 an notiert Goethe in seinen Tagebüchern, er lese Schellings Naturphilosophie; im Oktober 1799 findet sich die Notiz: »Prof. Schelling, Einleitung zu seinem Entwurf der Naturphilosophie bis pag. 33 zusammen durchgegangen«. (SSZ I, S. 34). In Jena trifft Schelling auch mit Schiller zusammen.

So beginnt in Jena eine aufsehenerregende akademische Karriere, zugleich eine Symbiose mit der avanciertesten deutschen Literatur und Naturforschung der Romantik. Nach einem Zwischenspiel medizinischer Forschung in Bamberg – einer Zeit, in der Schelling durch den Tod Auguste Böhmers traumatisiert wird, der Tochter der Caroline Schlegel, die er 1803 heiraten wird – kommt es 1801 in Jena zu einer engen Zusammenarbeit mit Hegel, begleitet von zunehmender Ferne zu Fichte. Schelling liest mit großem Erfolg jene Transzendental- und Naturphilosophie, die miteinander zu vereinigen das Ziel seines ersten großen, 1800 veröffentlichten Werks war: *System des transscendentalen Idealismus.* Auch sein Interesse an der *Philosophie der Kunst* zeichnet sich ab. Mehrere Schriften zur Begründung der Naturphilosophie lassen Schelling als glänzenden Kenner zeitgenössischer Naturforschung und empirischer Naturwissenschaft bekannt werden.

1.3.1 Die Naturlehre des Geistes

Schellings *Naturphilosophie* wurde für viele Kritiker zum Stein des Anstoßes; Naturwissenschaftler wie die Biologen Schwann und Schleiden und der Chemiker v. Liebig wandten sich in den 1840er Jahren mit Hohn gegen sie; im Zeitbewußtsein war nur der Schel-

ling einer *spekulativen* Physik gegenwärtig; die spekulative *Physik*
mit ihrer intimen Nähe zum Wissen empirischer Naturforschung
war es nicht mehr. Bald trat Schellings Naturphilosophie – nicht zuletzt unter dem Eindruck der Angriffe aus den ›positiven‹ Wissenschaften – in den Hintergrund auch des philosophischen Interesses
(unter den 824 in der Bibliographie Schneebergers aufgeführten Titeln finden sich zu Schellings Lebzeiten zwischen 1803 und 1854
nur 10, bis 1953 nur weitere 34 und unter den bis 1969 hinzuge-
kommenen 309 Veröffentlichungen nicht mehr als 7 zur Naturphilosophie). Heute aber geht von ihr erneut Faszination aus; weit
mehr als anderen Dimensionen seines Werks gehört ihr die Aufmerksamkeit gegenwärtigen Philosophierens (von den etwa 600
neueren Arbeiten allein in den Jahren 1970 bis 1987 richten sich
nun 88 Untersuchungen auf die Naturphilosophie). Berücksichtigt
man, daß Schelling seit 1807 – »seit ich den Mißbrauch, der [in der
Romantik] mit den Ideen der Naturphilosophie getrieben worden,
gesehen« – Naturphilosophisches mit einer Ausnahme bis zu seinem
Tode 1854 nicht mehr veröffentlicht hat, ist dieser Befund um so
bemerkenswerter. Doch Schelling *wird* nicht erst in verspäteter Lektüre zum Philosophen der Natur; es ist das Spezifische seines Denkens, das den Übergang zum 19. Jahrhundert markiert: unter dem
Einfluß seiner Naturphilosophie entstand in Deutschland eine ›metaphysische Form der Naturforschung‹ (D. v. Engelhardt), die auf
einmalige Weise ein Verständnis des Menschen und seiner Beziehung zur Natur zu begründen suchte, das sich vom Paradigma der
physikalistischen Naturwissenschaften distanzierte. Der Denkstil
dieser Naturphilosophie sei hier als Muster für das spekulative Philosophieren des jüngeren Schelling etwas näher erläutert (vgl.
Kap. 5).

Freiwillig entläßt die Natur keinen aus ihrer Vormundschaft, und es giebt
keine *gebohrnen* Söhne der Freiheit. [...] Es wäre auch nicht zu begreifen,
wie der Mensch je jenen [Natur-]Zustand verlassen hätte, wüßten wir
nicht, daß er einen *Geist in sich* hat, der, weil sein Element *Freyheit ist, sich
selbst* frey zu machen strebt, sich den Fesseln der Natur und ihrer Vorsorge
entwinden, und dem ungewissen Schicksal seiner eigenen Kräfte überlassen
mußte, um einst als Sieger und durch eignes Verdienst in jenen Zustand
zurückzukehren, in welchem er unwissend über sich selbst die Kindheit seiner Vernunft verlebte. (AA I,5, S. 70; SW II, S. 12)

Die zwei Bücher der *Ideen zu einer Philosophie der Natur* sind 1797
in Leipzig in einer Auflage von kaum mehr als 500 Stücken erschienen (eine veränderte und erheblich erweiterte Fassung wurde mit
dem Untertitel »Als Einleitung in das Studium dieser Wissenschaft«

1803 veröffentlicht). Auf diesen wegen der bevorstehenden Messe unter Termindruck verfaßten Text wollte Schelling »einige Ansprüche gründen«; er kündigt ihn öffentlich »als künftige Grundlage eines allgemeinen Natur-Systems« an, das die allgemeine Bewegungslehre, Statik und Mechanik, die Prinzipien der Naturlehre, der Teleologie und der Physiologie umfassen sollte. Statt dessen erschien 1798 *Von der Weltseele, eine Hypothese der höheren Physik;* der junge Philosoph sah sich noch außerstande, »das Ganze mit einer *wissenschaftlichen Physiologie* zu beschließen, die erst dem Ganzen Rundung geben kann« (AA I,5, S. 10-14; SW II, S. 351).

Bereits in der *Vorrede* formuliert Schelling zwei erkenntnisleitende Motive und Prinzipien:

Was für die theoretische Philosophie [im Zeitalter nach Kant] übrig bleibt, sind allein die allgemeinen Prinzipien einer möglichen Erfahrung, und anstatt eine Wissenschaft zu seyn, die auf Physik folgt (Metaphysik), wird sie künftig eine Wissenschaft seyn, die der Physik *vorangeht.* (AA I,5, S. 61; SW II, S. 3)

In Schellings Klassifikation werden theoretische und praktische Philosophie je »in die *reine und angewandte*« eingeteilt, und die angewandte theoretische Philosophie hat die Aufgabe, als »Philosophie der Natur [...] *ein bestimmtes* System unsers Wissens, (d.h. das System der gesammten Erfahrung) aus Principien abzuleiten«; wie durch die *»Philosophie der Natur«* die »Naturlehre«, soll die »Geschichte« durch die *»Philosophie des Menschen« ihre* »wissenschaftliche Grundlage erhalten« (AA I,5, 61f.; SW II, S. 4). Zur Perspektive der *Einleitung* notiert *die Vorrede,* wie Schelling nun die Beziehung zwischen Philosophie und Wissenschaft konzipiert: Philosophie *ist Prinzipien-Wissenschaft* und verhält sich *so* zu empirischem Wissen; es geht nun nicht mehr um das »Tagelöhnergeschäft«, »Philosophie auf Naturlehre *anzuwenden«;* ihr »Zweck ist vielmehr: die Naturwissenschaft selbst philosophisch *entstehen zu* lassen«. Als Prinzipientheorie ist sie zugleich eine Hermeneutik der Natur: »Es ist wahr, daß uns Chemie die *Elemente,* Physik die *Sylben,* Mathematik die Natur *lesen* lehrt; aber man darf nicht vergessen, daß es der Philosophie zusteht, das Gelesene *auszulegen.«* (AA I,5, S. 64; SW II, S. 6)

Schelling scheint zu argwöhnen, sein neuartiger Ansatz könne unverstanden bleiben, und so leitet er das erste Buch noch einmal mit einer Grundsatzerklärung ein, bevor er den Leser auf die Reise durch die philosophisch ausgelegten empirischen Details (Verbrennung, Licht, Luft, Elektrizität usf.) schickt; das Prinzip der Auslegung ist:

Daß der Mensch auf die Natur selbstthätig wirkt, sie nach Zweck und Absicht bestimmt, vor seinen Augen handeln läßt und gleichsam im Werke belauscht, ist nichts anders, als Ausübung seiner rechtmäßigen Herrschaft über die todte Materie, die ihm mit Vernunft und Freyheit zugleich übertragen wurde. Daß aber die Ausübung dieser Herrschaft *möglich* ist, verdankt er doch wieder der Natur, die er vergebens zu beherrschen strebte, könnte er sie nicht in Streit mit sich selbst und ihre eignen Kräfte gegen sie in Bewegung setzen. (AA I,5, S. 111; SW II, S. 74)

Bereits die *Ideen* zeigen eine Komplexität Schellingscher Fragestellungen an: sie sind Philosophie *und* Theorie der Philosophie, Naturphilosophie *und* Theorie der Naturphilosophie *und* transzendentale Methodenlehre, also (Meta-)Theorie der für Schelling problematischen, überhaupt erst zu klärenden Beziehung zwischen *Spekulation und Empirie*. Mit Rousseau sagt er: »Die bloße Spekulation also ist eine Geisteskrankheit des Menschen [...] Gegen eine Philosophie, die Spekulation nicht zum *Mittel,* sondern zum *Zweck* macht, ist jede Waffe gerecht.« (AA I,5, S. 71; vgl. SW II, S. 13f.) Dieser Schelling formuliert ein Programm, wie es erst nach der Ernüchterung des fachwissenschaftlichen Positivismus angesichts der prekären Beziehung zwischen ›Theorien und Tatsachen‹ in der erkenntnistheoretischen Krise der Physiologie und Physik seit den 1860er Jahren wieder gedacht werden sollte: es geht um die realistische Transformation des transzendentalen Idealismus und die kritische Transformation des ontologischen Realismus. Hiervon handelt die ›Einleitung‹ zu den *Ideen:*

Wie entstehen Vorstellungen äußerer Dinge in uns? Durch diese Frage versetzen wir die Dinge *außer* uns, setzen sie als unabhängig von unsern Vorstellungen. Gleichwohl soll zwischen ihnen und unsern Vorstellungen Zusammenhang seyn. [...] Nun haben wir aber ausdrücklich Dinge als *unabhängig von uns gesetzt. Uns* dagegen fühlen wir als abhängig von den Gegenständen. (AA I,5, S. 72f.; SW II, S. 15f.)

Kurz – es geht um *»Geist und Materie«* und damit um *die* »Frage selbst, mit der alle Philosophie beginnt«, und um jene zweite, für die Naturphilosophie entscheidende Frage nach den »Elemente[n] unsers empirischen Wissens«. (AA I,5, S. 74, 83; SW II, S. 16, 28)

[Die] Frage ist nicht, ob und wie jener Zusammenhang der Erscheinungen und die Reihe von Ursachen und Wirkungen, die wir Naturlauf nennen, *außer uns,* sondern wie sie für *uns* wirklich geworden, wie jenes System und jener Zusammenhang der Erscheinungen, den Weg zu unserm Geist gefunden, und wie sie in unserer Vorstellung die Nothwendigkeit erlangt haben, mit welcher sie zu denken wir schlechthin genöthigt sind? (AA I,5, S. 84 f.; SW II, S. 29)

Schelling, der für die Transzendentalphilosophie das verlorene Terrain des Materiellen, der Realität als Natur zurückzugewinnen sucht, will *im* »Ich« dessen bloße Selbst-Bezüglichkeit überwinden. Die Lösung, die er in den *Ideen* vorschlägt, um zwischen der Skylla des metaphysischen Realismus (»die Dinge existiren außer uns, unabhängig von unseren Vorstellungen«) und der Charybdis des metaphysischen Idealismus (»daß auch die Erscheinungen selbst zugleich mit der Succession nur in unsern Vorstellungen werden und entstehen«) (AA I,5, S. 87; SW II, S. 30) einen Weg zwischen Geist und Materie zu finden, ist die einer bemerkenswerten Weiterentwicklung der Kantischen *Kritik der Urteilskraft:*

Philosophie ist also nichts anderes, als *eine Naturlehre unsers Geistes.* [...] Wir betrachten das System unserer Vorstellungen nicht in seinem *Seyn,* sondern in seinem *Werden.* Die Philosophie wird *genetisch* [...] Von nun an ist zwischen Erfahrung und Spekulation keine Trennung mehr. Das System der Natur ist zugleich das System unsers Geistes, und jetzt erst, nachdem die große Synthesis vollendet ist, kehrt unser Wissen zur Analysis (zum *Forschen und Versuchen)* zurück. (AA I,5, S. 93; SW II, S. 39)

Die Antwort auf die Frage, »wie eine Natur außer uns möglich sey«, ist weit mehr als bloßes Programm. Die Theorie hat eine *Norm* zu erfüllen: »Die Natur soll der sichtbare Geist, der Geist die unsichtbare Natur seyn.« Deshalb muß sie selber zur Philosophie »der absoluten Identität des Geistes *in* uns und der Natur *außer* uns« werden. (AA I,5, S. 107; SW II, S. 56)

Es sollte nur wenige Jahrzehnte dauern, bis derartige Anforderungen an das Studium der Natur angesichts der Fortschritte der empirischen Wissenschaften geradezu als absurd erschienen. So legte etwa der Biologe M. Schleiden 1844 in *Schelling's und Hegel's Verhältnis zur Naturwissenschaft* sein Veto ein: »Die Naturwissenschaft darf nicht allein, sondern sie *muss* sogar, wenn sie sich nicht *selbst vernichten will,* Schelling und seine Philosophie völlig ignorieren.«

Schelling erlebt diesen Umbruch im Verhältnis von Philosophie und Wissenschaften, und wenn er auch in späteren Phasen seines Denkens Naturphilosophisches thematisiert – etwa noch 1844 in seiner *Darstellung des Naturprozesses* –, so geschieht dies in Kenntnis der Wandlungen im Weltbild. Als sich 1822 auf Einladung von L. Oken in Leipzig erstmals deutsche Naturforscher und Ärzte versammelt hatten, waren es noch vom Geist seiner Philosophie geprägte Ideen, die sich mit der neuen Situation einer Konkurrenz zwischen Naturphilosophie und Naturwissenschaft konfrontiert hatten. 1822 sprach Carl Gustav Carus »Von den Anforderungen an eine künftige Bearbeitung der Naturwissenschaften«:

Fragen wir nun, welche Bedeutung die Wissenschaft, und die Naturwissenschaft überhaupt, [...] haben könne, und es scheint nur eine Antwort möglich, nämlich, daß dem Menschen in ihr und durch sie in der Gesamtheit der Welt klar werde, wie eine harmonische Entfaltung von Vernunftgesetzen und Naturbildungen in innerer Wahrheit, Schönheit und Güte das Grundwesen alles Daseins erfülle [...], daß zweierlei der Wissenschaft obliegt, nämlich einerseits ein anhaltendes treues, Großes und Kleines mit gleicher Liebe umfassendes Beobachten der Natur, wie sie unsrer eigenen Natur, unsrer sinnlichen Seite sich darstellt, ein Eindringen in die unendliche Mannigfaltigkeit der Gestalten und Wirkungen, welche am Weltganzen wie an jeder Natur-Individualität sich darbieten, und ein so scharfes als einfaches Darstellen der Ergebnisse, welche eine solche Naturbeobachtung uns liefert. [...]
Die reine Naturbeobachtung betreffend, so öffnet sie den Blick für eine unendliche Mannigfaltigkeit von Erscheinungen; sie ist es, welche den Menschen gegen jede Art von Einseitigkeit bewahren kann, sie erfreut durch den Anblick so reich ausgebreiteter Naturschönheit, sie belehrt durch das Wahrnehmen von gewissen organisch verbundenen Reihen der Phänomene, sie nützt durch die Verfügung der Naturmannigfaltigkeit zu menschlichen Zwecken.
Die spekulative Betrachtung hinwiederum erfüllt das zweite Begehren menschlicher Individualität, welche nicht bloß Mannigfaltigkeit, sondern gleichzeitig die Einheit fordert. In ihr entfaltet sich nach reiner gesetzmäßiger Folge die Beziehung der Mannigfaltigkeit der Welt auf die Einheit unseres geistigen Ichs, und zuhöchst auf die Einheit ursprünglich göttlichen Wesens, wir lernen durch sie mit Deutlichkeit die Gesetze erkennen, welche das Fortschreiten der Naturbildungen von Einheit zu Mannigfaltigkeit bestimmen, mit einem Worte, wir lernen der Natur in ihrem Gange, den wir sinnlich wahrnehmen, auch geistig nachfolgen, und so erst können wir Natur und eigenes Ich, als gleiche Emanationen höchster Wesenheit, mit wahrer Befriedigung und voller Genüge empfinden. [...]
Naturbetrachtung und spekulative Betrachtung können und dürfen demnach nicht geschieden sein, ja sie können es nie ganz, und nur ein Mehr oder weniger von einer Seite bedingt Ab-Irrungen wissenschaftlicher Tätigkeit. (Carus in Autrum 1987, S. 3ff.)

Diese geistige Situation der Zeit ist zu berücksichtigen, will man nicht über den ›spekulativen‹ Schelling voreilig den Stab brechen. Die heutige Lektüre von Schellings naturphilosophischen Schriften wird sich gewiß nicht leicht von einem Befremden frei machen können; der ›Ton‹ dieser Philosophie ist spekulativ. Um so unverzichtbarer ist, diese Philosophie nicht nachträglich von Kontexten abzulösen, die Schelling in den Fachwissenschaften gesucht und gefunden hatte.

1.3.2 Das System des transzendentalen Idealismus –
»alle Teile der Philosophie in Einer Kontinuität«

Als erstes großes Werk, das die im Deutschen Idealismus vielfach favorisierte Idee zu verwirklichen sucht, Philosophie müsse ›System‹ sein, hat Schelling 1800 das *System des transscendentalen Idealismus* vorgelegt. Es geht von der – nun allerdings spinozistisch gewendeten – Kantischen Frage aus: »wie können die Vorstellungen zugleich als sich richtend nach den Gegenständen, und die Gegenstände als sich richtend nach den Vorstellungen gedacht werden?« (SW III, S. 348) Schelling leitet nun aus der ersten, materiellen und produktiven Natur eine *Geschichte des Selbstbewußtseins* ab, die ihren Weg über die zweite Natur des Menschen in *Recht und Staat* nimmt und in der *Kunst* als Organon der Philosophie ihren Gipfel erreicht.

Das Werk will den transzendentalen Idealismus »zu einem System des gesamten Wissens« dadurch erweitern, daß es »alle Teile der Philosophie in Einer Kontinuität und die gesamte Philosophie als das, was sie ist [darstellt], nämlich als fortgehende Geschichte des Selbstbewußtseins, für welche das in der Erfahrung Niedergelegte nur gleichsam als Denkmal und Dokument dient«. (SW III, S. 330 f.)

Der Zweck des gegenwärtigen Werkes ist nun eben dieser, den transscendentalen Idealismus zu dem zu erweitern, was er wirklich seyn soll, nämlich zu einem System des gesammten Wissens, also den Beweis jenes Systems nicht bloß im Allgemeinen, sondern durch die That selbst zu führen, d. h. durch die wirkliche Ausdehnung seiner Principien auf alle möglichen Probleme in Ansehung der Hauptgegenstände des Wissens, welche entweder schon vorher aufgeworfen aber nicht aufgelöst waren, oder aber erst durch das System selbst möglich gemacht worden und neu entstanden sind. (SW III, S. 330)

Der »Parallelismus der Natur mit dem Intelligenten« verlangt im Begriff der neuen Transzendentalphilosophie die Erneuerung der Einheit der philosophischen Formen, die von Fichte getrennt worden waren; Schelling verweigert sich der Alternative, entweder in Gestalt der Naturphilosophie »*das Objektive zum Ersten*« zu machen oder aber in Form der Transzendentalphilosophie »*das Subjektive* [...] *zum Ersten*« zu erheben (SW III, S. 339-342). Das Band zwischen beiden ist dadurch geknüpft, daß es die Natur selbst ist, die ihr Ziel, »selbst ganz Objekt zu werden«, erst »durch die höchste und letzte Reflexion« erreicht, »welche nichts anderes als der Mensch, oder, allgemeiner, das ist, was wir Vernunft nennen, durch welche zuerst die Natur vollständig in sich selbst zurückkehrt, und wodurch offenbar wird, daß die Natur ursprünglich identisch ist mit dem, was in uns als Intelligentes und Bewußtes erkannt wird«. (Ebd.) Das transzendentale Wissen ist »ein Wissen des Wissens«, in dem sich die Identität der »beiden Sätze: *Ich bin, und: es sind Dinge außer mir*« herstellt (SW III, S. 344f.). Zusammenfassend hält Schelling fest:

Wie die Naturwissenschaft den Idealismus aus dem Realismus hervorbringt, indem sie die Naturgesetze zu Gesetzen der Intelligenz vergeistigt, oder zum Materiellen das Formelle hinzufügt (§ 1), so die Transzendental-Philosophie den Realismus aus dem Idealismus, dadurch, *daß sie die Gesetze der Intelligenz zu Naturgesetzen materialisiert, oder* zum Formellen das Materielle hinzubringt. (SW III, S. 352)

Gegen jenen »Empirismus« gewandt, »welcher alles von außen in die Intelligenz kommen läßt« (SW III, S. 490), räumt die theoretische Transzendentalphilosophie einer anderen Form der Anschauung den zentralen Ort der philosophischen Konstruktion ein, – dem freien, sich seiner selbst bewußten Ich: »Das Ich ist reiner Akt, reines Tun, was schlechthin nicht-objektiv sein muß im Wissen, eben deswegen, weil es *Prinzip* alles Wissens ist.« Die Form, in der es »Objekt des Wissens« werden kann, »wird im Gegensatz gegen die sinnliche, welche nicht als Produzieren ihres Objekts erscheint, wo also das *Anschauen selbst* vom Angeschauten verschieden ist, *intellektuelle Anschauung* genannt« (SW III, S. 368f.). Diese Anschauung übernimmt in der Philosophie die Funktion des jede Vorstellung begleitenden *Ich denke*. Schelling hat das Modell dieser welt-bildenden Produktivität des Ich in der *ästhetischen Tätigkeit gesehen;* die »idealistische Welt der Kunst, und die reelle der Objekte sind also Produkte einer und derselben Tätigkeit«: »Die objektive Welt ist nur die ursprüngliche, noch bewußtlose Poesie des Geistes; das allgemeine Organon der Philosophie – und der Schlußstein ihres ganzen Gewölbes – *die Philosophie der Kunst.*« (SW III, S. 349)

Dies ist der Rahmen, in dem Schelling im *System* erstmals Probleme der Moralphilosophie thematisiert, freilich nicht *als* solche, sondern im Horizont einer strikt *transzendentalen* »Deduktion der Denkbarkeit und der Erklärbarkeit der moralischen Begriffe überhaupt« (SW III, S. 532). Das Grundproblem, vor das sich Schelling – nicht anders als Kant – gestellt sieht, ist das der Beziehung zwischen *Freiheit und Notwendigkeit:*

Etwas, wofür die Bedingungen in der Natur überhaupt nicht gegeben werden können, muß schlechthin unmöglich seyn. Wenn nun aber die Freiheit, um objektiv zu seyn, ganz dem Anschauen gleich und völlig den Gesetzen desselben unterworfen wird, so heben ja eben die Bedingungen, unter welchen die Freiheit erscheinen kann, die Freiheit selbst wieder auf, die Freiheit wird dadurch, daß sie in ihren Aeußerungen ein Naturphänomen ist, auch erklärbar nach Naturgesetzen, und eben dadurch als aufgehoben. (SW III, S. 571)

Schelling plädiert für einen Lösungsweg, der zu einer Harmonie von Freiheit und Notwendigkeit in den Begriffen einer *zweiten Natur* und eines »Naturgesetzes zum Zwecke der Freiheit« führt; um ein Beispiel seiner Argumentation zu geben, soll er hier ausführlich zu Wort kommen:

Obgleich nun die Natur gegen das Handeln nicht absolut passiv sich verhält, so kann sie doch der Ausführung des höchsten Zwecks keinen absoluten Widerstand entgegensetzen. Die Natur kann nicht *handeln* im eigentlichen Sinn des Worts. Aber Vernunftwesen können handeln, und eine Wechselwirkung zwischen solchen durch das Medium der objektiven Welt ist sogar Bedingung der Freiheit. Ob nun alle Vernunftwesen ihr Handeln durch die Möglichkeit des freien Handelns aller übrigen einschränken oder nicht, dieß hängt von einem absoluten Zufall, der Willkür, ab. So kann es nicht seyn. Das Heiligste darf nicht dem Zufall anvertraut seyn. Es muß durch den Zwang eines Unverbrüchlichen Gesetzes unmöglich gemacht seyn, daß in der Wechselwirkung aller die Freiheit des Individuums aufgehoben werde. Dieser Zwang kann sich nun freilich nicht unmittelbar gegen die Freiheit richten, da kein Vernunftwesen gezwungen, sondern nur bestimmt werden kann sich selbst zu zwingen; auch wird dieser Zwang nicht gegen den reinen Willen, der kein anderes Objekt hat als das allen Vernunftwesen Gemeinschaftliche, das Selbstbestimmen an sich, sondern nur gegen den vom Individuum ausgehenden und auf dasselbe zurückkehrenden eigennützigen Trieb gerichtet seyn können. Gegen diesen Trieb aber kann nichts als Zwangsmittel oder als Waffe gebraucht werden außer ihm selbst. Die Außenwelt müßte gleichsam so organisirt werden, daß sie diesen Trieb, indem er über seine Grenze schreitet, gegen sich selbst zu handeln zwingt, und ihm etwas entgegensetzt, wo das freie Wesen zwar, insofern es Vernunftwesen ist, nicht aber als Naturwesen wollen kann, wodurch das Handelnde mit sich selbst in Widerspruch gesetzt, und wenigstens aufmerksam gemacht wird, daß es in sich selbst entzweit ist.
Die objektive Welt an und für sich kann den Grund eines solchen Widerspruchs nicht in sich enthalten, da sie sich gegen das Wirken freier Wesen als solcher völlig indifferent verhält; der Grund jenes Widerspruchs gegen den eigennützigen Trieb kann also nur von Vernunftwesen in sich gelegt seyn.
Es muß eine zweite und höhere Natur gleichsam über der ersten errichtet werden, in welcher ein Naturgesetz, aber ein ganz anderes, als in der sichtbaren Natur herrscht, nämlich ein Naturgesetz zum Behuf der Freiheit. Unerbittlich, und mit der eisernen Nothwendigkeit, mit welcher in der sinnlichen Natur auf die Ursache ihre Wirkung folgt, muß in dieser zweiten Na-

tur auf den Eingriff in fremde Freiheit der augenblickliche Widerspruch gegen den eigennützlichen Trieb erfolgen. Ein solches Naturgesetz, wie das eben geschilderte, ist das Rechtsgesetz, und die zweite Natur, in welcher dieses Gesetz herrschend ist, die Rechtsverfassung, welche daher als Bedingung des fortdauernden Bewußtseyns deducirt ist. (SW III, S. 582f.)

Den Vernunft-, Fortschritts- und Rechts-Optimismus der Aufklärung, ja selbst noch Kants, teilt Schelling aber schon nicht mehr:

Es erhellt aus dieser Deduktion von selbst, daß die Rechtslehre nicht etwa ein Theil der Moral, oder überhaupt eine praktische Wissenschaft, sondern eine rein theoretische Wissenschaft ist, welche für die Freiheit eben das ist, was die Mechanik für die Bewegung, indem sie nur den Naturmechanismus deducirt, unter welchem freie Wesen als solche in Wechselwirkung gedacht werden können, ein Mechanismus, der nun ohne Zweifel selbst nur durch Freiheit errichtet werden kann, und zu welchem die Natur nichts thut. Denn unfühlend ist die Natur, sagt der Dichter, und, Gott läßt seine Sonne scheinen über Gerechte und Ungerechte, das Evangelium. Eben daraus aber, daß die rechtliche Verfassung nur das Supplement der sichtbaren Natur seyn soll, folgt daß die rechtliche Ordnung nicht eine moralische ist, sondern eine bloße Naturordnung, über welche die Freiheit so wenig vermögen darf als über die der sinnlichen Natur. Es ist daher kein Wunder, daß alle Versuche, sie in eine moralische umzuwandeln, sich durch ihre eigne Verkehrtheit und den Despotismus in der furchtbarsten Gestalt, die unmittelbare Folge davon, in ihrer Verwerflichkeit darstellen. Denn obgleich die rechtliche Verfassung der *Materie* nach dasselbe ausübt, was wir eigentlich von einer Vorsehung erwarten, und überhaupt die beste Theodicee ist, welche der Mensch führen kann, so übt sie doch der *Form* nach dasselbe, oder sie übt es nicht als Vorsehung, d. h. mit Ueberlegung und Vorbedacht, aus. Sie ist anzusehen, wie eine Maschine, die auf gewisse Fälle zum voraus eingerichtet ist, und von selbst, d. h. völlig blindlings, wirkt, sobald diese Fälle gegeben sind; und sowohl diese Maschine von Menschenhänden gebaut und eingerichtet ist, muß sie doch, sobald der Künstler seine Hand davon abzieht, gleich der sichtbaren Natur ihren eignen Gesetzen gemäß und unabhängig, als ob sie durch sich selbst existire, fortwirkend. Wenn daher die Rechtsverfassung in dem Verhältniß, in der sie der Natur sich annähert, ehrwürdiger wird, so ist der Anblick einer Verfassung, in welcher nicht das Gesetz, sondern der Wille des Richters, und ein Despotismus herrscht, der das Recht als eine Vorsehung, die in das Innere sieht, unter beständigen Eingriffen in den Naturgang des Rechts ausübt, der unwürdigste und empörendste, den es für ein von der Heiligkeit des Rechts durchdrungenes Gefühl geben kann. (SW III, S. 583f.)

Bot für Schelling die Philosophie der *Natur* die Grundlage der theoretischen Philosophie, so sieht er in der Philosophie der *Geschichte die transzendentale* Grundlage der praktischen Philosophie:

Was nun aber die transscendentale *Nothwendigkeit* der Geschichte betrifft, so ist sie in dem Vorhergehenden schon dadurch abgeleitet, daß den Vernunftwesen die universelle rechtliche Verfassung als ein Problem aufgegeben ist, was nur durch die ganze Gattung, d. h. eben durch Geschichte realisirbar ist. Wir begnügen uns also hier nur noch den Schluß zu ziehen, daß das einzige wahre Objekt der Historie nur das allmähliche Entstehen der weltbürgerlichen Verfassung seyn kann, denn eben diese ist der einzige Grund einer Geschichte. (SW III, S. 591f.)

Daß Schelling aber seinen Begriff von ›Geschichte‹ noch einmal tieferlegt, daß er ihn aus der *Geschichte des Seins* begründet und diese Geschichte – im Unterschied zu jeder pragmatischen Geschichte – als Geschichte des Absoluten versteht, läßt bereits im *System* den Weg zu neuen Horizonten seines Denkens sichtbar werden. Das menschliche Handeln geht auf etwas, »das nicht durch das Individuum allein, sondern nur *durch die ganze Gattung* realisirbar ist«. Daß aber alle Individuen sich diesem Ziel verpflichten, »ist zweifelhaft und ungewiß, ja unmöglich, da bei weitem die meisten sich jenen Zweck nicht einmal denken«. Schellings Frage »Wie läßt sich nun aus dieser Ungewißheit herauskommen?« verweist mit Kant »auf eine moralische Weltordnung«, deren Evidenz aber nicht mehr gesichert erscheint: »Allein wie will man den Beweis führen, daß diese moralische Weltordnung als objektiv, als schlechthin unabhängig von der Freiheit existirend gedacht werden könne? Die moralische Weltordnung, kann man sagen, existirt, sobald wir sie errichten, aber wo ist sie denn errichtet? Sie ist der gemeinschaftliche Effekt aller Intelligenzen, sofern nämlich alle mittelbar oder unmittelbar nichts anderes als eben eine solche Ordnung wollen. Solang dieß nicht der Fall ist, existirt sie auch nicht.« (SW III, S. 596) Deshalb verfolgt Schelling »die Spur« einer »Gesetzmäßigkeit, »welche als das Gewebe einer unbekannten Hand durch das freie Spiel der Willkür in der Geschichte sich hindurchzieht«. Sein Weg führt zwischen der Skylla einer völligen Vorherbestimmtheit (Prädetermination) der Geschichte und des daraus folgenden »Fatalismus« und der Charybdis des mit verabsolutierter Subjektivität einhergehenden »System[s] der absoluten Gesetzlosigkeit«, der »*Irreligion* und des *Atheismus*«, zu »jenem Absoluten, was der gemeinschaftliche Grund der Harmonie zwischen Freiheit und dem Intelligenten ist«, und hieraus »entsteht uns das System der Vorsehung, d. h. *Religion*, in der einzig wahren Bedeutung des Worts«. (SW III, S. 601f.)

Es folgt nun aus dem Bisherigen von selbst, welche Ansicht der Geschichte die einzig wahre ist. Die Geschichte als Ganzes ist eine fortgehende, allmählich sich enthüllende Offenbarung des Absoluten. Also man kann in der Geschichte nie die einzelne Stelle bezeichnen, wo die Spur der Vorsehung oder Gott selbst gleichsam sichtbar ist. Denn Gott *ist* nie, wenn Seyn das ist, was in der objektiven Welt sich darstellt; *wäre er,* so wären wir nicht: aber er *offenbart* sich fortwährend. Der Mensch führt durch seine Geschichte einen fortgehenden Beweis von dem Daseyn Gottes, einen Beweis, der aber nur durch die ganze Geschichte vollendet seyn kann. [...] Wir können drei Perioden jener Offenbarung, also auch drei Perioden der Geschichte annehmen. Den Eintheilungsgrund dazu geben uns die beiden Gegensätze, Schicksal und Vorsehung, zwischen welchen in der Mitte die Natur steht, welche den Uebergang von dem einen zum andern macht. Die erste Periode ist die, in welcher das Herrschende nur noch als Schicksal, d. h. als völlig blinde Macht, kalt und bewußtlos auch das Größte und Herrlichste zerstört; in diese Periode der Geschichte, welche wir die tragische nennen können, gehört der Untergang des Glanzes und der Wunder der alten Welt, der Sturz jener großen Reiche, von denen kaum das Gedächtniß übrig geblieben, und auf deren Größe wir nur aus ihren Ruinen schließen, der Untergang des edelsten Menschheit, die je geblüht hat, und deren Wiederkehr auf die Erde nur ein ewiger Wunsch ist. Die zweite Periode der Geschichte ist die, in welcher, was in der ersten als Schicksal, d. h. als völlig blinde Macht, erschien, als Natur sich offenbart, und das dunkle Gesetz, daß in jener herrschend war, wenigstens in ein offenes *Naturgesetz* verwandelt erscheint, das die Freiheit und die ungezügeltste Willkür zwingt einem *Naturplan* zu dienen, und so allmählich wenigstens eine mechanische Gesetzmäßigkeit in der Geschichte herbeiführt. Die dritte Periode der Geschichte wird die seyn, wo das, was in den früheren als Schicksal und als Natur erschien, sich als *Vorsehung* entwickeln und offenbar werden wird, daß selbst das, was bloßes Werk des Schicksals oder der Natur zu seyn schien, schon der Anfang einer auf unvollkomme Weise sich offenbarenden Vorsehung war. Wann diese Periode beginnen werde, wissen wir nicht zu sagen. Aber wenn diese Periode seyn wird, dann wird auch Gott *seyn.* (SW III, S. 603ff.)

1.4 Wir wissen nur das Selbsthervorgebrachte – Philosophie des Wissens und Philosophie der Philosophie

Diese Historisierung des Absoluten und die damit verbundene Überführung der Idee einer ›ewigen und stabilen‹ Vernunft in das Konzept eines geschichtlichen *Prozesses der Vernunft* hat für die Philosophie und ihren Begriff des Wissens weitreichende Konsequenzen. Auf der einen Seite bleibt Schelling im Horizont der von Kant gestellten Problematik, wenn er fragt, wie ein Anfang der Erkenntnis möglich und eine Philosophie begründbar sei, die ihre Nähe zur erfahrbaren Welt nicht verliert und die doch nicht durch Empirie, sondern voraussetzungslos zu begründen ist. Auf der anderen Seite muß die Kantische Transzendentalphilosophie so erweitert werden, daß die *Wirklichkeit* nicht nur durch die unerkennbaren ›Dinge, wie sie an sich selbst sind‹, im philosophischen Denken präsent ist. Kants Einsicht, »daß die Vernunft nur das einsieht, was sie selbst nach ihrem Entwurfe hervorbringt« (KrV, B XIII), bleibt für Schelling unhintergehbar. Das Ziel ist aber nun »ein Wissen des Wissens«, in dem die »beiden Sätze: *Ich bin*, und: *es sind Dinge außer mir*« wieder zusammengeführt sind (SW III, S. 344). Man kann dies eine Reform der Kantischen Kopernikanischen Wende nennen: Wir schreiben der Natur die Gesetze unseres Geistes vor, aber dieser Geist ist Natur, wie die Natur Geist ist. Die Theorie der Erkenntnis gewinnt, bei Aufrechterhaltung der Anliegen der Erkenntnis*kritik,* die Dimension einer *Ontologie des Wissens* zurück. Schelling verfolgt eine holistische Strategie: die Idee der Einheit der Wirklichkeit ermöglicht es, sich der Scheinalternative von Idealismus und Realismus zu widersetzen und zugleich den Reduktionismus zu vermeiden; Geist muß nicht auf Natur, Natur nicht auf Geist rediziert werden; die Diskreta, Natur und Geist, können als in einer unauflöslichen Relation aufeinander Bezogene gedacht werden; sie bilden ein irreduzibles Ganzes.

Eine derartige Argumentation, die angesichts des heutigen erkenntnistheoretischen Naturalismus wiederzuentdecken ein Gewinn für die Philosophie ist, hat Schelling bereits 1799 in seiner *Einleitung zu dem Entwurf eines Systems der Naturphilosophie oder über den Begriff der spekulativen Physik* als Grundsätze des von ihm angestrebten ›Real-Idealismus‹ bzw. ›Ideal-Realismus‹ vorgetragen.

1. Während für die Transzendentalphilosophie »die Natur nichts anderes als Organ des Selbstbewußtseins« ist, können in der Naturphilosophie »idealistische Erklärungsarten« nichts leisten. Gefordert wird statt dessen: »Die erste Maxime aller wahren Naturwissenschaft, alles auch aus Natur-Kräften zu erklären, wird daher von unserer Wissenschaft in ihrer größten Ausdehnung angenommen, und selbst bis auf dasjenige Gebiet ausgedehnt, vor welchem alle Naturerklärung bis jetzt stillzustehen gewohnt ist, z.B. selbst auf diejenigen organischen Erscheinungen, welche ein Analogon der Vernunft vorauszusetzen scheinen.« (SW III, S. 273)

2. Im Unterschied zur Physik der natürlichen Einzelseienden begreift die Naturphilosophie als ›spekulative Physik‹ (»*Spinozismus der Physik*«, ebd.), »daß man [...] eigentlich nur von solchen Objekten *wissen* kann, von welchen man die Prinzipien ihrer Möglichkeit einsieht« (Ebd., S. 275). Es folgt die programmatische Erklärung: »Wir *wissen* nur das Selbsthervorgebrachte, das Wissen im *strengsten* Sinne des Wortes ist also *reines* Wissen a priori.« (Ebd., S. 276)

3. Entscheidend ist das Argument der *Natur als Subjekt*. Das Ganze der Natur entsteht nicht erst in der Synthesis der Apperzeption, sondern existiert vor den erscheinenden Teilen. Die Wende gegen Kants Zweiwelten-Lehre verändert auch das Verfahren transzendentaler Begründung: »*Nicht also wir kennen die Natur, sondern die Natur ist a priori* [...] Aber ist die Natur *a priori*, so muß es auch sein, sie *als* etwas, das *a priori* ist, zu *erkennen*.« (Ebd., S. 279)

In der *Allgemeinen Deduction des dynamischen Processes oder der Kategorien der Physik* (1800) folgt aus dieser Argumentation eine faszinierende naturhistorische und zugleich wissensphilosophische Aussage »über das Verhältnis der Naturphilosophie zum Idealismus«, die zeigt, wie problematisch es ist, umstandslos von ›dem‹ Deutschen Idealismus zu sprechen:

so gibt die Naturphilosophie zugleich eine *physikalische Erklärung des Idealismus*, und beweist, daß er an den Grenzen der Natur gerade so ausbrechen *muß*, wie wir ihn in der Person des Menschen ausbrechen sehen. – Der Mensch ist nicht nur Idealist in den Augen des Philosophen, sondern in den Augen der Natur selbst – und die Natur hat von Ferne schon die Anlage gemacht zu dieser Höhe, welche sie durch die Vernunft erreicht. [...] Der Idealist hat Recht, wenn er die Vernunft zum Selbstschöpfer von allem macht, denn dies ist in der Natur selbst begründet – er hat die eigne Intention der Natur mit dem Menschen für sich, aber eben weil es die Intention der Natur ist – (wenn man nur sagen dürfte, weil die Natur darum weiß, daß der Mensch auf solche Art sich von ihr losreißt!) – wird jener Idealismus selbst wieder zum Schein; er wird selbst etwas Erklärbares – und damit fällt die theoretische Realität des Idealismus zusammen. (SW IV, S. 76f.)

In der Folge ist es, wie Schelling später in seinem Tagebuch von 1846 unter dem Titel »*Methode*« notieren wird, »nicht richtig zu sagen: der Philos|oph| müsse von ‹irgend› Etwas unmittelbar schlechthin *Gewissem* ausgehen, aus diesem Einen dann alles übrige ableiten. Ebenso falsch, daß er auf ein Datum seines Bew|ußtseins| zurückzugehen habe.« Wenn es weder eine ontologisch noch eine bewußtseinstheoretisch verbürgte Gewißheit gibt, dann drängt sich Schelling – wie der Philosophie in ihrer ganzen Tradition – die Frage auf, ob es *Evidenz-Urteile* gibt, die ohne Vermittlung durch andere Urteile als wahr ›einsichtig‹ sein können. Daß Urteile die Eigenschaft haben sollen, so ›unmittelbar einzuleuchten‹, daß man genötigt ist, sie für gültig/wahr zu halten, ist keineswegs selbstverständlich. Radikaler noch als in Kants *Kritik* war bei Fichte als Instanz für Evidenz nur das ›Ich‹ übriggeblieben, dem nichts mehr zukommen sollte als das, was es selbst ›in sich setzt‹. Schelling suchte angesichts des Dilemmas des Fichteschen Idealismus, in dem nur aus dem ›Ich‹ deduzierbaren ›Nicht-*Ich*‹ die Wirklichkeit in ihrer Objektivität zu verlieren, wieder die Nähe von Kants Erfahrungskonzept, ohne aber die Kantische Skepsis in bezug auf unerkennbare ›Dinge, wie sie an sich selbst sind‹, teilen zu wollen.

Unter Verweis auf Descartes, Spinoza und Leibniz stellt er fest: »Alle Philosophen (die diesen Namen verdienen) sprechen von einem obersten Grundsatze ihrer Wissenschaft, der *evident* seyn müsse, und sie *verstanden* nichts darunter, als einen Grundsatz, dessen Inhalt oder dessen Form wechselseitig durch einander begründet werden müßten.« (SW I, S. 101) Das zentrale Problem seiner eigenen Philosophie entdeckt Schelling in der Frage nach dem *Anfang der Philosophie*. Das »System unseres Wissens« könne nicht »*aus* unserem Wissen erklärt werden«; es setze vielmehr ein »Princip« voraus, das »höher« sei als das Erkennen; für den frühen Schelling ist es »das Vermögen der *transscendentalen Freiheit* oder des *Wollens* in uns«, das als »die *Grenze* alles unseres Wissens und Thuns« notwendig auch »das einzige *Unbegreifliche, Unauflösliche* – seiner Natur nach *Grundloseste*, Unbeweisbarste, eben deßwegen aber Unmittelbarste und Evidenteste in unserem Wissen« sei. (Ebd., S. 400) Wie Kant, findet auch Schelling das Muster für Evidenz in der Mathematik, die »der Philosophie das Beispiel einer *ursprünglichen Anschauung*« gebe, »von der jede Wissenschaft ausgehen muß, welche auf Evidenz Anspruch machen will.« (Ebd., S. 416) Die Philosophie habe es allerdings »mit Gegenständen des *innern Sinns* zu thun« und könne im Unterschied zur Mathematik nicht »jeder Construktion eine ihr entsprechende äußere Anschauung beigesellen«. Die Beantwortung der Frage, »was die ursprünglichste Construktion *für den innern Sinn sey*«, von der die Philosophie ausgehen müsse, »wenn sie evident werden soll« (Ebd., S. 445), lautet in der Phase der *Identitätsphilosophie*: »Dieselbe Indifferenz des Realen und Idealen, welche die mathematischen Wissenschaften im untergeordneten Sinn aufnehmen, macht die Philosophie nur in der höchsten und allgemeinsten Bedeutung, nachdem von ihr alle sinnliche Beziehung entfernt ist, also an sich geltend. Auf ihr beruht jene Evidenz, die den höhern Wissenschaften eigenthümlich ist« (SW II, S. 60). In der späteren *positiven Philosophie*, die im Seienden das Sein Gottes und damit Evidenz zu bestimmen sucht, verwahrt sich Schelling gegen jene rationalistische »selbstherrliche Wissenschaft«, die meine, »Evidenz durchs reine Denken« gewinnen zu können. (TGB 1848, S. 26)

Mit dem Begründungsproblem des Wissens und mit der Evidenz-Frage eng verflochten ist die Fragestellung: »wie ist die Philosophie überhaupt anzufangen?« (GPPh, S. 102; vgl. S. 398) Das »Erste der positiven Philosophie« ist kein »Erwiesenes, sondern ein immerfort nur zu Erweisendes«. Es gehört zu Schellings Dilemma, begreifen zu müssen, »daß die Philosophie eigentlich keine wissenschaftliche Grundlage hat« (Ebd., S. 404ff.). Was ihr vorausgeht und sie begründet, muß ein apriorisch zu denkenden *Prius* sein, das aber erst als Resultat des geschichtlichen Prozesses entdeckt werden kann. Angesichts dieses Widerspruchs bleibt der Philosophie nichts anderes, als sich durch ein *Wollen* zu begründen: »Die Philosophie fängt mit dem bestimmten Willen des vollkommnen Seins an. Soweit hätten wir <zunächst> nichts als das Wollen. Dem Wollen folgt nun Denken. Die Philosophie will *wissen*, was sie will. Sie will den Begriff des vollkommen Seienden. Auch dies ist eine Aufgabe des Denkens und auch, dass das vollkommen Seiende nur ein vollkommener Geist sei.« (Ebd., S. 114) Mit dem Satz »das positive System kann von sich selbst anfangen« (ebd., S. 118) hat Schelling eher einen zweifelhaften Ausweg als einen Grund angegeben. Er hat dies offensichtlich gewußt, auch wenn er in seiner ersten Berliner Vorlesung am 15. November 1841 gegen die antiphilosophische Tendenz seiner Zeit – »Philosophie soll überhaupt nicht mehr seyn« (SW XIV, S. 364) – angetreten ist oder wenn er eine »starke Philosophie« als »Mittel der Heilung für die Zerrissenheit unserer Zeit« angekündigt hat (SW XIII, S. 11).

An der transzendentalphilosophisch-kritischen Idee einer wissenschaftlichen Philosophie hat Schelling nicht festhalten können: für ihn »endigt [...] die Funktion der Philosophie, in welcher sie, wie nun erhellt, Wissenschaft aller Wissenschaften war, deren gegenseitige Superposition sie nach einer sichern, bei gehöriger Anwendung sogar unfehlbaren Methode ebenso darstellen kann, wie etwa die Geologie die gegenseitige Unter- und Ueberordnung der Schichten, aus welchen der Erdkörper zusammengesetzt ist. Als Wissenschaft aller Wissenschaften hat sie die Eigenthümlichkeit, das wirkliche Wissen nicht in sich selbst, sondern in die Wissenschaften zu setzen, deren Wissenschaft sie ist. Sie ist also auch insofern nicht wissende, auch in diesem Sinne negative Wissenschaft.« (SW XIII, S. 150) Sein Begriff von Philosophie erhellt aus dem Satz: »Alle höhere Philosophie ist Metaphysik, insofern sie an die übersinnliche Welt anknüpft. Aber auch die Religion ist Metaphysik in demselben Sinn.« (GPPh, S. 77)

Im Begriff »nicht bloß Gottes«, sondern »des bestimmten Gottes, dessen, der Gott ist, [...] endigt also die Philosophie, er ist, nachdem die drei Potenzen der realen und der idealen Welt, gleichsam als ebensoviel sukzessive Herrscher verschwunden und untergegangen sind, der letzte, allen überbleibende, in welchem die Philosophie ruht von ihrer Arbeit und gleichsam ihren Sabbat feiert« (SW X, S. 119).

1.5 Geschichtliche Philosophie und geschichtliche Religion

Schelling hat 1803 einen Ruf nach Würzburg angenommen; das Zerwürfnis mit Fichte und die Auflösung des Jenenser Romantiker-Kreises ist vorangegangen. In Würzburg nimmt Schelling naturphilosophische Themen wieder auf; er trägt das *System der gesammten Philosophie und der Naturphilosophie inbesondere* vor; auch der Medizin widmet er sich intensiv. Im Zentrum des Interesses steht aber die *Philosophie der Kunst*, die erst aus dem Nachlaß veröffentlicht werden konnte. Sie steht der Naturphilosophie an spekulativem Gehalt in nichts nach, und wieder ist das Bemühen um Nähe zur Empirie unverkennbar (vgl. Kap. 6). 1802 zieht Schelling in den *Vorlesungen über die Methode des akademischen Studiums* (veröff. 1803) eine enzyklopädische Bilanz zur Stellung der Philosophie in den Wissenschaften, unter denen die Mathematik das Modell jenes »Typus der Vernunft« bildet, dem die Philosophie nachstrebt.

1804 erschließt er sich mit *Philosophie und Religion* endgültig den Kontinent seines Denkens: In der – auch durch Theosophie beeinflußten – Neubestimmung des Verhältnisses von *Glauben und Wissen* vollzieht sich die Wende zu neuer Erklärung der Beziehung von menschlichem endlichem und göttlichem »unvordenklichem« Sein. Nicht wenige seiner Zeitgenossen haben sich enttäuscht gefühlt; so schreibt Johann Jacob Wagner 1805 an Goethe: Ich »habe mich denn gegen Schelling erklären müssen, sobald ich aus seiner neuesten Schrift (Philosophie und Religion) erkannte, dass er in der Spekulation untergegangen war, deren Vernichtung man ehemals von ihm erwarten konnte.« (SSZ IV, S. 31)

Nachdem Bayern Würzburg verloren hatte, kehrte Schelling 1806 dieser Stadt den Rücken. Der neue Ort einer fruchtbaren Tätigkeit wurde die Münchener Akademie der Wissenschaften. Bis 1841 wird München, von einem Aufenthalt in Erlangen 1820 bis 1827 unterbrochen, seine Heimat sein. 1808 übernimmt er das Amt des Generalsekretärs der neugegründeten Akademie der Bildenden Künste. Die *Philosophischen Untersuchungen über das Wesen der menschlichen Freiheit* (1809) erschließen das Terrain für die nunmehr explizit gegen die ›Negativität‹ von Kritik und Dialektik gerichtete positive Philosophie. Wesentlich für Schelling ist freilich, daß nie behauptet wird, die ›positive‹ Philosophie löse die ›negative‹ restlos ab; in der ›positiven‹ bleiben die Anliegen der ›negativen‹ Philosophie erhalten. So schreibt er noch 1846 in einer Tagebuchnotiz:

Sowohl das von Gott Abfällige s|elbst|, als auch die Wiss|enschaft| sucht so weit zu kommen|,| als es ohne Gott kommen kann. *Die negative Ph|ilosophie| ist die Wiss|enschaft| der Welt ohne* Gott, es ist dem Rat|ionalismus| natürlich und gereicht ihm nicht zum Vorwurf, daß er Gott so weit als möglich fern zu halten und auszuschließen, so weit als möglich alles natürlich zu erklären sucht. Die negative Ph|ilosophie| ist Welt-Weisheit, die nur unrecht hat, wenn sie Gottes Weisheit sein will. Die positive Ph|ilosophie| und die Relig|ion| s|elbst| in ihrer höchsten Potenz ist in einer anderen Welt als dieser, ist nicht von dieser Welt. (TGB 1846, S. 76)

Die neue Philosophie will nicht mehr allein nach den Bedingungen der Möglichkeit von Wissen fragen; was sie von der Transzendentalphilosophie unterscheidet, ist ihr Ziel, Philosophie dessen zu sein, was ist. Und zu dem, was diese Philosophie als *Wirklichkeit* entdeckt, gehört das ›Böse‹, freilich nicht in erster Linie als moralisches Problem; das Böse, das sich im ›Sündenfall‹, also im Abfallen des Menschen von Gott ausdrückt, ist eine für die Entfaltung des geschichtlichen Seins unverzichtbare, für die Geschichte konstitutive Form der *Freiheit*.

In diesem Prozeß, den Schelling mit sich selbst führt, zerbricht die Freundschaft mit Hegel, der 1801 in seiner Jenaer Schrift *Differenz des Fichte'schen und Schelling'schen Systems der Philosophie* als Anwalt Schellings gegen Fichte aufgetreten war und mit dem Schelling gemeinsam das *Kritische Journal der Philosophie* herausgegeben hatte. Die in Hegels *Phänomenologie des Geistes* ausgesprochene Kritik an Schellings Identitätsphilosophie setzt der fruchtbaren Zusammenarbeit 1807 ein Ende. Hegel und seine Schüler werden zu Gegnern, deren Wirkung Schelling so genau beobachtet, wie er sich bis in seine späte Lebensjahre immer wieder mit dem ›Rationalismus‹ der Hegelschen Logik auseinandersetzt. Noch im Tagebuch 1846 findet sich die Notiz:

Die nachteilige Wirkung auf |die| Geistesproduktiv|ität| zeigt sich bei H|egel| auch darin|,| daß seine Schüler immer nur die Gerüste wieder aufstellen, nie aus der scholastischen Formel|,| ja aus den widerwärtigen Sprechweisen des Lehrers herausgekommen.

Nach der Freiheits-Schrift wird Schelling – mit Ausnahme seiner Polemik gegen Jacobi 1811/12 – bis 1834 zwar zahlreiche Systemversuche, vor allem seine *Weltalter,* ankündigen, aber nahezu nichts mehr publizieren. Seit 1811 hat Schelling sein neues *geschichtliches System* angekündigt; Teile hat er in Druck gegeben; veröffentlicht wurden sie zu seinen Lebzeiten nicht. Im Tagebuch 1813 notiert er: »27. |Dezember| Die Weltalter endlich angefangen. Ich habe dies Buch Weltalter überschrieben. Auch Syst|em| der Zeiten oder Zeiten der Offenb|arung| G|otte|s. Vergang|enheit,| ein wunderbarer Begriff. – Ich habe es Weltalter genannt, warum? Was Philos|ophie| von jeher gesucht? Wiss|enschaft| <also> = Historie.« Dieses Geschichtsdenken ist nicht allein der Frage gewidmet, wie eine allgemeine Geschichte im Horizont der Seinsgeschichte Gottes, der Natur und der Menschen begriffen werden kann; sie fragt zugleich nach den *epistemischen Geschichtskulturen,* den Formen, in denen Geschichte erkannt werden kann und gewußt ist:

Das Vergangene wird gewußt, das Gegenwärtige wird erkannt, das Zukünftige wird geahndet.
Das Gewußte wird erzählt, das Erkannte wird dargestellt, das Geahndete wird geweissagt. (WA, S. 3)

Welche Bedeutung Schelling seinen *Weltaltern* beigemessen hat und wie ungewiß er sich ihrer Wirkung war, zeigt die private Notiz:

Ich zweifle nicht, daß viele sein werden, die den Titel dieses Werks tadeln, daß er unbest|immt| sei, und die nun auch mit <dem> Anfang des Werks unzufr|ieden| ~~sein werden. – Dann nicht gleich die Sache hingelegt.~~ Nur glauben, daß es nicht möglich gewesen. Also nur Geduld, – laß sie das Werk lesen mit uneingenommenem Sinn, <ohne> eine vorgef|aßte| Meinung, als das Werk eines unbek|annten| Autors, den sie weder lieben noch hassen. So dann mit einfachem Verstand die bek|annten| Worte nehmen, nicht in dem verdrehten Sinn, den ihnen eine Schule gegeben |hat|; denn die |ist| vergängl|ich,| die Sprache ewig, dazu so schreibe ich nicht der Schule sondern dem Volk; der K|un|stausdr|ücke| aber, deren ich mich bedienen werde, |bediene ich mich| genau in dem Sinn, welchen ich ihnen beilege. – Nicht mit wissenschaftl|ichem| Prunk. (Den dial|ektischen| Grundriß am Ende finden). Hoher Wert des Popul|ären.| Etwas, das der Zeit nottut. Das Verfilzte und Verschrob|ene ist| nicht an der Zeit. Also auch den Leser von einem Punkt aufnehmen, wo jeder stehen kann <die Meisten>. Mit d|em| Begr|iff| Zeit Hemmendes darin |...| Offenb|arung| Gottes nach Zeiten. (TGB 1809-13, S. 153)

1.6   Die »große Tatsache der Welt« und der Empirismus

Man wird Schellings vermehrter Betonung von Geschichte und Zeit nicht gerecht werden können, wenn man sie als Charakteristikum allein seiner Philosophie versteht. Es handelt sich vielmehr um eine allgemeine Erscheinung, eine Veränderung im *Weltbild,* das diese Zeit und die ihr eigenen Denkbilder und Einstellungen prägt. Hierfür gibt es viele Gründe, von denen zwei wesentliche genannt seien:

Was in dieser Zeit erodiert, sind ›große Gewißheiten‹. Formen dieser Erosion sind zum einen die gängig werdende *Philosophie-Kritik*, die nun auch unter dem Stichwort einer *Antiphilosophie* auftritt, und zum anderen die schon bald darauf folgende komplementäre *Empirizismus-Kritik*, d.h. eine Unsicherheit in den Wissenschaften hinsichtlich des Status von ›Tatsachen‹. Wo es die Garantie einer selbstevidenten Wahrheit der Philosophie bzw. der Wissenschaft weder durch ›das Absolute‹ noch durch ›die Sache selbst‹ gibt, tritt zum einen an die Stelle des *Spekulativen* – neben anderen Platzhaltern – auch die *narrative Geschichte*. Es ist eine Zeit der Übergänge von der Geschichtsphilosophie zur Geschichtswissenschaft, von der Religionsphilosophie zur Religionsgeschichte, von der Philosophie der Kunst zur Kunstgeschichte... Zum anderen aber verändert sich auch das Verständnis der *System-Form* der Philosophie; man vergleiche etwa nur Schellings Münchener *Weltalter*-Vorlesungen mit Hegels *Enzyklopädie*. Schon in Schellings *Über die Natur der Philosophie als Wissenschaft* ist der Ton der im Grunde schon angebrochenen Zeit *nach dem System* angeklungen: »Die *Systeme* [sind] vor dem System. Bedürfniß der Harmonie kommt erst aus Disharmonie. [...] die Idee des Systems überhaupt setzt den nothwendigen und unauflöslichen Widerstreit der Systeme voraus: ohne diesen würde sie gar nicht entstehen.« (SW IX, S. 210f.)

In seiner Münchener Zeit hat Schelling beharrlich die Konzeption seiner positiven Philosophie weiter ausgearbeitet und die spätere Berliner *Philosophie der Mythologie und Philosophie der Offenbarung* in wesentlichen Stücken vorbereitet (vgl. die von W.E. Ehrhardt aus einer Abschrift herausgegebene *Urfassung der Philosophie der Offenbarung*, 1831/32). Es ist offensichtlich, daß es auch in dieser Phase des Schellingschen Denkens zu keinem vollständigen Bruch mit der früheren *negativen Philosophie* kommt, die er in Berlin unter dem Titel einer *reinrationalen Philosophie* noch einmal wieder aufnehmen und neu bearbeiten wird. In seinen Münchener Vorlesungen *Zur Geschichte der neueren Philosophie* (1827) bezeugt Schelling in der systematischen Darstellungen der großen Entwicklungslinien der Philosophie der Moderne das *historische* Bewußtsein, das seine Philosophie prägt und das auch ein bloßes Dementi seiner eigenen Anfänge nicht zuläßt. Diese Vorlesungen halten an der Idee eines Integrals von Natur- und Transzendentalphilosophie fest und nehmen Motive der frühen Nähe zu den Wissenschaften wieder auf. Von besonderer Bedeutung ist hier, daß Schelling im Rahmen seiner Rationalismus-Kritik das *empirische Moment* der Philosophie betont und in Auseinandersetzung mit dem klassischen Empirismus für einen *neuen, höheren Empirismus* plädiert:

Denn wenn das Höchste, wozu gewiß nach allgemeiner Übereinstimmung selbst der bisher anders Denkenden, die Philosophie gelangen kann, eben dies sein würde, die Welt als frei Hervorgebrachtes und Erschaffenes zu begreifen, so wäre demnach die Philosophie in Ansehung der Hauptsache, die sie erreichen kann, oder sie würde, gerade indem sie ihr höchstes Ziel erreicht, Erfahrungswissenschaft, ich will nicht sagen im formellen, aber doch im materiellen Sinn, nämlich, daß ihr Höchstes selbst ein seiner Natur nach Erfahrungsmäßiges wäre.

[...] es ist an uns, sage ich, das System, das wir zu ergreifen und zu erreichen hoffen dürfen, jenes positive System, dessen Prinzip eben wegen dieser seiner absoluten Positivität selbst nicht mehr a priori, sondern nur a posteriori erkennbar sein kann, bis zu dem Punkt auszubilden, wo es mit jenem – in gleichem Verhältnis erweiterten und geläuterten Empirismus zusammenfließen wird. (SW X, S. 198ff.)

In seiner zuletzt 1836 in München vorgetragenen ›Einleitung in die Philosophie‹ ist die *Darstellung des philosophischen Empirismus* von herausragender Bedeutung:

Die Erfahrung, durch welche die höchste Erkenntniß vermittelt ist, kann selbst schon nur eine philosophische oder ein solche seyn, die das Resultat philosophischer Bestrebungen ist [...]
Man kann daher die frühern Bestrebungen in der Philosophie (seit Cartesius) alle mit dem Experiment in der Naturwissenschaft vergleichen. Es scheint freilich nichts leichter, als die Thatsache namhaft zu machen, welche die Philosophie zu erklären hat. Allein bedenken *Sie*, welche Mühe und Arbeit selbst in der Naturwissenschaft es kostet, auch nur bis zur wahren Thatsache in höchst einzelnen Erscheinungen zu gelangen. Man wird etwa sagen: Philosophie sollte die Thatsache der Welt erklären. Aber was ist denn nun an dieser Welt die eigentliche Thatsache? Die wahre Thatsache ist jederzeit etwas Innerliches. Die Thatsache einer gewonnenen Schlacht z.B. sind nicht die einzelnen Angriffe, Kanonenschüsse u.s.w, oder was sonst von der Sache bloß äußerlich wahrgenommen werden kann. Die wahre, die eigentliche Thatsache ist nur im Geiste des Feldherrn. Die rohe, bloß äußere Thatsache eines Buchs ist, daß hier Buchstaben und Wörter neben und nach einander stehen; aber was an diesem Buch die *wahre* Thatsache ist, weiß nur der, der es versteht. [...]
Die Ursache, warum uns besonders im Einzelnen der Natur so vieles ganz räthselhaft erscheint, ist, weil wir noch gar nicht einmal dahin gekommen, dazu gelangt sind, die eigentliche Thatsache zu wissen. Wenn nun aber die Ausmittlung der Thatsache in der Natur dem Natur-, in der Geschichte dem Geschichtsforscher angehört, so fällt die große Thatsache der Welt lediglich der Philosophie anheim, die ja davon auch den Namen Weltweisheit erhalten hat, der jedoch nur für die eine Seite paßt, denn die Philosophie hat noch einen größeren Inhalt als die Welt. (SW X, S. 227f.)

Schelling kennt nicht die Debatten zur Selbstkritik des Empirismus, die schon bald *innerhalb* der ›positiven Wissenschaften‹ ausbrechen sollten, nachdem die Euphorie der ›Tatsachen‹ verflogen war, welche die 1830er Jahre beherrschten. Doch ist er auf dem Niveau der Probleme seiner Zeit, wenn er feststellt, das »Fortschreiten vom Objektiven ins Subjektive« sei »gleichsam das Losungswort der allgemeinen Bewegung, welche die Wissenschaft darzustellen hat. Das Wesentliche war eben dieser Fortschritt vom Objektiven ins Subjektive, da in der entgegengesetzten Richtung kein Fortschritt und also keine Wissenschaft möglich ist.« (SW X, S. 231) Wegweisend ist seine Rehabilitierung Bacons, der von den nachfolgenden Empiristen mißverstanden worden sei: »Baco verwirft keineswegs die allgemeinen Principien, wie er von seinen Nachfolgern, namentlich von Locke, David Hume und noch mehr von den Sensualisten verstanden worden. Er will vielmehr eben zu diesen durch Induktion gelangen, und von ihnen aus, wie er sagt, dann erst zur Gewißheit gelangen.« (SW X, S. 32) Schelling faßt seine historische Sicht und sein systematisches Anliegen in der knappen Formel: »Von *Anfang* der neueren Philosophie gehen also Rationalismus und Empirismus nebeneinander her, und sind sich bis jetzt parallel geblieben.« (SW X, S. 30)

Gerade in diesem Kontext wird deutlich, wie falsch es wäre, Schellings Philosophie allein dem Deutschen Idealismus zuzurechnen. An seinem philosophischen Anfang steht Kant, der den geschichtlichen Anschluß an den Empirismus Humes bietet; den Horizont über den Idealismus hinaus stecken die empirischen Wissenschaften ab. Das 19. Jahrhundert ist auch Schellings Jahrhundert, und dies bedeutet u.a., daß er Entwicklungen reflektiert, die Hegel, der letzte der großen Denker idealistischer *Systeme* und mehr als zwanzig Jahre vor ihm gestorben, noch nicht hat wahrnehmen können. Werden für Schelling die *Tatsachen* zum Problem, so zeigt ihn dies als den Zeitgenossen der *Philosophie der induktiven Wissenschaften,* die seit dem Ende der 1830 Jahre von sich reden machen, weil die ›Tatsachen‹ zu etwas Problematischem geworden sind. Es geht hier nicht um direkt nachweisbare ›Einflüsse‹, vielmehr um den wissenschaftlichen Geist dieser Zeit. Bereits in der der frühen Phase der Kritik an Verabsolutierungen des *esprit positif* zeigt sich selbst noch ein vermeintlich ›harter Induktivismus‹ gegenüber der anti-faktizistischen Skepsis weniger gewappnet, als man annehmen möchte; dies dokumentieren z.B. die ›Cambridge inductivistes‹. In W. Whewells *History of the Inductive Sciences* (1837) und in *The Philosophy of the Inductive Sciences* (1840) steht die Problematik von »Facts *and* Ideas« bereits im Zentrum des Interesses. Selbst der verteidigte Induktivismus kommt nicht umhin, einzuräumen: »that, to the formation of science, two things are requisite; – Facts and Ideas; [...] Sense and Reason. Neither of these elements, by itself, can constitute substantial general knowledge«. ›Facts‹ sind immer »facts to reason upon« (Whewell 1967, S. 5f.). Von der »composition of our know ledge« sagt Whewell: »Nature is the Book, and Man is the *Interpreter*«; die Schluß folgerung: »*Signs* and *Meaning* are Ideas, supplied by the mind, and added to all that sensations can disclose in any collection of visible marks. The Sciences are not figurativly, but really, Interpretations of Nature.« (Ebd., S. 37f.) Kaum anders stellt sich das Induktions- und Tatsachen-Problem in zwei weiteren bedeutenden Werken der Zeit dar, in J.S. Mills *A System of Logic, Ratiocinative and Inductive* dar, in der es um die »Principles of Evidence, and the Methods of Scientific Investigation« geht, und in A. Trendelenburgs *Logische[n] Untersuchungen,* die 1840 erscheinen und sich als »Theorie der Wissenschaft« verstehen und als »Kampf mit Thatsachen«. Unabhängig davon, ob Schelling dieses oder jenes Werk gekannt hat oder nicht, und ungeachtet der Differenz, in der sein metaphysischer Begriff *der einen großen Tatsache der Welt* zu den Tatsachen-Problemen der empirischen Wissenschaften steht, zeigt er sich in seinen Versuchen zu einem ›höheren Empirismus‹ sensibel für die Fragen seiner Zeit, die für ihn keieswegs allein Fragen der Wissenschaften sind.

Doch in dem Maße, wie er seine Philosophie auf eine spekulativen Konstruktion des »Wissens« aus den – freilich: immer in sehr eigenwilliger systematischer Rekonstruktion dargebotenen – historischen Quellen der Mythologie und der Offenbarung orientiert und die Ideale des Rationalismus und des Hegelschen Idealismus verwirft, hat Schelling provoziert und polarisiert; er wird bewundert und zunehmend harscher Kritik unterzogen. Die Huldigung in der *Münchener Gelehrten-Revue* vom Juni 1834 ist kein Einzelfall:

München hat nicht bloss Kunst und Bier: München hat auch Wissenschaft: Schelling lebt, denkt und lehrt in München. Unter demselben Dache (die Akademie der Künste und die Universität befinden sich in einem und demselben Gebäude, dem früheren berühmten Jesuitencollegium), wo vor dem innern Auge des Meisters Cornelius die Gesichte und Gebilde schönerer Welten vorüberzogen, um von der kühnen Hand des Sehers geoffenbart zu werden, da spricht Schelling das grösste, gewaltigste Wort, das unheimlich aus der chaotischen Urnacht zu uns herübertönt, um uns an unser unfreiwilliges Dasein zu mahnen, ohne dessen Rätsel zu lösen. Er spricht das »Es werde« des ersten Tags Schöpfer noch einmal nach. (SSZ IV, S. 63)

Ebensowenig ist es ist ein vereinzeltes Urteil, wenn etwa Gottreu Tholuck 1828 aus München berichtet:

Hier steht der Gründer der Naturphilosophie, der jetzt zu Bibel und Protestantismus sich bekennt und in zierlichem, dabei aber gewichtigem und zuweilen recht begeistertem Vortrage in seinen mythologischen Vorlesungen das religiöse Prinzip der Menschen zu entfalten und in seinen metaphysischen die gewöhnlichen Fragen über das Verhältnis der Welt zu einem persönlichen Gott zu beantworten sucht: Schelling. [...]
Herr v. *Schelling* (auch hier, wie in Wien, heissen die angesehenen Herren: von). Der erste Eindruck war nicht sehr angenehm; eine kurze Stirn, etwas tiefliegende Augen, eine etwas aufgestutzte Nase, die Züge sehr starr. [...] Der Ton seiner Stimme hat etwas Eisiges. Er lud mich ein, mit ihm nach Hause zu gehen und Thee bei ihm zu trinken. In welchem Gegensatz er sich *zu Hegel* befindet, trat bald hervor; denn als ich einige Male bemerkte: *Hegel* aber würde sagen, antwortete er: Was geht mich *Hegel* an? Mein ganzes Streben ist dem seinigen entgegengesetzt [...] *Schelling* will nicht logische Philosophie, sondern geschichtliche. Das ist nach *Schelling keine* wahre Philosophie, welche in Natur und Geschichte nur bewusstlosen Geist, im Denken bewussten anerkennt und demnach für alles, was ist, logische Formeln, die sie Ideen nennt, aufstellt. Eine solche Philosophie setzt an die Stelle des lebendigen Blumen- und Blütengartens der Natur eine botanische Nomenklatur, ein Herbarium, darin man *termini technici* nachschlagt. Die wahre Philosophie erkennt einen höchsten Willen an, der sich, wie der Wille überhaupt, durch Thaten offenbart hat, die nicht *a priori* zu erraten sind. Diese Thatsachen begreift sie und ist daher nichts andres, als die Geschichte der *res gestae Dei* (der Gottesthaten). Ich habe den Eindruck, dass es wohl eine Philosophie des Christentums sein könnte. (SSZ I, S. 312 f.)

Obwohl er so gut wie nicht veröffentlichte, war Schelling als einer der Großen der Zeit im Gespräch, in Deutschland und in Europa, vor allem in Frankreich, und dies nicht nur innerhalb der Philosophie, sondern auch als Stoff für Journale. Über den Streit der Philosophien hinaus wurde er Gegenstand schärfster Angriffe aus zwei nur scheinbar heterogenen Richtungen: der *Naturwissenschaft* und der *Politik,* die sich in verschiedensten Konstellationen theoretisch und politisch im Interesse des ›Fortschritts‹ verbündeten. Repräsentanten der sich gegen jede spekulative Bevormundung verwahrenden empirischen Naturwissenschaften (vor allem der Physiologie, Physik und Biologie) verhöhnten die Naturphilosophie Schellings als »totes Gerippe von leeren Abstraktionen« (so z.B. Justus von Liebig); und die theoretischen Köpfe der demokratischen, sozialistischen oder kommunistischen Bewegungen in Frankreich, in der Schweiz und in Deutschland griffen Schelling an als den ideologischen Wegbereiter der Restauration und Reaktion (so Becker, Engels, Heine, Marx, Strähl und Weitling).

Nach der Juli-Revolution von 1830 setzte sich in Bayern, gestützt auf eine Koalition von Kirche und Staat, eine katholisch-reaktionäre (›ultramontane‹) Politik durch. Das im November 1837 berufene Ministerium Abel hob die Religionstoleranz gegenüber dem Protestantismus weitgehend auf und unterwarf auch die wissenschaftlichen Institutionen rigider Kontrolle. In dieser Situation begrüßte Schelling, inzwischen Ritter der Französischen Ehrenlegion und Korrespondierendes Mitglied der Pariser Akademie, trotz seines freundschaftlichen Verhältnisses zum Bayerischen Kronprinzen den Ruf nach Berlin, der mit dem Regierungsbeginn Friedrich Wilhelms IV. von Preußen möglich geworden war. Dessen Absicht war, durch Schelling den Hegelianismus ›ausrotten‹ zu lassen.

Schelling wäre verschwommen portraitiert, ließe man nur die Züge der Philosophie sichtbar werden. In dieser ganzen Lebensphase – ob in Würzburg, in Erlangen, in München – ist der Philosoph zugleich Wissenschafts-Organisator und engagiert bei der Reform der Institutionen, der Akademie und der Universitäten.

1.7 Von der Kritik der Vernunft zur Kritik der Zukunft

Am 15. November 1841 trat Schelling unter größter Aufmerksamkeit nicht nur der deutschen und Berliner Intellektuellen, sondern auch der internationalen Presse vor seine Berliner Hörer. Zu ihnen gehörten zahlreiche namhafte Berliner Professoren, auch aus der Hegelschen Schule; zugleich zog Schelling junge engagierte Köpfe aus dem In- und Ausland an, zu denen etwa Bakunin, Engels und Kierkegaard gehörten. Der erhoffte Erfolg stellte sich zunächst ein. Noch im Januar 1842 konnte Sulpiz Boisserée berichten: »Schelling – hat anfangs 350 jetzt immer 250 Zuhörer, wird wohl mehrere Jahre bleiben müssen!« (SSZ III, S. 168) Im März 1842 schreibt Friedrich Adolf Trendelenburg, der Aristoteles-Herausgeber und Autor der *Logischen Untersuchungen,* mit dem sich Schelling noch 1846 auf intensive Weise kritisch auseinandersetzt:

Schellings Philosophie der Offenbarung gab eigentlich das Wesentlichste aus seinen drei Münchener Vorlesungen (Geschichte der Philosophie seit Cartesius, Philosophie der Mythologie und Philosophie der Offenbarung). In der Form jung und schön überraschte jede Vorlesung, und Schelling fesselte ein glänzendes Auditorium (400 an der Zahl). Aber die Grundgedanken – im Metaphysischen theosophisch und an die gnostischen Systeme der ersten Jahrhunderts anklingend – liessen meines Erachtens in der logischen Begründung und auch in den factischen Belegen aus Bibelstellen, die oft das philosophische Element nur zu sehr zurückdrängten, viel zu wünschen übrig. Seine grösste Wirkung wird in der Anregung zu einer freien Form

der Betrachtung und einer künstlerischen Form der Darlegung liegen. Am
Schluss d. Vorstellung brachten ihm die Studirenden einen Fackelzug. Sch.
lud auch mich ein, bei ihm dem Fest beizuwohnen, und war sehr erregt
und liebenswürdig. Kopisch, der Maler und Dichter (Übers. des Dante) traf
in einem Trinkspruch den Nagel auf den Kopf.- »Es lebe die Philosophie,
die, selber kein Gedicht, Und doch als wär sie eins, zur Seele spricht.«
Die von Sch. gehaltene Rede lest Ihr wohl in den Zeitungen. Voll Selbstge-
fühl schlägt sie stark in die Gegner ein. Vielleicht zündet sie. Der Kampf
bleibt den Hegelianern schwer, da Sch. nach wie vor entschlossen scheint,
die Vorlesungen nicht herauszugeben. Es fehlt daher eine feste Basis des
Streits. (SSZ III, S. 171)

Schelling ist umstritten wie kaum ein anderer Philosoph seiner Zeit.
Viele erwarten eine *neue Philosophie*. Und was viele interessiert, ist
nicht zuletzt die Stellung, die er gegenüber *Hegel* einnimmt. Die lin-
ke Hegel-Schule ist empört: »Schelling ist nach Berlin berufen,
Schelling nach Hegel! [...] wie unverantwortlich wäre es, wenn man
diese Herausforderung der Reaktion nicht mit Bomben und Kartät-
schen begrüßte« (A. Ruge). Marx sekundiert: »Ein Angriff auf Schelling ist also indirekt ein Angriff auf unsere gesamte und namentlich
preußische Politik. Schelling's Philosophie ist die preußische Politik
sub specie philosophiae.« Varnhagen von Ense fühlt sich 1844 gegenüber Karl Rosenkranz zu der Bilanz berechtigt: »Schelling ist ein
bankrotter Mann, er lebt vom Insult, den ihm die bürgerliche
Macht ertheilt.« (SSZ I, S. 492) Schelling nimmt den Streit wahr
und notiert: »Kampfgeschrei: Man sei *der Wissensch|aft|* abtrünnig
pp geworden. ‹Unter› Wiss|enschaft| wird verstanden, was *sie* tau-
gen.« (TGB 1846, S. 99)

Da Schelling auch in seinen öffentlichen Vorlesungen und Reden
aus seiner zeitkritischen Einstellung keinen Hehl macht, haben die
Gegner zu ihrer Kritik durchaus Anlaß. Charakteristisch für sein po-
litisches Denken sind Tagebuchpassagen wie diese:

Gott und Kirche|,| maximale *Wissenschaft*!! [...]
Viele wollen eine – auf äußeren Rechten beruhende Kirche, die nicht glau-
ben, daß sie durch sich s|elbst| stark sein könne. Jenes |ist| freilich beque-
mer, als eine streitende, die sich ihre feste Stellung durch Kampf erworben
hat und sie fortwährend nicht ohne Kampf behauptet.
Wenn ‹unsere› Kirche die Kirche geworden, so ist sie *über* dem Staat,
denn der Staat ‹wird› immer nur in Staat sein. Hierauf antworte ich: für
mich|,| der in diesem Staat lebt|,| ist er nicht ein Staat, sondern der Staat
schlechthin; ein Staat ist er nur gegen andere Staaten. ‹Ein universeller
Staat (eine Universal-Monarchie z.B.|).|› Es ‹kann› keinen universellen
Staat ‹geben›, weil der Staat dem Äußeren angehört, dagegen kann die
Kirche ‹‹als ihrer Natur nach (auf Erkenntnis der *Wahrh|eit|* gegr|ündet,)|
nur das Allg|emeine| sein, und |sie| ist ‹gerade nur als solche -› nicht

über|,| aber *außer dem* Staat; wie sie als partik|ulare| wie auch nach dem, was sie <durch <<unvermeidliche>> Lokalexist|enz| und ihre Art Besonders (aber nicht zum Wesen Gehöriges hat)|,| in ihm |ist,|> >> nur das Univ|erselle| sein |kann|, |dies| versteht sich innerlich und dem Wesen nach, da Äußerl|iches| nichts Allgemein|es| sein kann. Die Kirche ist nicht über|,| sondern nur außer dem Staat, wie sie als eine *in* ihm ist. Sie muß geistig, unsichtbar sein|,| um außer ihm zu sein|.| (TGB 1846, S. 38)

Man würde ihn aber mißverstehen, verstünde man derartige Äußerungen als Ausdruck bloßer Opportunität gegenüber dem Zeitgeist; Schelling ist von starken philosophischen Überzeugungen geleitet, die weder dieser Kirche noch mit diesem Staat zu Gefallen sein wollen. Er führt seinen Kampf im Namen der *Wissenschaft:*

Es sind Forderungen an die Wiss|enschaft| vorhanden, wie sie früher nicht vorhanden waren, und selbst <der> Karikatur v|on| Wiss|enschaft| lagen eben jene höhere Forderung|en| zu Grunde, wenn auch die Leute, welche die Aufgabe in die Hand nahmen, ihr nicht gewachsen waren. Dieser schmähliche Banqueroute oder Schiffbruch der Wiss|enschaft|, der indes nur für denj|enigen| Teil Deutschlands Bed|eutung| hat, wo diese Karikatur eine zeitlang Gewalt ausgeübt, berechtigt die Unwissenden nicht zu dem Glauben, daß nun ihre Stunde gekommen oder die große Forderung s|elbst| aufgegeben sei. Dieser große Handel, um den jetzt gestritten wird, kann nur wissensch|aftlich| entschieden werden. (TGB 1846, S. 12)

Zugleich will Schelling der Philosophie durch die *Historisierung* der Mythen und Religionen einen neuen Horizont eröffnen; dies ließe sich mit Texten aus den *Sämmtlichen Werken* belegen; hier sei noch einmal aus den (in Verkürzungen geschriebenen und hier mit diakritischen Zeichen ergänzten) Tagebuchnotizen zitiert; sie zeigen Schelling in der Werkstatt seines Denkens:

<<Gesch|ichte| der Rel|igion| und zugleich philos|ophische| Darst|ellung| der versch|iedene|n Religionen|.|>> [...]
Aber nun |ist es| in der Tat in der Relig|ions|philos|ophie| nicht allein um die philos|ophische| Rel|igion| zu tun. Diese |ist| auf die eine oder andere Weise in der Metaph|ysik| oder allg|emeinen| Philos|ophie.| In der Rel|igions|philos|ophie muß| also auch die von aller Philos|ophie| unabh|ängige| Rel|igion berücksichtigt werden,| die als s|olche| nun zuerst die geoff|enbarte ist;| [...] Aber so <im Gr|un|de> keine Relig|ion| und daher |ist es| eig|entlich| <falsch|,| von> Vernunftrelig|ion| <zu reden>|.| Praktische Zurückstufung von Relig|ion.| So |hat man| freilich d|ie| geoff|enbarte Religion| als geoff|enbarte, ist| aber damit zugleich alle Relig|ion| losgeworden. Es gibt keine <wirkliche> Relig|ion| <von> Gott bloß <rein> in der Vern|unft|, nicht <was> außer der Vern|unft| bloß in der Idee |ist|, nicht die wirkl|iche Religion,| und es <sind> daher am Ende|,| <um> die geoff|enbarte,| <in welcher G|ott| als der wirkliche> und die

mythol|ogische| Rel|igion| <(in welcher dies |ooo|)> zu begr|eifen,| keine
anderen Vorauss|etzungen| nötig, als um auch Relig|ion| überh|aupt,| also
was man gewöhnlich Philos|ophie| nennt|,| zu verstehen. – <XI. |Vorle-
sung:| Es ist eine schöne Eigent|ümlichkeit| der Deutschen |...|> Zurück-
kehrend nun aber auf Relig|ions|philos|ophie| – so diese schon von s|elbst|
nicht die bloße philos|ophische| Rel|igion| enthalten |hat|. Denn wie |soll
sie| sich als besondere Wiss|enschaft| untersch|eiden?| Sie wird sich auch auf
die unabh|ängig| von Philos|ophie| vorhandenen |Religionen| erstrecken
müssen. Hier nun zuerst die geoff|enbarte Relgion.| Aber dieser |stellt sich|
nun die Mythol|ogie| als eine nicht bloß ebenso urspr|üngliche|, sondern
vielm|ehr| als die allein urspr|üngliche| dar [...] <Also nun 1)
philos|ophische,| 2) geoff|enbarte,| 3) mythol|ogische Religion.|> Versuch|,|
die eine auf die andere zurückzuführen. Nur <die myth|ologische| als> *na-
türliche* Relig|ion| ersetzt d|er| geoff|enbarten| ihre Stelle|,| und so historisch
fortgef|ührt| bis zu der philos|ophischen| Rel|igion| als durch die
geoff|enbarte| vermittelt – notw|endiger| Durchgang durch die reine
Vernunftrel|igion.| Aber diese |ist| nicht bloß unfähig|,| jene reale, d.h. die
wirkliche Rel|igion| zu begr|eifen,| sondern |sie ist| auch s|elbst| eig|entlich|
nicht wirkliche Relig|ion.| (TGB 1846, S. 93f.)

Hierin sind wohl Gründe dafür zu sehen, daß Schelling auf der anderen Seite als Retter begrüßt wird; so schreibt A.Ch. Eschenmayer
im Dezember 1841 an J. Kerner: »Schelling ist jetzt an seinem rechten Platz, um das Hegelsche Steinkohlen-Feuer durch das Licht aus
der Sonne zu ersetzen. Möge es ihm gelingen, die Offenbarung an
die Stelle des absoluten Vernunftgeschwäzes zu bringen.« (SSZ II, S.
219) Es zeigt sich in Schellings Denken aber auch, daß sein Interesse keineswegs auf eine Apologie des verfaßten Christentums seiner
Zeit gerichtet ist; dies gilt bereits für seine Münchener Jahre, auch
wenn ihn Zeitgenossen, wie 1828 Eduard von Schenk (später Staats-
minister), vereinnahmen wollten: sein »philosophisches System«
habe »seine wahre Begründung durch das Christentum und zwar
nicht im rationalistischen, sondern im althergebrachten, buchstäbli-
chen Sinne genommen«. (SSZ II, S. 140)
    Im Zentrum seines Denkens hat die Philosophie der Mythologie
und der Offenbarung als Philosophie des geschichtlichen Werdens
Gottes, des Seins und des Seienden gestanden; er hat sie letztmalig
im Wintersemester 1845/46 in Berlin vorgetragen. Von der Philosophie und Theologie seiner Zeit hatte er sich aber keineswegs verab-
schiedet; dies belegen die in seinen Tagebüchern auffälligen Auseinandersetzungen mit der Tradition und mit philosophischen Zeitgenossen von Bedeutung – so z.B. im Tagebuch von 1846 die Kritik
an Spinoza, der auffällig häufige Bezug auf Kant und dessen Würdigung, die Abgrenzung gegenüber der Kategorienlehre Trendelenburgs, die Kritik der spekulativen Theologie Richard Rothes und

nicht zuletzt die Auseinandersetzung mit der Enzyklopädie und Logik Hegels, dessen ›Rationalismus der Vernunft‹ Schelling verwirft. Schelling hat wesentliche Teile seiner im Rahmen der *Philosophie der Mythologie* formulierten *reinrationalen Philosophie* im Jahre 1848 geschrieben. Als er zu einer erneuten intensiven Beschäftigung mit Aristoteles und mit Kant anhob, ging er beim preußischen Hof aus und ein und war vertrauter Korrespondenzpartner des bayerischen Königshauses. So koexistieren sein historisch-politisches Interesse und seine spekulative Geschichts- und Politik-Kritik. 20. April 1848, Tagebucheintrag:

Zur Probe den Anfang von XIII. [Vorlesung] definitiv geschrieben. Zu Mittag bei Königlicher Hoheit Prinz Wilhelm (General Reyher, Oberst v. Weber, Direktor Waagen). Zu Hause gefunden die bayerischen lithografierten Entwürfe, bezüglich auf die künftige [Bundes]Verfassung, mit einem Schreiben von König Max. [...] Habe Besorgnis wegen republikanischer Emeuten in Frankfurt. (TGB 1848, S. 57)

Die philosophische Frage, die sowohl die Zeitwahrnehmung als auch die metaphysische Konstruktion leitet, ist: *Was ist das Seiende?* Die philosophische Antwort lautet, daß wir diese, die entscheidende Frage in den überlieferten Formen philosophischen Denkens nicht beantworten können:

Die Philosophie *sucht* den vollkommenen Gegenstand. Sie hat ihn mit dem, was wir Definition genannt haben, noch nicht <diese muß doch vorausgehen, da nicht aufs Geratewohl anzufangen ist [...].> Denn wir wissen nicht, was das Seiende ist. (TGB 1848, S. 16)

Schellings Gegen-Entwurf zum rationalen Wissen, zur endlichen Zeit, zur politischen Geschichte hat sich bewußt in ein Abseits zu dem gesetzt, was er, der so unermüdlich die *Wirklichkeit* als den Gegenstand der Philosophie einforderte, als ›Wirklichkeit‹ nicht anerkennen wollte. Aus der *Kritik der Vernunft* war eine *Kritik der Zukunft* geworden; diese hatte ihn im Grunde schon 1800 interessiert: »Wann diese Periode beginnen werde, wissen wir nicht zu sagen. Aber wenn diese Periode seyn wird, dann wird auch Gott *seyn*.« (SW III, S. 604)

Im Wintersemester 1847/48 hatte Schelling seine zunächst faszinierten Hörer verloren. Die Berliner 1848er Revolution, die er – Unter den Linden Nr. 71 wohnend – hautnah erlebte, erschreckte ihn tief; neben der ›Ohnmacht der Politik‹ es ist nicht zuletzt die Rolle der »Proletarier«, die ihn für 1849 »eine neue, noch schrecklichere und tiefer eindringende Revolution« erwarten ließ; dies mach-

te ihm »die Gegenwart so unerfreulich [...], daß man sich endlich
ganz in die Innenwelt zurückzieht« (SW XI, S. 549). Die Erfahrung
von 1848 führte gleichwohl zu einer Prognose, in der die Stimme
des jungen Schelling wieder hörbar wird:

das Ende der *gegenwärtigen* Welt-Krisis werde sein, daß der Staat wieder an
seine wahre Stelle – *als Bedingung,* als Voraussetzung, nicht als *Gegenstand
und Zweck* der individuellen Freiheit gesetzt werde. (Plitt III, S. 220)

Es blieben die Vorträge in der Berliner Akademie. Er, dem immer
wieder Arroganz vorgeworfen wurde, kam in einem seiner späten
Redeentwürfe zu einer eher bescheidenen Bilanz:

Auch in moral|ischer| Hinsicht ist es weniger, als man denkt, gleichgültig
was man lese. Es steht im Leben und Umgang nicht immer in unserer Gewalt, wem wir Eingang in unser Inneres verstatten wollen, um so strenger
sollte man mit der Lektüre sein, um sich nur an das Ewige, Bleibende,
Dauernde zu gewöhnen, und verachten zu lernen, was von gestern ist und
morgen vergeht. – Soll ich nun aber bezeichnen, was ich in bezug auf die-
sen Vortrag oder auf das Studium der Philos|ophie| besonders empfehlens-
wert halte, so wird unvermeidlich sein, *noch* bestimmter als es früher ge-
schehen auszusprechen, daß die Philos|ophie| seit Kants Kritik der r|einen|
V|ernunft| in einer mächtigen Krisis und also überh|aupt| im Werden be-
griffen ist. Wer immer jetzt eine philos|ophische| Lehre oder ein
philos|ophisches| System als für *sich* seiendes, <un>abhängig von seinen An-
tecedentien aufstellen woll<te>|,| der würde im besten Fall etwas Unver-
ständliches, im minder guten etwas Falsches, Irreleitendes, nämlich was <an
sich> bloßes partiales Moment oder gar nur zufälliger Durchgangspunkt
war, als Ganzes und als das Vollendete darstellen: die Sache ist kürzlich diese – denn in der Folge werde ich sie umständlich auseinandersetzen. Wir
sind im Grunde noch immer bei Kant, und was das letzte Resultat betrifft,
nicht über ihn hinausgekommen. (TGB 1846, Loses Blatt 3, Vorderseite)

In seinem achtzigsten Lebensjahr reiste Schelling im Sommer 1854
zur Kur in die Schweiz; er starb am 20. August in Bad Ragaz.
    Wenige Tage zuvor hatte Varnhagen an Troxler geschrieben:
Schelling »steht nun ganz vereinzelt, im matten Widerschein einer
Hofgunst, die nichts mehr von ihm weiss als seinen Namen. In die
Weltereignisse kann er sich ganz und gar nicht finden, sie erscheinen ihm als Unvernunft und Schwindel.« (SSZ I, S. 510) Dies war
nicht das letzte Wort über Schelling. Das nachhaltige, ständig zu-
nehmende Interesse an seinem Werk zeigt in als Gesprächspartner,
mit dem zu diskutieren sich lohnt.

Autobiographische und biographische Zeugnisse

Philosophische Entwürfe und Tagebücher. Aus dem Berliner Nachlaß hrsg. v. Hans Jörg Sandkühler, mit Lothar Knatz und Martin Schraven. Hamburg 1994ff.:

Bd. 1: *Philosophische Entwürfe und Tagebücher 1809-1813.* Philosophie der Freiheit und der Weltalter. Hrsg. v. Lothar Knatz, Hans Jörg Sandkühler und Martin Schraven, Hamburg 1994 [TGB 1809-13].

Bd. 12: *Philosophische Entwürfe und Tagebücher 1846.* Philosophie der Mythologie und reinrationale Philosophie. Hrsg. v. Lothar Knatz, Hans Jörg Sandkühler und Martin Schraven, Hamburg 1998 [TGB 1846].

Das Tagebuch 1848. Rationale Philosophie und demokratische Revolution. Mit Alexander v. Pechmann und Martin Schraven aus dem Berliner Nachlaß hrsg. v. Hans Jörg Sandkühler, Hamburg 1990 [TGB 1848].

Tilliette, Xavier (Hrsg.): *Schelling im Spiegel seiner Zeitgenossen,* Torino 1974 [SSZ I].

–: *Schelling im Spiegel seiner Zeitgenossen.* Ergänzungsband. Melchior Meyr über Schelling, Torino 1981 [SSZ II].

–: *Schelling im Spiegel seiner Zeitgenossen.* Bd. III. Zusatzband. Milano o.J. [SSZ III].

–: *Schelling im Spiegel seiner Zeitgenossen.* Bd. IV. Nachklänge. Milano 1997 [SSZ IV].

Literatur

H. Braun: *Friedrich Wilhelm Joseph Schelling (1775-1854).* In: O. Höffe (Hrsg.): Klassiker der Philosophie. 2. Bd. Von Immanuel Kant bis Jean-Paul Sartre. München [3]1995.

S. Dietzsch: *Friedrich Wilhelm Joseph Schelling.* Berlin/ Köln 1978.

A. Gulyga: *Schelling. Leben und Werk.* Aus d. Russ. übertr. v. Elke Kirsten. Stuttgart 1989.

J. Kirchhoff: *Friedrich Wilhelm Joseph von Schelling in Selbstzeugnissen und Bilddokumenten dargestellt,* Reinbek bei Hamburg 1982.

2. Zum Stand der Schelling–Forschung

Von einem *Stand* der Schelling-Forschung zu sprechen, scheint mir zum gegenwärtigen Zeitpunkt ein denkbar ungeeigneter Titel zu sein, denn in der Schelling-Forschung ist eine beachtliche Dynamik entstanden, die fast eher ein Umbruch zu nennen wäre. Die üblichen Klischees einer frühen Abhängigkeit von Fichte, einer kenntnisarmen Naturphilosophie, einer mit Hegel gemeinsamen Anlehnung an das Modell Spinoza, eines Entzuges in die Dunkelheit mystischer Tradition und Kabbala mit besonderer Hinneigung zu Böhme, einer Rettung konservativer Dogmatik und Politik durch eine »Offenbarungsphilosophie« und eines Endens in kritischer Bezogenheit auf die Philosophie Hegels, – all diese verbreiteten Vorstellungen, nach denen sonst der Stand der Schelling-Forschung geordnet zu werden pflegte, haben ihr Fundament verloren. Sie hatten sich gebildet und gewuchert auf einem Boden der Form der Werke Schellings, der zu erlauben schien, interpretierend Tendenzen herauszulesen, die bis zur Leugnung der Einheit des Zieles in der Philosophie Schellings reichten und als Proteus- oder Janushafte Mehrgestaltigkeit bildreich charakterisiert wurden. Besonders auch biographisch-psychologisierende Deutung und historisch-gesellschaftlicher Kontext wurden für die vermuteten Wandlungen Schellings als »Erklärungen« herangezogen. Sie sollten den Gegensatz verständlich machen zwischen dem unvergleichbar hohen Ansehen, das Schelling zeitlebens genoß, und der angenommenen Uneinheitlichkeit seiner Lehren.

Inzwischen scheint es aber sinnvoller, diese Annahme zu bestreiten und zu zeigen, daß die Philosophie Schellings »als Kontinuum anzusehen ist« (Loer 1974, S. 146) und »Nur *ein* Schelling« (Ehrhardt 1977, S. 111ff.) gesucht werden muß. Der Umbruch folgte der richtigen Vermutung von Horst Fuhrmans, daß »*wir für ein gültiges Interpretieren der Schellingschen Spätphilosophie neuer, weiterer Texte bedürfen, die das in den ›Sämmtlichen Werken‹ gegebene ergänzen*« (GPPh, S. 8). Die Planung einer *Historisch-kritischen Ausgabe* lenkte in den sechziger Jahren erstmals auf das Werk Schellings Forschungsaktivitäten, die nicht von interpretatorischen Vorgaben geleitet waren. Das Bedürfnis nach neuen Texten war insbesondere dadurch geweckt worden, daß die Rettung der Bearbeitungsstufen der *Weltalter*, die Manfred Schröter 1946 vorgelegt hatte, eine Reflexion auf die Arbeitsweise Schellings nötig machte. Der Wunsch nach neuen Quellen wurde aber entschieden verstärkt, nachdem Walter

Schulz 1955 die mögliche Annahme konsequent rationaler Argumentation der Vermutung dunklen, religiösen Überbaus entgegengesetzt hatte, dessen Vereinnahmung für diese oder jene Seite lange Forschungsmotiv gewesen war. Xavier Tilliettes Versuch, das Schellingbild eindeutiger zu machen, indem er möglichst viele Zeugnisse zusammentrug, die »*Schelling im Spiegel seiner Zeitgenossen*« zeigten, war ein erster, mächtiger Schritt, die Bereitschaft zu gewinnen, etwas Neues in der Schelling-Forschung zu erhoffen. Luigi Pareyson trug die verstreuten Veröffentlichungen Schellings zusammen und Horst Fuhrmans, Niklas Vetö, Hans Jörg Sandkühler und Barbara Loer gaben wichtige Hinweise, daß aus den in Berlin erhaltenen gebliebenen Teilen des sonst verlorenen Nachlasses einiges nutzbar gemacht werden könne.

Den bedeutendsten Einblick gewährte zunächst die umsichtige Transkription eines Fragmentes, an dem Barbara Loer 1974 *Das Absolute und die Wirklichkeit in Schellings Philosophie* genauer zu erhellen strebte, und zwar durch die Interpretation einer Strukturtheorie des Absoluten. Inzwischen hat die begonnene Erschließung der seit 1809 bis 1854 erhaltenen *Jahreskalender*, die Schelling für tagebuchartige Notizen und vor allem für philosophische Entwürfe nutzte, eine wichtige, neue Quelle geöffnet, die grundlegende Thesen in *statu nascendi* zeigt und überaus reich auch zeitgeschichtliche Bezüge erhellt. (*Philosophische Entwürfe und Tagebücher*, 1990ff.). Im Zusammenhang der *Historisch-kritischen Ausgabe* wurden bereits viele erhaltene Aufzeichnungen aus Schellings Studienjahren genutzt (vgl. z.B. AA I,2, S. 195ff.), neuerdings auch von Michael Franz.

Von hoher Bedeutung ist vor allem, von *Hartmut Buchner* ediert, Schellings Entwurf *Timaeus (1794)*, der zeigt, wie eigenständig Schelling von Anfang an seine Wurzeln in die Überlieferung treibt und wie wenig es sinnvoll sein kann, ihn aus der »Abhängigkeit« von einem andern Autor erklären zu wollen. Demgegenüber kann die Frage, ob Schelling eine platonisierende Kant-Rezeption oder eine Platon-Deutung aus der Perspektive der Philosophie Kants vollziehe, nur von nebengeordneter Bedeutung sein (vgl. M. Franz 1996, S. 242). Der Beginn der *Historisch-kritischen Ausgabe* bei den frühesten Veröffentlichungen Schellings erbrachte auch ohnehin alsbald das Ergebnis, daß die meist vermutete ursprüngliche Abhängigkeit von Fichte aus vielerlei philologischen Gründen nichts für die Erklärung bieten kann und Schellings Wirkung viel unmittelbarer einsetzt als früher angenommen wurde (vgl. Baumanns 1994, S. 41ff.). W.G. Jacobs hat aufs genaueste die Situation im Tübinger Stift sondiert und philosophische Grundentscheidungen im Spannungsfeld *Zwischen Revolution und Orthodoxie* bereits in Schellings

akademischen Abschlußarbeiten festgestellt, die – lateinisch veröffentlicht 1792 und 1795 – jetzt in der *Historisch-kritischen Akade-
mie-Ausgabe* (AA I,1, S. 101f. und AA I,3, S. 257f.) auch in deutscher Übersetzung vorliegen unter den Titeln *Ein kritischer und philosophischer Auslegungsversuch des ältesten Philosophems von Genesis III
über den ersten Ursprung der menschlichen Bosheit* und *Über Markion
als Emendator der Paulinischen Briefe*. Ebenso hat Jacobs methodische Grundpositionen auch in dem Aufsatz »Über Mythen, historische Sagen und Philosopheme der ältesten Welt« namhaft gemacht,
den Schelling 1793 veröffentlichte in der von H.E.G. Paulus herausgegebenen Zeitschrift *Memorabilien*. Gestützt werden können
diese Ergebnisse auch von den im Berliner Nachlaß erhaltenen Tübinger Studien zum Römer- und Galaterbrief, auf die Schelling öfter
wieder zurückgegriffen hat. Sie werden bereits zur Edition vorbereitet.
    Ebenso wie die Legende einer frühen Abhängigkeit von Fichte
hat die Verbesserung der Quellenlage inzwischen das schon in den
dreißiger Jahren des vorigen Jahrhunderts aufgekommene Klischee
zerbrochen, die ungeheuere Wirkung der Naturphilosophie Schellings sei wie ein romantischer Rausch aus Unkenntnis der Naturwissenschaften hervorgegangen. Nachdem sich die *Historisch-kritische
Ausgabe* die Mühe machte, wissenschaftshistorisch den Kontext der
Naturwissenschaften darzustellen, in dem Schelling seine Naturphilosophie entwarf, wird niemand mehr behaupten mögen, Schelling
habe unzureichende Kenntnis von den damals bekannten Forschungen gehabt und spekulativ Wissenslücken überdeckt. Vielmehr wurde deutlich, daß Schellings Interessen an der Natur keineswegs erst
in den Leipziger Studien beginnen und er den Willen, die »verbor-
gene Spur der Freiheit« (SW III, S. 13) auch im Sein der Natur auf-
zuzeigen, durch viele aktuelle Entdeckungen bestätigt finden kann
und mit Recht auch eine Einwirkung seiner Philosophie auf die
konkrete Fortentwicklung der Fragestellungen der Naturwissenschaften behauptet werden darf. Selbst in der Gegenwart konnten
fruchtbare, nicht nur sprachliche Analogien zu seinem Prinzip des
allgemeinen Organismus gezeigt werden, die eine fortdauernde Relevanz der von Schelling entdeckten Interpretationsmodelle in Fragestellungen heutiger Naturwissenschaft hervorheben (vgl. Heuser-
Keßler/ Jacobs 1994).
    Schellings Verdienst, einen Begriff der Natur geschaffen zu ha-
ben, der diese nicht als etwas der Freiheit Entgegenstehendes, sondern aus Freiheit und auf Freiheit hin Wirkendes erkennt, wird gegenwärtig auch hervorgehoben im Kontext des gestiegenen Verant-
wortungsbewußtseins für die ökologischen Zusammenhänge der

Natur (vgl. Schmied-Kowarzik 1996). Die lange Zeit der Dominanz der abweisenden Urteile von Naturwissenschaftlern über Schellings Naturphilosophie läßt sich wohl nur noch »historisch erklären«, da sie einerseits nur eine veränderte Selbstinterpretation der Stellung der Naturwissenschaften dokumentierte, andererseits mit dem lange in ihnen fehlenden Sinn für die Historizität ihrer Methoden verbunden war.

Die Originalität Schellings zu bestreiten, war bis in die jüngste Zeit vor allem auch ein Interesse der Hegelforschung, in deren Umfeld *Ein Bedürfnis nach Schelling* (Braun 1990) und die Forderung resultierten, »[...] *also muß auf Schelling zurückgegangen werden«* (Ehrhardt 1995), um die Engführung von Vernunft und Absolutheit zu überwinden.

Die Tendenz, eine frühe Selbständigkeit von Hegels Philosophie oder gar Priorität seiner Gedanken schon in den Jenaer Jahren nachzuweisen und sogar davor, entwickelte sich vor allem im Umfeld der Historisch-kritischen Hegel-Ausgabe und entzündete sich vor allem an dem Streit um die noch immer offene Frage, wer als Urheber des sogenannten *Ältesten Systemprogramms* zu gelten habe. Viele Argumente über die Grenzen der Jenaer Gemeinsamkeit von Schelling und Hegel hat Klaus Düsing 1988 anhand von Aufzeichnung des beiden gemeinsamen Hörers Ignaz Troxler untersucht. Aufschlußreich sind auch Schellings Anmerkungen zu Hegels Habilitationsthesen, die Wolfgang Neuser 1986 herausgab. Letztlich Ausgewogenes über das Zusammenwirken von Schelling und Hegel in Jena wird sich aber wohl erst darstellen lassen, wenn auch die Historisch-kritische Schelling-Ausgabe in diesen Zeitraum vorgedrungen ist und auch die scheinbare kurze Anlehnung an die Darstellungsform Spinozas in ihren rhetorischen Zwecken deutlich gemacht werden kann als ein *Schelling »untergräbt« Spinoza* (vgl. Ehrhardt 1994, S. 263ff.).

Allgemein ist durch die neu gewonnenen Einblicke in Schellings Art der Aneignung der Tradition das Interesse sehr zurückgetreten, Erklärungen der Philosophie Schellings durch Identifikation mit anderen historischen Positionen zu versuchen. Besonders die häufig bemühten Bezüge zu *Böhme, Baader, Plotin und Kabbala* scheinen mehr die Funktion gehabt zu haben, ein Unverstandenes durch ein anderes Unfaßliches zu ersetzen, und dürften den durch die *Historisch-kritische Ausgabe* gesetzten Ansprüchen auf philologische Ausweisbarkeit von Entsprechungen kaum standhalten. So konnte z.B. Christoph Schulte 1993, gestützt auf eine Auflistung der von Schelling benutzten Bücher, die Vermutung einer intensiven Orientierung Schellings an der *Kabbala* in das Reich der Legenden verweisen.

Das Bedürfnis, die überkommenen Legenden der Schelling-Deutung abzutragen, wird aber nicht nur durch die erhöhten philologischen Ansprüche getragen, sondern resultiert auch aus der von Walter Schulz 1955 begonnenen und mit ganz anderen methodischen Mitteln auch von Wolfgang Hogrebe 1989 und Thomas Buchheim 1992 ausgewiesenen Möglichkeit, Schelling ohne Rekurs auf nicht allgemein verstehbare Reste zu interpretieren. Mit der Zerstörung der Legende von der zentralen Rolle der *Philosophischen Untersuchungen über das Wesen der menschlichen Freiheit,* der sogenannten »Freiheitschrift«, zu der noch Martin Heidegger die irreführende Deutung gab, »Seyn« werde bei Schelling »als Freiheit verstanden« , wurde deutlich, daß die anfängliche These Schellings, das A und O sei Freiheit, weit über den menschlichen Aspekt, daß Freiheit ein Vermögen des Guten und des Bösen sei, hinausreicht und vielmehr alle Gebiete verbindet, die Gegenstand der Philosophie sein sollen (vgl. Ehrhardt 1996, S. 250).

Das Mißverständnis, *Sein* werde als Freiheit ausgelegt, hat im Grunde die Schelling-Rezeption bereits sehr früh belastet. Schelling hatte sich schon entschieden dagegen verwahrt. Z.B. erinnerte er, daß es in der Philosophie ihm von Anfang an um ein Wollen gegangen sei, während Hegel ein seiendes Absolutes gesucht habe und fälschlich unterstelle, er habe dies auch gewollt (vgl. SW X, S. 149). »Wollen ist Ursein« lehrte Schelling in einer Zeit, der durch Kant bewußt geworden war, daß, ein Sein der Freiheit zu behaupten, in Hinblick auf die Antinomien der reinen Vernunft gar nicht allgemeine Zustimmung erwarten kann, wohl aber ein allen gemeinsames Sollen die Erfahrung der »Thatsache der menschlichen Freiheit« (Schelling 1841, S. 204) verbürgt. Mit Recht betonte daher Annemarie Pieper 1977 (*ZfphF*, Bd.31, S. 552) die Fundierung des frühen Schellingschen Ansatzes im Primat der praktischen Philosophie. Die »*deontische Wende*«, der Vorrang des Sollens vor dem Sein, wurde Schelling mit zum Motiv, überall geschichtlich zu denken, das System als Prozeß zu entwerfen (vgl. Ehrhardt 1995, S. 227). »Die Philosophie will hinter das Sein kommen; ihr Gegenstand ist also nicht das Sein selbst, sondern das, was vor dem Sein ist« (UPhO, S. 23). »Wollen ist Ursein« heißt primär: nicht, was ist, sondern was sein soll, wird gewollt. Freiheit ist nicht. Freiheit *soll* sein.

Dieses Wollen leitet Schelling überall, aber, daß nicht was ist, sondern was sein soll, gerade auch im Gebiet der Religion gewollt wird, dies zu zeigen, mußte natürlich speziell dort zu Mißverständnissen und Orientierungslosigkeit führen, wo gewöhnlich emphatisch ein *Sein* als Höchstes genommen wird, – sei es der Gottheit selbst oder nur ihres Willens (vgl. Kap. 9). Schelling versuchte, in der Geschichte der Religion von den mythologischen und geoffenbarten Anfängen bis zu der Forderung einer philosophischen Religion ein Christentum zu erweisen, das »so alt als die Welt« ist (UPhO, S. 17), wenn Schöpfung Freiheit und ein Zeugen von Freiheit sein soll. Die Deutung Christi als gegebene Freiheit, als der Mensch, der sein soll, schien Schelling selbst in seinem »ganz theologisch gewordenen Jahrhundert« (vgl. SW X, S. 398) »noch immer zu früh« (SuM, S. 73) zu kommen. Er hat in diesem Gebiet daher mehr der Wirkung seiner mündlichen Anregungen als schriftlicher Darstellung vertraut. Mit der Methode, nur durch vollständige Erörterung aller Möglichkeiten das zu Wollende zu zeigen, führte er ohne dogmatischen Anspruch dorthin, wo ein Wollen der Freiheit den Übergang zu positiver Philosophie öffnet.

War dadurch ohnehin die Bildung einer ›Schelling-Schule‹ prinzipiell unmöglich gemacht und kein testamentarischer Lehrbestand zu erwarten (vgl. Melchior Meyr, in: VüM, S. 169ff.), so hatte die Wiederbenutzung und Umarbeitung der Kolleghefte für anders vorbereitete Hörerkreise den aus dem Nachlaß von Schellings Sohn edierten Vorlagen zur Philosophie der Mythologie und zur Philosophie der Offenbarung eine Gestalt gegeben, deren Adäquatheit schon unmittelbar nach dem Erscheinen von Johann Eduard Erdmann bezweifelt wurde und die von Xavier Tilliette schließlich mit Recht ein Torso genannt wurde. Auf diesen Teil des Schellingschen Werkes war daher die Formulierung von Horst Fuhrmans, daß wir *»für ein gültiges Interpretieren [...] neuer, weiterer Texte bedürfen«* (GPPh, S. 8), vornehmlich gerichtet. In diesem Gebiet hatte Schelling, der so früh und direkt zum Veröffentlichen bereit war, seit 1815, seit er in der Schrift *Über die Gottheiten von Samothrace* die These gezeigt hatte, daß sich Götter nicht emanativ, sondern in aufsteigender Reihe folgen, nur mehr seiner persönlichen Wirkung vertraut. Was lag daher näher, als das Gewollte aus den bei den Schülern gereiften Früchten erkennen zu suchen?

Horst Fuhrmans, der uns neben Manfred Schröter als Einziger Erinnerungen an den 1944 verbrannten Nachlaß Schellings in München übermitteln konnte, bezeugte sogar, daß selbst Schelling gelegentlich auf Hörernachschriften seiner Vorlesungen zurückgegriffen hatte. Er äußerte daher Zweifel an der unbedingten Authentizität der von K.F.A. Schelling in den *Sämmtlichen Werken* wiedergegebenen Texte (vgl. Initia, S. XXII). Fuhrmans hat in der Absicht, mit neuen Texten zu interpretieren, intensiv und erfolgreich Nachschriften aufgespürt und diese teilweise schon selbst zugänglich gemacht. Leider hat er dabei seinen vorherrschenden Interpretationsinteressen aber ein wenig mehr Raum gegeben, als bei wissenschaftlichen Ersteditionen vertretbar ist. Zwar war er sich der Problematik, aus mehreren Vorlagen zu kompilieren, durchaus bewußt, aber die im einzelnen begründenden Anmerkungen seines Vorgehens blieben uns für einen zweiten, leider nicht erschienenen Band seiner *Grundlegung der positiven Philosophie* vorenthalten. Dadurch regte Fuhrmans die Suche nach einem Ariadne-Faden für das sackgassenreiche Labyrinth der in den *Sämmtlichen Werken* erschienenen »Nachgelassenen Schriften« jedoch letztlich nur umso mehr an.

Niklas Vetö legte 1973 unter Fuhrmans Ägide einen fruchtbaren Vergleich der *Stuttgarter Privatvorlesungen* mit einer Nachschrift aus der Hand von Georgii vor, die Schelling selbst korrigiert hatte lange vor der endgültigen Ausarbeitung seines Manuskripts. Durch eine von Ernst Behler 1976 im *Philosophischen Jahrbuch* veröffentlichte Nachschrift der Jenaer Vorlesungen über Philosophie der Kunst war erkennbar geworden, daß Schelling ohne inhaltliche Abweichungen offenbar in Würzburg seine Formulierungen einem mehr theologisch vorgebildeten Hörerkreis angepaßt hatte. Konnte eine ähnliche rhetorische Anpassung an die Berliner Gegebenheiten nicht zur Entstehung von Unklarheiten in der Philosophie der Mythologie und in der Philosophie der Offenbarung beigetragen haben? Konnte das in Berlin Gelehrte von dem, was in München vorgetragen worden war, mittels Nachschriften abgeschieden werden? Solchen Hoffnungen stand aber zunächst entgegen, daß die sehr unterschiedlichen Qualitäten der Nachschriften jede Auswahl bereits zu einer unzulässigen Interpretation machen mußten und dies umso mehr, als Schelling selbst nicht eben sehr positiv von den im Umlauf befindlichen Nachschriften seiner Vorlesungen gesprochen hatte.

Was lag daher näher, als *den* Texten nachzuspüren, an denen sich derjenige orientiert hatte, den Schelling selbst seinen besten Schüler nannte? Maximilian II. von Bayern, zu dessen philosophischem Lehrer Schelling 1835 höchst ehrenvoll ernannt worden war und der ihm zeitlebens als Freund verbunden blieb, nannte die *Einleitung in die Philosophie* aus dem Sommersemester 1830 Schellings »Hauptwerk« und studierte es wiederholt anhand einer Nachschrift, die sich erhalten hat. Sie wurde 1989 veröffentlicht (Schellingina Bd. 1). Maximilian hatte sie auch Schelling zur Prüfung vorgelegt. In dieser »Einleitung« ist ein Ariadne-Faden gegeben (vgl. EPh, S. 142). In kaum zu übersehender Deutlichkeit ist der Übergang in die positive Philosophie dort dargestellt und erkennbar, daß die von Fuhrmans gegen Walter Schulz geltend gemachten theologischen Abhängigkeiten keineswegs als Voraussetzungen einzubringen sind. Ebenso klar aber zeigen diese Vorlesungen, daß die Bedeutung der Hegelkritik für die Entwicklung der positiven Philosophie viel geringer ange-

setzt werden muß, als Walter Schulz angenommen hat. Da diese
Vorlesungen die letzte Kritik Schellings an Hegel zu dessen Lebzeiten enthalten (vgl. Ehrhardt 1992, S.11ff.), müssen sie noch nicht
auf die Polemik der Schüler und Epigonen Hegels Rücksicht nehmen. Die *Einleitung in die Philosophie* von 1830 zeigt darin deutlich, daß der vielzitierte Streitpunkt zwischen Schulz und Fuhrmans,
in dem noch Hermann Zeltner 1975 seinen Bericht über die *Schelling-Forschung seit 1954* zentrierte, nicht die Relevanz beanspruchen
kann, die ihm zuzukommen schien.

Durch eine in Maximilians Papieren erhaltene »Skizze« (vgl.
SuM, S. 35ff.) der *Philosophie der Offenbarung*, die Schelling 1831/
32 zuerst vorgetragen hatte, wurde auch nahegelegt, diese Vorlesung
in ihrer ursprünglichen Gestalt zu ermitteln, denn jene *von Schelling
überprüfte Skizze* ließ sich nicht mit dem Text der *Sämmtlichen Werke* in Kongruenz bringen. Die Suche nach der am besten klärenden
Nachschrift wurde aber unverhofft überflüssig durch einen glückli-
chen Fund in der Universitätsbibliothek Eichstätt. Dort hatte sich
eine Abschrift des von Schelling selbst benutzten Textes erhalten, die
also selbst im Vergleich mit dem in den *Sämmtlichen Werken* gedruckten Formulierungen Authentizität beanspruchen darf. Daher
wurde dieser Text 1992 mit dem Titel *Urfassung der Philosophie der
Offenbarung* veröffentlicht.

Schelling führte 1831 in diese Vorlesungen ein mit den Worten:
»Ich beginne heute einen Vortrag, welchen ich als das Ziel aller meiner bisherigen Vorträge betrachten darf« (UPhO, S. 3). Später hat
sich Schelling wiederholt darauf berufen, nichts vorzutragen, was
nicht 1831/32 ebenso gesagt worden sei. Der *Urfassung der Philosophie der Offenbarung* kommt daher eine gewisse *Kontrollfunktion* im
begonnenen Umbruch der Schelling-Forschung zu, und ihre primä-
re Benutzung muß als *didaktische Empfehlung* für Studierende ausgesprochen werden, da viele Unklarheiten der Schelling-Interpretation
offenbar durch die Gestalt des Textes der *Sämmtlichen Werke* mitver-
ursacht wurden. Insbesondere beseitigt die *Urfassung* jeden Zweifel
daran, daß Schelling auch in der Darstellung der Wirklichkeit der
Religion Freiheit als Höchstes erweisen wollte. Der markante Satz:
»*Freiheit* ist unser und der Gottheit Höchstes« (UPhO, S. 79)
schließt jede Möglichkeit aus, ein Höheres als Freiheit zu wollen.

Den Perspektiven, die ein anderes Ziel in der Philosophie Schellings vermuteten und eine religiös oder gesellschaftlich motivierte
»Abtrünnigkeit« (Heinrich Heine) von dem »aufrichtigen Jugendge-
danken« (Karl Marx) unterstellen wollten, ist dadurch jeder Boden
entzogen. Da durch edierte Nachschriften inzwischen der Anfang
und das Ende der Münchener Lehrtätigkeit Schellings in seiner Ten-

denz recht genau verglichen werden kann und auch aus den dazwischen liegenden Jahren einige Nachschriften schon veröffentlicht wurden und andere noch erwartet werden können, dürfte die Unsicherheit, die für die Schelling-Forschung durch die schlechte Quellenlage für diesen Zeitraum bestand, bald gänzlich geschwunden sein.

Weniger erfolgreich war die Methode, über Nachschriften zu einer Grundlage für »gültiges Interpretieren« (GPPh, S. 8) zu kommen, bisher für die Abscheidung der Berliner Diktion Schellings. Zwar hat eine von Manfred Frank aus dem böswilligen Buch von H.E.G. Paulus über *Die endlich offenbar gewordene positive Philosophie der Offenbarung* isolierte, – angeblich – aber in Wahrheit keineswegs wörtliche Nachschrift inzwischen als Taschenbuch fast einen höheren Bekanntheitsgrad erreicht als der Text der *Sämmtlichen Werke*, aber als verläßliche Quelle kann dieses Buch nicht dienen, weil unverkennbar Spuren Paulusscher Polemik in den Text eingeflossen sind und auch der Nachschreiber, der kürzlich als der auch als Freimaurer publizierenden Alexis Schmidt identifiziert wurde, seine Notizen wohl schon nur in theistischer Perspektive ausarbeiten konnte.

Noch stehen also leider von den Berliner Vorlesungen keine Nachschriften zur Verfügung, die in Präzision und Vollständigkeit den aus der Münchener Zeit stammenden vergleichbar wären. Da Schelling bei schon nachlassender Arbeitskraft aber auch wohl vielfach genötigt war, auf Münchener Papiere zurückzugreifen, statt konsequent neu zu gestalten, dürfte eine historisch-kritische Scheidung des in Berlin und München gelehrten eine äußerst schwierige Aufgabe werden.

Ebenso offen ist bisher, ob der Berliner Nachlaß insbesondere am Leitfaden der *Jahreskalender, Philosophischen Entwürfe und Tagebücher* zureichende Grundlagen für eine isolierte Interpretation der Abhandlungen bieten wird, die zusammengefügt wurden unter dem provozierenden Titel *Philosophische Einleitung in die Philosophie der Mythologie oder Darstellung der reinrationalen Philosophie* (SW XI, S. 253ff.) und in ihrem Schlußteil (ab, S. 550) sogar erst posthum von Schellings Sohn K.F.A. redigiert wurden.

Wenn derzeit die Dynamik der Schelling-Forschung auch noch vor allem auf dem Wege der Gewinnung »neuer, weiterer Texte« liegen muß, so sucht sie damit doch Grundlagen für ein sicheres Interpretieren zu schaffen, – ein Interpretieren, das Schelling nicht mehr nur die Wirkung eines »Zeitgenossen inkognito« zugesteht. Dem Stand der Schelling-Forschung läßt sich daher gegenwärtig wohl auch am ehesten das Prädikat zuschreiben, »en devenir« zu sein. Damit ist jedoch nur die allgemeine Tendenz charakterisiert, die im

»Stand« der Schelling-Forschung erkennbar ist. In den einzelnen Gegenstandsbereichen, die in den folgenden Kapiteln betrachtet werden, finden sich entsprechend spezifische Berichte über Resultate und Fortgang in den Teilgebieten.

Literatur

F.W.J. Schelling: *Urfassung der Philosophie der Offenbarung*. Hrsg. v. W.E. Ehrhardt. Hamburg 1992.

H. Braun: »Ein Bedürfnis nach Schelling«. In: *Philos. Rundschau* 37 (1990), S. 161ff.

W.E. Ehrhardt: »Die Wirklichkeit der Freiheit«. In: Speck, J. (Hrsg.): *Grundprobleme der großen Philosophen. Philosophie der Neuzeit II.* UTB 464. Göttingen 1976, S. 109-144.

–: »... also muß auf Schelling zurückgegangen werden«. In: *Philos. Rundschau* 42 (1995), S. 1-10 u. 225-233.

H. Zeltner: *Schelling-Forschung seit 1954*. Darmstadt 1975.

3. Die Bedeutung antiker Philosophie für Schellings philosophische Anfänge

Einen Grund für die Frage nach der Bedeutung antiker Philosophie für die philosophischen Anfänge Schellings gibt es erst, seitdem die Forschung den Teilnachlaß des Philosophen, der in Berlin gelagert war, mit in ihre Betrachtungen einbezieht. In der Berlin-Brandenburgischen Akademie der Wissenschaften sind nämlich eine Reihe von *Jugendschriften* des Schülers und Studenten Schelling erhalten geblieben. Und zwar handelt es sich um einen Bestand von etwas über 20 sogenannten »Studienbüchern«, die einen neuen Einblick in die früheste intellektuelle Beschäftigung Schellings gewähren. Die ältesten fünf dieser *Notizbücher* stammen noch aus der Schulzeit in Bebenhausen und zeigen, wie fortgeschritten und bewandert in philologischen Dingen schon der Schüler Schelling war. Bei weiteren zehn dieser Bücher handelt es sich sodann um (zum Teil bearbeitete oder abschriftliche) *Kollegnachschriften* aus der Universitätszeit, hauptsächlich von exegetischen Vorlesungen des Tübinger Orientalisten C.F. Schnurrer, den der ganz junge Schelling als seinen großen Lehrer betrachtete, nicht ohne ihn darum gelegentlich etwas altklug zu kritisieren. Daneben finden sich aber auch eigene Ausarbeitungen des jungen Studenten, die zunächst an die Thematik der Schnurrerschen Vorlesungen anknüpfen, also etwa *Kommentierungen* der alttestamentlichen Propheten *Jesaja* und *Jeremia*, aber auch der *Paulinischen Briefe* an die *Römer* und die *Galater* bieten. Seit etwa 1792 gibt es in diesen Studienbüchern jedoch auch Texte Schellings, die sich außerhalb des biblischen Terrains bewegen. In der Hauptsache beschäftigen sich diese Texte zunächst mit der antiken Philosophie, vor allem Platons, und dem, was Schelling zusammenfassend »Vorstellungsarten der alten Welt« nennt.

Ein Überblick über diesen (zum Teil noch unveröffentlichten) Nachlaß von Jugendschriften ergibt, daß das, was wir »antike Philosophie« nennen, für Schelling noch Überlieferungen enthielt, die wir heute unter anderen Rubriken unterzubringen gewohnt sind. Vor allem fällt ins Auge, daß Schelling sich sehr ausgiebig mit den Relikten jener spekulativ-religiösen Bewegung befaßt hat, die unter dem Namen des »*Gnostizismus*« zusammengefaßt zu werden pflegt. Zwar dienten diese Studien zum antiken Gnostizismus hauptsächlich der Vorbereitung einer theologischen Dissertation, die sich mit dem bedeutenden Gnostiker *Marcion* beschäftigen sollte und die auch tatsächlich, aus Opportunitätserwägungen thematisch eingegrenzt auf einen textkritischen Aspekt, im Herbst 1795 in Tübingen als theologische Doktorarbeit akzeptiert worden ist. Die Art freilich der Beschäftigung mit dem Gnostizismus, die Schelling in seinen Aufzeichnungen der Jahre 1793 und 1794 an den Tag legte, macht deutlich, daß er den Gnostizismus auch als eine philosophisch höchst relevante Angelegenheit betrachtete. Im einzelnen nämlich folgte Schelling einer im 18. Jahrhundert weitverbreiteten Auffassung, nach der im Gnostizismus so etwas vorliege wie die oder eine maßgebliche »orientalische Philosophie«. Unter dem Oberbegriff »antike Philosophie« pflegte man im 18. Jahrhundert zu unterscheiden die *griechische Philosophie* einerseits und die *orientalische Philosophie* andererseits. Der Blick auf Schellings Studiengegenstände 1792-94 zeigt nun, daß, wenn es einen bedeutsamen Einfluß antiker Philosophie auf den frühen Schelling gibt, dazu neben der griechischen Philosophie und ihrem Hauptvertreter Platon eben auch die sogenannte orientalische Philosophie mit dem Hauptelement des Gnostizismus gehört.

3.1 Die Entmythologisierung antiker »Vorstellungsarten«

Der erste erhaltene Aufsatzentwurf Schellings zur antiken Philosophie trägt den – überlangen – Titel »Über Dichter, Propheten, Dichterbegeisterung, Enthusiasmus, Theopnevstie, und göttliche Einwirkung überhaupt – nach Platon« (vgl. Franz 1996, S. 283-300). Schelling untersucht hier – in dem gleichen *entmythologisierenden* Denkstil, den er zuvor schon in älteren Studienheften auf die Propheten des Alten und den Apostel Paulus im Neuen Testament angewandt hatte – eine für die »alte Welt« kennzeichnende »Vorstellungsart«, nämlich die Vorstellung von der göttlichen Eingebung, der die Botschaften von Propheten und Dichtern sich verdanken. Angesichts der Tatsache, daß diese in der vorchristlichen Antike weitverbreitete Auffassung in den Händen der christlichen dogmatischen Theologen zu einem speziellen Werkzeug der Immunisierung ihrer Bibel gegenüber jeglicher Sachkritik geworden war, wird man das Aufgreifen dieses Themas durch den ehrgeizigen jungen anti-orthodoxen Studenten verständlich finden. Darum ist es aber umso auffallender, daß Schelling mit dem *Inspirationsglauben* eben keineswegs kurzen Prozeß macht. Eine gänzliche Eliminierung solchen Wunderglaubens, wie sie in der Linie der radikalen Aufklärung gelegen hätte, ist nicht sein Ziel.

Schelling behandelt das Thema des prophetischen *Enthusiasmus* und der dichterischen *Begeisterung* also nicht wie einen längst obsolet gewordenen heidnischen oder christlichen Aberglauben. Er bringt es stattdessen gleich in Zusammenhang mit dem *Geniebegriff* des 18. Jahrhunderts, für den er bei Gelegenheit Rousseau zitiert, und von daher handelt es sich jetzt nicht mehr nur um eine antike, sondern zugleich um eine zeitgenössische Theorie, die sich auf dem Prüfstand befindet. Der Text, an dem die Überprüfung vorgenommen wird, ist freilich der Platonische, und zwar in erster Linie der Dialog *Ion*, daneben aber auch einige andere Stellen aus dem *Menon* und der *Apologie*.

Die Analyse der Platonischen Texte über »Begeisterung« führt Schelling zunächst auf die Feststellung einer »Antithese«, die den Argumentationen Platons zugrundeliege. Für Platon gebe es bezüglich der Erklärung von Phänomenen außergewöhnlicher *Kreativität* des Geistes nur die Alternative: entweder sei derlei auf *göttliches Wirken* oder auf *menschliche Kunst* und Technik zurückzuführen. Und da Platon Argumente für den nicht-menschlichen Ursprung der entsprechenden Fähigkeiten vorbringen kann, möchte Schelling die Rede von der göttlichen Kraft, die in Dichtern, Propheten und Genies wirksam ist, auch gutheißen. Und zwar deshalb, weil er den Sinn der mythisch klingenden Rede von göttlicher Wirkung in Menschen darin erkennt, daß damit nämlich nichts anderes als der nicht-empirische Ursprung der entsprechenden Wirkungen des Geistes bezeichnet werden soll. Schelling notiert:

> Überhaupt sieht Plato alles für göttliche Wirkung in der menschlichen Seele an, oder stellt es vielmehr als solche dar, was entweder *in der Idee* ohne *alle empirische* Ursache und ohne allen *empirischen* Fortschritt (wie Tugend) oder wenigstens ohne *leicht zu bemerkende* empirische Ursache, und *ohne leicht zu bemerkenden* empirischen Fortschritt (wie z.B. Begeisterung) entsteht – kurz alles, wo das empirische Datum entweder ganz fehlt, oder schwer zu finden ist. (Franz 1996, S. 290)

Die Begeisterung wird hier fast zum Analogon der Tugend, insofern sie eben auch jenes Kriterium der *Reinheit* zu erfüllen scheint, die das Kennzeichnen dessen ist, was ohne jede empirische Bestimmung ist. Und diese das Empirische überall transzendierende Tendenz der Platonischen Philosophie, die ihr im 18. Jahrhundert den Beinamen eines »Intellektualsystems« eingetragen hatte, scheint Schelling durchaus zu begrüßen. Sie scheint sich einfügen zu lassen in das auf Kant zurückgehende Konzept der durch die praktische Vernunft garantierten »Eröffnung der intelligiblen Welt« (vgl. KpV, S. 168). Mit andern Worten: Begeisterung eröffnet uns einen Zugang zur »intelligiblen Welt«, der demjenigen, den uns die praktische Vernunft eröffnet, analog ist.

Eine ganz eigene Nuance steuert Schelling aber am Ende dieser Passage noch bei. Er zitiert jene bekannte Stelle aus der *Apologie*, darin Sokrates berichtet, daß er auch zu den Dichtern gegangen sei, um zu erfahren, ob sie etwas wüßten, aber nach kurzer Zeit herausgefunden habe, daß die Dichter nicht durch ein Wissen dichteten, was sie so dichteten, sondern durch eine gewisse Natur, und daß sie eben in Begeisterung redeten, wie die Orakelgeber und Wahrsager (*Apol.* 22 A-C). Und nun findet es Schelling »merkwürdig«, »daß Platon den Ausdruck *physei tini* [durch eine gewisse Natur] gebraucht, wo er sonst *theia moira* [durch göttliches Geschenk] gebraucht«. Tatsächlich überrascht der Naturbegriff dort, wo es um die Erklärung von etwas Außergewöhnlichem, nämlich der Dichterbegeisterung, zu tun ist. Für Schelling wird die Platonische Formulierung jedoch zum »deutlichen Beweiß«, daß Platon mit dem Ausdruck ›göttliches Geschenk‹ »bloß überhaupt eine Kraft bezeichnen will, die man weiter zurük in keinen empirischen Zusammenhang mehr bringen kann, so wie man sagt; diß und das ist *von Natur so*, d.h. es läßt sich weiter kein Grund angeben, daß es da ist, als daß es die Natur so gewollt hat« (Franz 1996, S. 291). Mit andern Worten: im Munde Platons ist es kein Widerspruch, wenn er den dichterischen Enthusiasmus einmal als »göttliches Geschenk«, ein anderesmal als »eine gewisse Natur« des Dichters bezeichnet. Denn unter »Natur« ist hier eben gerade solches zu verstehen, das nicht in unserer Gewalt steht, sondern sich unseren Künsten, auch unserem Nachforschen nach Gründen entzieht. Gerade auf dieses Merkmal kommt es an für den Naturbegriff, um ihn von der »Seichtigkeit des Empirismus«, von der Kant gesprochen hatte (KpV, S. 168) zu emanzipieren.

Übertragen auf das entsprechende, mit dem zeitgenössischen Ausdruck *Genie* benannte Phänomen bedeutet solche Einsicht Schellings: »*Genie* eines Menschen ist eine Kraft, die nimmer in der Reihe *seiner* Wirkungen liegt, die unabhängig von *seiner* Wirksamkeit, seiner Freiheit vorhanden ist, und diß wollte Platon durch *physei tini*, und *theia moira* ausdrüken.« (Franz 1996, S. 291f.)

Die geistige Kraft, die Genie genannt wird, ist also nicht naturalistisch reduzierbar auf empirisch erklärbare Vorgänge. Sie überschreitet unsere Erklärungs- und Verfügungsgewalt. Als eine Art von Naturanlage kann sie nur verstanden werden, wenn hier eben jener transzendentale und nicht-empirische Naturbegriff vorausgesetzt wird, den Schelling zuvor als den platonischen herausgearbeitet hat.

Die entmythologisierende Analyse der antiken Vorstellungsart von Dichterbegeisterung und prophetischem Enthusiasmus vermeidet also konsequent einen naturalistischen Reduktionismus; sie verfällt aber andererseits auch nicht in das entgegengesetzte Extrem der Schwärmerei für das Übernatürliche. Die Natur des Geistes steht außerhalb unserer Macht und dennoch wohnt sie uns ein. Der »Geist« in seiner Erscheinungsweise als *Genie* ist so etwas wie ein »Gott in uns«. In der Bemühung um eine hermeneutisch adäquate Interpretation antiker Vorstellungen von Begeisterung und göttlicher Eingebung liefert Schellings anfängliche Platon-Beschäftigung ihm also erste Hinweise auf eine *Theorie des Geistes*. Der später den Deutschen Idealismus kennzeichnende Rekurs auf die Idee des Geistes, als einer Wissen und Bewußtsein einbegreifenden und zugleich transzendierenden Sphäre, erhält hier einen ersten Anstoß durch eine Theorie, die im »Enthusiasmus« einen »Gott in uns« anerkennt. Dieser »Gott in uns« mag nun im Gefühl der Freiheit oder dem der Begeisterung greifbar sein. In beiden Fällen geht es um eine *schöpferische* Tätigkeit. Die Reminiszenz an den alten mittelalterlichen Hymnus *Veni Creator Spiritus*, »komm, Schöpfer Geist«, liegt nahe. Mit dem Motiv der Begeisterung kommt die griechische Vorstellungsart nämlich einem Begriff von »Geist« nahe, der im Griechischen nicht mehr durch *nus*, Verstand, wiedergegeben werden kann, sondern das Wort *pneuma*, Geist, fordert.

Von diesem Begriff *pneuma* hatte Schellings Vetter C.G. Bardili in einem in Tübingen sehr beachteten Buch über die Geschichte des Begriffs von »Geist« geschrieben, daß er orientalischen Ursprungs und der älteren griechischen Philosophie (einschließlich von Platon, Aristoteles und ihren Schulen) in dieser Bedeutung gar nicht bekannt gewesen sei. Das griechische Wort *daimon*, das aber bekanntlich auch der Ausdruck für den Sokratischen Genius, dessen Genie also, war, habe nicht jene Eigenart, »daß es gleich dem Worte *pneuma* ein Gattungsbegriff geworden wäre, der die Gottheit und die menschliche Seele unter sich begriffen hätte. Die Orientalische Bedeutung des Ausdrucks *pneuma* war den Griechen ganz unbekannt.« Dafür führt er dann auch Belege an. Erst viel spätere nachchristliche Schriftsteller hätten den Begriff richtig zu definieren unternommen. Bardili fährt fort: »Aber alles dieses, ist noch nicht *pneuma* im Sinne der Schrift, wenn sie Gott einen Geist nennt, und noch viel weniger im Sinne der späteren christlichen Philosophen,« womit Bardili freilich die Philosophie nach Descartes meint (Bardili 1788, S. 116).

Diese Bemerkungen stehen zwar nicht in Schellings Heften, aber sie gehören zum Umfeld und zur konsequenten Fortsetzung seiner Gedanken ganz gewiß. Denn Bardilis Auffassungen sind ja nicht vom Himmel gefallen, sondern in vielem das Produkt einer in Tübingen in den Achtziger Jahren des 18. Jahrhunderts begeistert betriebenen geistesgeschichtlichen Forschung auf dem Gebiet der klassischen griechischen und »morgenländischen« Literatur. Das erste, was sich Schelling aneignet aus dieser antiken Philosophie, ist gewissermaßen eine Anwartschaft auf eine Theorie des Geistes. Beerben soll dieser Geistbegriff nicht nur den Platonischen *nus*, sondern auch das »orientalische« *pneuma*.

Das Bild der Erb- oder Anwartschaft, das hier dazu dienen soll, das Verhältnis zur antiken Philosophie zu kennzeichnen, bedarf noch einer Präzisierung. Vergleicht man Schellings direkten Zugriff auf den Problembestand der antiken Philosophie und seine ebenso direkte Art und Weise, seine Probleme in denen der antiken Texte zu finden und von diesen Texten gegebenenfalls auch lösen zu lassen, mit der Einstellung seiner Stiftsfreunde Hegel und Hölderlin, so fällt auf, daß bei Schelling von einer »Nostalgie de la Grèce à l'aube de l'Idéalisme allemand«, einer »Griechensehnsucht«, wie sie bei Schiller, Hegel und Hölderlin diagnostiziert werden konnte (vgl. Taminiaux 1967), nicht viel zu spüren ist. Er geht viel sachlicher und, fast möchte man sagen, »professioneller«, an diese Texte und die darin geschilderten Sitten und Gedanken heran. Der junge Hegel übersetzt, Schelling kommentiert Platon. Verse wie die, die Hegel ein paar Jahre später unter dem Titel *Eleusis* an Hölderlin dichtete, »Geflohen ist der Götter Krais zurük in den Olymp / von den entheiligten Altären« kamen Schelling nicht in den Sinn und an Hölderlin hat Schelling noch nach dessen Tod im Rückblick auf die gemeinsame Tübinger Zeit zu bemängeln: »mit sr. Poesie konnt' ich mich nicht recht befreunden, da sollte nichts gelten, als die Griechen, mit dem Volksleben knüpfte er nicht an« (Tilliette 1981, S. 437). Schellings Begeisterung galt Gedanken und Einstellungen, sofern sie gegenwärtig sein konnten, und Platon kommt ihm da näher, wo er »gerade in dem Tone redet, den noch jetzt der unterdrükte Freund der Wahrheit annehmen muß« (*Timaeus*, S. 25), mit andern Worten da, wo er den Schellingschen Ton annimmt. Schelling sehnt sich nicht an andere, an antike Gestade, sondern ist froh, daß Platon bei ihm zu Hause ist.

3.2 Orientalische Philosophie

Unter »Gnostizismus« versteht man eine synkretistische Geistesströ-
mung, die dem jungen Christentum der ersten vier oder fünf Jahrhunderte zeitgenössisch war, und in der es darum ging, eine höhere
Erkenntnis oder »Gnosis« vom Schicksal der Welt und der Menschen in ihr zu erhalten. Solche »Erkenntnis« konnte sich über den
religiösen *Glauben* ebenso erhoben wissen wie über das philosophische *Wissen* (vgl. Röd 1994, S. 280). Die zum Teil sehr komplexen,
mit theosophischen und sogar magischen Vorstellungen durch-
mischten Weltsysteme der Gnostiker waren im 18. Jahrhundert ausschließlich aus den dagegen gerichteten Polemiken der *Kirchenväter*
bekannt. Heute liegen der Forschung durch glückliche Funde in
Ägypten, Vorder- und Zentralasien originale Texte des Gnostizismus
vor, deren Erforschung und Edition aber noch nicht abgeschlossen
ist (vgl. Rudolph 1975).

Die Erforschung des Gnostizismus hat – auf der Basis der
Kenntnisse, die man hauptsächlich aus den Kirchenvätern *Irenäus,*
Tertullian, Hippolyt und *Epiphanius* erlangen kann – gegen Ende des
17. Jahrhunderts begonnen, zunächst im Zusammenhang mit der
sorgfältigeren Neu-Edition der Werke der Kirchenväter. Die erste
zuverlässige Textsammlung der Gnostiker, ursprünglich erschienen
in Oxford im Jahr 1700, wurde bald auch als Anhang einer neuen
Irenäus-Ausgabe erneut veröffentlicht von René Massuet in Venedig
im Jahr 1734. *Massuet* stellte seiner Irenäus-Ausgabe nach damali-
gem Brauch außerdem auch einige eigene Abhandlungen voran, in
denen er die Ursprünge des Gnostizismus zu ergründen suchte.
Nach Massuet handelte es sich beim Gnostizismus um eine depra-
vierte Form des Platonismus, jedenfalls um eine aus griechischer
Philosophie sich speisende Weltanschauung, die von daher schon im
größten Gegensatz zum christlichen Glauben stehe. Gegen die Auffassungen des französischen Benediktinermönchs erhob sich aber
schon fünf Jahre später eine bedeutende Stimme aus dem Lager der
protestantischen Kirchengeschichtsschreibung. Der berühmte Grün-
dungskanzler der Universität Göttingen, Lorenz von Mosheim, stellte der Sicht Massuets eine völlig neue historische Theorie entgegen.
Nach *Mosheim* handelte es sich bei dem Gnostizismus um eine Fortsetzung eines von der griechischen Philosophie ganz verschiedenen
Traditionsguts, das er die »orientalische Philosophie« nannte. In der
deutschen Bearbeitung seines Lehrbuchs der Kirchengeschichte
heißt es dazu zusammenfassend:

Zur Zeit der Geburt Christi herrschte unter den nicht völlig ungesitteten Nationen überhaupt eine doppelte Art zu philosophiren. Die eine war die griechische, deren sich auch die Römer bedienten; die andere die morgenländische, die in Persien, Syrien, Chaldäa, Egypten, ja selbst auch unter den Juden, viele Anhänger hatte. Jene wurde eigentlich Philosophie genannt; diese aber von denen, welche griechisch redeten, *gnosis* (Erkenntniß) nämlich *theou* (Gottes). (Mosheim 1770, S. 34)

Der nach seinen Aussagen schon von den Kirchenvätern selbst versuchten Ableitung der Gnosis aus dem Platonismus hält er entgegen, die Kirchenväter seien eben zwar »rechtschaffene<n>, aber nur in der griechischen Philosophie unterrichtete<n> und in den Sachen der Morgenländer unwissende<n> Männer« gewesen (ebda, S. 104f.). Allerdings gebe es eine nicht zu leugnende Verwandtschaft zwischen dem Platonismus und dem Gnostizismus, im Ganzen sei aber für den Platonismus charakteristisch die »strenge Form der wissenschaftlichen Speculation; die Oriental. Philosophie hingegen sei ihrem Wesen nach eine Gnosis, Contemplation« (Lücke 1820, S. 155). Den systematischen Kern der gnostischen Systeme sieht Mosheim in der »Verschmelzung« von *Dualismus* und *Emanatismus* (Lücke 1820, S. 158, 163 und 169). Der Ursprung des weltanschaulichen *Dualismus* sei in der persischen (zoroastrischen) Religion zu finden und damit in dem ältesten System orientalischer Philosophie. Die *Emanationstheorie* dagegen sei in dem alexandrinischen, also ebenfalls orientalischen Platonismus konstruiert worden. Zusammengenommen entstehen so zwar Emanationsreihen von göttlichem Ursprung, die aber in Form von Syzygien, d.h. in der Form von stets neu sich herstellenden *Zweiheiten*, sich von dem göttlichen Ursprung entfernen, um freilich dereinst am Ende dieser bösen Welt diesen Ursprung, zur Erlösung aufsteigend, auch wieder zu erlangen.

3.3 »Lichter in der Nacht«

Was waren nun Schellings Motive für die Beschäftigung mit dem Gnostizismus? Zunächst hat es den Anschein, als ob er sich gleich nach dem philosophischen Magisterexamen dazu entschieden habe, das nun folgende Theologie-Studium mit einer Dissertation aus dem Gebiet der Dogmengeschichte der ersten drei Jahrhunderte n. Chr. abzuschließen. Die Arbeiten, die er um die Jahreswende 1792/ 93 beginnt, beschäftigen sich mit Marcion, also einem der Hauptvertreter des Gnostizismus gegen Ende des 2. Jahrhunderts – aus diesen Entwürfen wird dann bald schon die theologische Dissertation entstehen, die Schelling zwei Jahre später einreicht –, aber auch mit den Erzfeinden des Gnostizismus, den Kirchenvätern Irenäus und Tertullian. Man kann es diesen Ausarbeitungen anmerken, daß sie von einem starken anti-orthodoxen Affekt vorangetrieben werden. Er äußert sich in der Lust zu provozieren und den Spieß der Ketzerjäger umzudrehen. Dabei muß man allerdings berücksichtigen, daß diese Lust daran, die Ketzer zu verteidigen und die jeweilige Orthodoxie als herzlos und intellektuell minderbemittelt darzustellen, schon ein Jahrhundert lang eine gewisse Tradition hatte, vor allem in der pietistischen Ketzergeschichtsschreibung eines Gottfried Arnold. Darauf ist also nicht erst Schelling und die revolutionäre Generation der 1790er gekommen.

Neben diesen persönlichen Motiven kamen aber auch sachliche Gründe zum Zuge. In der philosophischen Dissertation von 1792 über den Sündenfall in Genesis III (1. Mose 3) hatte Schelling – zweifellos aus Reminiszenzen der Platonischen und Pythagoräischen Prinzipienlehre – ein Schema der Entwicklung des menschlichen Geistes aus dem biblischen Text herausinterpretiert, in dem auf eine *ursprüngliche Einheit* eine *Entzweiung* folgte, die den Zustand der Welt und des Menschen nach dem »Fall« kennzeichnete. Eine Aufhebung dieses Zustands der Entzweiung war zwar in der Dissertation auch schon aus allgemeinen eschatologischen Erwägungen in Aussicht gestellt worden. Aber gerade in dieser Hinsicht hatte der Gnostizismus detaillierte Szenarios des Wiederaufstiegs der gefallenen und entzweiten Seelen zur Einheit anzubieten. Diese gnostischen Szenarios des Seelendramas tauchen zwar in den Notizen Schellings aus dem Jahr 1793 kaum oder nur am Rande auf, sie haben aber eine unterirdische und verzögerte Auswirkung auf die späteren spekulativen Einsichten vor allem des Identitätssystems gehabt.

Einer der umfangreichsten Texte dieser Gnostizismus-Studien des Jahres 1793 trägt den anspruchsvollen Titel *Geschichte des Gnosticismus*. Gemäß dem Mosheimschen Ansatz, nach dem der Gnostizismus die Fortführung einer schon älteren orientalischen Philosophie ist, bemüht sich Schelling zunächst darum, einen Überblick über die politische und intellektuelle Geschichte der orientalischen Länder zu gewinnen. Also schreibt er sich Daten und Literaturangaben zusammen über die phönizische, die ägyptische, die indische, die persische und die chaldäische (d.h. babylonische) Geschichte. Dem vorausgeschickt wird allerdings eine Angabe darüber, wie sich der Autor die Entstehung des Gnostizismus grundsätzlich vorstellen möchte. Es heißt da:

Man unterscheide vorzüglich 2 verschiedene intellektuale Systeme, aus welchen der Gnosticismus floß. I. Das reinere, orientalische, das die sinnliche Welt als Nachbild der intellektualen betrachtet. [...] II. Das craßere System der Juden, das die Intellektualwelt selbst mit Geschöpfen der sinnlichen Welt bevölkert. (NL 28, S. 165 und 209)

Mit dem letzteren sind die Engel und der Satan gemeint, die in der exegetischen Wissenschaft der damaligen Zeit für Erfindungen spätjüdischer Sekten erachtet wurden. Schelling mischt hier mit den zwei intellektuellen Zutaten, dem »reinen Orientalismus« und dem »crassen jüdischen System«, auch zwei bekannte Erklärungshypothesen bezüglich des Gnostizismus. Zum einen ist unschwer zu erkennen die Mosheimsche Hypothese von der orientalischen Philosophie. Kennzeichen dieser orientalischen Philosophie und zugleich Zeichen ihrer Verwandtschaft mit dem Platonismus ist nach Mosheim der Grundsatz, »dass die Wurzel der Unterwelt in der Oberwelt verborgen liege und alle irdische Geschichte eine Spiegelung überhimmlischer Vorgänge sei« (Rossel 1854, S. 230). Demgegenüber erinnert die Angabe der zweiten Quelle, nämlich des Judentums und seiner Engelwelt, an die von dem Jenaer Philosophiehistoriker Franz Budde und dem reformierten Kirchenhistoriker Jakob Basnage schon um 1700 vertretene Herleitung des Gnostizismus aus dem Judentum, bzw. aus der Kabbala, mit ihrer Lehre von den Sefiroth.

Die gelehrte Notizen- und Zitatensammlung, die Schelling auf einer Reihe von über 100 Seiten ausbreitet, endet mit ebenso bemerkenswerten Sätzen. Es geht um den »Untergang des Gnosticismus«, bzw. seinen »Verfall«, der nach Schelling zugleich ein Verfall der spekulativen Philosophie ist. Schelling faßt zusammen:

Der Sturz des Gnosticismus hatte 1) einerseits den großen Vorteil, daß menschlichere Philosophie entstehen konnte, daß die Philosophie von den hyperphysischen Speculationen zum Menschen zurükkehren konnte – [...] – 2) andererseits aber den Nachteil, daß nun gar alle Philosophie zernichtet, und selbst jene menschliche Philosophie zernichtet wurde – Beinahe gänzliches Verschwinden aller Kezer aus der Geschichte – hier und da noch Monophysiten – Nestorianer [...] nachher nur noch wenige Namen – Lichter in der Nacht. (NL 28, S. 300f.)

Das Erleuchtete und Erleuchtende des Gnostizismus gegenüber der finsteren Nacht der altkirchlichen Orthodoxie besteht nach Schelling darin, daß er,

solange er existirte noch wenigstens zum Teil unter Orthodoxen den Geist der Philosophie erhielt. Der Gnosticismus überhaupt dekte die einzelnen

Untersuchungen über die Intellektualwelt – und erlaubte Philosopheme über Gottes Wesen überhaupt, die nun, da er fiel, nimmer erlaubt und der Geist in die Schranken eines Buchstabensystems, und einer von craßen – menschlichen Verhältnißen zusammengesetzten Theorie des göttlichen Wesens gebannt wurde. (Ebd.)

Ganz offenkundig rührt das Interesse Schellings am Gnostizismus her von dessen uneingeschränktem Charakter als einem Intellektualsystem. Unter einem »Intellektualsystem« ist ein solches philosophisches System zu verstehen, in dem sinnliche Daten und Ereignisse keine Rolle spielen, bzw. als Abglanz himmlischer Vorgänge erklärt werden müssen. Ein solches Intellektualsystem ist offenbar in der Lage, die internen Verhältnisse des Gottesbegriffs auf angemessenere Weise zu erklären als ein aus sinnlichen und intellektuellen Kriterien gemischtes System. Und an einer solchen unrestringierten Untersuchungsmöglichkeit für die Bestandteile der »Intellektualwelt« zeigt sich Schelling in höchstem Maß interessiert.

3.4 Das göttliche Vorstellungsvermögen

Der vielleicht wichtigste Text der frühen Beschäftigung Schellings mit der antiken Philosophie liegt im sogenannten *Timaeus*-Kommentar vor. Schelling möchte auf diesen fast 60 Seiten einen ganz bestimmten Themenkomplex des Platonischen Dialogs besprechen, das wird deutlich durch den letzten Satz von Schellings Erläuterungen, in dem dekretiert wird: »die weitere Ausführung der *mechanischen* Erzeugung u. des *physischen* Zusammenhangs der Elemente gehört nicht hieher.« (*Timaeus*, S. 75) Der Kommentator entscheidet durch das von ihm in den Mittelpunkt gerückte Thema, was nun zu kommentieren ist und »was nicht hieher gehört«. Der Kommentar wird also nicht um der Erläuterung der Meinung des zugrundegelegten Autors willen geschrieben, sondern um ein bestimmtes Thema im einzelnen besprechen zu können, und der zugrundeliegende Autor ist also nur so lange interessant, als er zu diesem Thema etwas beizutragen hat.

Zugleich ist in diesem seiner Sache so sicheren Schlußsatz des Schellingschen Texts die überraschende Entscheidung getroffen, daß eben diejenigen Themen, die den Naturphilosophen am brennendsten interessieren müssen, nämlich die »*mechanische* Erzeugung der Elemente« und ihr »*physischer* Zusammenhang«, daß eben diese naturphilosophischen Themen par excellence »nicht hieher gehören«, also nicht zu dem gehören, was Schelling diskutieren wollte. Entgegen allem, was bei dem zukünftigen Autor einer vielgerühmten Naturphilosophie zu erwarten war, zielt Schellings Interpretation von Platons *Timaios* nicht auf die Behandlung naturphilosophischer Themen (vgl. dagegen Krings 1994).

Schelling bespricht und exzerpiert Platons Dialog vom Beginn der ersten Rede des Timaios (27 C) bis einschließlich des ersten Abschnitts von dessen zweiter Rede (53 C). Er interpretiert damit nur denjenigen Teil des Platonischen Dialogs, der seiner Deutungsstrategie günstig ist. Diese Deutungsstrategie besteht nämlich darin, aus dem Platonischen Text transzendentalphilosophische Aufschlüsse zu entnehmen, also solche Aufschlüsse, die die Prinzipien des Verstands, oder anders ausgedrückt: die Bedingungen der Möglichkeit von Verstehen überhaupt, erhellen können.

Rasch kommt Schelling auf Platons Grund-These zu sprechen, daß die Welt von ihrem Schöpfer, dem Demiurgen, als Abbild nach dem Urbild der *Paradeigmata* modelliert worden sei, oder, wie Schelling das gleich formuliert, daß der Schöpfer »nach einem Ideal gearbeitet haben müße« (*Timaeus*, S. 24). Diese vorweltlichen *Paradeigmata* werden also identifiziert mit den »Ideen im göttlichen Verstand«, die aus der Tradition des Platonismus bekannt sind und die Schelling hier kollektiv die »Form der Welt« nennt. Mit andern Worten: die »Form der Welt« ist im göttlichen Verstand vorhanden. Daraus resultiert freilich ein Problem, nämlich, wie denn diese ideale Form der Welt mit der Materie oder ihrem ungeordneten Stoff andererseits vereinigt werden könnten zum Behufe des Werdens der Welt. Schelling löst das Problem durch einen Hinweis auf einen andern Text Platons, der im Dialog *Philebos* zu finden ist.

Dort kommt Platon ebenfalls auf die obersten »Arten des Seins« zu sprechen und entwickelt ihre Anzahl und ihr Verhältnis folgendermaßen. Ursprünglich einander entgegengesetzt seien *peras* und *apeiron*, die Grenze und das Unbegrenzte. Mit den Platon-Kommentatoren seit der Antike identifiziert Schelling das *apeiron* mit der »Materie« und entsprechend *peras* mit der »Form«. Nun betont aber der *Philebos*, daß diese beiden obersten Gattungen des Seienden nur durch ein drittes mit einander vereinigt werden könnten, bzw. daß es eben eine dritte Art geben müsse, die des aus Begrenztem und Unbegrenztem Gemischten. So müsse zu den ersten beiden entgegengesetzten Prinzipien ein *koinon*, ein Gemeinsames gefunden werden, in dem die Vermischung der beiden geschehen könne, und viertens ein Ursache, die die Vermischung bewirkt. Schelling greift auf dieses Prinzipienmuster des *Philebos* zurück und hier ist eine Kostprobe des aus *Timaios* und *Philebos* Gemischten (einige Zwischeneinschübe sind ausgelassen):

Da Platon die Welt [...] (als bloßen Gegenstand der Sinnlichkeit) so ganz heterogen mit allem *Formalen* ansah, so konnte er unmöglich die *Form* der Welt, ihre Regelmäßigkeit, u. Gesezmäßigkeit als eine der Materie *inhärirende*, oder von der Materie selbst *hervorgebrachte* Form betrachten. Er mußte diese Form der Welt als in etwas ganz andrem von aller Materie seinem Wesen nach verschiednen vorhanden annehmen; er sezte sie demnach in den *Verstand*, er beschrieb sie als etwas nur im Verstand faßbares [...] u. weil er die Ursache dieser Verbindung der Form (*peras*) mit der Materie (*apeiron*) weder in jener noch in dieser allein, noch in beiden zugleich finden konnte [...], so war (s. Philebus) ein 3tes nothwendig, das beide mit einander vereinigte, oder »der Welt eine Form gab, die ein Nachbild der ursprünglichen, reinen Verstandesform war«. (*Timaeus*, S. 27)

Diese »ursprüngliche, reine Verstandesform« ist aber – nach der *Timaios*-Auslegung Schellings – die *Form des göttlichen Verstands selbst*, denn Platon betrachtete, nach Schelling, »alle Begriffe in Bezug auf eine oberste Intelligenz, als aus der Form eines höchsten Verstandes, in dem das Ideal der Welt läge, abstammend« (*Timaeus*, S. 35). Auf der Basis dieser Grundannahmen sammelt Schelling aus dem Platonischen Text alles zusammen, was zur Ausrüstung dieses göttlichen Verstandes gehören muß und fügt so nach und nach eine ganze intelligible Welt zusammen. Er nennt diese Ausstattung des göttlichen Intellekts mit Formen der Anschauung und Formen des Verstands insgesamt die »reine Form des Vorstellungsvermögens« (ebda, S. 34), wobei das Attribut »rein« hier das Intelligible im Gegensatz zum Sinnlichen meint: die Reinheit des mundus intelligibilis, des *kosmos noetos* findet sich nur im göttlichen Geist.

In der zweiten Hälfte des Kommentars, da, wo nun das Thema der Materie am Platze wäre, kommt Schelling noch einmal auf die obersten Genera des *Philebos* zurück. Und nun deutet er das Begriffspaar *peras* und *apeiron* noch einmal auf eine neue und überraschende Weise. Er spricht nämlich von diesen beiden Platonischen Oberbegriffen als den »Formen aller Dinge«, »unter denen man sich den Ursprung der Welt denken müße« und die deshalb als »Formen des göttlichen Verstandes« zu betrachten seien (ebda, S. 63). Und zwar entsprechen diese beiden »Formen des göttlichen Verstandes« dem, was im menschlichen Verstand die Kategorien *Qualität* und *Quantität* sind. Im göttlichen Verstand ist also die Form der Welt dadurch bestimmt, daß Gott sie »ihrer *Materie* nach [...] aus dem *apeiron*, u. ihrer *Form* nach, aus dem *peras* zusammengesezt« hat, d.h. sie somit »als *Qualität* (Realität) bestimmt durch *Quantität* dargestellt« hat (ebda, S. 62).

Das ist natürlich eine sehr abenteuerliche Auslegung. Gewaltsam und abstrus erscheint sie einem nur, wenn man die stillschweigenden Voraussetzungen, die das zeitgenössische Platonbild bestimmen, nicht berücksichtigt. Im Rahmen dessen, was damals, etwa bei den führenden Platon-Interpreten *Plessing* und *Tennemann*, die Schelling beide zitiert, gang und gäbe und weitgehend durch den spezifischen Blickwinkel des führenden Historikers der Philosophie, Jakob *Brukker*, begründet war, nimmt sich die Schellingsche Deutung zwar durchaus originell aus, aber sie ist keineswegs unvergleichlich.

Das Entscheidende ist der Umstand, daß bei Schelling die Platon-Interpretation auf dem Weg ist zu einer eigenen Ausformulierung der systematischen Form der Philosophie. Wie Birgit Sandkaulen-Bock (1990, S. 25f.) schon gezeigt hat, ist in der Konstruktion der mit einander durch ein »gemeinsames« drittes vereinigten »Formen aller Dinge (*peras* u. *apeiron*)« hier im *Timaeus*-Kommentar schon ein Vorbote bemerkbar jener Konstruktion der *Form der Philosophie überhaupt*, die Schelling dann im September 1794 in seiner ersten transzendentalphilosophischen Veröffentlichung *Über die Möglichkeit einer Form der Philosophie überhaupt* vorlegen wird. So, wie im *Timaeus*-Kommentar die beiden entgegengesetzten Verstandesformen »Qualität« (*apeiron*) und »Quantität« (*peras*) in einem gemeinsamen Dritten (im *koinon*) zur »Qualität durch Quantität bestimmt« vereinigt werden, so werden in der ein halbes Jahr später veröffentlichten Schrift *Über die Möglichkeit einer Form ...* die beiden obersten Grundsätze, die die Form der Unbedingtheit und die Form der Bedingtheit begründen, durch einen dritten komplettiert, der die »Form der durch Unbedingtheit bestimmten Bedingtheit« begründet. Die strukturelle Übereinstimmung dieser beiden Triaden ist in der Tat unverkennbar.

Es gibt noch eine ganze Reihe von Details, an denen sich ersehen läßt, wie Schelling unter dem Platonkommentieren insgeheim eine Materialsammlung anlegt für eine Theorie der reinen Form des Vorstellungsvermögens, die aber, insofern sie aus Platon gewonnen wird, eine *Theorie des göttlichen Verstands* sein muß. Die »reine Form des Vorstellungsvermögens«, verstanden als die Formen des Vorstellungsvermögens, so wie sie im göttlichen Verstand ideal verwirklicht sind, das ist offenbar in nuce schon das Modell eines »absoluten Ichs«, wie es dann von Fichte zuerst formuliert wurde. Aber der *Timaeus*-Kommentar, das ist sicher, ist einige Monate *vor* dem Erscheinen von Fichtes programmatischer Schrift *Über den Begriff der Wissenschaftslehre* geschrieben worden.

Insofern läßt sich nun das bislang immer eher belächelte Beteuern Schellings in der Vorrede zur Schrift *Über die Möglichkeit einer Form der Philosophie überhaupt*, er sei auf die hier vorgetragenen Gedanken, – die nun allerdings weitgehend Fichtes neu eingeführte

Terminologie übernehmen –, schon *vor* der Lektüre von Fichtes Programmschrift gekommen, in sein Recht setzen. Ja tatsächlich, im *Timaeus*-Kommentar sind Ansätze zu einer *Theorie der Form der Philosophie* ebenso wie Ansätze zu einer *Theorie des absoluten Ichs* spürbar. Alles spricht also dafür, daß es Schelling gelungen ist, aus Platons *Timaios*, unter Zuhilfenahme des *Philebos*, entscheidende Aufschlüsse für die Transzendentalphilosophie, oder, wie er es noch in *Über die Möglichkeit einer Form der Philosophie überhaupt* mit Reinhold nennt: für die *Elementarphilosophie*, zu erzielen.

3.5 Ergebnisse

1. Schellings frühe Beschäftigung mit der antiken Philosophie darf nicht als ein nebenher betriebenes Hobby eines schöngeistigen Griechenschwärmers mißverstanden werden.
2. Antike Philosophie umfaßt nach Schellings anfänglicher Auffassung nicht nur die griechische Philosophie, sondern auch die sogenannte orientalische Philosophie, deren jüngsten Sproß Schelling mit Mosheim im Gnostizismus findet.
3. Platonismus und Gnostizismus sind für den jungen Schelling darin ein anzueignendes Erbe, daß sie eine elaborierte Theorie der intellektualen, mehr noch, der intelligiblen Welt anzubieten haben, die für die Lösung der Grundlegungsproblematik des zu kreierenden Systems eines transzendentalen Idealismus von entscheidender Bedeutung ist.

Eine Schlußfolgerung daraus lautet:

4. Während Fichte von den Gegensätzen im *menschlichen Bewußtsein* auf ein diesen vorauszusetzendes *absolutes Ich* schloß, ging Schelling von einem *göttlichen Bewußtsein*, bzw. Vorstellungsvermögen, aus und konnte irgendwann erleichtert feststellen, daß man zu denselben drei Grundsätzen gelangte, ganz gleich, ob man vom empirischen Ich ausging, wie Fichte, oder vom absoluten, wie Schelling selbst.

Literatur

M. Frank, M./ G. Kurz (Hrsg.): *Materialien zu Schellings philosophischen Anfängen*. Frankfurt/M. 1975.

M. Franz: *Schellings Tübinger Platon-Studien*. Göttingen 1996.

W.G. Jacobs: *Zwischen Revolution und Orthodoxie? Schelling und seine Freunde im Stift und an der Universität Tübingen. Texte und Untersuchungen*. Stuttgart-Bad Cannstatt 1989.

B. Sandkaulen-Bock: *Ausgang vom Unbedingten. Über den Anfang in der Philosophie Schellings*. Göttingen 1990.

4. Schelling im Deutschen Idealismus. Interaktionen und Kontroversen

Schellings Leben fiel in eine Zeit lebendigsten philosophischen Lebens in Deutschland. Er selbst war in dieses Leben involviert und kannte alle bedeutenden Philosophen persönlich bis auf einen, Immanuel Kant; dessen Werk aber kannte er um so besser, wie überhaupt die Denker des Deutschen Idealismus sich alle intensiv mit Kant auseinandersetzten. So ergibt sich eine bequeme Möglichkeit, das keineswegs spannungslose Verhältnis Schellings zu seinen großen Zeitgenossen zu erläutern, indem man deren und Schellings Verhältnis zu Kant erörtert.

4.1 Kants Idee der Natur

Mit Kants Werk ist Schelling, dem biographischen Fragment seines Sohnes zufolge, als fünfzehnjähriger bekannt geworden, und zwar durch den seinerzeit bekannten Auszug aus der *Kritik der reinen Vernunft*, den der mit Kant befreundete Schulz angefertigt hatte. Bald hatte Schelling sich Kants Werk angeeignet, und man trifft in seinen Schriften immer wieder auf dessen Namen. Deshalb könnte man zugespitzt sagen, die beste Einführung in Schellings Werk sei ein gründliches Kantstudium.

Schelling wurde durch seine intensive Beschäftigung mit Kant nicht zum Kantianer; seine Haltung zu Kant formulierte er in einem Brief an Hegel vom 6. Januar 1795 so: »Kant hat die Resultate gegeben: die Prämißen fehlen noch. Und wer kann Resultate verstehen ohne Prämißen?« (AA III,1, 1795.01.06) Dieses, heute oft zitierte Wort signalisiert sowohl Anerkennung der Kantischen Philosophie wie auch Distanz. So sollte es auch bleiben.

Schellings Verhältnis zu Kant soll im Folgenden an einer Konzeption erläutert werden, die in den Kontroversen Schellings mit Fichte und Jacobi zentral war, an der Konzeption der Natur.

Der Schellingschen Naturphilosophie wurde öfters das Attribut ›romantisch‹ beigesellt. Dieses verführt dazu, einen Naturbegriff zu unterstellen, der auf die Schönheit oder Großartigkeit von Naturerlebnissen abhebt. Mit einer solchen Unterstellung wäre man allerdings verführt, in die Irre geführt. Um Erlebnisse geht es Schelling überhaupt nicht; eine Entgegensetzung zur Welt der Zivilisation und Kultur ist hier auch nicht intendiert. Bei Schelling bezeichnet Natur, so kann man zunächst einmal sagen, dasjenige, was im Raum und damit ebenfalls in der Zeit ist und geschieht, und zwar insofern es als regel- und zweckmäßig begriffen werden kann.

Darin ist Schelling mit Kant völlig einig. Dieser hatte Natur definiert als »das *Dasein* der Dinge, sofern es nach allgemeinen Gesetzen bestimmt ist« (Pr. § 14). In der *Kritik der Urteilskraft* hatte Kant zusätzlich gezeigt, daß Lebendiges als zweckmäßig aufgefaßt werden müsse. Schelling schließt sich in seiner Bestimmung des grundlegenden Begriffes Natur eng an das Werk Kants an.

Zu zeigen, wie Natur als gesetzmäßig gedacht werden könne, war ein Ziel der *Kritik der reinen Vernunft* gewesen. Dies kann sie Kant zufolge dadurch, daß menschliche Empfindungen in den apriorischen Formen Raum und Zeit angeschaut werden müssen. Diese Anschauungen werden Erkenntnisse, wenn sie gedacht werden. Das Denken aber vollzieht sich ebenso in Formen, den Kategorien nämlich, wie das Anschauen. Die Beziehung der Anschauungen auf das Denken leisten die Schematismen, welche die Kategorien auf die Zeit beziehen. Durch Schematismen ist garantiert, daß die Natur durchgängig gesetzmäßig gedacht werden muß. Kant schreibt: »in mundo non datur hiatus, non datur saltus, non datur casus, non datur fatum [in der Welt gibt es keine Lücke, keinen Sprung, keinen Zufall, kein Schicksal]« (KrV A 229. B 282). Es gibt eben nur Gesetzlichkeit.

Insbesondere wird die Natur zur gesetzmäßigen Einheit durch die Kategorie der Kausalität, bzw. den ihr entsprechende Schematismus: den Grundsatz der Zeitfolge nach dem Gesetze der Kausalität; er lautet: »Alle Veränderungen geschehen nach dem Gesetze der Verknüpfung der Ursache und Wirkung.« (KrV A 189, B 232) Durch diesen Grundsatz wird der Begriff der Natur derart bestimmt, daß ohne ihn »gar nicht einmal Natur stattfinden würde« (KrV A 228, B 280). Jede Erscheinung hat mindestens eine Ursache, durch die sie begriffen werden kann. Da diese Ursache wirkende Ursache ist, so ist sie als Tätigkeit begriffen. Durch die gesetzlich wirkende Tätigkeit ist die Natur ein kontinuierlicher Zusammenhang von Tätigkeit.

Indem Kant die Natur als zusammenhängend, und zwar als gesetzlich zusammenhängend behauptet, handelt er sich ein Problem ein. Der gesetzliche Zusammenhang macht aus der Natur ein Ganzes. Alles, was zu jeder Zeit im Raume erscheint, gehört zum Ganzen der Natur. Dieses Ganze nennt Kant Welt (lateinisch: mundus), wie es auch schon im obigen Zitat genannt ist.

Das Ganze der Natur, die Welt, kann man nicht erkennen; es ist uns nicht als Gegenstand präsent. Zu erkennen sind immer nur Tei-

le der Natur, da immer nur Ausschnitte derselben anzuschauen sind.
Das Ganze der Natur wird gedacht, und nur gedacht. Im Gedanken
des Ganzen der Natur, alias der Welt, wird die Totalität aller Bedingungen dessen, was erscheint, gedacht. Die Totalität aller Bedingungen hat keine weitere Bedingung mehr außer sich; sie wäre ja dann
nicht die Totalität.

Da nun das *Unbedingte* allein die Totalität der Bedingungen möglich
macht, und umgekehrt die Totalität der Bedingungen jederzeit selbst unbedingt ist; so kann ein reiner Vernunftbegriff überhaupt durch den Begriff
des Unbedingten, sofern er einen Grund der Synthesis des Bedingten enthält, erklärt werden. (KrV A 322. B 379)

Eine Idee ist nur zu denken, damit aber keinesfalls überflüssig.
Denn nur dann, wenn ein geordneter, wenngleich nicht aktuell
durchschaubarer Zusammenhang aller Erkenntnisse gedacht wird,
hat die einzelne Erkenntnis Bestand. Ohne Ideen könnte man einer
einzelnen Erkenntnis keinen Zusammenhang mit anderen Erkennt-
nissen unterstellen. Denn nur wenn alle Bedingungen innerhalb der
Natur in der Idee Welt befaßt sind, ist die gesetzliche Kontinuität in
der Natur gesichert. Wäre dem nicht so, so wäre es nicht auszu-
schließen, daß eine außernatürliche Bedingung in den Zusammenhang aller natürlichen Bedingungen eingreifen und diesen zerreißen
könnte. Die Idee *Welt* ist für die menschliche Naturerkenntnis notwendig. Da die Idee nur zu denken ist, ist sie für Erkenntnisse nicht
konstitutiv, sondern regulativ, damit aber nicht minder notwendig.
   Wenn in der Idee *Welt* der kontinuierliche Zusammenhang derselben gedacht wird, so wird auch dessen Möglichkeit mitgedacht.
Die in dieser Idee gedachte Totalität aller Bedingungen muß so gedacht werden, daß jede einzelne Bedingung sich in die Totalität ein-
fügt. Sie ist somit als Teil zu verstehen, der nur durch seine Beziehung auf das Ganze möglich ist. Jeder Teil aber ist wirkende Tätigkeit, die in einem Gesamtzusammenhang von wirkender Tätigkeit
steht. Der Teil ist aus dem Gesamtzusammenhang nicht wegzuden-
ken; er ist ebensowohl für diesen Zusammenhang notwendig wie
dieser für ihn. Das Verhältnis, in dem Teil und Ganzes stehen, wird
somit als zweckmäßig gedacht (vgl. KdU § 65). Das zweckmäßig
Geordnete kann zusammen bestehen und ein System bilden. In der
regulativen Idee *Welt* ist Zweckmäßigkeit und damit Systematik gedacht.

Denn das regulative Gesetz der systematischen Einheit will, daß wir die
Natur so studieren sollen, *als ob* allenthalben ins Unendliche systematische
und zweckmäßige Einheit, bei der größtmöglichen Mannigfaltigkeit, ange-

troffen würde. Denn wiewohl wir nur wenig von dieser Weltvollkommenheit ausspähen, oder erreichen werden, so gehört es doch zur Gesetzgebung unserer Vernunft, sie allerwärts zu suchen und zu vermuten, und es muß uns jederzeit vorteilhaft sein, niemals aber kann es nachteilig werden, nach diesem Prinzip die Naturbetrachtung anzustellen. (KrV A 700f. B 728f.)

Für Kant ist also die Idee Welt mit dem Gedanken der Zweckmäßigkeit und der Systematik verbunden. Diese Verbindung ist ebenso wie die Idee selbst regulativ; sie konstituiert keine Erkenntnisse, reguliert aber die Erforschung der Natur und damit das Finden neuer Erkenntnisse.

Die Idee als unbedingte Totalität aller Bedingungen enthält in sich das Verhältnis von bedingter Bedingung und Unbedingtem. Das Unbedingte gewinnt Kant im kritisch-analytischen Rückgang auf die Bedingungen der Möglichkeit von Erkenntnis. Sein Interesse im Antinomienkapitel, in dem er die Idee Welt abhandelt, ist darauf gerichtet, Streitfragen der durch seine Philosophie überwundenen Metaphysik auszuräumen. Wie das Verhältnis von Bedingtem und Unbedingtem genauer zu denken sei, klärt er nicht.

4.2 Produktivität als Schellings Prinzip der Natur

Dieses Verhältnis zu denken und zu klären, wird aber notwendig, wenn nach der Einheit der Vernunft, die Kant nur als jeweils theoretische und praktische untersucht hatte, gefragt wird, und dies geschieht jedenfalls durch Fichtes *Aenesidemus-Rezension*, die im Februar 1794 erschienen ist. Schelling äußerte sich zu dieser Problematik sogleich in demselben Jahr mit seiner Schrift *Ueber die Möglichkeit einer Form der Philosophie überhaupt*. Deutlich spricht ein Jahr später der Titel seiner nächsten Schrift *Vom Ich als Princip oder über das Unbedingte im menschlichen Wissen*. Nachdem das Problem des Unbedingten einmal gestellt war, konnte es in der Naturphilosophie nicht übergangen werden.

Wenn für Schelling die Kantische Philosophie Resultate gibt, damit aber gerade Fragen offen läßt, so kann man Schellings Naturphilosophie als Antwort auf solche offenen Fragen zu verstehen suchen. Kant hatte einen doppelten Begriff von Natur aufgestellt, einmal unter dem Namen ›Natur‹, womit die Erscheinungen unter Gesetzen benannt waren, dann die Idee des unbedingten Systems aller möglichen Erscheinungen unter dem Namen ›Welt‹.

Dem entsprechend differenziert Schelling Natur in *natura naturans* und *natura naturata* (*Einleitung zu seinem Entwurf* SW III, S.

284); Schelling benutzt hier Worte, die er aus Spinozas *Ethica* kennt. Im Scholium der Propositio XXIX der Pars I erläutert Spinoza diese Unterscheidung so:

constare existimo, [...] quòd per Naturam naturantem nobis intelligendum est id, quod in se est, & per se concipitur, sive talia substantiae attributa, quae aeternam, & infinitam essentiam exprimunt, hoc est [...] Deus, quatenus, ut causa libera, consideratur. Per naturatam autem intelligo id omne, quod ex necessitate Dei naturae, sivè uniuscujusque Dei attributorum sequitur, hoc est, omnes Dei attributorum modos, quatenus considerantur, ut res, quae in Deo sunt, & quae sine Deo nec esse, nec concipi possunt. (Opera II, S. 71)

[Ich glaube, es geht hervor, [...] daß wir unter naturender Natur das zu verstehen haben, was in sich ist und durch sich begriffen wird, oder solche Attribute der Substanz, die ewige und unendliche Wesenheit ausdrücken, das heißt [...] Gott, sofern er als freie Ursache betrachtet wird. Unter genaturter Natur dagegen verstehe ich alles, was aus der Notwendigkeit der Natur Gottes oder eines jeden von Gottes Attributen folgt, das heißt, die gesamten Modi der Attribute Gottes, sofern sie als Dinge betrachtet werden, die in Gott sind, und die ohne Gott weder sein noch begriffen werden können. (Übersetzung von O. Baensch. Hamburg 1967, S. 32)]

Unter *natura naturans* versteht also Spinoza Gott, bzw. dessen Attribute, insofern Gott freie Ursache ist. Frei bezeichnet bei Spinoza nicht Willkürfreiheit, sondern diejenige Gesetzmäßigkeit, die von keiner anderen abhängt. Als *natura naturata* werden die endlichen Dinge, Modi genannt, begriffen. Diese folgen aus der Notwendigkeit der Natur Gottes, welche als *causa sui* [Ursache/Grund seiner selbst], als ursprüngliche Kausalität aus sich selbst zu begreifen ist. Zeigt sich mit der Anknüpfung an Spinozas Termini nicht Schellings Naturphilosophie viel mehr von Spinoza als von Kant abhängig, zumal er wenige Seiten vor unserer Stelle seine Naturphilosophie als »*Spinozismus der Physik*« (*Einleitung zu seinem Entwurf* SW III, S. 273) bezeichnet?

Wenn man es ernst nimmt, daß Schelling die Kantischen Resultate anerkennt, dann gilt es zu bedenken, daß die oben zitierte Stelle aus der *Kritik der reinen Vernunft* über das regulative Gesetz der systematischen Einheit der Naturbetrachtung im Zusammenhang der Erörterungen der Idee Gottes steht. Kant wehrt hier den Gedanken einer theoretischen Erkenntnis Gottes ab. Man kann Gott gerade nicht, weder als zweckvoll planenden Schöpfer der Natur, noch überhaupt erkennen. Der Gedanke der Welt als zweckvolles System ist in der regulativen Idee Welt schon hinreichend begründet. Liest man die Begriffe Spinozas unter Beachtung der Kantischen Kritik,

so bleibt vom Spinozanischen Gottesbegriff hier das Attribut der extensio, der Ausdehnung, übrig. Wenn man diese mit dem Kantischen Raum gleichsetzt und die libera causa als die ohne weiteren
Grund, d. i. unbedingt wirkende Naturtätigkeit ansieht, so fragt
sich nur noch, warum Schelling denn überhaupt auf Spinoza rekurriert. Man darf vermuten, daß die in dem Begriffspaar Spinozas ausgesprochene Einheit der Natur Schelling dazu gebracht hat; denn
über Kant hinaus, wenn auch nicht im Gegensatz zu ihm, vielmehr
in der Konsequenz seines Denkens, wird das einzelne Ding, bzw. in
Kants Sprache die einzelne Erscheinung, als Modus der unbedingten
Naturtätigkeit ausgesprochen.

Der hier gegebenen Deutung entspricht, daß Schelling der *natura naturans* den Begriff der unbedingten Produktivität und der *natura naturata* den des Produkts zuordnet. Die *natura naturans* wird als
reine Tätigkeit gedacht, und nur gedacht, wohingegen die *natura
naturata* die Produkte der Natur bezeichnet, die wir wahrnehmen.
Beide verhalten sich zueinander als Unbedingtes und Bedingtes.
Was wir wahrnehmen, ist für uns Objekt; daher nennt Schelling
auch die *natura naturata* Natur als Objekt und dementsprechend
die *natura naturans* Natur als Subjekt (*Einleitung zu seinem Entwurf*
SW III, S. 284). Subjekt bedeutet hier nicht Bewußtsein oder
Selbstbewußtsein, sondern die unbedingte Bedingung alles Bedingten (Objektiven), die dem Bedingten zu Grunde liegt. Subjekt ist
hier in seiner ursprünglichen lateinischen Bedeutung als das Unter-
legte verstanden. Die Natur als Subjekt ist aller Natur als Objekt
unterlegt, die unbedingte Produktivität liegt dem Produkt zu Grunde ohne selbst in Erscheinung zu treten. Sie offenbart und verbirgt
sich zugleich in ihm.

Zu beachten ist, daß es sich für Schelling um die Differenzierung
eines und desselben Naturbegriffs handelt. Ausdrücklich bemerkt er:

Insofern wir das Ganze der Objekte nicht bloß als Produkt, sondern
nothwendig zugleich als produktiv setzen, erhebt es sich für uns zur *Natur*,
und diese *Identität des Produkts und der Produktivität*, und nichts anderes,
ist selbst im gemeinen Sprachgebrauch durch den Begriff Natur bezeichnet.
(*Einleitung zu seinem Entwurf* SW III, S. 284)

Das Ganze der Objekte ist nicht nur die Summe aller Objekte in allen Räumen und Zeiten; ein Ganzes ist mehr als eine Summe. Das
Ganze muß sich als ein Ganzes dadurch erweisen, daß seine Teile
sich auf die Einheit des Ganzen beziehen. Diese Einheit wird von
Schelling als Produktivität verstanden. Die Produktivität ist nicht
derart produktiv, daß sie die unmittelbare Ursache eines jeden Ob-
jektes, bzw. Produktes wäre; dann wäre sie selbst als zwar oberstes,

aber doch Produkt gedacht. Sie ist vielmehr in jedem Objekt produktiv. Das Produkt wird somit als in beständiger Produktivität wir-
kend verstanden und Schelling spricht folglich auch vom Produkt
als Scheinprodukt.

Schein ist am Scheinprodukt der Charakter des Bestehenden, in
sich Festen. Schelling erläutert dies am Beispiel eines Wirbels im
Strom; »dieser Wirbel ist nichts Feststehendes, sondern in jedem
Augenblick Verschwindendes, in jedem Augenblick wieder Entste-
hendes.« (*Einleitung zu seinem Entwurf* SW III, S. 289) Der Wirbel
ist ein Produkt der Natur, er steht als Objekt unserer Betrachtung
fest vor unseren Augen. Im Falle des Wirbels sehen wir allerdings,
was uns sonst entweder verborgen bleibt oder was wir nicht beachten, nämlich die konstante Erneuerung des scheinbar festen Produktes. Schelling versteht das Produkt, wie Spinoza den Modus versteht, als einen Gegenstand, der durch die unbedingte Produktivität
stets neu hervorgebracht wird, ob man ihm nun diese stete Neu-
schöpfung ansieht oder nicht.

Durch das Beispiel vom Wirbel ist zwar erklärt, warum Schelling
das Objekt ein Scheinprodukt nennt, es bleibt aber noch zu erläutern, warum überhaupt ein Produkt entsteht. Ein Wirbel im Strom
entsteht durch einen Widerstand; um diesen herum bildet sich dann
der Wirbel. Das Bild des Wirbels läßt sich nicht ohne weiteres in
die Begrifflichkeit von Produktivität und Produkt rückübersetzen.
Wenn man die den Wirbel verursachende Hemmung als etwas
grundsätzlich Anderes als den Strom begreifen würde, hätte man
Schellings Intention verfehlt. Schelling begreift die natura naturans
ebenso wie Kant die Welt als unbedingt. Folglich kann die Hemmung nicht außerhalb der Produktivität liegen. Sie kann nur als
Moment der Produktivität selbst begriffen werden. Dann aber ist
die unbedingte Produktivität der Natur nicht als reine Identität zu
begreifen, sondern als Identität in Duplizität oder umgekehrt als
Duplizität in Identität. Die Produktivität wird so gedacht, daß sie
sich die Hemmung, die sie nötigt Produkte hervorzubringen, selbst
entgegensetzt (vgl. Kap. 5.5).

Die Natur wird damit gedacht als sich selbst hervorbringend, d.
i. als ihre Ursache und Wirkung zugleich.

Jene Identität der Produktivität und des Produkts im *ursprünglichen* Begriff
der Natur wird ausgedrückt durch die gewöhnlichen Ansichten der Natur
als eines Ganzen, das von sich selbst die Ursache zugleich und die Wirkung
und in seiner (durch alle Erscheinungen hindurchgehenden) Duplicität
wieder identisch ist. (*Einleitung zu seinem Entwurf,* SW III, S. 284)

Damit ist die Natur gemäß dem Kantischen Begriff der Zweckmäßigkeit gedacht und damit als systematische, zweckmäßige Einheit.
Weil aber Kant zweckmäßig strukturierte Objekte (nicht nur der
Natur) Organismen nannte, nennt Schelling die Natur einen Organismus (und nicht etwa weil er den Unterschied von anorganischer
und organischer Natur ›romantisch‹ überspringt). Erkennbar und
objektiv wird diese organische Struktur der Natur daran, daß alle
Produkte sich als polar (identische Duplizitäten) verstehen lassen,
wie z.b. Attraktions- und Repulsionskraft, positive und negative
Elektrizität, männliches und weibliches Geschlecht u. s. w.

Das bisher Ausgeführte sollte belegen, daß Schellings Naturphilosophie sich an Kants Philosophie anschließt. Der Anschluß wurde
hier an Kants Transzendentalphilosophie, nicht an seine Naturphilosophie gesucht, weil sich an diesem Anschluß Differenzen zu zeitgenössischen Autoren demonstrieren lassen. Kants transzendentalphilosophische Untersuchung der Natur wird von Schelling anerkannt
und weitergeführt. Schelling will den von Kant analytisch herausge-
arbeiteten Natur-, bzw. Weltbegriff systematisch darstellen; dazu
muß er die Beziehung von unbedingter Produktivität und bedingtem Produkt entfalten und kommt so von Kantischen Resultaten zu
seinen eigenen Prämissen.

4.3 Differenzen zwischen Fichte und Schelling

In der hier angestellten Überlegung wurde die Naturphilosophie
Schellings von der Dialektik der *Kritik der reinen Vernunft* aus als
deren geradlinige Weiterentwicklung interpretiert. Wenn diese Interpretation überzeugt, erscheint es – entgegen landläufiger Philosophiegeschichtsschreibung – nicht als Entzweiung vorher übereinstimmender Denker, daß Fichte und Schelling nach 1800 getrennte
Wege gingen. Es wird vielmehr deutlich, daß sie eine Zeitlang nebeneinander gingen, keineswegs aber im letzten Grunde überein-
stimmten. Ihre Differenzen nahmen sie wohl wahr, verbargen sich
dies aber gegenseitig, wohl in der Hoffnung, später doch noch über-
einkommen zu können. Was sie einte, das waren gemeinsame Gegner. Als schon die Differenzen im Briefwechsel, der nach Fichtes
Weggang von Jena im Jahr 1799 einsetzte, erörtert wurden, am 24.
Mai 1801, schrieb Schelling einen geradezu enthusiastischen Brief
an Fichte, als er dessen *Anwortsschreiben an Herrn Professor Reinhold*
erhalten hat; er schreibt noch an demselben Tage, als er das *Ant-
wortsschreiben* bekommen hat, will es als den Gipfel der polemi-

schen Kunst des ganzen Zeitalters ansehen, (GA III,5, S. 41) und behauptet, aus dieser Schrift und seiner eigenen *Darstellung meines Systems der Philosophie* gehe hervor,

> daß wir beide nur Eine und dieselbe absolute Erkenntniß zugeben, welche in allem Erkennen die gleiche, immer wiederkehrende ist, und die in allem Wissen darzustellen und offenbar zu machen, unser beider Geschäft ist. [...] Es ist die Erkenntnis, welche einmal gewonnen, nicht mehr irren läßt. Wir mögen uns über dieselbe verschieden ausdrücken, [...] über sie selbst können wir nie mehr uneinig seyn (GA III,5, S. 41f.).

In der Polemik waren Fichte und Schelling einig; man versteht, daß sie ihre Differenzen übersahen. Sie standen sich am Anfang ihrer Publikationstätigkeit durchaus nahe, hatten aber nicht dieselbe Philosophie. Je mehr ihnen ihre Differenzen bewußt wurden – und das geschah nach 1800 immer mehr – desto schmerzlicher war es ihnen, daß sie keine endgültige Gemeinsamkeit fanden. Die ehemaligen Mitstreiter stritten nun gegeneinander.

Fichtes Philosophie, soweit sie theoretische Philosophie oder deren Grundlegung ist, geht dem Problem der Objektkonstitution nach. In der *Grundlage der gesammten Wissenschaftslehre* deduziert Fichte die Kategorien aus den Grundsätzen als ursprüngliche Handlungen des Ich. Von Ideen ist bei ihm nicht die Rede. Fichtes Interesse ist somit die Konstitution von Objekten oder vielmehr die Handlungen des Ich, die Objekte konstituieren. Objekte aber sind in Schellings Terminologie Produkte. Schellings Frage nach der Einheit der Produkte in einer Idee stellt sich Fichte gar nicht. Die Probleme von Kants transzendentaler Dialektik tauchen bei ihm nicht auf.

Fichte war ebenso wie Schelling von Kant ausgegangen. Seine Haltung zu ihm war der Schellings gleich. Ende 1793 hatte Fichte an Niethammer bezüglich Kant geschrieben: »keiner wird ihn verstehen, der nicht auf seinem eignen Wege zu Kant's Resultaten kommen wird« (GA III,2, S. 21). Kant hatte die Vernunft als theoretische und als praktische abgehandelt. Fichtes Weg war derjenige zu der von Kant zwar behaupteten, aber nicht dargestellten Einheit der Vernunft. Im dritten Teil der *Grundlage* führt Fichte daher die im zweiten Teil entwickelten Kategorien auf eine praktische Handlung des Ich zurück, die er Streben, bzw. Trieb nennt. Fichtes Ich ist also angesetzt als Einheit von theoretischer und praktischer Vernunft (nicht etwa als individuelles Ich). Als diese Einheit ist das Ich unbedingt; es ist die unbedingte Bedingung für alles, was gewollt oder gewußt werden kann. Damit liegt die Einheit aller möglichen Objekte im Ich.

Was auch immer im Bewußtsein auftauchen mag, wird durch die deduzierten Kategorien, bzw. durch die sich in diesen Formen vollziehenden Handlungen des Ich ins Bewußtsein aufgenommen. Damit ist die Gesetzlichkeit und Einheit der Erfahrung, d. h. der Natur gesichert. So wie bei Kant am Ende der Analytik der Grundsätze feststeht, daß es keinen Zufall etc, sondern nur Gesetzlichkeit der Natur gibt, so ist dies für Fichte dadurch gesichert, daß er für jede mögliche Objektivität deren Gesetzmäßigkeit deduziert.

Fichte vereinfacht damit Kants Analyse des Erkenntnisvermögens. Die Einheit der Vernunft liegt bei Fichte im unbedingten Ich; eine unbedingte Einheit auf der Gegenstandsseite für die Objekte zu denken, erübrigt sich für ihn. Kants Idee Welt ist überflüssig und damit auch Schellings *natura naturans* bzw. Natur als Subjekt. Subjekt, sowohl im Sinne des Bewußtseinssubjektes, wie auch des Zugrundeliegenden, kann für Fichte nur das Ich sein.

Da für Fichte das Ich die Objekte konstituiert, kann er an Schelling im Antwortbrief (31. Mai bis 7. August 1801) auf den oben zitierten schreiben: »Die Sinnenwelt aber, oder die Natur, ist durchaus nichts denn Erscheinung, eben des immanenten Lichtes.« (GA III,5, S. 49) Das ist sie für Schelling nun gerade nicht. Wenn er auch Fichte zugesteht, daß alle Erscheinung im immanenten Licht erscheint, weil das Ich jede Erscheinung konstituiert, so würde er doch mit Kant darauf verweisen, daß das Dasein einer Erscheinung nicht konstruiert werden kann. In der Vorrede zu seiner Schrift *Metaphysische Anfangsgründe der Naturwissenschaft* hatte dieser darauf verwiesen, daß »das Dasein in keiner Anschauung a priori dargestellt werden kann.« Da die Lehre vom Sein Ontologie ist, diese aber Teil der Metaphysik, kann Kant fortfahren: »Daher setzt eigentliche Naturwissenschaft Metaphysik der Natur voraus.« Dann erläutert Kant deren Unterschied zur Transzendentalphilosophie so:

Diese [Metaphysik der Natur] muß nun zwar jederzeit lauter Prinzipien, die nicht empirisch sind, enthalten [...] aber sie kann doch *entweder* sogar ohne Beziehung auf irgend ein bestimmtes Erfahrungsobjekt [...] von den Gesetzen, die den Begriff einer Natur überhaupt möglich machen, handeln, und alsdenn ist es der *transzendentale* Teil der Metaphysik der Natur: *oder* sie beschäftigt sich mit einer besonderen Natur dieser oder jener Art der Dinge, von denen ein empirischer Begriff gegeben ist, doch so, daß außer dem, was in diesem Begriffe liegt, kein anderes empirisches Prinzip zur Erkenntnis derselben gebraucht wird (z.B. sie legt den empirischen Begriff einer Materie [...] zu Grunde, und sucht den Umfang der Erkenntnis, deren die Vernunft über diese Gegenstände a priori fähig ist), und da muß eine solche Wissenschaft noch immer eine Metaphysik [...] heißen, aber es ist alsdenn keine allgemeine, sondern *besondere* metaphysische Naturwissenschaft. (A VIII-IX)

Die Transzendentalphilosophie, wie Kant sie in der *Kritik der reinen Vernunft* dargelegt hatte, erarbeitet den Begriff einer Natur, der für jede mögliche Erscheinung gilt. Kant hatte zwei Arten von Erscheinungen unterschieden, solche, die nur in der Zeit (seelische), und solche die in Zeit *und* Raum (sinnliche) erscheinen. Dementsprechend wären zwei Arten von Metaphysik möglich. Von den nur in der Zeit vorkommenden Erscheinungen aber will Kant hier nicht handeln. Die Rede ist von den Erscheinungen, die auch im Raum erscheinen. Was im Raum erscheint ist Materie. Auf diesen Begriff gründet sich Kants von der Transzendentalphilosophie unterschiedene Naturphilosophie. Die letzte setzt die erste voraus; sie unterscheidet sich von ihr dadurch, daß sie das in der ersten nicht ableitbare *Dasein* einer Anschauung im Raum, Materie also, voraussetzt. Der von Kant verwandte Begriff der Materie ist insofern empirisch, als das Dasein einer Anschauung im Raum nur a posteriori gegeben werden kann. Transzendentalphilosophie erörtert die apriorische Möglichkeit von Erscheinungen, die Naturphilosophie setzt eben diese Möglichkeit und insbesondere die empirische Existenz, das Dasein wenigstens einer Erscheinung im Raum voraus.

Der Umweg über Kants Metaphysik der Natur kann die Differenz zwischen Fichte und Schelling erhellen. Fichte fährt in dem zuletzt angeführten Brief fort: »Eine NaturPhilosophie mag wohl von dem schon fertigen, und stehenden Begriff einer Natur ausgehen: aber dieser Begriff selbst, und seine Philosophie sind in einem Systeme des gesammten Wissens erst [...] abzuleiten.« Dieses System des gesamten Wissens, als Transzendentalphilosophie im Sinne Kants verstanden, entspricht Schellings Verständnis von Wissenschaftslehre, aber nicht dem Fichtes. Dies wird deutlich, wenn Fichte fortfährt: »Ein Idealismus aber, der noch einen Realismus neben sich duldete, wäre gar nichts« (GA III,5, S. 49). Die Wissenschaftslehre aber ist Idealismus, die Naturphilosophie Schellings indes – jedenfalls im Sinne der Kantischen Naturphilosophie – Realismus.

Zur Erläuterung seiner Ansicht verweist Fichte in seinem Brief zustimmend auf eine Rezension von Schellings *Einleitung zu seinem Entwurf eines Systems der Naturphilosophie* und des *Entwurfs* selbst (Litteratur-Zeitung Nr. 76. Erlangen 1801). Der Rezensent stellt die oben angeführte Dualität in Schellings Begriff der Natur dar und fragt nach der Entstehung dieses Begriffs: »Ist er a priori, so ist er Bedingung meines Selbstbewußtseyns und idealistisch. Erhalte ich ihn aber aus der Erfahrung, so kann das daraus gefolgerte Dualitätsprincip, indem ich das Ganze der Natur in der Erfahrung nicht umfassen kann, auch nicht allgemein gültig seyn« (GA III,5, S. 50). Indem Fichte diese Frage als die seine ansieht, zeigt er, daß er Kants

Unterscheidung zwischen der Transzendentalphilosophie und der Metaphysik der Natur nicht akzeptiert. Anders Schelling! Er verweist im *Ersten Entwurf* darauf, daß den »Construktionen a priori entsprechende äußere Anschauungen« beizugesellen sind (SW III, S. 20). Dasein in der Anschauung, wie Kant sagt, kann nur a posteriori erkannt werden. An einer solchen Anschauung aber hat Schelling zu zeigen, daß sie als Produkt unbedingter Produktivität verstanden werden kann. Dies kann man nicht, wenn man bei der Konstitution von Objektivität stehen bleibt, wie Fichte es tut.

Schelling stellt sich dem Problem der transzendentalen Dialektik Kants. Nicht an der Unableitbarkeit des Anstoßes scheiden sich die Geister, sondern daran, daß Schelling im Gegensatz zu Fichte die Notwendigkeit sieht, die Natur, Kantisch gesprochen: als Einheit in der Idee Welt zu denken, bzw. in Schellings Sprache: die Natur als Produktivität im Produkt zu interpretieren.

4.4 Schelling und Jacobi: Natur als Gott?

Die Auseinandersetzungen zwischen Fichte und Schelling sind hier als solche um die Aufgaben der Transzendentalphilosophie interpretiert worden. Fichte wie Schelling behaupteten, jeder auf seine Weise, Kants Philosophie fortzuführen. Die Auseinandersetzungen Schellings mit Jacobi haben einen gänzlich anderen Charakter, weil Jacobi sich nie auf die Seite der Transzendentalphilosophie gestellt hatte. Jacobi hatte im Jahr 1785 philosophisch in die Diskussion seiner Zeit eingegriffen durch seine Schrift *Ueber die Lehre des Spinoza in Briefen an den Herrn Moses Mendelssohn*, deren erweiterte zweite Auflage von 1789 Schelling bald kannte. Mit dieser Schrift hatte Jacobi Spinoza als ernstzunehmenden Philosophen rehabilitiert, zugleich sich aber gegen dessen Philosophie gewandt, weil er sie für Atheismus hielt.

Jacobi verstand Spinozas Philosophie als durchgeführten Rationalismus, d. h. als ein Denken, das alles auf seine Gründe zurückführe, damit aber keinen Raum für Unmittelbarkeit, Urspünglichkeit und Freiheit mehr gebe. Eine solche Philosophie lasse keinen freien Schöpfergott denken, weshalb sie Atheismus sei.

In seinen frühen Schriften hatte sich Schelling oft zustimmend auf Jacobi bezogen, besonders dann, wenn er auf das Problem der Unmittelbarkeit zu sprechen kam. Später, im Jahr 1806, wurde Schelling an die Bayerische Akademie der Wissenschaften berufen, deren Präsident Jacobi war. Hier gerieten beide dadurch in Streit, daß Jacobi im Jahr 1811 seine Schrift *Von den Göttlichen Dingen und ihrer Offenbarung* veröffentlichte, in der er behauptete, Schelling lehre, ohne dies klar zu sagen, Atheismus. Ein solcher Angriff war nicht nur eine gelehrte Streitsache; Fichte hatte 1799 über der Anschuldigung des Atheismus seine Professur in Jena verloren. Auf Jacobis Angriff antwortete Schelling im folgenden Jahr mit seinem *Denkmal der Schrift von den göttlichen Dingen etc. des Herrn Friedrich Heinrich Jacobi und der ihm in derselben gemachten Beschuldigung eines absichtlich täuschenden, Lüge redenden Atheismus.* Schelling verlor seine Stelle nicht; vielmehr trat Jacobi vom Präsidentenamt zurück, das bis 1827 nicht mehr besetzt wurde, dann mit Schelling. Die persönlichen Beziehungen zwischen den beiden Streitenden waren, wie es sich versteht, zerrüttet.

Davon soll hier nicht die Rede sein, vielmehr von der Streitsache selbst. Auch zwischen Jacobi und Schelling geht es um den Begriff der Natur. Jacobi las Schellings Naturphilosophie auf dem Hintergrund seiner Spinozakenntnisse. Oben wurde darauf hingewiesen, daß Schelling selber auf Spinoza Bezug nimmt, und es wurde zugleich bemerkt, daß er dies auf dem Hintergrund der Kantischen Ideenlehre aus der *Kritik der reinen Vernunft* tat. Jacobi hatte Kant zwar fleißig gelesen, hatte aber dessen Kopernikanische Wende nie mitvollzogen. Wenn für Schelling, wie oben behauptet, sich die natura naturans, angesehen durch die Kantische Brille, auf das Attribut der extensio reduzierte, so fehlte Jacobi eben diese Brille und er verstand gut Spinozanisch Deus unter der natura naturans. Diesen Gott wollte aber Jacobi eher für einen Götzen denn für einen Gott halten.

Man kann also in Kürze sagen, Jacobi unterstelle, Schelling denke die Natur als Gott und damit diesen als ein System der Notwendigkeit, so wie Jacobi Spinozas Philosophie gedeutet hatte. In Kantischen Begriffen ausgedrückt, hält Jacobi Schelling vor, die Idee Welt mit der Gottes verwechselt zu haben.

Nun ist aber für Jacobi die Natur als rein notwendiger Zusammenhang zu erkennen; dagegen ist alles das, was frei und unmittelbar ist, nicht zu begreifen, weil begreifen ja bedeutet, dem zu Begreifenden einen Grund vorausdenken, es also nicht unmittelbar zu denken. Konsequent behauptet Jacobi, Gott sei dem rationalen Denken nicht zugänglich. Wo rationaler Zusammenhang, resp. System sei, sei keine Freiheit. Genau dieser These aber hatte Schelling schon 1809 in seiner *Freiheitsschrift* widersprochen.

Diese aber hatte Jacobi nicht gelesen; vermutlich hätte er sich dabei noch mehr erzürnt, da Schelling ja dort von der Natur in Gott spricht; dabei hätte ihn ein tiefergreifendes Kant-Verständnis auf den Gedanken bringen können, daß Schelling der *Kritik der reinen Vernunft* folge, welche die Gottesidee als die Einheit der Ideen Seele und Welt begreift.

Diese Gedanken nach dem Streit mit Jacobi öffentlich auszusprechen, scheint Schelling sich gehütet zu haben. Jedenfalls kann man ein Motiv dafür, daß Schelling außer seiner kleinen Schrift *Ueber die Gottheiten von Samothrake* keine philosophische Schrift mehr veröffentlichte, darin sehen, daß er die sich in der *Freiheitsschrift* andeutenden und in den *Weltalter*-Entwürfen entfalteten Thesen über die *Natur in Gott* nicht Jacobis und dessen Freunde Mißverständnis überlassen wollte.

4.5 Hegel und Schelling: Vernunft und Natur

Blieb Jacobi letztlich Kants Philosophie fremd, so kann man dies von Hegel nicht behaupten; Schellings Brief, aus dem oben die Stelle von den Kantischen Resultaten und Prämissen zitiert wurde, ist ja gerade an Hegel gerichtet und rechnet auf dessen Zustimmung. Dieser Brief ist Teil eines Briefwechsels, den Schelling und Hegel führten, als Hegel Stift und Universität Tübingen verlassen hatte. Der Briefwechsel zeigt die beiden jungen Leute im Einverständnis. Von den fünf Studienjahren der beiden, hatten sie drei Jahre lang, Hegels letzte drei und Schellings erste drei, zusammen in Tübingen verbracht. Gemeinsam hatten sie sich von der Tübinger Philosophie und Theologie abgewandt, hatten das Regime kritisiert und die Revolution im Nachbarland begrüßt. So schreibt im Januar 1795 Hegel an Schelling:

Was du mir von dem theologisch-kantischen (si diis placet) Gang der Philos[ophie] in Tübingen sagst – ist nicht zu verwundern – Die Orthodoxie ist nicht zu erschüttern, solang ihre Profession mit weltlichen Vortheilen verknüpft in das ganze eines Staats verwebt ist. (AA III,1, 1795.01/III)

Die Gemeinsamkeit hielt lange vor. Als Hegel sich in der Lage sah, die Philosophie zum Lebensberuf zu machen, wandte er sich an Schelling, der damals schon Professor in Jena war, und Schelling verhalf ihm zur Habilitation. Ausdruck ihrer Gemeinsamkeit ist das *Kritische Journal der Philosophie*, das beide gemeinsam herausgaben. Sie zeichneten die Artikel nicht, um die Übereinstimmung ihres Denkens zum Ausdruck zu bringen. Aber auch diese Gemeinsamkeit hielt nicht das Leben hindurch. Als sich Hegel in der *Phänomenologie des Geistes* 1807 kritisch über Schellings Identitätsphiloso-

phie äußerte, entfremdeten sich die einstigen Freunde, wenngleich
ein frühes Wort Hegels für beide über die Trennung hinaus Bestand
haben sollte: »Vernunft und Freiheit bleiben unsre Losung«. (AA
III,1, 1795.01/III)

Schelling wurde nach 1807 zum prominentesten Kritiker Hegels.
Von Kant her kann man die Kritik, die der späte Schelling in seinen
Vorlesungen an Hegels Philosophie übte, verstehen.

In seinen Münchener Vorlesungen zur *Geschichte der neueren
Philosophie* kritisiert Schelling Hegels Naturbegriff. Schelling stellt
dar, daß Hegels *Logik* mit der Einheit des Denkens und Seins, anders: der verwirklichten Idee ende. Als solche aber könne sie nur
noch, wenn sie denn fortgehe, über ihre Grenze hinausgehen, sie
müsse dann »in die unlogische, ja dem Logischen entgegengesetzte
Welt« (SW X, S. 152) übergehen; und Schelling fährt fort:

Diese dem Logischen entgegengesetzte Welt ist die Natur; *diese* Natur ist
aber nicht mehr die apriorische, denn diese hätte in der Logik sein müssen.
Allein die Logik hat nach Hegel die Natur noch ganz außer sich. Die Natur
fängt ihm an, wo das Logische *aufhört*. Daher ist ihm die Natur *überhaupt*
nur noch die Agonie des Begriffs. (SW X, S. 152)

Mit anderen Worten, Schelling wirft Hegel vor, seine Philosophie
reiße Apriori und Aposteriori so auseinander, daß beide nicht in den
einen Begriff der Natur eingingen.

Damit hat Hegel in Schellings Augen eine wesentliche Errungen-
schaft der Kantischen Philosophie preisgegeben, nämlich die Ansicht der Natur als Erscheinung unter Gesetzen und als Idee Welt.
Der Begriff einer Natur, der das Gesetz und die Idee fremd wäre,
die damit das schlechthin Ungesetzliche, Unlogische wäre, ist für
Schelling ein Zerrbild, aber kein Begriff der Natur. Eine Philosophie, die bloß Logik im Hegelschen Sinne wäre, hätte keinen Gehalt, bzw. sie wäre jedem Gehalt fremd und käme damit nicht zur
Wirklichkeit.

Das Schema dieser Kritik ist dasselbe, das sich schon in Schellings Fichte-Kritik findet. Die Natur kann nicht als dem Gesetz und
der Idee fremd begriffen werden. Vielmehr ist die Natur als gesetzmäßig zu begreifen und unter einer Idee zu denken.

Im Deutschen Idealismus scheiden sich die Geister an *Kant*. Jacobi mißtraute der kantischen Philosophie und nahm daher eine
Sonderstellung in seiner Epoche ein. Fichte, Hegel und Schelling
suchten auf je ihre eigene Weise die Prämissen zu Kants Resultaten
zu finden und darzustellen. Darin sind sie eigenständig. Es führt ein
Weg von Kant jeweils zu Fichte, zu Hegel und zu Schelling, nicht
aber einer im dialektischen Dreischritt von Fichte zu Schelling und

endlich zu Hegel. Je mehr sich die Editionslage für diese Epoche bessert, desto deutlicher werden die Positionen der einzelnen Denker zu erfassen sein. Dann wird man sie endlich einmal in solche Beziehungen setzen können, die in ihrem Leben nicht zu Stande kamen.

Literatur

R. Lauth: *Die Entstehung von Schellings Identitätsphilosophie in der Auseinandersetzung mit Fichtes Wissenschaftslehre (1795-1801)*. Freiburg/ München 1975.

H. Krings: *Die Entfremdung zwischen Schelling und Hegel (1801-1807)*. Als: Bayerische Akademie der Wissenschaften. Sitzungsberichte der Philosophisch-historischen Klasse. Jg. 1976. H. 6. München 1977.

Schellings und Hegels erste absolute Metaphysik (1801-1802). Zusammenfassende Vorlesungsnachschriften von I.P.V. Troxler. Hrsg., eingel. und mit Interpretationen v. K. Düsing. Köln 1988.

L. Hühn: *Fichte und Schelling oder: Über die Grenze menschlichen Wissens.* Stuttgart/ Weimar 1994.

S. Peetz: *Die Freiheit im Wissen. Eine Untersuchung zu Schellings Konzept der Rationalität.* Frankfurt/M. 1995.

5. Die Philosophie der Natur

5.1 Einleitende Bemerkungen

Schellings Naturphilosophie, die 1797 mit den *Ideen zu einer Philosophie der Natur* einsetzt, verdankt sich einem zweifachen Ansatz, und sie bleibt davon durchgängig geprägt. Zum einen fußt sie auf der ganz frühen Beschäftigung mit Platons *Timaios*, und zum anderen erwächst sie aus der nachkantischen transzendentalen Begründung von Erkenntnis.

Die eine Linie, bald entscheidend erweitert um die Rezeption von Kants *Metaphysischen Anfangsgründen der Naturwissenschaft* (1786), führt mit den *Ideen* in die grundlegende Aufgabenstellung einer philosophischen Deduktion der *Materie*, diese sowohl als Materie überhaupt und auch als spezifische (d.h. wahrnehmbare) verstanden.

Die andere Linie hat die *Erscheinung* von Natur, das ist ihre Vielfalt und ihr beständiges Werden und Vergehen, zum Gegenstand. Hier ist die Begrifflichkeit von *Leben* und *Organisation* von wesentlicher Bedeutung; Schelling gewinnt sie, um die hier, neben Leibniz, wichtigste Quelle zu nennen, in der Auseinandersetzung mit Kants *Kritik der teleologischen Urteilskraft* in der *Kritik der Urteilskraft* (KU, 1790). Ein Jahr nach dem Erscheinen der *Ideen* legt er 1798 unter dem bezeichnenden Titel *Von der Weltseele. Eine Hypothese der höhern Physik zur Erklärung des allgemeinen Organismus* einen ersten und sogleich umfangreichen Versuch vor, Natur als das Ganze des Anorganischen und Organischen zu begreifen.

Aus *Ideen* und *Weltseele* ergibt sich die Aufgabe, den Begriff einer nach ihrer materiellen Herkunft und ihrer sichtbaren Erscheinung einheitlichen Natur zu entwerfen. Die Problemstellungen der beiden frühen Werke sind zusammenzuschließen. In seiner ersten, dann unter dem Titel *Erster Entwurf eines Systems der Naturphilosophie* (EE, 1799) erschienenen, Vorlesung kommt Schelling der Forderung nach und schließt damit ein erstes Kapitel der Naturphilosophie ab. Das Jahr 1800 bedeutet dann freilich in zweifacher Hinsicht einen wichtigen Einschnitt.

Zum einen stellt Schelling im *System des transzendentalen Idealismus* der Naturphilosophie eine Subjektphilosophie zur Seite. Sie rekonstruiert komplementär zur Rekonstruktion der Natur das erkennende und handelnde, d.h. das wesentlich geschichtliche Subjekt. So ergibt sich auf neue Weise das alte Problem, wie subjektive *Frei-*

heit und natürliche *Notwendigkeit* zu vereinbaren sind. Die *Identitätsphilosophie* nach 1800 stellt eine Lösung vor, indem sie mit dem Begriff des *Subjekt-Objekt* einen gemeinsamen Grund von Natur und Subjekt denkt. Die »reelle Reihe« der Natur und die »ideelle Reihe« des erkennenden und handelnden Subjekts haben eine identische Herkunft und bleiben auch in ihrer Differenz ›identisch‹. Natur ist insofern als Subjekt zu denken.

Zum anderen erkennt Schelling, daß der naturphilosophische Systementwurf von 1799 zu kurz greift; er vermag qualitativ bestimmte, d.i. spezifische Materie tatsächlich nicht zu deduzieren. In *Allgemeine Deduction des dynamischen Processes oder der Categorien der Physik* (1800, vor dem *System* verfaßt) und bereits in *Einleitung zu einem Entwurf eines Systems der Naturphilosophie* (1799, nachträglich zum EE geschrieben) versucht Schelling eine neue Lösung des Problems, das für ihn deswegen so bedeutend ist, weil es die Frage nach dem Übergang von Möglichkeit zur Wirklichkeit stellt. Auf diese Weise kommt es allerdings in einer eigentümlichen Problemkonstellation zu einer Überlagerung des identitätsphilosophischen Ansatzes mit dem Deduktionsproblem. Tatsächlich führt die Identitätsphilosophie dann auch weitgehend die »reelle« Reihe aus und bleibt der Naturphilosophie verhaftet, die in ihren Grundlinien indessen feststeht (siehe *Darstellung meines Systems der Philosophie,* 1801; *Fernere Darstellungen aus dem System der Philosophie,* 1802; *System der gesammten Philosophie,* 1804; *Aphorismen zur Einleitung in die Naturphilosophie,* 1806; *Aphorismen über die Naturphilosophie,* 1806; *Über das Verhältnis des Realen und Idealen in der Natur,* 1806).

Erst mit *Philosophische Untersuchungen über das Wesen der menschlichen Freiheit* [...] von 1809 glaubt Schelling den »ideellen Teil der Philosophie« zu geben (nach einer Vorbereitung 1804 in *Philosophie und Religion*). Er konzipiert ihn unter dem Titel »Reich der Geschichte«. Dies Reich bedeutet Freiheit, aber faßt diese nicht im Sinn der Abgrenzung von Subjektivität gegenüber natürlicher und mechanischer Notwendigkeit, sondern als »Vermögen des Guten und Bösen« auf. So kommt Geschichte in einen Blick, der nicht – wie im *System* von 1800 (SW III, S. 590ff.) – progressive Universalität gegen pragmatische Empirizität ausspielt, der Geschichte nicht als eine aufgegebene, sondern als wirkliche, d.h. vergangene, aber mit der Vergangenheit auch gegenwärtige Geschichte sieht (vgl. Kap. 7). Auch für die Philosophie ist eine geschichtliche Norm und Grundlage zu suchen. »Wir haben eine ältere Offenbarung als jede geschriebene, die Natur«, heißt es bezeichnenderweise in dem Kontext. (*Freiheit*, SW VII, S. 415)

Damit bricht ein altes Problem auf. Schelling hatte schon früh –
der philosophischen Tradition verpflichtet – zwischen *Natur* und
Geschichte, d.h. zwischen Geschehen aus Notwendigkeit und aus
Freiheit unterschieden (*Allgemeine Übersicht*, AA I,4, S. 187f.; SW I,
S. 470f.). Aber wenn es eine und dieselbe Subjektivität sein soll, die
sich in Natur und Geschichte zeigt, dann wird die Unterscheidung
fragwürdig, und zwischen Natur und Geschichte muß Kontinuität
herrschen. In den *Stuttgarter Privatvorlesungen* von 1810 versucht
Schelling noch einmal eine systematische Lösung. Sie fußt auf dem
Begriff des Menschen als eines mittleren Wesens, aber sie gelingt
nicht, da der Mensch tatsächlich einen Neubeginn markiert: »Der
Proceß, der in der Natur begonnen hatte, fängt in ihm aufs neue
und wieder von vorne an.« (SW VII, S. 459)

Schellings spätere radikale Lösung führt wieder zur Naturphilosophie zurück. Er sieht das Ganze der natürlichen und historischen
Wirklichkeit von Subjektivität zweifach: a) vom Standpunkt der *negativen* Philosophie als ein ewiges, anfangloses Geschehen, als, wenn
man so will, Natur überhaupt; b) vom Standpunkt der *positiven*
Philosophie als ein einmal angefangenes Geschehen, als, wenn man
so will, Geschichte überhaupt. Auch die Natur, d.i. das Ganze des
Anorganischen und des Organischen überhaupt, hat also angefangen
oder besser: sie hat einen *Anfang*, der nicht ihr selbst angehört. Dieser Gedanke eines dem Prozeß von Natur und Geschichte nicht
selbst angehörenden Anfangs macht im Kern die Differenz zwischen
einer negativen und einer positiven Philosophie aus, d.h. zwischen
einer begrifflichen Philosophie und einer solchen, die sich auf die
»Existenz bezieht« (SW X, S. 125). Als Kriterium der Unterscheidung wird die Stellung Gottes innerhalb des philosophischen Systems genommen. *Gott* – das ist zum einen Prozeß, Fortschreiten,
Potenzierung von Subjektivität durch alle Formen und Gestalten natürlicher und geschichtlicher Wirklichkeit, ist also »*Gott als Resultat*«
(SW X, S. 123f.); *Gott* – das ist zum anderen die Voraussetzung des
Prozesses, diese gedacht in der Figur eines, der anfangen *kann*, aber
nicht anfangen *muß*, der also vor dem Prozeß radikal anders ist als
im Prozeß (und wohl auch an dessen Ende (SW X, S. 122ff.). Eine
solche, Gott genannte, Voraussetzung bzw. eine Zeit vor der Zeit
leugnen heißt für den späteren Schelling den Prozeß von Natur und
Geschichte als ein ewiges, anfangloses, Geschehen auffassen und
derart im Begriff befangen bleiben.

Kann man die Behauptung eines solchen Anfangs des Kosmos
denken? In einer aus dem Nachlaß überlieferten Vorlesung von
1843 versucht Schelling unter dem Stichwort *Entstehung des Weltsystems* (SW X, S. 325) eine Antwort. Mit ihr wird noch einmal, wie

zu Beginn der Naturphilosophie, die Auseinandersetzung mit Kant philosophisch bedeutsam. Ging es dort um die Konstitution von Materie und um den Begriff des Organismus, so steht jetzt die Frage im Mittelpunkt, ob die Vernunft sich tatsächlich auf eine *Antinomie* einläßt (wie Kant gemeint hatte), wenn sie einen Anfang und eine Begrenzung der Welt behauptet (SW X, S. 332ff.; dazu KrV B 452ff.). Schelling leugnet die antinomische Struktur zugunsten der These von einem Anfang der Natur.

5.2 Die Ursprünge der Naturphilosophie

5.2.1 Platon: Timaios

Schellings 1794 unter Heranziehung des *Philebos* geschriebener Kommentar zu ausgewählten Passagen von Platons *Timaios* ist von außerordentlicher Bedeutung für seine spätere Naturphilosophie (vgl. Kap. 3). Mit ihm setzt Schellings philosophisches Denken grundlegend als Frage nach den logischen Bedingungen ein, unter denen Anfang und Entstehung des Kosmos gedacht werden müssen. Sie sind mit den Begriffen von *Idee* und *Materie* umrissen, wobei letzterem eine besondere Bedeutung zukommt.

Schelling hält als Grundeinsicht Platons fest, daß Materie an sich selbst, d.h. vor jeglicher spezifischen Bestimmung gedacht werden muß, wenn der beständigen Bewegung und Veränderung in Kosmos und Natur Rechnung getragen werden soll. Materie ist also Begriff einer Bedingung, nämlich der erfahrenen Wirklichkeit, aber an sich selbst nicht wirklich (und darum nicht so zu denken, wie die Idee als Form gedacht werden kann). So wie ›Materie an sich‹ von Wirklichkeit zu unterscheiden ist, so auch die Idee, die ihrerseits Begriff einer Bedingung ist – nämlich jener Bedingung, unter der Wirklichkeit als eine bestimmte, geformte, gestaltete gedacht wird. So zeigt sich eine systematische (»noch bevor der Himmel entstand«) Trias: Das Sein der Ideen, die Materie (das die Idee Aufnehmende, der ›Raum‹), die Wirklichkeit beider, das ist der Kosmos des Sichtbaren.

Die platonische Präzisierung macht den Begriff von irreduziblen und zugleich bestimmten Elementen obsolet. Was unter ihrem Begriff vorgestellt wird, ist tatsächlich ›sekundär‹, d.h. wirklich (trocken, feucht usw.). Ein ›an sich Trockenes‹ läßt sich nicht denken. Aber dies heißt nun wiederum – und dies ist das Entscheidende –, daß die vermeintlichen Elemente variabel sind: sie bestehen immer als ein ›Mehr-und-Weniger‹, wie Platon im *Philebos* sagt. Sie sind gradual verfaßt. Ebendies entspricht, so entdeckt der junge Schelling, genau der Realität, die Kant unter der Qualitätskategorie begreift, bedeutet also die »Realität in der Empfindung«, von der vor aller Erfahrung feststeht, daß sie intensive, also gradual verfaßte Größe ist (*Timaeus 1794*, S. 59ff.; siehe auch *Allg. Übersicht*, AA I,4, S. 108; SW I, S. 380f.; Kant: *Antizipationen der Wahrnehmung* in der KrV). Die erste Wirklichkeit von Materie muß formal als Qualität im Kantischen Sinne begriffen werden. An dieser, noch vor der Lektüre der *Metaphysischen Anfangsgründe* gemachten Entdeckung bedeutsam ist zweierlei.

Zum einen: Der Begriff *Qualität* ist der Begriff einer ursprünglich *erscheinenden* Materie, von dem der Begriff der Materiekonstitution genau zu unterscheiden ist.

Zum anderen eröffnet der Blick auf die Qualitäten einen einheitlichen Begriff von ursprünglicher Realität. Das ist der Begriff der *intensiven* Größe: Die Realität in der Empfindung ist keine andere als die außer der Empfindung. Die Annahme einer Realität ›an sich‹ ist also, und zwar vor aller Erkenntnistheorie, unzulässig.

5.2.2 Kant: Urteilskraft

Die zweite Wurzel der Naturphilosophie liegt im Grundansatz des transzendentalen Denkens selbst, das zwischen moralischem Freiheitsgesetz und der mechanischen Notwendigkeit der Natur strikt unterscheidet, aber doch zugleich auch die Einheit von Natur- und Freiheitsgesetz denkt. Dieser Gedanke ist für den idealistischen Begriff des absoluten Ich konstitutiv; denn dieses wird ja als ebensolche Einheit vorausgesetzt. Das bewußte endliche Ich lebt zwar in der Unterscheidung, aber es erkennt jene Einheit, wenn es Natur erkennt:

Also ist das lezte, worauf alle Philosophie hinführt, kein objectives, sondern ein immanentes Princip prästabilirter Harmonie, in welchem Freiheit und Natur identisch sind, und dieses Princip ist nichts anderes, als das absolute *Ich*, von dem alle Philosophie ausgieng. [...] Was für das absolute Ich *absolute* Zusammenstimmung ist, ist für das endliche Ich *hervorgebrachte*, und das Princip der Einheit, das für jenes *konstitutives* Princip *immanenter* Einheit ist, ist für dieses nur *regulatives* Princip *objectiver* Einheit, die zur immanenten *werden* soll. (*Vom Ich*, 1795, AA I,2, S. 174f.; SW I, S. 242)

Am Ende von *Vom Ich* kommt Schelling mit diesen Sätzen auf Kants *Kritik der teleologischen Urteilskraft* zu sprechen und fügt hinzu:»Vielleicht aber sind nie auf so wenigen Blättern so viele tiefe

Gedanken zusammengedrängt worden, als in der Kritik der teleologischen Urtheilskraft §. 76. geschehen ist.« (*Vom Ich*, AA I,2, S. 175; SW I, S. 242)

Kant macht deutlich, daß wir solche Naturdinge, die wir als Produkte auffassen (Pflanzen, Tiere), nicht allein durch mechanische, naturgesetzliche Kausalität erklären können, sondern uns hier gezwungen sehen, eine »Ursache, deren Vermögen zu wirken durch Begriffe bestimmt wird, suchen zu müssen« (KU B 284); »Ein organisirtes Wesen ist also nicht bloß Maschine« (KU B 293). Es ist von sich selbst Ursache und Wirkung (KU B 284ff.). Wir müssen darum auf den Zweckbegriff der Kunst zurückgreifen; aber die Analogie ist noch ungenügend: »denn da denkt man sich den Künstler (ein vernünftiges Wesen) außer ihr. Sie organisirt sich vielmehr selbst« (KU B 293). Genauer gesagt: wir unterstellen ihr das; denn in einem strengen Sinn wissen können wir nicht, ob die Natur in ihren Produkten so verfährt. Die Begrifflichkeit des Organisations- und damit in eins des Zweckbegriffs bedeutet eine Kausalität, die wir nur von uns kennen bzw. nur für uns praktisch postulieren müssen – d.h. eine als *Freiheit* zu bestimmende Kausalität. Freiheit können wir der Natur aber nur unterstellen; oder in Kants Terminologie gesagt: Der Begriff des Naturzwecks, der (Selbst-) Organisation, ist wohl notwendig: aber er ist kein konstitutives, sondern ein *regulatives* Prinzip unserer Erkenntnis der Natur (KU B 342ff.). Die »Objecte selbst« kennen wir nicht: »[...] so wird der Begriff der Zweckmäßigkeit der Natur in ihren Producten ein für die menschliche Urtheilskraft nothwendiger, aber nicht die Bestimmung der Objecte selbst angehender Begriff sein [...].« (KU B 344)

Ebendies bestreitet Schelling. Seine Rekonstruktion von Erkenntnis gesteht der Urteilskraft keine Sonderrolle zu. Sie nimmt ihren Ausgang von einer ursprünglichen Identität von Gegenstand und Vorstellung. »Der Gegenstand ist nichts anders, als unsre selbsteigne Synthesis, und der Geist schaut in ihm nichts an, als sein eignes Product.« (*Allg. Übersicht*, AA I,4, S. 106; vgl. S. 102-117; SW I, S. 379 bzw. 375-390)

Das ist ein Schlüsselsatz; er drückt die Identität aus und bedeutet zugleich mit dem Ausdruck »Product« den Aufbruch der Identität, d.h. die Fixierung des Gegenstandes *für* den Geist bzw. das Bewußtsein. Alle Fixierungen, d.h. Gegenstandssetzungen, erinnern allerdings die ursprüngliche Identität als eine aufgebrochene und entwickelte. »Was aber die Seele anschaut, ist immer ihre *eigne, sich entwikkelnde Natur.* [...] Die äußre Welt liegt vor uns aufgeschlagen, um in ihr die Geschichte unsers Geistes wieder zu finden.« (*Allg. Übersicht*, AA I,4, S. 110; SW I, S. 383)

Schellings Formel, daß der Geist »sich selbst construirt«, wenn er erkennt (AA I,4, S. 113; SW I, S. 386) ist ernstzunehmen. Der Geist bzw. das Subjekt erkennt in der Erkenntnis der Natur sich selbst. Die Formen der Natur sind seine Formen, und ihre Entwicklung ist seine Entwicklung – angefangen bei ursprünglichen chemischen und physikalischen Prozessen über pflanzliche und animalische Formen bis hin zur ausdifferenzierten menschlichen Existenz, in der die Subjektivität gleichsam zu sich kommt, nämlich ihrer selbst bewußt wird. Schelling gibt damit eine erkenntnistheoretische Legitimation für die alte und durch die enzyklopädische Wissenschaft des 18. Jahrhunderts (Ch. Bonnet [1720-1793], G.-L. Buffon [1701-1788]) erneuerte These vom *Stufenbau der Natur*, die Kontinuität zwischen den einfachsten und den höchsten Formen von Natur und Kosmos behauptet. (AA I,4, S. 114-117; SW I, S. 386-390)

Die merkwürdige Behauptung Kants, die Natur werde notwendig als *Organismus* erkannt, findet so eine Begründung. Denn der Geist (Schelling sagt auch »Seele«), der sich in der Stufenfolge der Natur erkennt und so und nicht anders Natur erkennt, ist Organismus. Er ist nicht einfach Sukzession von Vorstellungen, sondern er sieht sich in der Sukzession als produktiv, als tätig an, d.h. als ein Objekt, das von sich Ursache und Wirkung ist. Er ist m.a.W. »eine sich selbst organisirende Natur« (AA I,4, S. 112f.; SW I, S. 385f.) und stellt systematisch dar, was Kant als Organismus gedacht hatte.

Schelling nimmt den Begriff der ›Selbstorganisation‹ später (im *Ersten Entwurf zu einem System der Naturphilosophie* von 1799) wieder auf und verfolgt vor allem den Sachverhalt einer einheitlichen Natur, die sich strukturell von ›Materie‹ bis hin zu den hochkomplexen Organisationen des Lebendigen erstreckt. Ein Teil der jüngsten Interpretation erkennt hier eine systematische Übereinstimmung mit den neueren physikalischen und biologischen Theorien der Selbstorganisation (vgl. Heuser-Keßler 1986, 1994; kritisch Mutschler 1990, Küppers 1992).

Vor dieser Rezeption und ihrer Debatte spielte Schellings Naturbegriff – ebenfalls als Selbstorganisationsbegriff – im marxistisch inspirierten Materialismus eine wichtige Rolle (z.B. Bloch 1972, 1975; vgl. auch die Beiträge in Sandkühler 1984).

Und in diesem Zusammenhang ist auch auf die Gegenwart der Schellingschen Naturphilosophie in der ökologischen Debatte der Natur hinzuweisen (vgl. Schmied-Kowarzik 1996).

5.3 Materie: Ideen zu einer Philosophie der Natur (1797)

5.3.1 Der naturwissenschaftliche Kontext

Die *Ideen* sind Zeugnis eines Umbruchs in der Wissenschaft und zugleich sind sie, da dieser noch nicht abgeschlossen ist, in seine Diskussion verwickelt. Den Umbruch bezeichnet A.-L. Lavoisiers 1789 (dt. 1792) – im Jahr der politischen französischen Revolution – erschienener *Traité élémentaire de chimie* (dazu Bensaude-Vincent 1994; Partington 1961-62). Lavoisier (1743-1794) faßt hier, im Blick auf den Sensualismus von É. Condillac (1715-1780), methodisch reflektiert seine Arbeiten und Forschungsergebnisse zu einem System zusammen, das den Anspruch erhebt, *Chemie als Wissenschaft* zu begründen und das heißt Metaphysik aus ihr zu verbannen. Mit dem *Traité* endet die aristotelisch begründete Elementenlehre. Erde, Wasser, Luft zeigen sich als zusammengesetzte Körper, und mit dem Nachweis von *Sauerstoff* als Teil der atmosphärischen Luft ist die Erkenntnis des Verbrennungsprozesses verbunden. Verbrennung – die brennende Kerze, der Atmungsprozeß, das Verkalken und Rosten des metallenen Körpers – bedeutet nicht die Freisetzung von ›Phlogiston‹ (eines als solchen angenommenen ›Brennstoffs‹), sondern die Verbindung mit Sauerstoff (Oxygene).

Alles was man über die Anzahl und die Natur der Elemente sagen kann, schränkt sich meiner Meinung nach, bloß auf metaphysische Untersuchungen ein: es sind unbestimmte Aufgaben, die man aufzulösen sich vornimmt, und die einer unendlichen Art von Auflösungen fähig sind; von denen es aber sehr wahrscheinlich ist, daß keine insbesondre, mit der Natur übereinstimmt. (Lavoisier 1792, Bd. 1, S. 4)

Die Revolution wird vollendet und fixiert in einer neuen chemischen Nomenklatur, einem künstlichen (noch immer gebräuchlichen) Benennungssystem. Chemie vor Lavoisier, d.h. Experimentalkunst, Drogistenhandwerk, Alchimie, und Chemie nach Lavoisier, d.h. Wissenschaft, sind damit grundlegend unterschieden. Die neue Sprache hält die analytische Laborpraxis fest; für die Geschichte der Chemie hat sie ebensowenig Interesse wie für die Naturgeschichte. Sie ist künstlich (wie die Nomenklatur Linnés), aber nicht willkürlich, im Gegenteil: »›Die Chemie schafft sich ihr Objekt‹ [...] sie fabriziert ihr Universum, das der Vernunft durchsichtig ist« (Bensaude-Vincent 1994, S. 671).

Um 1797 ist die Auseinandersetzung zwischen phlogistischer und antiphlogistischer Chemie noch im Gange. Zumal in Deutsch-

land, dem Geburtsland Stahls, der die Phlogiston-Theorie entwik-
kelt hatte, fällt der Abschied vom Phlogiston bzw. einer an Elemente
gebundenen Erklärungslogik schwer. Noch Kant sieht an prominen-
ter Stelle die Verkalkung eines Metalls als Entzug eines in ihm enthaltenen Stoffes, d.h. Phlogiston. (KrV B XIII) Schellings Absicht
in den *Ideen* ist es offenkundig, die Möglichkeit von *Chemie als Wissenschaft* so zu begründen, wie Kant (der Chemie nur den Status einer Experimentalkunst zugestanden hatte) die Absicht hatte, die
Möglichkeit von Newtons Physik zu begründen.

Mit dem Satz: »»Die Chemie schafft sich ihr Objekt‹ [...] sie fabriziert ihr Universum, das der Vernunft durchsichtig ist« ist sehr
genau ausgesprochen, was Schellings Interesse an der Chemie aus-
macht: sie konstruiert eine ursprüngliche Wirklichkeit. Er verfolgt
dies im 1. Buch der *Ideen* unter den Kapitelüberschriften »Vom Ver-
brennen der Körper«, »Vom Licht«, »Von der Luft und den Luftar-
ten«, »Von der Electricität«, »Vom Magnet«. Das kann hier nicht im
einzelnen verfolgt werden (siehe AA I,5). Schelling argumentiert
bzw. beschreibt als Anhänger der neuen Chemie. Er sieht Sauerstoff
als Prinzip aller chemischen Anziehung, und d.h. als Prinzip von
Verbindung und Auflösung, als universales Agens. Verbunden sind
immer heterogene Stoffe, wobei Heterogenität im Sinne von Kants
»realer Entgegensetzung«, also wie positive und negative Zahlen,
aufzufassen ist (Kant: *Negative Größen*. 1763, A 6-9; *Allg. Übersicht*,
AA I,4, S. 87; SW I, S. 368f.); freilich streben sie zu Auflösung, d.h.
zu neuer Verbindung, insofern sie vom Sauerstoff angezogen sind.
Hier zeigt sich eine Art von Logik: Gleichgewicht und Aufhebung
von Gleichgewicht wechseln kontinuierlich im Verhältnis zu einem
Dritten, d.i. Sauerstoff (vgl. AA I 5, 176f.; SW II, S. 170f.).

Dieses Verhältnis ist indessen komplex. Die neue Chemie betrachtet den Sauerstoff in der atmosphärischen Luft als die gasför-
mige Darstellung eines an sich selbst nicht erscheinenden ›Grund-
stoffs‹; zur Erscheinung kommt er durch die Verbindung mit ›Wär-
mestoff‹ (calorique), der wiederum freigesetzt wird, sobald Sauerstoff eine Verbindung eingeht: So kommt es zu den Phänomenen
von Wärme und Licht. *Wärme, Licht, Elektrizität, Magnetismus* spielen in der zeitgenössischen Wissenschaft eine besondere, in den *Ide-
en* ausführlich dargestellte und besprochene Rolle. Sie sind verantwortlich für offenbar grundlegende Vorgänge, aber müssen als *Imponderabilien* aufgefaßt werden, das sind solche Stoffe, die nicht rein
darstellbar sind, sondern immer in gebundener Form, d.h. an Körpern oder Stoffen auftreten. Die zumal nach Lavoisiers Begründung
der Chemie nur zu verständliche chemische Deutung physikalischer
Phänomene führt in ganz eigene Problemkonstellationen (vgl. Stich-

weh 1984, S. 116ff.). Der eigentümliche Charakter der Imponderabilien, eine ›Wirklichkeit‹ vor ihrer Erscheinung zu haben, wird ihnen eine besondere Rolle in Schellings Konstruktion der Materie sichern.

5.3.2 Konstruktion der Materie

Grundsätzliches

Im 2. Buch verdeutlicht Schelling Grundannahmen der Newtonschen Physik, wie sie von Kant in den *Metaphysischen Anfangsgründen* dargelegt werden. Materie bedeutet Raumerfüllung, was wiederum heißt, daß sie unter der Bedingung von Grundkräften gedacht werden muß. Ausdehnung und Beschränkung, Zurückstoßung und Anziehung, *Repulsion* und *Attraktion* müssen *zugleich* gedacht werden. Damit wird eine *Masse* gedacht, und zwar im Verhältnis zu mindesten zwei anderen Massen. So ergibt sich ein *Gravitations-* oder *Weltsystem*, das indessen noch statisch und nicht in jener dynamischen Bewegung ist, die mit der Annahme eines Verhältnisses von Kräften gefordert ist. Die Massen müssen also als ungleich angenommen werden. Damit ist ein erster Schritt abgeschlossen. Ein zweiter wird die Herleitung spezifischer, für die Erfahrung vorliegender Materie und ihre Bewegung betreffen. Aber zuvor ist festzuhalten:

- Schellings Materiebegriff ist strikt *dynamisch*; die Kräfte sind nicht Eigenschaften von Materie, die mithin vorausgesetzt wäre, sondern sie konstituieren die Materie bzw. haben, wie Schelling sagt, »nur als Bedingungen der *Möglichkeit* der Materie Realität« (*Ideen*, AA I,5, S. 195; SW II, S. 195f.).
- Eine Physik, die Bewegung ausschließlich mechanisch erklärt, ist unzureichend; sie nimmt Bewegung und Materie (in Form von Atomen) als Prämissen an, ohne ihre Möglichkeit erklären zu können. Schelling setzt sich (*Ideen*, AA I,5, S. 197-207; SW II, S. 200-212) mit dem einflußreichen Genfer Naturphilosophen George-Louis Le Sage (1724-1803) auseinander, der beansprucht, Atomismus und Newtons Gravitationslehre miteinander zu verbinden. Schellings Kritik ist darum so bedeutend, weil sie – anders als Kant – den Atomismus als Alternative zur dynamischen Naturerklärung grundsätzlich destruiert.
- Schelling fußt auf Kant, aber ist doch auf charakteristische Weise selbständig. Kant nennt ›Materie‹, was Gegenstand äußerer Sinne bzw. der Empfindung ist. Aber es sind natürlich bestimmte Ob-

jekte, die zum Gegenstand der äußeren Sinne werden und nicht
ohne weiteres Materie. Schelling wirft Kant vor, Materie vorauszusetzen, um ihren Begriff dann analytisch zu verhandeln. Man
muß aber erst einmal zeigen: »*Alles Objekt der äussern Sinne ist
als solches nothwendig Materie*, d.h. ein durch anziehende und zu-
rückstoßende Kräfte begränzter und erfüllter Raum.« (*Ideen*, AA
I,5, S. 220; SW II, S. 231) Es muß also eine transzendentale Be-
glaubigung für die Annahme der Kräfte geben. Schelling zieht
dafür die *Anschauung* heran, sie ist ursprünglich, noch ehe sie
Gegenstand des Verstandes ist, Produkt von Tätigkeit und Leiden, von Streben und Beschränkung, von Anschauen und Ange-
schautem.

Im Gemüthe sind also vereinigt Thätigkeit und Leiden, eine ursprünglich-
freye und insofern unbeschränkte Thätigkeit nach außen, und eine andere,
dem Gemüth abgedrungene (reflektirte) Thätigkeit *auf sich selbst.*« »Also
[...] *das Wesen der Anschauung, das, was die Anschauung zur Anschauung
macht, ist, daß in ihr absolut-entgegengesetzte, wechselseitig sich beschränkende
Thätigkeiten vereinigt sind.* Oder anders ausgedrückt: *Das Produkt der Anschauung ist nothwendig ein endliches, das aus entgegengesetzten, wechselseitig
sich beschränkenden Thätigkeiten hervorgeht.* (*Ideen*, AA I,5, S. 213 bzw.
215; SW II, S. 227 bzw. S. 221; vgl. *Allg. Übersicht*, AA I,4, S. 88ff.; SW I,
S. 369ff.)

Die Struktur der Anschauung ist also genau die der Materie. Mit
Attraktion und Repulsion wird mithin keine abstrakte oder analytische Annahme gemacht. Wir müssen sie denken, wenn wir eine erste Wirklichkeit, das ist die Anschauung eines Materiellen, unserer
Subjektivität denken wollen.

Spezifische Materie und Chemie

Im zweiten Schritt seiner Konstruktion geht Schelling zu den
Grundbestimmungen der erscheinenden, d.h. gegenständlichen Materie über. Diese Bestimmungen gehören zwar unabdingbar zur Vorstellung von Materie, aber sie lassen sich weder a priori noch phy-
sisch erklären. Sie sind zunächst quantitativ, betreffen Materie in
den verschiedenen Formen von Kohäsion (flüssig, fest) sowie als
Größen und Figuren. Diese geben gleichsam das Schema eines Ge-
genstands (*Ideen*, AA I,5, S. 247ff.; SW II, S. 268).
    Realität erhält der soweit bloß schematische Gegenstand dann,
wenn er aufhört, bloße Quantität zu sein, d.h. dann, wenn er als
Qualität gefühlt bzw. empfunden wird.

Nur durch seine *Qualität* ist jedes einzelne Object dieses *bestimmte* Object. Und weil keine Erkenntniß *real* ist, als in wiefern sie Erkenntniß eines *bestimmten* Objects ist, so haftet der ganze Glaube an Realität außer uns zuletzt an der *ursprünglichen Empfindung*, als ihrer ersten und tiefsten Wurzel. (*Allg. Übersicht*, AA I,4, S. 108; SW I, S. 381; vgl. *Ideen*, AA I,5, S. 249f.)

Schelling kommt es seit dem *Timaios*-Kommentar auf diesen Begriff der Qualität als *Realität in der Empfindung*, d.h. als *intensiver Größe*, an. Er macht einen einheitlichen Realitätsbegriff möglich; denn er läßt sich auf die qualitative Realität der Körper selbst übertragen, weil es eine Kraft sein muß, die uns affiziert, wenn wir empfinden. Um uns zu affizieren, muß die Kraft bestimmt bzw. wirklich sein. Wir müssen sie in einem bestimmten Grad, also als intensive Größe, denken. Wenn wir dies tun, denken wir nichts anderes als ein bestimmtes Verhältnis jener beiden Grundkräfte von Attraktion und Repulsion, die Materie konstituieren. Der intensiv verfaßten Realität in der Empfindung entspricht also sehr genau die als Verhältnis der Kräfte intensiv verfaßte Realität der Materie, die uns affiziert. Schelling faßt zusammen: »Alle Qualität der Materie beruht einzig und allein auf der Intensität ihrer Grundkräfte.« (Ideen, AA I,5, S. 251; SW II, S. 272)

Damit ist ein objektiver Begriff von Qualität bzw. spezifischer Materie gewonnen. Wesentlich ist, daß er von den Konstitutionsmomenten der Materie überhaupt abgeleitet ist; besondere Annahmen, wie die von ›Grundstoffen‹ sind nicht mehr nötig. Schelling geht zweifach über Kant hinaus. Zum einen gibt er eine Begründung dafür, daß *Chemie Wissenschaft* sein kann und nicht bloße Experimentalkunst ist, und zum anderen überwindet er die aporetische Situation, mit der das Dynamik-Kapitel in Kants *Metaphysischen Anfangsgründen* endet. Es gelingt Kant dort nicht, das Problem, wie die Konstitution spezifischer Materie gedacht werden kann, zu lösen. Das dynamische Modell einer Konstitution aus Kräften stellt das Problem des Kontinuums, in dem die Vernunft sich zu verirren droht; das atomistische Modell dagegen setzt mit der Annahme eines Leeren und absoluter Undurchdringlichkeit der Vernunft Schranken, die sie nicht akzeptieren kann.

Im Schlußkapitel der *Ideen* kann Schelling nun endlich *Grundsätze der Chemie* aufstellen; sie beruhen auf dem Prinzip:

Alle Qualität der Körper beruht auf dem quantitativen (gradualen) Verhältniß ihrer Grundkräfte. (Ideen, AA I,5, S. 287; SW II, S. 317)

Daraus ergibt sich eine Struktur des chemischen Prozesses. Der erste Grundsatz, mit dem Schelling die grundsätzliche Frage nach dem

Verhältnis von chemischer und allgemeiner Anziehung anspricht (vgl. Stengers 1994), lautet:

Kein chemischer Prozeß ist etwas anders, als eine Wechselwirkung der Grundkräfte zweyer Körper. (Ideen, AA I,5, S. 288; SW II, S. 318)

Sie findet statt zwischen Körpern mit verschiedener chemischer Qualität, also einem jeweils verschiedenen oder gar entgegengesetzten Verhältnis der Grundkräfte, das für sich genommen ein Gleichgewicht bedeutet. Aber wegen der Verschiedenheit in den zwei Körpern streben die Grundkäfte nach einem Ausgleich durch Auflösung oder Verbindung, um zu einem neuen Verhältnis zu kommen. So ergibt sich insgesamt ein Prozeß, der in der beständigen Herstellung und Störung von Gleichgewicht besteht.

5.4 Materie und Leben: Von der Weltseele, eine Hypothese der höhern Physik zur Erklärung des allgemeinen Organismus (1798)

5.4.1 Anorganische Natur

Am Ende der *Ideen* kündigt Schelling als Pendant zur Begründung der Chemie eine Theorie der mechanischen Bewegung, also der quantitativen auf Schwere beruhenden Anziehung an. Er hat das Projekt offenbar bald fallengelassen; denn schon nach einem Jahr erscheint 1798 als zweites großes Werk die *Weltseele*, in der Schelling die ganz andere Organismus-Thematik aufnimmt. Der Ausdruck ›Weltseele‹ spielt auf die platonische Tradition an, die unter anderem Vorzeichen (Äther) im 17. und 18. Jahrhundert wieder lebendig ist (vgl. Jantzen 1998).

Im ersten Teil (*Über die erste Kraft der Natur*) verwickelt sich Schelling wieder in die Themen der zeitgenössischen Chemie, aber geht einen neuen Weg. In der *Weltseele* konstruiert er nicht die Materie und ihre qualitative Wirklichkeit, sondern versucht sich an einer systematischen Beschreibung der Operationen der Natur (z.B. der meteorologischen Erscheinungen). Er wendet sich vom analytischen und künstlichen Labor der neuen Chemie ab, um die Natur selbst als Labor zu sehen (darin u.a. H.B. de Saussure [1740-1799], J.A. Deluc [1727-1817] verpflichtet). Der systematische Anspruch ergibt sich aus dem durchgängigen Nachweis von *Polarität* und *Duplicität* (ein »die Welt zum System bildendes Princip« [*Weltseele*, SW

II, S. 381]) in den Erscheinungen der Natur. Polarität und Duplicität sind immer durch den Kantischen Begriff der reellen Entgegensetzung (nämlich negativer und positiver Zahlen) zu denken; sie verweist auf einen gemeinsamen Ursprung. Die Verschiedenheit, in der die allgemeine Polarität tatsächlich erscheint, bedeutet also die Ausdifferenzierung einer »*ursprünglichen Homogeneität aller Materie*« (*Weltseele*, SW II, S. 406 und öfter).

Zu unterscheiden ist eine erste, *positive* Kraft der Natur von einer zweiten, *negativen*; die positive Kraft offenbart sich unter der Bedingung der immer nur zu erschließenden zweiten: »In *einzelnen Materien* ergießt sie sich durch den ganzen Weltraum«. (*Weltseele*, SW II, S. 382) Schelling denkt an die *Imponderabilien*, die selbst wieder polar verfaßt sind. Sie durchziehen die Natur und bilden insofern deren dynamisches Gerüst. Später wird Schelling von ›Kategorien‹ sprechen. In einer Stufenfolge kommen sie zur Erscheinung. Am Anfang steht das Produkt aus einem positiven, expandierenden Prinzip, dem Äther, und dem negativen Prinzip Oxygene. Durchsichtige Körper ziehen die positive Materie an, so kommt es zu *Licht*; undurchsichtige die negative, d.h. das Oxygene, so kommt es zu *Wärme* bzw. zum Verbrennungsprozeß, in dem Oxygene mit dem negativen Prinzip Phlogiston im Verhältnis steht, also zur Erscheinung kommt. Vom Verbrennungsprozeß ist die Elektrisierung, d.h. die Erregung der positiven und negativen *Elektrizität* in den elektrischen Materien zu unterscheiden. Elektrisierung ist ein Wechselverhältnis zwischen Oxygene und Wärme, so faßt Schelling zusammen. Der *Magnetismus* endlich wird wie die Elektrizität erregt, aber diese nimmt auf ihn Einfluß.

5.4.2 Organische Natur

Im zweiten Teil der *Weltseele* (*Über den Ursprung des allgemeinen Organismus*) kommt Schelling auf die organische, d.h. lebendige Natur zu sprechen. Beide Teile ergänzen sich also komplementär zu einem Ganzen.

Schelling lokalisiert *Leben* zunächst im Kontext der zeitgenössischen Chemie. Der Vegetationsprozeß bedeutet die Abgabe von Sauerstoff in die atmosphärische Luft; er läßt sich so als Bedingung des höheren animalischen Prozesses deuten, in dem Sauerstoff aufgenommen wird. Mit dieser ersten Bestimmung von Leben ist zum einen der Gedanke des Prozesses, zum anderen aber sogleich auch das zu lösende Grundproblem vorgegeben. Es geht darum, den Begriff Leben als Naturerscheinung – als Spezifikum besonderer, eben tierischer Materie – zu erklären. Es gibt genau drei mögliche Antworten:

[...] *der Grund des Lebens liegt einzig und allein in der thierischen Materie selbst. (Weltseele*, SW II, S. 496)

Schelling schließt nicht aus, daß Assimilation oder Reproduktion chemisch bzw. nach Analogie chemischer Prozesse erklärt werden können, aber wendet grundsätzlich ein, daß die Bildung tierischer Materie, Leben voraussetzt und also Leben nicht als Eigenschaft von Materie gedeutet werden kann: »Das Leben ist nicht *Eigenschaft* oder *Produkt* der thierischen Materie, sondern umgekehrt die *Materie* ist *Produkt des Lebens*.« (SW II, S. 500) Und weiter wendet er ein, daß der Lebensprozeß sich kontinuierlich und innerhalb der Grenzen des Organismus vollzieht.

[...] *der Grund des Lebens liegt ganz und gar außerhalb der thierischen Materie.* (SW II, S. 502)

Aber das läßt sich nicht denken; man müßte dem tierischen Körper hinsichtlich seines Lebens absolute Passivität zusprechen, aber dies ist »ein völlig sinnloser Begriff«.

Der Grund des Lebens ist in entgegengesetzten Principien enthalten, davon das eine (positive) außer dem lebenden Individuum, das andere (negative) im Individuum selbst zu suchen ist. (SW II, S. 503)

Das ist Schellings eigene These. Sie nimmt auf der Ebene des Lebendigen die Struktur der chemischen Prozesse wieder auf und gibt damit eine Gliederung vor, denn es gilt nun näher zu bestimmen, was unter den negativen und den positiven Bedingungen gedacht und chemisch ebenso wie physiologisch aufgewiesen werden kann.

Schelling zeigt sich hier auf dem Stand der zeitgenössischen Wissenschaft, die animalische Stoffe und Prozesse (*Atmung, Stoffwechsel, Blutgerinnung* usw.) chemisch wie andere Prozesse und Stoffe analysiert und die in der Physiologie A. von Hallers (1708-1777) Unterscheidung von (Muskel-) *Irritabilität* und (Nerven-) *Sensibilität* diskutiert (vgl. Jantzen 1994). Dazukommt die Brownsche Medizin mit ihrem medizinisch neuen Begriff der *Erregung*, und vor allem kommt, wenn auch von Schelling offenbar erst spät zur Kenntnis genommen, die Entdeckung der *tierischen Elektrizität* hinzu, die L. Galvani (1737-1798) 1791 publiziert: Legt man ein Metall an den Nerv eines Froschschenkels und ein anderes Metall an den Muskel und verbindet man die Metalle, so daß sich eine Kette ergibt, zuckt der Muskel. Galvani interpretiert dies nach dem Modell der Leidener Flasche als Entladung, und zwar einer spezifisch tierischen Elektrizität, für die sich schnell der Ausdruck *Galvanismus* einbürgert. Er benennt die einzige wirklich bedeutende Entdeckung, die physiologisch Ende des 18. Jahrhunderts gemacht wird. Sie scheint mit A. Voltas (1745-1827) Nachweis, daß es sich um Kontaktelektrizität handelt, spätestens 1800 schon wieder obsolet geworden zu sein (eine Klärung gelingt erst E. du Bois-Reymond [1818-1896] und C. Mateucci [1818-1868] 1843). Aber in den wenigen Jahren ihrer Geltung beherrscht sie, insbesondere in Deutschland, die physiologische, von A. von Humboldt (1769-1859), Ch. Pfaff (1773-1852) und J. Ritter (1776-1810) geführte Diskussion. Im Galvanismus scheinen, sich chemischer Prozeß, Elektrizität und Leben zu überschneiden und insofern scheint es durchaus nicht unberechtigt, ihn als ein Schlüsselphänomen aufzufassen.

Schelling hält in seiner Rezeption und Auseinandersetzung mit der Chemie und Physiologie seine Position systematisch durch. Die Chemie stößt prinzipiell an Grenzen, über die sie nicht hinauskommen kann; sie ist »todte Chemie« (SW II, S. 525). Das zeigt sich zweifach.

Im Organismus bedeutet der chemische Prozeß immer die Bildung oder Einhaltung einer bestimmten Gestalt. In der organischen Materie sind, anders gesagt, immer Erscheinung und Begriff unzertrennlich vereinigt, und wenn man, wie es notwendig ist, diese Einheit als Prozeß denkt, dann bedeutet sie Ausdifferenzierung in immer weitere, d.h. individuelle Formen, die jeweils auf das Ganze zurück- und vorverweisen. Damit nimmt Schelling den Gedanken der Stufenleiter systematisch wieder auf. Die Differenzierung hat als höchsten Punkt die Zweigeschlechtlichkeit, die ihrerseits das Ganze bedeutet und wiederholt: »Nachdem die Principien des Lebens in einzelnen Wesen bis zur *Entgegensetzung individualisirt* sind, eilt die Natur durch Vereinigung beider Geschlechter die Homogeneität wiederherzustellen.« (SW II, S. 536)

Zum anderen: Um den Ursprung des organisierten Körpers zu erklären, rekurriert die Chemie auf eine bloß mechanische Gesetzmäßigkeit und negiert ebendamit den Begriff Organismus selbst, der seit Kant (aber bei ihm bloß für die Urteilskraft) gerade die Einheit von Notwendigkeit und Freiheit ausdrückt:

Die Natur soll in ihrer blinden Gesetzmäßigkeit frei: und umgekehrt in ihrer vollen Freiheit gesetzmäßig seyn, in dieser Vereinigung allein liegt der Begriff der Organisation. (SW II, S. 527)

Umgekehrt begeht eine Physiologie, die mit dem Begriff ›Lebens-
kraft‹ arbeitet, den Fehler, die Möglichkeit von Organisation nicht
mehr physikalisch zu erklären. Aber ebendies muß das Ziel der
Überlegung sein. Auch J. Blumenbachs (1752-1840) Begrifflichkeit
des *Bildungstriebs*, die gegenüber Hallers analytischer Unterscheidung der Teile des Körpers, funktionale Zusammenhänge und Kräfte (z.B. der Reproduktion) wirksam sieht, kommt ihm letztlich
nicht näher. Bildungstrieb ist nur Ausdruck für die ursprüngliche
Vereinigung von Freiheit und Gesetzmäßigkeit, aber erklärt sie
nicht:

und so kann der Bildungstrieb in der Naturwissenschaft nie als Erklärungs-
grund, sondern nur als Erinnerung [...] dienen, eine erste Ursache der Organisation nicht in der organisirten Materie selbst (etwa in ihren todten,
bildenden Kräften), sondern *außer ihr* aufzusuchen. (SW II, S. 528)

Darin ist implizit Schellings eigene These ausgesprochen. Sie lautet,
daß es immer ein Prinzip sein muß, das dem chemischen Prozeß
selbst nicht unterworfen ist, auf diesen aber kontinuierlich einwirkt,
indem es ihn stört und damit in Gang hält. Der chemische Prozeß,
sich selbst überlassen, kommt immer zum Stillstand, sobald die
Kräfte sich ausgleichen. Am Ende der *Weltseele* nähert Schelling sich
einer Bestimmung jenes Prinzips.
    Er greift zurück auf die seit A. von Haller in der Physiologie ka-
nonische Bestimmung der (Muskel-) *Irritabilität* als ursprünglichster
Erscheinung lebendiger Bewegung. Unter bestimmten Reizbedin-
gungen kontrahiert der Muskel unabhängig vom Nerveneinfluß.
Die Kontraktion läßt sich nicht als chemischer Prozeß erklären,
auch wenn sie – wie Schelling meint – von einer chemischen Veränderung der irritablen Organe begleitet ist. Irritabilität stellt ein eigenes Prinzip dar. Schelling deutet es als ebenjenes Prinzip, das notwendig ist, um den chemischen Prozeß der organisierten Materie zu
denken.
    Irritabilität steht indessen nicht nur zu den chemischen Prozes-
sen (z.B. des Stoffwechsels) im Verhältnis, sondern auch zur Tätigkeit der Nerven, d.h. zur *Sensibilität*. Die galvanischen Versuche zeigen ebenso wie die anatomische Physiologie, daß – sieht man von
der direkten Reizung im Experiment ab – der Nerv die Muskelbe-
wegung auslöst. Sensibilität weist nun allerdings über die tierische
Materie hinaus auf Immaterielles. Insofern ist sie Gegensatz zur Irritabilität, aber kommt gerade so zur Erscheinung.
    So ergibt sich schließlich eine systematische Stufenfolge von
Funktionen des animalischen Körpers (auf die schon C. Kielmeyer
(1765-1844) programmatisch hingewiesen hatte): auf den chemi-

schen Prozeß des Stoffwechsels, d.i. Nutrition, folgen Irritabilität, Sensibilität. Die Irritabilität hat dabei zentrale Bedeutung; sie ist gleichsam der Ort, an dem die Grenze der toten Gesetze der Chemie überschritten wird – in beide Richtungen.

Die Irritabilität ist gleichsam der Mittelpunkt, um den alle organischen Kräfte sich sammeln; ihre Ursachen entdecken, hieße das Geheimniß des Lebens enthüllen und den Schleier der Natur aufheben. (SW II, S. 560)

Die Funktionen stehen untereinander im Wechselverhältnis und bedingen sich; keine ist ohne die andere wirklich, und insofern begründen sie in der Tat das Ganze eines Organismus.

Dieses Ganze läßt sich wiederum nicht für sich denken, sondern nur als ein, und zwar über die Irritabilität zu begreifendes, Verhältnis zur anorganischen Natur (zu der die chemisch reagierenden Stoffe des animalischen Körpers natürlich längst gehören, aber nicht als Teile eines Organismus). Anorganische und organische Natur lassen sich mithin nicht voneinander getrennt begreifen. Sie verweisen aufeinander und sind insofern selbst und zusammen ein Organismus. Zwischen ihnen besteht eine Kontinuität, auf die Schelling mit den Ausdrücken ›Weltseele‹ bzw. ›Äther‹ hinweist und so Platon und Newton vereinigt.

5.5 Das Ganze der Natur: Erster Entwurf eines Systems der Naturphilosophie (1799)

5.5.1 Grundsätzliches

Im *Ersten Entwurf* versucht Schelling, die in den *Ideen* und der *Weltseele* ausgelegten Linien systematisch zusammenzuführen. Dabei macht er von zwei Gedanken Gebrauch, die ihn seit der *Allgemeinen Übersicht* leiten. Der eine betrifft die sogenannte Stufenleiter der Natur, der andere sieht die Realität der Natur, sei sie anorganisch oder organisch, immer als ein Wechselverhältnis.

Der Gedanke der *Stufenleiter* verweist auf die klassische Metaphysik, die wissenschaftlichen Systeme des 18. Jahrhunderts und auch auf Kants These, daß der Mensch, der nicht nur als Noumenon, sondern auch als Teil von Natur bestimmt ist, der Zweck der Natur ist (KU § 84). Aber vor allem ist auch an Schellings eigene These, daß das erkennende Subjekt sich in der Natur, und zwar von deren Beginn an, erkennt, zu erinnern. Sie begründet den Satz:

»Über die Natur philosophiren heißt die Natur *schaffen*.« (EE, SW III, S. 13) So besteht die Grundaufgabe der Naturphilosophie darin, eine dynamische Stufenfolge in der Natur abzuleiten. Sie beginnt mit dem Anfang von Natur, um sie kontinuierlich »bis zum höchsten, was die Natur erreicht hat (der Sensibilität)« (*Weltseele*, SW II, S. 563) zu verfolgen. Die Kontinuität besteht in Entwicklung und Wiederholung. Die ursprüngliche Dualität entwickelt sich in immer komplexere anorganische und dann organische Formen, Prozesse und Systeme. Aber zugleich wiederholt sich auf jeder Stufe, in jedem Produkt und jedem Prozeß die Grundstruktur der Natur, als Unendlichkeit und Endlichkeit, Expansion und Begrenzung, Tätigkeit und Hemmung, Produktivität und Produkt wirklich zu sein. Die ursprüngliche Dualität entwickelt sich zur höchsten organischen Dualität der Geschlechterdifferenz und wiederholt sich zugleich in ihr – als Dualität und Produktivität.

Damit ist der andere, in der *Weltseele* vorbereitete, Grundgedanke bereits ausgesprochen. Natur ist immer und auf allen Stufen ein Verhältnis zwischen Entgegengesetzten. Die Entgegensetzung ist reell; sie betrifft also nicht absolut Verschiedenes (wie sollte dergleichen denkbar sein?), sondern Heterogenes, das Homogeneität erinnert bzw. vorstellt und projektiert. Das Entgegengesetzte – z.B. Flüssiges und Festes – steht anders gesagt miteinander in einem Wechselverhältnis oder Prozeß – z.B. dem der Kristallisation. Die Dualität ist als Wechselverhältnis tätig und produktiv, so kommt es zum Stufenbau der Entwicklung.

Schelling widmet den dritten Hauptabschnitt des EE der genaueren Ausführung dieser Struktur. Innerhalb des *Organischen* sind es Sensibilität, Irritabilität, dann Nutrition und Reproduktion, die in Wechselbeziehungen stehen und zugleich eine dynamische Stufenfolge bilden. Sie wiederholt sich in jedem Organismus, allerdings verschieden. In der Pflanze haben sich Irritabilität und Sensibilität in die Reproduktion sozusagen verloren, und umgekehrt kommt im höheren Tier die Sensibilität als Prinzip zur Erscheinung. Das organische Reich steht nun allerdings wiederum in einer analogen Wechselbestimmung mit dem *Anorganischen*. Wechselbestimmung bedeutet nicht Entgegensetzung; denn dann müßten Anorganisches und Organisches sich in einem Dritten als ihrem gemeinschaftlichen Produkt aufheben. Schelling sieht anders gesagt den *Bildungstrieb*, der sich durch das Organische in verschiedener Ausformung von der Pflanze über den Polypen bis zum höheren Tier zieht, auch im Anorganischen. Hier sollen chemischer Prozeß, Elektrizität und Magnetismus analog zu Reproduktion, Irritabilität und Sensibilität fungieren. Die dynamische Stufenleiter ist also eine einzige, so wie die Natur eine einzige ist.

Schellings Überlegungen sind, gerade im dritten Hauptabschnitt, oft schwer nachzuvollziehen. Aber es gilt den Grundgedanken der Einheit der Natur festzuhalten. Er folgt unmittelbar aus der transzendentalen Auffassung der Natur als eines *Unbedingten* und d.h. *Tätigen*. Er vereinigt die vertikale Bewegung einer Entwicklung oder, wie Schelling sagt, *Potenzierung* mit der horizontalen Bewegung einer auf jeder Stufe prozessualen Natur. Beide Bewegungen müssen zusammengedacht werden. Mit dem Gedanken der Potenzierung wird von Schelling, anders gesagt, nicht eine Evolutionsgeschichte, sondern eine Struktur der Natur gedacht, die allerdings von der horizontalen Bewegung unterschieden werden muß. Erst ab 1809 wird Schelling Natur explizit auch als Geschichte, nämlich unter dem Aspekt eines ihr nicht angehörenden Anfangs sehen (»Wir haben eine ältere Offenbarung als jede geschriebene, die Natur.« (SW VII, S. 415)

5.5.2 Besonderes

An zwei bedeutenden Stellen des System-Entwurfs geht Schelling in der Sache über die in *Ideen* und *Weltseele* geleistete Grundlegung hinaus.

Schwere

Im 1. Hauptabschnitt führt er den Gedanken der Produktivität bis hin zur Tätigkeit des lebendigen animalischen Individuums, das sowohl die Gattung erhält als auch sich selbst durchhält. Leben bedeutet »Simultaneität von Thätigkeit und Receptivität.« (SW III, S. 86) Es vollzieht sich dabei (»pulsiert«) zwischen zwei höchsten Punkten: einem Maximum an Tätigkeit (zugleich Minimum an Rezeptivität) und einem Maximum an Rezeptivität (zugleich Minimum an Tätigkeit).

Organisches und Anorganisches werden dabei als Innen und Außen unterschieden, und insofern bedingen sie sich gegenseitig (SW III, S. 91). Aber zusammen müssen sie wieder als ein Innen gegenüber einem Außen gedacht werden. Sie müssen einen gemeinsamen physikalischen Ursprung haben, der allerdings unmittelbar als Bedingung des Anorganischen gedacht werden muß. Daraus ergibt sich die Aufgabe, *Schwere* als dasjenige zu konstruieren, was die anorganische Natur als solche und insgesamt konstituiert. Es geht darum, *Gravitation* zu konstruieren. Schelling entwickelt – gegen die einander entgegengesetzten Gravitationstheorien von Le Sage und

Newton – eine *Entstehungstheorie*, die das (bzw. jedes) Sonnensystem als Produkt einer anfänglichen Kontraktion und einer folgenden Expansion (Explosion) betrachtet. So läßt sich das Verhältnis der Körper im System als das einer reellen Entgegensetzung auffassen. Dies gilt zumal für das Verhältnis des Zentralkörpers, d.i. die Sonne, zu den anderen Körpern, das ist vor allem die Erde. Es ist zweifach. Zum einen steht die Sonne zu den anderen Körpern im statischen Verhältnis der Gravitation. Zum anderen aber wirkt sie dynamisch als Licht. Bedeutend an der in manchem modern anmutenden (›Urknall‹) Theorie ist, daß sie Gravitation und alle auf Schwere folgende Prozesse als Ergebnis eines vorangehenden Prozesses beschreibt und herleitet. Die Konstruktion der Schwere und die Herleitung der Gravitation ist eine Wurzel für den Umbau bzw. die Revision der Naturphilosophie nach 1799.

Erste Aktionen

Das Problem, *Qualitäten* zu denken, ist die zweite Wurzel; es berührt den Anfang von Schellings philosophischem Denken und insofern seinen Kern. In den *Ideen* hatte Schelling die Qualitäten als Verhältnis der beiden Grundkräfte bestimmt, die Materie überhaupt konstituieren. Denkt man sich einmal einen Punkt, in dem sich Attraktion und Repulsion sozusagen ausgleichen – einen *Indifferenzpunkt* – , dann kann man die Qualitäten als Verschiebung des Indifferenzpunktes nach links und rechts auf einer Linie vorstellen. Der Indifferenzpunkt wird sozusagen in ein jeweils anderes Kräfte (Ausgleichs-) -Verhältnis *potenziert*.

Aber der Gedanke denkt Qualität noch immer als Verhältnis von Kräften, d.h. als *Kontinuum*, und insofern denkt er nur die *Möglichkeit*, nicht die Wirklichkeit von Qualität. Im EE gibt Schelling dies Modell auf. Er denkt Qualität jetzt in der Begrifflichkeit von *Hemmungspunkten* und *ersten Aktionen* (SW III, S. 20-30). Das hat die Auffassung der Natur als einer ursprünglich absoluten und d.h. nicht erscheinenden *Tätigkeit* zur Voraussetzung. Damit Natur erscheint, muß die Tätigkeit gehemmt, fixiert werden, so daß es zu einem *Produkt*, zu einer Darstellung kommt. Dies Produkt muß bestimmt, genauer *qualitativ* bestimmt sein. Also muß der Hemmungspunkt (die erste bestimmende Aktion) selbst qualitativ bestimmt sein, aber er darf nicht raumerfüllend, also Materie, sein. Wir müssen mithin als Bedingung für die Erscheinung von Qualität eine ihr unmittelbar vorangehende Wirklichkeit, d.h. eine *reine Intensität* denken. Damit muß Schelling den Gedanken der Qualität als eines Verhältnisses der beiden

Grundkräfte aufgeben. An seine Stelle tritt im EE der Begriff der *Monade* bzw. des *Atoms*.

Der Begriff der Qualität, der in den *Ideen* konzipiert wurde, blieb auf der Seite der Möglichkeit; der neue Begriff im EE dagegen denkt Qualität auf der Seite der Wirklichkeit, aber setzt diese auch schon voraus. Schellings Ausdruck *dynamische Atomistik*, mit dem er seinen Systementwurf kennzeichnet, enthält en nuce die Kernproblematik der Naturphilosophie. Sie möchte Möglichkeit mit Wirklichkeit, Kontinuität mit Diskretheit, Dynamik mit Atomismus vereinen. Die nach dem EE einsetzende zweite Epoche der Naturphilosophie versucht, diese grundsätzliche Problematik des Übergangs bzw. Umschlags zu klären.

5.6 Deduktion der Materie: Einleitung zu dem Entwurf eines Systems der Naturphilosophie [...] (1799) und Allgemeine Deduktion des dynamischen Prozesses oder der Kategorien der Physik (1800)

Es ist nicht genug, zu wissen, die Existenz der Materie beruhe auf dem Gegensatz zweier Kräfte, sondern es muß noch überdieß deutlich gemacht werden, *wie* es denn vermöge jener zwei Kräfte möglich sey, daß ein Raum wirklich erfüllt werde. (*Allg. Deduktion*, SW IV, S. 25)

5.6.1 Momente der Deduktion

Nach 1799 kehrt Schelling zum Ausgangspunkt der Naturphilosophie zurück, um die Konstitution der Materie neu zu konzipieren. Er unterscheidet jetzt einen Prozeß *erster* Ordnung von einem Prozeß *zweiter* Ordnung, den er auch *dynamischen* Prozeß nennt. Der erste stellt die Genesis der Materie überhaupt, d.h. von *Raumerfüllung* dar. Der zweite stellt die Genesis spezifischer Materie, d.h. der *Qualitäten* dar. Die Qualitäten sind die ursprünglichsten Formen von wirklicher Natur. Wir benutzen im folgenden die Ausdrücke *Raumerfüllung* und *dynamischer Prozeß*.

Schelling unterscheidet drei Momente der Raumerfüllung. Die Unterscheidung ist logisch, sie analysiert den Prozeß. Die Natur durchläuft die Momente nicht nacheinander, sondern ihre Tätigkeit wird von ihnen gleichzeitig bestimmt (wie im lebendigen Körper

Stoffwechsel, Irritabilität, Sensibilität auch gleichzeitig sind). Die
Art des Prozesses und seine Momente müssen erschlossen werden.
Wir haben es ja immer bereits mit wirklicher, ausdifferenzierter Natur zu tun. Aber weil die Natur die Einheit einer Stufenleiter darstellt, können höhere Formen als Repräsentanten niederer Formen
aufgefaßt werden. Schelling verwendet in dem Zusammenhang den
Begriff der *Potenz*; damit ist gemeint, daß eine höhere Form eine
niedere Form ausdifferenziert wiederholt (so wie die Quadratzahl 2
die irrationale Wurzelzahl ›potenziert‹).

In diesem Sinn faßt Schelling den dynamischen Prozeß und seine Momente als Potenzierung der Raumerfüllung und ihrer Momente auf. Momente des dynamischen Prozesses sind die *magneti-
schen, elektrischen* und *chemischen* Eigenschaften eines Körpers oder
Stoffes. Schelling spricht hinsichtlich von Magnetismus, Elektrizität
und chemischem Prozeß auch von *Kategorien* und will damit ausdrücken, daß nicht zeitliche Epochen gemeint sind, sondern logische Unterscheidungen. Zu erinnern sind im übrigen die Imponderabilien.

Die Leistung des *Magnetismus* deutet Schelling als *Kohäsion* (*Allg.
Deduktion*, SW IV, S. 51); er läßt sich insofern als Potenzierung des
ersten Moments der Raumerfüllung denken. Dies besteht in der
Synthese der beiden Grundkräfte zu einer *Länge*, d.h. zu einer ersten Dimension. Sie vermittelt zwischen unendlicher Ausdehnung
(Repulsion) und mathematischem Punkt (Attraktion) und bindet
beide zusammen. Die Länge ist in erster Potenz, was der Magnetismus (»Längenkraft«) in zweiter Potenz ist. Von Magnetismus kann
deswegen gesprochen werden, weil die Länge notwendigerweise
durch einen Indifferenzpunkt gehen muß, an dem die Grundkräfte
vollständig ausgeglichen sind. (SW IV, S. 7ff.)

Die *Elektrizität* ist das zweite Moment des dynamischen Prozesses; es zeigt sich als Gegensätzlichkeit (SW IV, S. 60f.). In erster Potenz ist Elektrizität *Fläche*, also die zweite Dimension. Wird der Gegensatz der Grundkräfte im ersten Moment vereinigt, so werden sie
jetzt als getrennt agierend betrachtet. Der Indifferenzpunkt wird
aufgehoben, so daß die Kräfte jetzt in alle Richtungen, d.h. »in Länge und Breite« wirken (SW IV, S. 14). In zweiter Potenz ist die Fläche Elektrizität (»Flächenkraft«, Schelling beruft sich dabei auf Ch.
Coulomb [1736-1806]). In ihr kommt Dualität (negative und positive Elektrizität) zur Erscheinung und das heißt, daß sie es ist, die
alle Empfindung bestimmt; denn Empfindung ist polar (bzw. als ein
Mehr-und-Weniger) strukturiert.

Der *chemische Prozeß* ist das dritte Moment des dynamischen
Prozesses. In ihm durchdringen sich Körper oder Stoffe gegenseitig;

er stellt sowohl Auflösung als auch Gestaltung dar. Ihn in erster Potenz denken heißt die Einheit der Kräfte (Länge) und den Gegensatz der Kräfte (Flächen) vermitteln und eine nach drei Dimensionen ausgedehnte Größe denken (also nicht bloß eine geometrische Figur, sondern einen *Kubus*) (SW IV, S. 31). Mit diesem Gedanken wird *Schwere* als Wirklichkeit gedacht. In zweiter Potenz erscheint sie als chemischer Prozeß. Die gegenseitige chemische Durchdringung von Körpern oder Stoffen wiederholt auf der Ebene des dynamischen Prozesses den Prozeß der Raumerfüllung. Und so wie der dreidimensionale Körper als Potenzierung von Länge und Fläche aufgefaßt werden kann, so der chemische Prozeß als Potenzierung von Magnetismus und Elektrizität. Eine dritte Ebene der Potenzierung bedeutet dann die organische Natur. Hier projiziert Schelling den Magnetismus auf Sensibilität, die Elektrizität auf Irritabilität, den chemischen Prozeß auf Bildungstrieb (d.h. Erhaltung und Reproduktion von organischer Materie). (*Einleitung*, SW III, S. 325)

5.6.2 Raumerfüllung und dynamischer Prozeß

Für die gesamte Konzeption ist aber noch das Verhältnis der ersten zur zweiten Potenz, d.h. *Raumerfüllung* und *dynamischer Prozeß*, zu präzisieren:

Jene drei Momente nämlich, die wir in der Construktion der Materie annahmen, existiren nicht selbst in der wirklichen Natur; es ist der einzige Proceß der Schwere, der von denjenigen, welche ich *Processe der ersten Ordnung* nenne, durch sein Phänomen sich bis in die Sphäre der Erfahrung herein erstreckt; mit demselben ist aber auch die Reihe geschlossen, und es beginnt eine neue Stufenfolge von Processen, die ich *Processe der zweiten Ordnung* nenne. Nämlich nicht jene ersten Processe, sondern nur ihre Wiederholungen in der ihr *Produciren reproducirenden* Natur lassen sich in der Wirklichkeit aufzeigen. (*Allg. Deduktion*, SW IV, S. 43)

Mit diesen Sätzen unterbricht Schelling die Deduktion der Materie, um deutlich zu machen, daß sie in zwei Prozessen gedacht werden muß. Der Gedanke von Materie überhaupt ist ein anderer als der Gedanke, der Materie in wie auch immer ›basalen‹, aber jedenfalls *bestimmten* Formen denkt. Der eine Gedanke bedeutet Möglichkeit, der andere Wirklichkeit. Der Übergang von Möglichkeit zu Wirklichkeit bleibt das grundlegende Problem.

Einerseits soll sich die Konstitution von Materie als Raumerfüllung bis in die *Erfahrung* erstrecken, also die Grenze zur Wirklichkeit überschreiten.

Andererseits soll mit der erfahrenen Materie auch der *neue* dynamische Prozeß eingeleitet sein.

Wie kommt es dazu? Schelling setzt als »construirende Thätigkeit der zweiten Potenz« das *Licht*, von dem es heißt, daß es alle Dimensionen des Raums beschreibe, ohne ihn zu erfüllen und ohne Materie zu sein (*Allg. Deduktion*, SW IV, S. 45f.). Es wiederholt die *Schwerkraft*, die in der ersten Potenz die construirende Tätigkeit mit dem Ergebnis von *Schwere* ist (Schwerkraft darf nicht mit Attraktion verwechselt werden). Die Problematik liegt auf der Hand. Der Gedanke mag aber an Plausibilität gewinnen, wenn man sich Schellings Grundabsicht wieder verdeutlicht. Er will *Materie*, anders als Kant, nicht analytisch denken (SW IV, S. 26ff.). Er will nicht von einem Faktum ›Materie‹ ausgehen (das es so auch nicht gibt), um es dann durch Attraktion und Repulsion zu erklären. Materie soll vielmehr ihr *Produkt* sein. Das setzt einen Prozeß der Grundkräfte voraus, genauer gesagt: Eine Kraft, die die Grundkräfte zum Prozeß bringt:

In dem Proceß, welcher die Schwere möglich macht, werden die beiden Kräfte durch Wirkung einer synthetischen gezwungen, ein Gemeinschaftliches im Raum darzustellen, und eben dadurch den Raum zu erfüllen. (SW IV, S. 48)

Mit dieser dritten, »synthetischen« Kraft ist die Differenz zwischen Schellings Deduktion der Materie und Kants Konstruktion in den *Metaphysischen Anfangsgründen* endgültig ausgesprochen. Wieweit und unter welchen Voraussetzungen ihre Annahme legitimiert werden kann, ist eine Frage, die das Recht transzendentaler Naturphilosophie überhaupt berührt.

5.7 Kritik und Rechtfertigung

Schon früh ist Schellings Naturphilosophie systematischer Kritik unterzogen worden. Hinzuweisen ist hier vor allem auf A. Eschenmayer (1768-1852):

Ich frage jetzt, woher entsteht mir der Begriff der Natur? Ist er a priori, so ist er Bedingung meines Selbstbewußtseyns und idealistisch. Erhalte ich ihn aber aus der Erfahrung, so kann das daraus gefolgerte Dualitätsprincip [= unbedingte allgemeine Tätigkeit plus Hemmung, J.], indem ich das Ganze der Natur nicht umfassen kann, auch nicht allgemein gültig seyn, – ich hätte vor der Hand keine Gewährleistung seiner Anwendbarkeit. Nun enthält die Naturphilosophie die Aufgabe, die Natur selbst zu schaffen [Eschenmayer zitiert Schelling, J.], oder wie *Sch.* will, sie in ihrer Selbstkonstruktion zu belauschen, ich muß daher die Momente der Konstruktion aus der Erfahrungssphäre, welche nothwendig eine begränzte ist und gerade wie ich sie vorfinde, entlehnen, um diese Sphäre nachher wieder aus den nämlichen Principien entstehen zu lassen. Ich zweifle, ob dies ein ächtphilosophisches Verfahren und nicht vielmehr ein Zirkel ist. (Eschenmayer 1801, in: Jantzen 1994, S. 80)

Schellings grundlegender Ansatz besteht darin, Natur als *Unbedingtes* aufzufassen, ihr also *Freiheit* zuzusprechen (EE, SW III, S. 11ff.; *Einleitung*, SW III, S. 271ff.). Eschenmayer stellt das in Frage:

Woher kommt diese Spur von Freyheit in die Natur? Eine Reihe von Produktionen absolut anzufangen, ist nur Charakter einer freyen Intelligenz, diesen Charakter der Natur beylegen wollen, heißt alle Philosophie in ihrer Wurzel ersticken. (Eschenmayer 1801, in: Jantzen 1994, S. 80)

Schelling hat auf Eschenmayers Kritik in einem grundlegenden und außerordentlich bedeutenden Aufsatz geantwortet, der nicht zur Naturphilosophie selbst gehört, sondern sie vielmehr zu legitimieren versucht (*Anhang zu dem Aufsatz des Herrn Eschenmayer betreffend den wahren Begriff der Naturphilosophie* [...]. 1801, SW IV, S. 79-103). Er unterscheidet einen abgeleiteten Idealismus des Ich von einem ursprünglichen Idealismus der Natur; dieser sieht »das Objektive in seinem ersten Entstehen« und hat insofern zu seiner Bedingung, »daß man das *Objekt* alles Philosophirens, das in der höchsten Potenz = Ich ist, *depotenziert,* und mit diesem auf die erste Potenz reducirten Objekt von vorne an construirt.« (SW IV, S. 85) Schelling will programmatisch »aus dem Kreis des Bewußtseyns hinaus«, um den »unvermeidlichen Cirkel« von Fichtes Wissenschaftslehre zu sprengen, die ihr Objekt immer in der Identität mit dem Bewußtsein hat – also in höchster Potenz, wie Schelling sagt. So bestimmt er (unter Berufung auf das *System* von 1800 [SW III, S. 342]) die Aufgabe der Naturphilosophie: »[...] *aus dem Objektiven das Subjektive entstehen zu lassen.* In der höhern philosophischen Sprache ausgedrückt heißt dieß so viel als: *aus dem reinen Subjekt-Objekt das Subjekt-Objekt des Bewusstseyns entstehen zu lassen.*« (SW IV, S. 86f.) Schelling nimmt die Depotenzierung für seine Naturphilosophie in Anspruch; Natur wird nicht etwa vorausgesetzt, sondern vielmehr abgeleitet (SW IV, S. 91). Der Vorwurf der Zirkularität fällt also auf Eschenmayer zurück; denn der Gegensatz von Geist und Natur kommt im Bewußtsein vor (SW IV, S. 101). Schelling wirft Eschenmayer vor, vom Subjekt als einem *anschauenden* nicht abstrahieren,

also das Subjekt-Objekt bloß als *Ich* begreifen zu können und nicht
als *reines* Subjekt-Objekt. Schelling fordert intellektuelle Anschauung und »außerdem noch die Abstraktion von dem *Anschauenden* in
dieser Anschauung, eine Abstraktion, welche mir das rein Objektive
dieses Akts zurückläßt, welches an sich bloß Subjekt-Objekt, keineswegs aber = Ich ist.« (SW IV, S. 87f.)

Literatur

K. Gloy/ P. Burger (Hrsg.): *Die Naturphilosophie im Deutschen Idealismus.*
Stuttgart 1993.

M.-L. Heuser-Keßler/ W.G. (Hrsg.): *Schelling und die Selbstorganisation.*
Neue Forschungsperspektiven. Berlin 1994 (= Selbstorganisation. Jb. für
Komplexität in den Natur-, Sozial- und Geisteswissenschaften Bd. 5).

M. Durner/ F. Moiso/ J. Jantzen: *Wissenschaftshistorischer Bericht zu Schellings naturphilosophischen Schriften.* Stuttgart 1994, S. 1-161 (= F.W.J.
Schelling. Historisch-Kritische Ausgabe. Ergänzungsband).

H.-D. Mutschler: *Spekulative und empirische Physik. Aktualität und Grenzen
der Naturphilosophie Schellings.* Stuttgart 1990.

6. Die Philosophie der Kunst

6.1 Die Stellung der Kunst im philosophischen System

Die Philosophie der Kunst meint einerseits die Behandlung des Themas der Kunst im Gesamtwerk Schellings, andererseits die Vorlesungen über die *Philosophie der Kunst* (SW V, S. 354-736). Erstmals erwähnt werden die *Vorlesungen* in einem Brief an Hölderlin vom 12.8.1799 (Hölderlin 1968, S. 136), gehalten wurden sie 1802/03 in Jena und erneut 1804/05 in Würzburg, veröffentlicht wurden sie erst posthum im Zuge der *Sämmtlichen Werke*. Die Vorlesungen zur *Philosophie der Kunst* bieten für die Kunst im Unterschied zu Natur und Geschichte eine systematische und abgeschlossene Bearbeitung. Daneben ist im Werk Schellings nur die unter den Zeitgenossen Aufsehen erregende Münchener Rede *Ueber das Verhältniß der bildenden Künste zu der Natur* (SW VII, S. 291-329), gehalten 1807 anläßlich des Namensfestes für den bayerischen König Max I. Joseph vor mehr als 500 Zuhörern, ausschließlich der Philosophie der Kunst gewidmet. Ausführlichere Passagen zur Kunst finden sich in folgenden weiteren Werken: im sog. *Ältesten Systemprogramm des deutschen Idealismus* (1796/97), in *Philosophische Briefe über Dogmatismus und Kriticismus* (1795, SW I, S. 336-341), im *System des transscendentalen Idealismus* (1800, SW III, S. 612-629), im Dialog *Bruno* (1802, SW IV, S. 224ff., 272ff.), den *Vorlesungen über die Methode des akademischen Studiums* (1803, SW V, S. 344-352) und in der *Philosophie der Mythologie* (SW XI, S. 47-66; 239-243; SW XII, S. 650-660); schließlich ist auf die *Robinson-Nachschrift* der Jenaer Philosophie der Kunst hinzuweisen (Behler 1976).

Schelling wurde 1808 zum ersten Generalsekretär der neu gegründeten Bayerischen Akademie der bildenden Künste in München ernannt und es scheint, als habe er seinerzeit eine weitere intensive Beschäftigung mit der Kunst erwogen; an Goethe schreibt er am 17.10.1807: »Nach dieser Region, der Kunst, trachte ich meine öffentliche Tätigkeit hinzurichten, fortbauend auf den früher gelegten Grund von Kenntnis des Altertums.« (Fuhrmans 1962, Bd. 3, S. 458) Das Amt des Generalsekretärs hatte er bis 1821 inne, von 1827-1841 war er Generalkonservator der wissenschaftlichen Sammlungen. Gerade auf dem Gebiet der Kunst hat Schelling mit unmittelbar kunstpraktischen Arbeiten am gesellschaftlichen Leben mitgewirkt. So hat er die *Konstitution der königlichen Akademie der bildenden Künste* (1808) entworfen (Pareyson 1977, S. 311-337), im

Morgenblatt für gebildete Stände 1807/08 über das »Bild vom Zins-
groschen« und das Portrait der Gräfin von Montgelas des Münchener Akademiedirektors Johann Peter von Langer berichtet (SW VII,
S. 544-52), Programm und Katalog der ersten Kunstausstellung der
Akademie (1811) verfaßt und darüber in der Augsburger *Allgemeinen Zeitung* einen Bericht geschrieben (Pareyson 1977, S. 363-395),
ebenso das *Programm* und die *Preis-Ertheilung* für das Jahr 1814
(ebd., S. 424-438), schließlich *Kunstgeschichtliche Anmerkungen zu
Johann Martin Wagners Bericht über die Aeginetischen Bildwerke* verfaßt (1817, SW IX, S. 113-206) sowie als Anhang zur *Philosophie
der Mythologie* den Bericht *Ueber die Bedeutung eines der neu entdeckten Wandgemälde von Pompeji* (1833, SW XII, S. 675-685).

Schon der Titel der *Philosophie der Kunst* klagt ein, was Kant zuvor und was Hegel danach in dieser Form bestreiten: einen philosophischen Rang der Kunst ohne jeden Abstrich. Der Begriff ›Ästhetik‹ ist dabei bewußt vermieden, denn er steht für eine empirisch-
beschreibende Wissenschaft, während die Philosophie der Kunst im
philosophischen Gesamtsystem systematische Wissenschaft sein will.
Rezeptionsgeschichtlich ist sie sowohl von der Schellingforschung
wie in der Geschichte der Ästhetik stiefmütterlich behandelt. Gründe dafür sind u.a. die philosophiehistorische Dominanz von Kant
und Hegel, die zeitlich klar begrenzte Periode der systematischen
Beschäftigung mit der Kunst bei Schelling (1800-1807) sowie eine
Fortschreibung des Werkes, in deren Verlauf nicht mehr unmittelbar
an die Philosophie der Kunst angeknüpft wird. »Auf die Bedeutung
für das Ganze der Entwicklung Schellings bezogen erscheint diese
Kunsttheorie als eine geniale *Verlegenheitslösung*.« (Schulz 1975, S.
132). Demgegenüber betont Jähnig die Kontinuität der System-
struktur, die in der Kunst wie später in der Mythologie »die Philosophie auf eine ursprünglich andere und eigengesetzliche menschliche
Produktivität« verweist (Jähnig 1966, Bd. 1, S. 15). Weitergehender
noch wertet Schneider das ganze philosophische System Schellings
als eine »ästhetische Ontologie« (Schneider 1983). Barth folgt der
Betonung des systematischen Charakters der Kunst für Schellings
gesamtes System, sieht darin allerdings mit Beierwaltes die Explikation eines neuplatonischen Ansatzes (Barth 1991 und Beierwaltes
1982).

Marquard stellt Schelling in den Rahmen einer übergeifenden
Kompensationstheorie, in der eine »Ästhetisierung der Kunst« die
Entmythologisierung und den eschatologischen Weltverlust kom-
pensiert und so zur »Entübelung der Übel« beiträgt. (Marquard
1989, S. 12f.) Im Identitätssystem würden, wie Hegel bereits für die
Begriffsanalyse festgestellt habe, alle Widersprüche ästhetisch einge-

ebnet, was einen ›manifesten Mythismus‹ zur Folge habe (ebd., S. 100ff.). Eine therapeutische Funktionalisierung der Ästhetik resultiert aus dem Zugeständnis einer nicht zu kontrollierenden Macht der Natur, vor der die Vernunft kapituliert (Marquard 1975). Entgegen dieser Auffassung wird unter Hinweis auf die Verwandtschaft von Schellings Kunstphilosophie mit Adornos Ästhetik (Sziborsky 1996) darauf hingewiesen, daß eine Ästhetisierung der Vernunft den Wahrheitsanspruch in der Kunst verteidigt, indem der Wahrheitsbegriff vor begrifflicher Fixierung und Deformation durch Begrenzung ästhetisch imprägniert wird.

6.2 Die Kunst als Organon und Dokument der Philosophie im Transzendentalsystem

Die Einheit einer nicht mehr zu homogenisierenden Welterfahrung in der gedanklichen Rekonstruktion zu synthetisieren ist das große Ziel der philosophischen Systeme des Idealismus zu Beginn des 19. Jahrhunderts. Der Gegenstand der Kunst erscheint erstmals am Ende des Transzendentalsystems in exponierter Stellung, weil das angestrebte Ziel der Philosophie über die zuvor behandelten Bereiche der empirischen Welterfahrung, Geschichte und Natur, offenbar nicht erreicht ist. Ausgangspunkt des transzendentalen Systems ist das *Subjektive* als Erstes und Absolutes, in dem Bewußtloses und Bewußtes in *ursprünglicher Identität* vereint sind. Philosophisch kommt es nun darauf an, diese Identität im transzendentalen Ich als eine *gewußte Identität* von Objektivem (Natur, Notwendigkeit) und Subjektivem (Ich, Freiheit) zu erweisen. Die in der Freiheit des Absoluten existierende »Identität des Bewußten und Bewußtlosen« soll über eine ästhetische Anschauung mit dem in der Anschauung des Naturproduktes existierenden »Bewußtseyn dieser Identität« (SW III, S. 612) zusammengeführt werden. Gefordert ist eine Synthesis, die sowohl die Identität als auch die Getrenntheit dieser beiden Momente in sich birgt.

Die Philosophie der Kunst geht nicht von den Kunstprodukten aus, sondern sie erschließt den Zugang zur Kunst über eine transzendentalphilosophische Reflexion von Wissensformen. Die gesuchte Synthesis von Bewußtem und Bewußtlosem ist nur denkbar, wenn sie einerseits als Tätigkeit vorgestellt wird und andererseits das Verhältnis zwischen dem Produzenten, dem Akt seiner Tätigkeit und dem Produkt miteinbezieht. Insofern diese Tätigkeit vom Ich vollzogen wird, ist sie eine in Freiheit mit Bewußtsein vollzogene

Handlung; insofern ein Naturprodukt hervorgebracht wird, entsteht ein Bewußtloses. Während im organischen Naturprodukt die bewußtlose Tätigkeit in der Vergegenständlichung des Produktes als bewußte reflektiert wird und dadurch die bewußtlose Tätigkeit durch das Bewußtsein bestimmt erscheint, so verhält es sich mit dem Kunstprodukt umgekehrt: Die bewußte Tätigkeit des Ich wird in seiner Vergegenständlichung als bewußtlose (objektive) reflektiert, d.h. die bewußte Tätigkeit erscheint als bestimmt durch das Bewußtlose. Die das Naturprodukt produzierende Tätigkeit beginnt bewußtlos und endet bewußt, bewußtlose Tätigkeit produziert ein zweckmäßiges Produkt; die das Kunstprodukt produzierende Tätigkeit beginnt bewußt und endet bewußtlos, mit Bewußtsein begonnene Tätigkeit produziert ein nicht an Zwecke gebundenes, die Bewußtlosigkeit reflektierendes Produkt.

Um die Besonderheit ästhetischer Produktion zu erläutern, greift Schelling auf die freie Handlung des Ich zurück; in beiden Fällen wird das Objektive der Tätigkeit unabhängig von der Freiheit bewirkt. Im Unterschied zur freien Handlung des Ich ist in der ästhetischen Produktion die Identität von Bewußtsein und Bewußtlosem nicht aufgehoben, sie werden im ästhetischen Produkt in einer absoluten Identität vergegenständlicht und führen nicht zu einer unendlichen Progression von Handlungen. Die absolute Identität von Bewußtsein und Bewußtlosem ist nur zu erlangen, wenn die ästhetische Produktion nicht an die Bedingungen einer freien Handlung geknüpft ist. Im ästhetischen Produkt vergegenständlicht sich die Identität im Handlungsvollzug an einem Punkt derart, daß die produzierende Tätigkeit selbst aufhört, weil sie sich im Produkt vollständig erfüllt hat und in einer vollkommenen Selbstanschauung im Produkt zu einem objektiven Abschluß gekommen ist. Selbstanschauung hat zu ihrer Voraussetzung, daß das Angeschaute das eigene Produkt des Ich ist, das die unbewußten Anteile seiner Produktion erst vermittelt über die Anschauung des Produktes begreifen kann. In der *Selbstanschauung* begreift das Ich nicht nur sich selbst, es erblickt im Kunstprodukt zugleich eine Vergegenständlichung des Absoluten, dessen Wirkung auf das anschauende Ich Schelling durch seelische Gemütszustände wie »unendliche Befriedigung« oder »*beglückt*« (SW V, S. 615) beschreibt.

Das im ästhetischen Produkt zur Darstellung gebrachte Absolute ist das »unveränderlich Identische, was zu keinem Bewußtseyn gelangen kann und nur aus dem Produkt widerstrahlt«, ist »eine dunkle unbekannte Gewalt« – so wie das Schicksal in der Geschichte. Das, was dieses »Unbegreifliche« im ästhetischen Produkt dem Bewußten hinzufügt, ist »mit dem dunkeln Begriff des *Genies* bezeichnet« (SW III, S. 615f.). Während der bewußte Teil der ästhetischen Produktion handwerklich gelernt werden kann, Kunst als *Techne*, kann der bewußtlose Teil, »die *Poesie* in der Kunst« (SW III, S. 618), nicht gelernt werden; allerdings bedarf es der Übung, um die Poesie in ästhetischer Form darstellen zu können. Gerade Schellings beinahe marginale Bemerkung, daß »nicht leicht ein Mensch von Natur ohne alle Poesie« ist, hat in der Kunsttheorie des 20. Jahrhunderts z.B. in den Arbeiten von Paul Klee eine Aktualisierung erfahren – allerdings mit dem Zusatz, daß diese sich nicht durch kunsthandwerkliche Übung zur Form bildet, sondern gerade durch Ausschaltung eines mit Bewußtsein vorgenommenen Gestaltprozesses durch Intuition zur Darstellung gebracht werden soll.

Nachdem so die Deduktion des Kunstproduktes über eine Analyse der künstlerischen *Tätigkeit* abgeschlossen ist, wird nunmehr der Charakter des *Kunstproduktes* reflektiert, in dem Einheit und Identität der bewußten und bewußtlosen Tätigkeit vergegenständlicht ist. Dies war möglich, weil an der künstlerischen Tätigkeit eine »*bewußtlose Unendlichkeit*« (SW III, S. 619) als Synthesis von Natur und Freiheit beteiligt war, der die Darstellung des Absoluten gerade deshalb gelingen konnte, weil sie über den endlichen Verstand hinausreichte. Was in der Tätigkeit selbst getrennt war, hat sich im Produkt als Einheit vergegenständlicht. Im Kunstwerk ist »ein Unendliches endlich dargestellt« (SW III, S. 620), dies macht seine *Schönheit* aus. In der Schönheit des Kunstwerkes ist der unendliche Widerspruch von Bewußtem und Bewußtlosem, von Natur und Freiheit, vollständig aufgehoben – dies unterscheidet Schönheit von *Erhabenheit*, wo dieser Widerspruch sich in der Anschauung, nicht aber in einem Produkt aufhebt. Vom organischen Naturprodukt unterscheidet sich das Kunstwerk, weil es die Synthesis einer vorhergehenden Trennung ist und die produzierende Tätigkeit mit Bewußtsein begann; in dieser Unterscheidung gründet auch die Differenz von Natur- und Kunstschönheit, welche Prinzip und Norm der Beurteilung des Naturschönen ist. Vom gemeinen Kunstprodukt ist das Kunstwerk durch seine absolute Zweckfreiheit unterschieden. Mit der Wissenschaft verbindet die Kunst zwar dieselbe Aufgabe, aber eine völlig verschiedenartige Lösung. Die Kunst löst den unendlichen Widerspruch von Bewußtem und Unbewußtem durch die Leistung des Genies in einem ästhetischen Produkt in absoluter Gestalt auf, während die Wissenschaft – in der Genie zwar nicht ausgeschlossen, keineswegs aber gefordert ist – mit endlichem Verstand an der unendlichen Aufgabe arbeitet.

In der Transzendentalphilosophie bleibt es bei dieser Analyse künstlerischer Tätigkeit und des Kunstproduktes im Hinblick auf das Absolute, aus der sich eine dominierende Rolle der Kunst im philosophischen System ableitet. Während es der *intellektuellen An-schauung* nicht gelingen kann, das Prinzip der ganzen Philosophie, die absolute Identität von Bewußtem und Unbewußtem (Endlichem und Unendlichem, Realem und Idealem) im Bewußtsein zu fixieren, gelingt dies in der Unmittelbarkeit der *ästhetischen Anschauung*. Während die beiden Prinzipien im Ich von vornherein getrennt sind und diese Trennung in der reflexiv-begreifenden Erkenntnis der intellektuellen Anschauung nicht aufgehoben werden kann, kann die Synthesis der beiden Prinzipien im ästhetischen Produkt reflektiert werden. Die intellektuelle Anschauung des absolut Identischen kann selbst nicht wieder objektiv werden, ohne im Versuch, diese Identität in Begriffen zu fassen, die Identität wieder zu verlieren; im ästhetischen Produkt hingegen ist die Identität objektiv fixiert und reflektierbar, insofern ist die ästhetische Anschauung »die objektiv gewordene intellektuelle« (SW III, S. 625). Produktiv ist die ästhetische Anschauung, weil es die schöpferische Kraft der Kunst ist, das »Dichtungsvermögen« oder die »Einbildungskraft«, der sie ihr Vermögen dankt, die geschiedenen Prinzipien als Voraussetzung aller Philosophie im ästhetischen Produkt als Identität zu fassen und so »einen unendlichen Gegensatz in einem endlichen Produkt aufzuheben« (SW III, S. 626). Indem das Ich im Kunstwerk seiner ureigenen Spontaneität angesichtig wird, ist der Ursprung des Bewußtseins damit offengelegt und die »Geschichte des Selbstbewußtseins« abgeschlossen (SW III, S. 634).

»Wenn die ästhetische Anschauung nur die objektiv gewordene transscendentale ist, so versteht sich von selbst, daß die Kunst das einzige wahre und ewige Organon zugleich und Document der Philosophie sey, welches immer und fortwährend aufs neue beurkundet, was die Philosophie äußerlich nicht darstellen kann, nämlich das Bewußtlose im Handeln und Produciren und seine ursprüngliche Identität mit dem Bewußten. Die Kunst ist eben deßwegen dem Philosophen das Höchste, weil sie ihm das Allerheiligste gleichsam öffnet, wo in ewiger und ursprünglicher Vereinigung gleichsam in Einer Flamme brennt, was in der Natur und Geschichte gesondert ist, und was im Leben und Handeln, ebenso wie im Denken, ewig sich fliehen muß.« (SW III, S. 627f.)

6.3 Die Philosophie der Kunst im Identitätssystem

Mit der *Philosophie der Kunst* und der – nach K.F.A. Schelling – als Einleitung dazu anzusehenden Vorlesung über die »Wissenschaft der Kunst« aus den *Vorlesungen über die Methode des akademischen Studiums* (1803) ist der transzendentalphilosophische Ansatz zugunsten des identitätsphilosophischen verlassen. Denken und Sein werden jetzt als in ihrem Indifferenzpunkt Eines aufgefaßt, der Vollzug dieser Synthesis ist nun nicht mehr die exklusive Leistung der ästhetischen Anschauung, sondern bereits im Absoluten vorausgesetzt – und insofern büßt das künstlerische Genie seinen Rang ein. Im Absoluten wie in jeder seiner Potenzen (Natur, Geschichte, Kunst) ist ein Indifferenzpunkt von Realem und Idealem vorhanden. (Zum Potenzen-Begriff vgl. das Glossar im Anhang.) Das Absolute zeigt sich in den Potenzen in struktureller und methodologischer Analogie; im Identitätssystem ist die Kunst nicht länger »Organon und Dokument« (SW III, S. 627) der Philosophie, sondern nurmehr »Organon als Dokument« (Jähnig 1966, Bd. 1, S. 13). Die Kunst ist nicht länger das einzig mögliche Medium zur Herstellung der Synthesis, sondern sie ist prinzipiell gleichrangig eingebunden in die Totalität der Bestimmungen des Absoluten und als spezifische Form ein »Ausfluß des Absoluten« (SW V, S. 372). Im Transzendentalsystem konnte die Philosophie den Begriff ihrer selbst nur über die Kunst gewinnen, im Identitätssystem wird die Konstruktion der Kunst wieder von der Vernunft geleitet. Der Philosoph vermag »in dem Wesen der Kunst sogar klarer als der Künstler selbst« zu sehen (SW V, S. 348); darüber eröffnet sich erst die Möglichkeit, den Gegenstand selbst gattungstypologisch zu differenzieren (vgl. Szondi 1974, S. 217).

Die Vorlesungen zur *Philosophie der Kunst* – für die Schelling A.W. Schlegels Berliner Vorlesungen *Über schöne Kunst und Literatur* von 1801 benutzte – gliedern sich in zwei Hauptteile, den allgemeinen, philosophischen Teil und den besonderen, gattungstypologischen Teil. In seiner *Übersicht meines künftigen handschriftlichen Nachlasses* hat Schelling nachträglich lediglich das Kapitel über die Tragödie für »druckwürdig« erklärt, von allem anderen »höchstens Einzelnes« (Fuhrmans 1959/60, S. 14). Die allgemeine Aufgabe einer Philosophie der Kunst ist es, durch philosophische Konstruktion das »*Reale*« der Kunst im »*Idealen*« der Philosophie darzustellen (SW V, S. 364). Damit wird der Grundsatz der Einheit der Philosophie nicht aufgehoben: »Es ist nur Eine Philosophie und Eine Wissenschaft der Philosophie« (SW V, S. 365). Vielmehr wird die Totalität des Absoluten über die ideelle Bestimmung all ihrer praktischen Potenzen (Natur, Geschichte und Kunst) geleistet.

Die Philosophie der Kunst ist »*Wissenschaft des All in der Form oder Potenz der Kunst*« (SW V, S. 368) bzw. die »Darstellung der absoluten Welt in der Form der Kunst« (SW V, S. 350) – und nicht die Konstruktion ihrer Besonderheit als Kunst. Da die Einheit des Absoluten in ihrer Unteilbarkeit nicht darstellbar wäre, bedarf es dazu der Verschiedenheit der Dinge; »das Ganze und Ungeteilte unter verschiedenen Bestimmungen gesetzt« sind die »Potenzen« (SW V, S. 366). Jede der Potenzen weist in besonderer Weise die Einheit des Ganzen auf, aber erst der Zusammenklang aller Potenzen verweist wieder zur absoluten Totalität zurück. Während die Philosophie das Absolute im *Urbild* erfaßt, stellt die Kunst es im »*Gegenbild*« dar (SW V, S. 369). Während urbildliche Identität allein im Absoluten herrscht, zeichnet sich Gegenbildlichkeit durch Indifferenz aus. Als Konstruktion des Geistes kommt auch dem Gegenbild Freiheit und Autonomie zu.

Ausgangspunkt der philosophischen Konstruktion einer Philosophie der Kunst ist nun nicht das transzendentale Ich mit seiner Gleichheit entgegengesetzter Prinzipien, sondern Gott als absolute Ein- und Allheit. So wie die Philosophie der Natur und der Geschichte hat auch die Philosophie der Kunst zur Aufgabe, die getrennten Prinzipien von Realem (Objektivität, Kunst) und Idealem (Subjektivität, Philosophie) in einer *philosophischen Konstruktion* wieder zu vereinen. Zwar ist die Synthesisfunktion nun nicht mehr ausschließliche Leistung der Kunst; als Besonderheit ästhetischer Anschauung bleibt, daß nur im Kunstwerk sich das Ewige in sinnlich erfahrbarer Gegenständlichkeit darstellt und so nicht nur intellektuell, sondern objektiv angeschaut werden kann.

Eine systematische Voraussetzung der *Philosophie der Kunst* ist, daß sich in der ästhetischen Gestaltung das Allgemeine der Idee zeigen läßt; darüber hinaus sind aber auch die konkret-historischen Formen der epochalen Stile durch absolute Notwendigkeit geprägt. Gegenstand philosophischen Wissens können die Kunstformen nur sein, insofern sie Repräsentationen der allgemeinen Idee sind. Eine solche ›allgemeine‹ Idee, die als ästhetisches Maß für die epochale Gliederung der konkreten historischen Kunstformen dient, ist der *Gegensatz* von *antiker* und *moderner* Kunst, an dem auch formale Unterschiede von Kunstwerken aufweisbar sind. Die generelle Tendenz dieses Formunterschiedes zeigt sich in der Ausrichtung der Antike auf Plastik und Tragödie, die der Moderne auf Malerei, Epos und Roman. Während in der Antike das Ideale in das Notwendige integriert war, zeichnet sich die »Sphäre des Modernen« dadurch aus, daß »das Ideale selbst zu einem Selbständigen und Nothwendigen« wird. (SW V, S. 536f.) Die formgliedernden Begriffe dieser allgemeinen Idee sind bei

Schelling nicht präzise entwickelt, schematisch kann man folgende Zuordnung vornehmen (vgl. Titzmann 1978, S. 44):

Antike	*Moderne*
realistisch	idealistisch
exemplarisch	originell
symbolisch	allegorisch
antike Mythologie	christliche Mythologie
Natur	Geschichte
Leibliches	Geistiges
Sein	Handeln
männlich	weiblich
Gattung	Individuum
Erhabenheit	Schönheit
Unwandelbarkeit	Fortschritt im Wechsel

Verbindlich für alle besonderen Kunstformen ist die »Konstruktion des Stoffs der Kunst« (SW V, S. 388ff.). Die besondere Form des Kunstwerks muß der Form der Dinge an sich in raumzeitlicher Verdinglichung entsprechen. Das Besondere, das in seiner formbestimmten Erscheinungsweise zugleich Allgemeines ist, ist die Idee; sie ist »das Universum in der Gestalt des Besonderen« (SW V, S. 390). Diese Ideenwelt zeigt sich, real betrachtet, in der Welt der antiken *Göttermythologie*. Jede dieser mythologischen Gottheiten ist als Gott unendlich und absolut, als besondere Gottheit aber zugleich in dieser erscheinenden Form begrenzt. »Das Wesen aller Kunst als Darstellung des Absoluten im Besonderen ist reine Begrenzung von der einen und ungetheilte Absolutheit von der anderen Seite« (SW V, S. 639). Die Begrenzung ist notwendige Bedingung der Darstellbarkeit, in ihrer Gesamtheit ist »die griechiche Mythologie das höchste Urbild der poetischen Welt« (SW V, S. 392). Die »*Mythologie ist die nothwendige Bedingung und der erste Stoff aller Kunst*« (SW V, S. 405). Wie zunächst im *Systemprogramm* und in *Über Mythen, historische Sagen und Philosopheme der ältesten Welt* und dann auch wieder in der Spätphilosophie, so ist auch in der *Philosophie der Kunst* die Mythologie das wichtigste Mittelglied zwischen dem Absoluten und der realen Gestalt der Potenzen. Die Charakteristik der ästhetischen Aneignung dieser Götterwelt liegt darin, daß sie diese nicht – wie die Vernunft – in ideeller Darstellung urbildlich erfaßt, sondern mittels der *Phantasie* gegenbildlich darstellt, »Phantasie also ist die intellektuelle Anschauung in der Kunst« (SW V, S. 395). Schön ist diese Darstellung im Kunstwerk dann, wenn das Absolute im Bild der Gottheit real angeschaut werden kann.

Die Darstellung des Stoffes nimmt im idealen Kunstwerk als Synthese von *Schematismus* (das Besondere wird durch das Allgemeine angeschaut) und *Allegorie* (das Allgemeine wird durch das Besondere angeschaut) immer eine *symbolische* Form an (das Allgemeine und das Besondere sind Eins). Der Rang der Kunst auch im Identitätssystem wird deutlich, wenn die drei Darstellungsformen als allgemeine Kategorien aufgefaßt werden, dann ist die Kunst (symbolisch) Synthese von Denken (schematisch) und Handeln (allegorisch); im System der Wissenschaften übernimmt allerdings die Philosophie die Synthese in symbolischer Darstellung. Die Möglichkeit, die allgemeine Idee der mythologischen Gottheit in der besonderen Form des Kunstwerkes darzustellen, liegt in der Synthese von mythologischem Stoff und künstlerischer Form. Diese wird gebildet durch »*die Idee des Menschen in Gott, der mit der Seele selbst eins und mit ihr verbunden ist*« (SW V, S. 459). Dieses dem Menschen innewohnende Göttliche ist das *Genie*, das eine indifferente Einheit von Realem (redende Kunst: Poesie, Erhabenheit, Naives und Sentimentales) und Idealem (bildende Kunst: Schönheit, Stil und Manier) ist. Die Entgegensetzung von ›naiv‹ und ›sentimental‹ orientiert sich dabei an Schiller (vgl. z.B. *Über naive und sentimentalische Dichtung*), die von ›Stil‹ und ›Manier‹ an Goethe (vgl. z.B. *Einfache Nachahmung der Natur, Manier, Stil*). In der realen Einheit der Kunst ist die Materie das Symbol der Idee, in der idealen Einheit die Sprache.

Die besonderen Kunstformen sind nach einem Triadenschema gegliedert, dessen Komplexität darin liegt, daß in jeder der drei Potenzen in der *idealen* (redende Kunst) und *realen* Reihe (bildende Kunst) ein Indifferenzpunkt von Idealem und Realem als besondere Einheit existiert; zusätzliche Kompliziertheit rührt her aus Verweisen zwischen der philosophischen und der empirischen Ebene. Allgemeines Konstruktionsprinzip der besonderen Kunstformen ist die dialektische Verknüpfung der idealen und der realen Einheiten der beiden philosophischen Reihen mit ihrem Indifferenzpunkt. Dem zugeordnet sind die Potenzen der Reflexion (Differenz: Musik, Lyrik), Subsumtion (Identität: Malerei, Epos) und Vernunft (Synthese: Plastik, Drama); die für beide Reihen geltenden Potenzen garantieren die Universalität der Formen im Hinblick auf das Absolute. Schelling selbst hebt die von Solger und Kant nicht gelöste Einbindung der Musik in ein System der bildenden Kunst hervor. In der realen Reihe wird »das Unendliche ins Endliche aufgenommen«, während in der idealen »das Endliche ins Unendliche gebildet wird« (SW V, S. 371). In jeder der drei Einheiten einer Reihe finden sich die beiden anderen repräsentiert. In der realen Einheit wird das Reale durch die *Musik*, das Ideale durch die *Malerei* und die Indifferenz durch die *Plastik* repräsentiert; in der idealen Einheit wird das Reale durch die *Lyrik*, das Ideale durch das *Epos* und die Synthese durch das *Drama* repräsentiert. Die Musik wird durch Klang, Rhythmus und Melodie als den besonderen Formen ihrer Einheit bestimmt, die Malerei durch Zeichnung, Helldunkel und Kolorit, die Plastik durch Wahrheit, Anmut und Schönheit.

Die *Poesie* ist insofern die höhere Potenz der bildenden Kunst, weil sie nicht in konkreter Form ein Gegenbild des Absoluten darstellt, sondern unmittelbar die Natur und das Ideale des Allgemeinen beibehält. Die Poesie verzichtet auf formale Konkretisation des Absoluten und ist so »der stillste und unmittelbarste Ausdruck der Vernunft« (SW V, S. 632). Im Unterschied zur bildenden Kunst ist der Abschnitt über die redende Kunst nicht der strengen Deklination in Paragraphen unterworfen, sondern stärker durch den Bezug auf einzelne Dichter geprägt: Aristophanes (Dichter antiker Komödien, ein ›Lieblingsdichter‹ Schellings), Homer (Schöpfer epischer Mythen, Begründer der antiken Poesie), Vergil (Konterpart Homers, Verfasser und Verwässerer epischer Poesie), Ariost (Begründer des romantischen Epos im Rittergedicht), Dante (Schöpfer christlicher Mythologie, mit Petrarca Urheber lyrischer Poesie), Shakespeare (größter Tragödien- und Komödiendichter der Neuzeit), Cervantes (Begründer des Romans), Calderon (der ›südliche Shakespeare‹, Dichter dramatischer Heiligenlegenden), Goethe. Klopstock und Milton gelten als Negativbeispiele, weil es ihnen an wahrer Mythologie und Symbolik mangelt. Der Roman ist die zeitgenössische Form des Poetischen, Cervantes *Don Quijote* und Goethes *Wilhelm Meister* sind die Beispiele dafür.

6.4 Naturschönes und Kunstschönes

Die Rede *Ueber das Verhältniß der bildenden Künste zu der Natur* beinhaltet eine Kurzfassung der gesamten Philosophie der Kunst, thematisiert aber insbesondere das Verhältnis von Kunst- und Naturschönem und eine Auseinandersetzung mit der *Nachahmungstheorie*. Caroline Schelling hat die Wirkung dieser Rede in emphatischen Worten beschrieben: »Es ist mehrere Wochen nachher bey Hof und in der Stadt von nichts die Rede gewesen als von Schellings Rede.« (Brief an Luise Gotter vom 12.10.1807, in: Tilliette 1974, S. 186). Der positive Eindruck dieser Rede brachte Schelling einerseits die Position des Generalsekretärs der neugegründeten Bayerischen Akademie der schönen Künste ein, andererseits war sie der Auslöser für

Jacobis 1811 erschienene Streitschrift gegen Schelling *Von den Göttlichen Dingen und ihrer Offenbarung* (vgl. Kap. 4).

In der Rede konzentriert sich Schelling auffällig auf die *bildende* Kunst als »stumme Dichtkunst« (SW VII, S. 292), die zeitgenössisch im Schatten der Poesie steht und durch die bevorstehende Akademiegründung gefördert werden sollte. Schelling kritisiert an dem auf Winckelmann zurückgehenden Klassizismus der Weimarer Kunstfreunde die Vorstellung einer toten, auf bloße Form reduzierten Natur. Um aber die Schönheit des Begriffs und die Schönheit der Formen zusammenzubringen, fehlt dem Klassizismus das »lebendige Mittelglied« (SW VII, S. 296). Dieses »Band zwischen Begriff und Form« nennt Schelling hier »werktätige Wissenschaft« (SW VII, S. 300); Wissenschaft, weil der Geist das Bewirkende der Tätigkeit ist und werktätig, weil in konstruierender Tätigkeit dem Wesen eine Form gegeben wird. Die Produktivität der Natur ist »Vorbild und Urquell« (VII, S. 293) für die künstlerische Schöpferkraft. Weder die Natur noch die antiken Kunstwerke sollen einfach nachgeahmt werden, Vorbildfunktion aber hat die dort jeweils ausweisbare *Schöpferkraft*, welche die jeweiligen Potenzen als Potenzen des Absoluten kennzeichnen. Der Künstler soll sich nicht an der *natura naturata*, sondern an der *natura naturans* orientieren; die Idee der Schönheit kann im Kunstwerk nur dann expliziert werden, wenn der Künstler aus der Seele ein Lebendiges schöpft. Dieser Anspruch wird z.B. in F. Schlegels Forderung nach einer christlichen Erneuerung der Kunst nicht eingelöst, denn diese propagiert – ähnlich wie der Klassizismus – lediglich ein historisches Vorbild (die religiöse Kunst des Mittelalters) zur formalen Nachahmung; auch spielt der nationale Gedanke in Schellings Kunsttheorie keine dominierende Rolle.

Die künstlerische Form kann die Begrenzung des dargestellten Gegenstandes dann vermeiden, wenn sie sich dessen Wesen zu eigen gemacht hat und den Gegenstand nicht hinsichtlich seiner individuellen Charakteristik, sondern als Ausdruck der ewigen Idee begreift. Das begrenzende Prinzip der Individuation wird über die Seele aufgehoben. Im vollkommenen Kunstwerk transzendiert und vernichtet die Idee im gelungenen Ausdruck des Wesens, durch die sittliche Anmut und Güte der Schönheit, die Form. Der Mensch ist auch der Form nach die höchstentfaltete Natur, und deshalb ist er auch das erste und höchste Motiv der Kunst. Als Beispiel für das »Wunder der Kunst« (SW III, S. 625) – analog der Selbstoffenbarung Gottes als dem Wunder der Liebe – ist die Plastik der Niobe ausführlich beschrieben. Während sich die *Plastik* durch ein »Gleichgewicht zwischen Seele und Materie« (SW VII, S. 316) auszeichnet, dominiert in der *Malerei* die Leidenschaft seelischer Empfindung.

Repräsentanten der ästhetischen Grundformen der Malerei sind Michelangelo für die Zeichnung, Correggio für das Helldunkel, Tizian für das Kolorit und Raphael für die Synthese aller drei Formen. Mit der Absage an den Naturalismus, einem Plädoyer für den Primat des Geistigen in der Kunst, dem Aufweis der Notwendigkeit symbolischer Darstellung und der Bedeutung der Phantasie für die ästhetische Formfindung eröffnet Schellings Philosophie der Kunst durchaus eine Perspektive zur abstrakten Kunst. »Schellings ›klassische‹ Kunstauffassung gewinnt ihre *Eigenart* und *Eigenständigkeit* durch die metaphysische Begründung des Schönen und der Kunst als *ursprüngliche* Schöpfung.« (Sziborsky 1983, S. XXIV).

6.5 Empirisches Wissen

Die philosophische Konstruktion der Philosophie der Kunst steht in einem notwendigen Spannungsverhältnis zur »*historischen* Seite der Kunst«. Schelling selbst hält eine gewisse Kenntnis des empirischen Gegenstandes der Kunst für unabdingbar, weil sie »ein wesentliches Element aller Construktion« ist (SW V, S. 363). Während in der *Philosophie der Kunst* schon einleitend Poeten namentlich genannt sind und Schelling ankündigt, in der Poesie und den »Dichtarten [...] sogar bis zur Charakteristik einzelner Werke der vorzüglichsten Dichter« seine Theorie am konkreten Material zu entfalten, begnügt er sich auf dem Sektor der bildenden Künste mit »den Individualitäten der größten Meister im Allgemeinen« (SW V, S. 363). Mit Hölderlin, Novalis und F. Tieck war Schelling in seinen jungen Jahren ebenso persönlich bekannt wie mit Schiller – dessen Werk er »gut kannte, aber absolut nicht schätzte« (Gulyga 1989, S. 211). Das intensivste Verhältnis hatte der junge Schelling zu Goethe, dem er 1798 im Haus Schillers in Jena begegnet war und dessen *Faust* ihm die »innerste, reinste Essenz unseres Zeitalters« wurde (SW V, S. 446). Während Goethe Schellings Naturphilosophie schätzt, findet Schiller Gemeinsamkeit im *System des transscendentalen Idealismus*. Schelling hat Goethes Werk gründlich rezipiert – ohne es ästhetisch zu kommentieren. Als Goethe 1832 stirbt, sagt Schelling in seiner Vorlesung über die *Philosophie der Offenbarung*: »Deutschland war nicht verwaist, nicht verarmt, es war in aller Schwäche und innerer Zerrüttung groß, reich und mächtig von Geist, solange Goethe lebte.« (UPhO, S. 390). Über Hölderlins Dichtungen hat Schelling retrospektiv 1847 bemerkt: »mit sr. Poesie konnt' ich mich nicht recht befreunden, da sollte nichts gelten, als die Griechen« (Tilliette 1981,

S. 437). Die Literaten seiner Zeit hat Schelling zweifelsohne mehr beeinflußt als die bildenden Künstler; selbst der ihm kritisch gesonnene Heinrich Heine lobt seine poetische Sprache im Vergleich zu den abstrakten Chiffren Hegels (Heine, Reisebilder, S. 161). In Erlangen ist August von Platen unter den Hörern und Verehrern. Schelling hat sich gelegentlich auch selbst als Dichter versucht, z.B. mit dem *Epikureisch Glaubensbekenntnis Heinz Widerporstens* (1799) und vier Gedichten im *Musenalmanach für das Jahr 1802*, lange galt er auch als möglicher Autor des Romans *Nachtwachen* (1805), der unter dem Pseudonym Bonaventura erschien.

Die zeitgenössische Präferenz der Poesie gründet auf dem historischen Faktum ihrer – im Unterschied zur bildenden Kunst – öffentlichen Verfügbarkeit; unmittelbare Kenntnis der Kunstwerke bildet aber eine unabdingbare Voraussetzung auch der Philosophie der Kunst (vgl. SW IX, S. 163). Schelling hat lediglich 1798 gemeinsam mit den beiden Schlegel und Tieck, Caroline, Novalis und Fichte die Dresdener Gemäldegalerie besucht, darüber hinaus aber vor der Übersiedlung nach München kaum bedeutende Kunstwerke gesehen. Sein Interesse an bildender Kunst währte im Rahmen eines bildungsbürgerlichen Horizonts allerdings zeitlebens, wie z.B. die *Tagebücher* über die Reise nach Belgien und den Niederlanden 1846 zeigen. Mit zeitgenössischen Künstlern stand Schelling außerhalb seiner Tätigkeit an der Akademie nicht im intensiveren Kontakt (vgl. Tilliette 1978). P.O. Runge, über Steffens mit Schellings Ideen bekannt geworden, hatte seine Schrift *Farbenkugel* übersandt und in einem Briefentwurf vom 1.2.1810 den Wunsch nach einer persönlichen Begegnung mit Schelling geäußert, zu der es wegen Runges frühem Tod nicht gekommen ist. Zu dem zeitgenössisch Aufsehen erregenden sog. ›Ramdohr-Streit‹ (1809) um C.D. Friedrichs *Tetschener Altar* – bei dem ein Landschaftsbild in den Rang eines Altarbildes erhoben ist – hat sich Schelling ebensowenig öffentlich geäußert wie zur Kontroverse über die *Neu-deutsch religiös-patriotische Kunst* (J.H. Meyer und Goethe, 1817) der Nazarener.

Schellings Philosophie der Kunst hat keinen bemerkenswerten Einfluß auf die zeitgenössischen Künste ausgeübt und ist umgekehrt von diesen nicht wesentlich inspiriert worden. Von einer Transformation empirischen Wissens in philosophische Theorie kann nicht die Rede sein – und eine unmittelbare Wirkung der Philosophie auf die Künste hat in den bildenden Künsten gar nicht, in den literarischen Künsten nur in modifizierter Weise stattgefunden (vgl. Frühwald 1989). Das intensive Verhältnis des jungen Schelling zu Goethe stellt in gewisser Weise eine Ausnahme dar. Das historische Material, der Stoff der Kunst, und die philosophische Konstruktion der

Kunstphilosophie stehen in einem Spannungsverhältnis zueinander, in dem der »inhärenten Starre« des philosophischen Systems die »Dynamik des Besonderen« gegenübertritt (Wanning 1988, S. 49). Frei von jeder Starre scheint hingegen der Geist der Schellingschen Kunstphilosophie, der letztlich keine formale Begrenzung – auch keine regulativen Zwecksetzungen – akzeptieren will, wenn es um die Möglichkeit einer in Freiheit vollzogenen ästhetischen Anschauung im Kunstwerk geht.

Literatur

B. Barth: *Schellings Philosophie der Kunst. Göttliche Imagination und ästhetische Einbildungskraft.* Freiburg und München 1991.

W. Beierwaltes: *Einleitung.* In: F.W.J. Schelling: *Texte zur Philosophie der Kunst.* Ausgewählt und eingeleitet von W. Beierwaltes. Stuttgart 1982, S. 3-46.

J. Hennigfeld: *Mythos und Poesie. Interpretationen zu Schellings »Philosophie der Kunst« und »Philosophie der Mythologie«.* Meisenheim/Glan 1973.

D. Jähnig: *Schelling. Die Kunst in der Philosophie.* Bd. 1: *Schellings Begründung von Natur und Geschichte.* Pfullingen 1966; Bd. 2: *Die Wahrheitsfunktion der Kunst.* Pfullingen 1969.

B. Lypp: *Ästhetischer Absolutismus und politische Vernunft. Zum Widerstreit von Reflexion und Sittlichkeit im Deutschen Idealismus.* Frankfurt/M. 1972.

W. Schneider: *Ästhetische Ontologie. Schellings Weg des Denkens zur Identitätsphilosophie.* Frankfurt a.M./ Bern 1983.

L. Sziborsky: *Einleitung.* In: F.W.J. Schelling: *Über das Verhältnis der bildenden Künste zu der Natur,* hrsg. von L. Sziborsky. Hamburg 1983, S. VII-XXXIX.

B. Wanning: *Konstruktion und Geschichte. Das Identitätssystem als Grundlage der Kunstphilosophie bei F.W.J. Schelling.* Frankfurt/M. 1988.

7. Die Philosophie der Geschichte

7.1 Schelling – ein Geschichtsphilosoph?

Die Epoche, die zeitlich und inhaltlich durch den Begriff ›Deutscher Idealismus‹ bezeichnet wird, gehört zu den großen Zeiten der Geschichtsphilosophie. Seit der französischen Aufklärungsphilosophie – vor allem durch Voltaire – begrifflich vorbereitet und in Deutschland durch Lessing und Herder vorangetrieben, wird im Deutschen Idealismus

die Philosophie zur Wissenschaft, indem sie in ihre systematische Selbstreflexion als wesentliches Moment eine Geschichtsphilosophie integriert. Wenn sich die Philosophie damals dergestalt neu bestimmt, daß sie nur sei, was sie ist, indem sie – zunächst: auch, dann: vor allem, und zuletzt: ausschließlich – zur Geschichtsphilosophie wird, so ist dies bei weitem kein zu vernachlässigender Aspekt der von ihr zu dieser Zeit durchgeführten großen Revolution. Sie weiß von sich, daß sie in ihrem Dasein wie in ihrem Wesen eng mit dem realen, politischen, durch die französische Revolution und deren Folgen so nachhaltig veränderten Leben verbunden ist, und dies nötigt sie dazu, ihr eigenes Selbstbewußtsein zur konkreten Geschichtsphilosophie zu entwickeln. [...] wenn das philosophische Wissen sich selbst als in der Geschichte verortet begreift, so kann es sich nur insofern vollends verwirklichen, als es sich umgekehrt die Geschichte inkorporiert. (Bourgeois 1996, S. 15f.)

Was etwa für Hegel als Selbstverständlichkeit gilt – seine Philosophie sei in ihrem Kern Geschichtsphilosophie –, ist freilich für Schelling umstritten: Er hat weder ein Werk mit dem Titel einer Philosophie der Geschichte geschrieben noch eines zu diesem besonderen Gegenstand. Sollte er also im Deutschen Idealismus die Ausnahme eines Philosophen bilden, dem die Geschichte, *der* Topos der großen Hoffnungen bürgerlicher Emanzipation, nichts bedeutet hätte? Dies anzunehmen hieße eine Philosophie mißverstehen, die von ihren ersten Anfängen und bis an ihr Ende *geschichtliches Denken* ist. Schelling selbst hat dies, wie sein Rückblick in den Münchener *Vorlesungen zur Geschichte der neueren Philosophie* 1827 zeigt, nicht anders gesehen:

Ich suchte also mit Einem Wort den unzerreißbaren Zusammenhang des Ich mit einer von ihm nothwendig vorgestellten Außenwelt durch eine dem *wirklichen* oder empirischen Bewußtseyn vorausgehende *transscendentale Vergangenheit* dieses Ich zu erklären, eine Erklärung, die sonach auf eine *transscendentale Geschichte des Ichs* führte. Und so verriet sich schon durch meine ersten Schritte in der Philosophie die *Tendenz zum Geschichtlichen* wenigstens in der Form des sich selbst bewußten, zu sich selbst gekommenen Ich. [...]

Die Philosophie ist [...] für das Ich nichts anderes als eine Anamnese, Erinnerung dessen, was es in seinem allgemeinen (seinem vorindividuellen) Seyn gethan und gelitten hat. (SW X, S. 93ff.; Hervorh. von mir)

Und so wurde denn dieselbe Philosophie, welche auf einer früheren Stufe Naturphilosophie war, hier Philosophie der Geschichte. (SW X, S. 116)

Diese Selbstverständigung ist kein Einzelfall. Der späte Schelling hält sich mit Ironie den Spiegel Hegels vor: »darin hat derselbe Mann [Hegel] nicht Unrecht, seine Verwunderung zu äußern, daß der Urheber der Identitäts-Philosophie, wie verlaute, von dem, was ihn ausgezeichnet, von seinem Principe abgewichen sey und in dem »wissenschaftlich undurchdrungenen Glauben«, in der Geschichte ein Asyl gesucht habe, unter dem sich seine neue Philosophie unterstelle«. (SW XIV, S. 365)

In den Anfängen seiner *Philosophie der Offenbarung* 1831/32 äußert er sich selber emphatisch:

Die Geschichte ist die unwiderstehlichste Autorität: ich möchte nicht sagen, wie Schiller »sie ist das Weltgericht« – wohl aber »ihre Urteile sind Gottes Urteile.« [...] Der unwiderstehliche Gang der Geschichte [...] fordert von uns allen eine klare Erkenntnis dessen, was ist und eine durchgängig gegründete Einsicht in das, was sein wird. (UPhO, S. 697)

Schelling läßt an der Bedeutung der Geschichte für sein Denken keinen Zweifel. Und doch bildet er, vergleicht man ihn mit Vorläufern wie Kant und mit Zeitgenossen wie Hegel und dann auch Feuerbach oder Marx, eine Ausnahme. In seinem historischen Philosophieren klingt eine anderer Tonart, und das Thema wird in vielfältigen Variationen aufgenommen; eine findet sich im *System der Weltalter* von 1827:

Eine andere Mißdeutung des Ausdrucks *geschichtliche Philosophie*, wäre als sollte sie eine kritische Geschichte abgeben; dergleichen aber wird Niemand von mir erwarten. Übrigens soll der Ausdruck überhaupt nur ein *vorläufiger* sein und nur so lange dienen bis ein beßerer gefunden ist. Der Ausgangspunkt aller Philosophie der früheren Epochen ist die Gegenwart, die aber ein für uns unbegreifliches Ganzes ist worin das Werk einer unbestimmbaren Vergangenheit liegt. *Das ganze Gebäude der Zeit muß abgetragen werden um auf den Grund zu kommen.* (SdW, S. 10f.; Hervorh. von mir)

Weder in der Tradition der Geschichtsphilosophie der Aufklärung, also des Optimismus der *unendlichen Verbesserbarkeit des Menschen-*

geschlechts, noch in der Hegelschen Idee, die Geschichte des Absoluten sei Bürge des *Fortschritts in seiner Notwendigkeit,* hat Schelling seine intellektuelle Heimat – aber auch sein Geschichtsdenken hat Kontexte (vgl. Jacobs 1996):

1. ist zu erinnern an die Ausbildung geschichtsphilosophischer Denkweisen, also an Kontexte, die Schelling *hat* und in denen er seine Herkunft *weiß* (Kants *Idee zu einer allgemeinen Geschichte in weltbürgerlicher Absicht* etwa und die ›Teleologie der Natur‹); nicht zu vergessen ist Hegel als Bezugspunkt seiner späteren Polemik: Hegel biete wegen der unangemessenen Unterordnung des geschichtlich Mannigfaltigen unter die Mono-logie des Absoluten kein Modell; diese Logik könne eine geschichtliche Entwicklung des Geistes zur Natur und der Natur zu den Objektivierungen des Geistes im Menschen nicht begründen. Mit Kant und Hegel wäre die Zeit des Schellingschen Philosophierens über die Geschichte freilich zu kurz bemessen; es gibt die Zeit, in der er zum Deutschen Idealismus zu rechnen ist; es gibt aber auch die Zeit, die Schelling mit dem Historismus und mit Droysens *Historik* teilt und die seine Philosophie am nachidealistischen 19. Jahrhundert teilhaben läßt.

2. ist Schelling selbst der Kontext der eigenen Entwicklung von der erst tastend die Geschichte thematisierenden Natur- und Transzendentalphilosophie zur ausdrücklich historischen ›positiven Philosophie‹: seine unterschiedlichen Entwürfe verstehen die Geschichte philosophisch immer nachdrücklicher als lesbaren Text der Natur, des Geistes oder der Offenbarung; und sie prüfen den philosophischen Begriff der Geschichte in kritischer Nähe und abgeschreckter Distanz zur Empirie der mit der Geschichte befaßten Wissenschaften.

3. ist die Schelling interessierende Dimension der Geschichte die menschliche *Zukunft;* deren spekulativer Konstruktion ist seine Arbeit am Vergangenen verpflichtet; es ist aber – für Schelling nicht anders als für heutige Schelling-Leser – die *Gegenwart,* welche die Vergangenheit und die Zukunft übergreift und in deren Perspektive die Geschichte als Kontext des Hier und Jetzt entsteht.

Der besondere Ton, den Schelling der Komposition seines ›geschichtlichen Systems‹ gibt, klingt an, wenn er 1813 zum Titel der seit 1811 geplanten und in vielen Variationen niedergelegten *Weltalter* notiert: »Ich habe dies Buch Weltalter überschr|ieben|. Auch Syst|em| der Teile oder Zeiten der Offenb|arung| G|otte|s. [...] Vergang|enheit,| ein wunderb|arer| Begriff. – [...] Ich habe es Weltalter genannt, warum? Was Philos|ophie| von jeher gesucht? Wiss|enschaft| <also> = Historie.« (TGB 1809-13, S. 144f.; vgl. Lanfranconi 1996, Peetz 1996) Diese ›Historie‹ ist nicht mehr vorrangig am politischen Fortschritt zum *weltlichen* Reich der Freiheit interessiert; sie beschränkt sich aber auch nicht auf die Frage, wie die menschliche Geschichte im Horizont der Offenbarungsgeschichte Gottes begriffen werden kann. Wie kaum jemand im Deutschen Idealismus nimmt sich Schelling des *Meta-Themas* an, *wie* über Geschichte zu sprechen ist. Ihn interessieren die *Geschichtskulturen,* die Formen also, in denen Geschichte erkannt werden kann und gewußt wird:

Das Vergangene wird gewußt, das Gegenwärtige wird erkannt, das Zukünftige wird geahndet.
Das Gewußte wird erzählt, das Erkannte wird dargestellt, das Geahndete wird geweissagt. [...]
Alles, schlechthin alles, auch das von Natur äußerliche, muß uns zuvor innerlich geworden seyn, ehe wir es äußerlich oder objektiv darstellen können. Wenn im Geschichtsschreiber nicht selbst die alte Zeit erwacht, deren Bild er uns entwerfen will: so wird er nie anschaulich, nie wahr, nie lebendig darstellen. Was wäre alle Historie, wenn ihr nicht ein innrer Sinn zu Hülfe käme? (WA, S. 3, 6)

Man mag darüber streiten, auf welche Weise Schelling ein Denker der Geschichte ist, – daß er es sein wollte, liegt auf der Hand. Er spricht als Hermeneutiker und als jemand, der die Fragwürdigkeit sowohl der ›Historie‹ als auch der ›Geschichtsphilosophie‹ kennt. Einige empirische Befunde können illustrieren, daß es in der Entwicklung des Schellingschen Werks in bezug auf die Geschichte und die Methoden, sie zu begreifen und darzustellen, Konstanten und Diskontinuitäten gibt; eine Erhebung von Worthäufigkeiten in dem etwa 2.000.000 Worte umfassenden Corpus der *Sämmtlichen Werke* läßt dies erkennen.

Bände	I-III	IV-VI	VII-X	XI-XIV
Jahre	1793-1800	1800-1804	1806-1810	1811-1854
I. Gegenstandsbestimmungen				
Geschichte	327	251	209	488
Geschichte der:				
Philosophie	7	5	7	9
Wissenschaft/en	-	9	8	-

| Bände | I-III | IV-VI | VII-X | XI-XIV |
Jahre	1793-1800	1800-1804	1806-1810	1811-1854
Kunst/Künste	–	6	12	3
Religion	1	1	–	6
historia	39	–	–	–
geschichtlich/				
Geschichtlichkeit	6	3	100	402
Vergangenheit	11	35	72	198
Zukunft	5	28	35	125
dazu im Vergleich:				
Natur	2728	1275	1524	916
Naturgeschichte	19	9	11	12
Natürlich/				
Natürlichkeit	124	152	202	741

II. Methodische Bestimmungen

Transzendental/				
Transzendental-				
philosophie	18	2	1	–
Kritik/ kritisch	211	148	98	154
Konstruktion/				
konstruieren	136	210	13	12
Rationalität/rational/				
Rationalismus	3	34	109	177
Positivität/ positiv	491	273	256	399
Empirie/ empirisch/				
Empirismus	453	402	132	125
Faktum/ faktisch	230	137	63	41
Tatsache	33	23	117	171
Induktion/ induktiv	10	4	8	34
Deduktion/ deduktiv	100	41	13	28

Als Philosoph der Geschichte ist Schelling so verkannt, daß unter ca. 950 Titeln der Schelling-Literatur zwischen 1953 und 1987 nur 45 der Geschichtsphilosophie gewidmet sind, mehr als das Doppelte aber seiner Naturphilosophie. Hatte er, so wird gefragt, wirkliche

Geschichte im Sinn oder doch nur eine »transscendentale Geschichte des Ichs«? (SW X, S. 93) Ging es nur um die Einsicht, daß »die äußere Welt vor uns aufgeschlagen [liegt], um in ihr die Geschichte unseres Geistes wieder zu finden«? (SW I, S. 383) Was bedeutet es, wenn für Schelling »die Natur der Spiegel der Geschichte« ist? (SW VI, S. 468f.) Genügt zu einer Geschichtsphilosophie die Idee einer Zukunft, die nur in Gott vorstellbar ist, kaum aber – sieht man vom *System des transscendentalen Idealismus* ab – als zukünftige weltbürgerliche Rechtsverfassung der Individuen und Staaten?

7.2 Schelling und der Konflikt der Interpretationen

Viele Interpreten sind sich einig, in geschichtsphilosophischer Hinsicht Schelling hinter Hegel zurückzusetzen:

Während Hegel durch die Behauptung der vernünftigen Beherrschung der Geschichte den deutschen Idealismus positiv vollendet, begegnen wir in der Schellingschen Umkehrung jener Behauptung dessen negativem Ende. Denn Schellings letzte Philosophie setzt jener Bestätigung der göttlichen Vernunft, die sein soll, d.h. der menschlichen Geschichte, die Selbstverleugnung der menschlichen Vernunft entgegen, die sich der göttlichen unterwirft. (Bourgeois 1996, S. 29)

Bereits eine der ersten größeren Darstellungen, die der Windelband-Schüler G. Mehlis 1906 zu »Schellings Geschichtsphilosophie in den Jahren 1799-1804« und zur »geschichtsphilosophischen Bewegung am Ende des 18. Jahrhunderts« veröffentlichte, hat Interpretations-Vorgaben gemacht, die sich als langlebig erwiesen haben: Schellings Geschichtsphilosophie sei nicht das »Produkt einer bestimmten Schaffensperiode, sondern das Problem eines Denkerlebens, dem die endgiltige Lösung fehlt. Auch erscheint das Problem der Geschichtsphilosophie niemals in reiner Gestalt, sondern immer umrankt von fremdem Beiwerk und zwar besonders auf das innigste verschlungen mit dem Problem der Kunst- und Religionsphilosophie.« Folgenreich war vor allem das Mißverständnis, die bei Schelling festzustellende »Verschlingung aller Wertgebiete« (Geschichte, Kunst, Religion ...) sei »charakteristisch für die Blüteperiode des romantischen Zeitalters, in welcher die Geschichtsphilosophie Schellings ihren eigentümlichen Ausdruck gefunden hat« (Mehlis 1906, S. 1). Problematisch, weil eine Kehrtwende gegen die Vernunft-Philosophie unterstellend, ist auch die oft anzutreffende Interpretationsfigur, Schelling habe bei seiner »Rückkehr zur Metaphysik der

Geschichte« der »faktischen Irrationalität der Geschichte Rechnung« getragen (Zeltner 1965, S. 119). Noch heute führt mangelnde Kenntnisnahme wichtiger Nachschriften-Editionen dazu, Mutmaßungen aus den 1940er Jahren zu reproduzieren, so z.B. jene, Schellings Unterscheidung zwischen ›negativer‹ und ›positiver‹ Philosophie sei auf 1841 zu datieren und sie leite den Übergang von rationaler Philosophie zu lebensphilosophischem Irrationalismus ein; ein solcher »Friedrich W.J. Schelling zur Einführung« (F.J. Wetz 1996) gerät dann eher zum Kuriosum.

Noch 1993 konnte W.G. Jacobs bilanzieren, die Geschichtsphilosophie gehöre »zu jenen Theoriestücken Schellings, die keine gute Presse haben. Sie wird vielfach als idealistisch und damit spekulativ verstanden und letzten Endes abgetan. [...] Diese wird in demselben pejorativen Sinne wie die Naturphilosophie als Spekulation verstanden, und man unterstellt, sie gehe an der wirklichen Geschichte vorbei.« (Jacobs 1993, S. 9) Ein im Ergebnis ähnliches Urteil findet sich auch bei D. Jähnig: »Bei Schelling wird [...] die Geschichte in ihrem konkreten Gang (sieht man von zwei kleineren, allerdings mit Recht besonders geschätzten Schriften zur Kunstgeschichte und zur Philosophiegeschichte ab) nie zum wirklichen Thema von Philosophie.« (Jähnig 1970/71, S. 127f.)

Auf der anderen Seite im Konflikt der Interpretationen stehen Aussagen, die Schelling eine erstrangige Bedeutung für das Geschichtsdenken zumessen. Schon der frühe Schelling habe von »seinem transzendentalen Ansatz her [...] nicht nur zurück zur Objektivität« geführt, »sondern auch zu dem, was wir heute die Geschichtlichkeit des Menschen nennen würden. [...] Die Geschichte ist [...] ursprünglich und anfanghaft das eine große Grundproblem Schellings.« (Kasper 1965, S. 57ff.) Ähnlich betont W. Marx, »daß es Schelling [...] war, der im Deutschen Idealismus die Geschichte erstmalig zum Thema einer Transzendentalphilosophie erhob«. (Marx 1974, S. 51) Ihn deutlicher als einen Denker des 19. Jahrhunderts verortend, hat H. Kuhnert eine weiterreichende Perspektive eröffnet:

Die Erkenntnis, daß Geschichte nicht nach einem planmäßigen Schema abläuft, wird im nachhegelschen neunzehnten Jahrhundert zu einer existentiellen Erfahrung. Die Frage nach dem genetischen, historischen und psychologischen Zusammenhang von Mensch und Natur steht denn auch im Vordergrund der Schellingschen Betrachtungen. Der Geschichtsprozeß ist eine Entwicklung vom ersten mythischen Bewußtsein der Menschen bis hin zur Bewußtwerdung seiner eigenen Historizität. (Kuhnert 1978, S. 42)

Das faltenreiche, nur um den Preis von Vereinseitigungen zu glättende Profil des Philosophen gezeigt zu haben, ist vor allem der Interpretation H.M. Baumgartners zu verdanken; in ihr wird es möglich zu »erkennen, daß Schellings Philosophie von Anfang an und in ihrem Kern als Philosophie des Absoluten zugleich Geschichtsphilosophie ist«. Baumgartners Formulierung »Vernunft im Übergang zu Geschichte« ist treffend; sie bedeutet

1. eine Bestimmung dessen, was Schelling im Verlauf seiner Entwicklung je verschieden realisiert: Schellings Denken greift ständig aus auf Geschichte, »Geschichte« ist stets leitende Idee philosophischer Problemlösung; 2. eine interpretierende Kennzeichnung, die Schellings Philosophie im ganzen betrifft und insbesondere seinem Denken über Geschichte selbst einen eigentümlichen Status, die Form des »Übergangs«, zuschreibt, und 3. einen Titel der Kritik: Was Schelling als »wahrhaft geschichtliche Philosophie« intendierte, ist allem Anschein nach nicht gelungen; zwischen Vernunft und Geschichte trägt ungewollt die dialektisch verstandene Vernunft schließlich doch den Sieg davon. Gemäß diesem Spektrum [zeigt Baumgartner]: 1. daß Schellings philosophische Intention in dem Sinne einem fundamentalen Interesse an Geschichte folgt, daß diese von Anfang an als der Lösungshorizont systematischer Probleme fungiert, 2. daß Schellings philosophische Entwicklung durch je spezifische Bestimmungen des Verhältnisses von Geschichte und Vernunft geprägt ist und sich gerade an einer innergeschichtsphilosophischen Umorientierung des Begriffs »Vernunft« dokumentieren läßt, und [...] 3. daß auch noch das zuletzt entworfene Verhältnis von Vernunft und Geschichte ambivalent und problematisch bleibt, Schellings Philosophie somit im Zustand des nicht gelingen wollenden Übergangs verharrt. (Baumgartner 1981, S. 175f.; vgl. zur Kritik an dieser Interpretation Ehrhardt 1981, S. 239; vgl. auch Habermas 1954)

Auf eine Formel gebracht: die Vernunft erfaßt sich in ihrem Wesen als begründet durch eine Geschichte, der sie nicht mächtig ist, weil diese aus einer ursprünglich freien Setzung Gottes hervorgeht. Gleichzeitig ist sie befähigt, diese Geschichte mit den ihr eigenen Begriffen im Nachhinein auszulegen und an der Erfahrung, die sie als gesetzte Vernunft dazu benötigt, zu bewähren. Die Vernunft hat so selbst eine Vergangenheit, aber eben damit auch eine Zukunft, in Gott. (Baumgartner 1981, S. 179)

7.3 »Es ist keine Philosophie der Geschichte möglich«

Die Frage, ob er als Geschichtsphilosoph anzusehen sei, hat Schelling selbst provoziert: eine durch die Stadien seines Denkens hindurch gleichbleibende Theorie der Geschichte wird man nicht finden. Für das häufige Mißverstehen seiner Äußerungen zu ›Geschichte‹ ist er aber nicht verantwortlich: Seine Interpreten haben ihn oft in zu großer Nähe zu Kant oder Hegel vermutet und ihn mit diesen verglichen. Es gibt Sätze Schellings wie jene 1795 in *Vom Ich*, die diesen Vergleich gerechtfertigt erscheinen lassen:

Es ist schwer, der Begeisterung zu widerstehen, wenn man den großen Gedanken denkt, daß, so wie alle Wissenschaften, selbst die empirischen nicht ausgenommen, immermehr dem Punkt vollendeter Einheit entgegeneilen, auch die Menschheit selbst, das Princip der Einheit, das der Geschichte derselben von Anfang an als Regulativ zu Grunde liegt, am Ende als constitutives Gesetz realisiren werde; daß [...] auch die verschiedenen Wege und Abwege, die das Menschengeschlecht bis jetzt durchlaufen hat, endlich in Einem Punkte zusammenlaufen werden, an dem sich die Menschheit wieder sammeln und als Eine vollendete Person demselben Gesetze der Freiheit gehorchen werde. (SW I, S. 158f.; vgl. AA I,2, S. 79f.)

Zwei Jahre später aber zeigt sich Schelling bereits als Erbe einer anderen Tradition. In seinen kritischen Reflexionen über den Gegenstand der Geschichts*philosophie* wird deutlich, daß er – anders als die Aufklärung, als Kant oder auch Hegel – am *begrifflichen* Zugang der *Philosophie* zum Geschichtlichen zweifelt: »*Es ist keine Philosophie der Geschichte möglich*«. Die Begründung: »*Also: was a priori zu berechnen ist, was nach nothwendigen Gesetzen geschieht, ist nicht Objekt der Geschichte; und umgekehrt, was Objekt der Geschichte ist, muß nicht a priori zu berechnen seyn.*« (AA I,4, S.183-185; SW I, S. 466f.) In einer Variation:

1) Was nicht progressiv ist, ist kein Objekt der Geschichte. [...] 2) Wo Mechanismus ist, ist keine Geschichte, und umgekehrt, *wo Geschichte ist, ist kein Mechanismus.* [...] Wenn also der Mensch Geschichte (a posteriori) hat, so hat er sie nur deßwegen, weil er keine (a priori) hat; kurz, weil er seine Geschichte nicht mit-, sondern selbst erst hervorbringt.« (Ebd., S. 470f.)

Wenn »*Philosophie der Geschichte* so viel ist, als Wissenschaft der Geschichte a priori«, *dann* ist »*eine Philosophie der Geschichte unmöglich* [...] Was zu beweisen war.« (AA, I,4, S. 187-190; SW I, S. 470-473) Dies ist keine gelegentliche Meinung Schellings, sondern ein Grundgedanke, der wenig später im *System des transscendentalen Idealismus* (1800) bestätigt wird: »daß überhaupt alles, was nach einem bestimmten Mechanismus erfolgt, oder seine Theorie *a priori* hat, gar nicht Objekt der Geschichte sey. Theorie und Geschichte sind völlig Entgegengesetzte. Der Mensch hat nur deßwegen Geschichte, weil, was er thun wird, sich nach keiner Theorie zum voraus berechnen läßt.« (SW III, S. 589) ›Der Mensch bringt seine Geschichte nicht mit, er bringt sie hervor‹; dieser Topos wurde bekannt durch ein Geschichtsdenken, das seinen Weg nicht nach den Weisungen des Rationalismus gemacht hat, sondern als dessen Kritik; der Neapolitaner Giovanni Battista Vico hat den Weg gebahnt, Herder ist ihn gegangen (vgl. SW XI, S. 229) – keine Magistrale der Philosophiegeschichte, aber von großer Wirkung auf das historische Denken auch in Deutschland, so z.b. bei Goethe, bei Marx. Schelling erwähnt Vico nicht, auch nicht in seinen Vorlesungen *Zur Geschichte der neueren Philosophie*, um so häufiger aber Herder. Der Topos, Geschichte sei für die Menschen erkennbar, weil sie von ihnen gemacht sei, findet sich in der Fassung von 1744 der 1725 zuerst erschienenen *Principi di una scienza nuova intorno alla comune natura delle nazioni* (‹Prinzipien einer neuen Wissenschaft über die gemeinschaftliche Natur der Völker›):

[...] in solch dichter Nacht voller Finsternis, mit der die erste von uns so weit entfernte Urzeit bedeckt ist, erscheint dieses ewige Licht, das nicht untergeht, folgender Wahrheit, die auf keine Weise in Zweifel gezogen werden kann: *daß diese politische Welt sicherlich von den Menschen gemacht worden ist*; deswegen können (denn sie müssen) ihre Prinzipien *innerhalb der Modifikationen unseres eigenen menschlichen Geistes* gefunden werden. Folgendes muß bei jedem, der darüber reflektiert, Staunen erregen – wie nämlich alle Philosophen sich ernsthaft bemüht haben, Wissen zu erlangen von der Welt der Natur; von der doch, weil Gott sie schuf, er allein Wissen haben kann, und wie sie vernachläßigt haben, diese Welt der Völker oder politische Welt zu erforschen, von der, weil die Menschen sie geschaffen hatten, die Menschen auch Wissen erlangen konnten. (Vico 1990, Bd. 1, S. 142f.)

Vicos *Principi* sind *erzählte* Geschichte, deren Chronologie einsetzt bei den »drei Zeit-epochen der Ägypter, die behaupteten, die ganze Welt vor ihnen habe sich in drei Zeitaltern entwickelt, und zwar der Götter, der Heroen und der Menschen« (ebd., S. 41). Schelling wird seine erzählende *Philosophie der Mythologie* vergleichbar konzipieren (zu seiner ‹mythosnahen› Sprache vgl. Oesterreich 1996). Der Grund für das Interesse am Mythos ist darin zu sehen, daß Mythologien »eine reale Vorgeschichte« repräsentieren, »den *realen, objektiven* Prozeß der prähistorischen Ausbildung von Subjektivität und damit der Grundlegung der Geschichte. Dieser Status von Mythologien erklärt sich aus dem der historischen Prozesse, mit denen sie zusammenhängen. Denn der Differenzierungsprozeß, [das] ›Heraustreten des Menschen aus der göttlichen Schöpfung‹ [...], ist zugleich als Schritt des Menschen in seine eigene Freiheit, als Setzung des Rechts als *sein* Recht, wie aber auch als Abfall von Gott bestimmt« (Smid 1987, S. 354).

Schelling hat sich die in seinen *Vorlesungen über die Methode des akademischen Studiums* 1802 ausgesprochene Empfehlung, »die sogenannten Universalhistorien, die nichts lehren«, zu meiden, zu eigen gemacht, wie auch die Norm: »Die wahre Universalgeschichte müßte im epischen Styl, also in dem Geiste verfaßt seyn, deren Anlage im Herodotus ist.« So liegt es nahe, zu »Quellen«, »Chroniken« und »Particulargeschichten« zu raten (SW V, S. 311). Seine Antwort auf die Frage nach der Möglichkeit einer Philosophie der Geschichte ist nur geschichts*philosophisch* zurückhaltend, und dies im Interesse einer Geschichte, deren Wirklichkeit *Freiheit* ist: »Die vollendete Welt der Geschichte wäre demnach selbst eine ideale Natur, der Staat, als der äußere Organismus einer in der Freiheit selbst erreichten Harmonie der Nothwendigkeit und der Freiheit. Die Geschichte, sofern sie die Bildung dieses Vereins zum vorzüglichsten Gegenstand hat, wäre Geschichte im engern Sinn des Wortes.« (SW V, S. 306f.) In diesem Sinne kann Schelling für sich eine *Tendenz zum Geschichtlichen* behaupten, ohne den Titel eines Geschichts*philosophen* für sich reklamieren zu müssen. In seiner ersten Münchener Vorlesung führt er 1827 aus:

Die Philosophie läßt den, der sie in ihrer Tiefe erfaßt hat, nicht ruhen, eh' er auch in die Tiefen der Natur und der Geschichte geblickt hat. Durch Natur und Geschichte hinwiederum wird er an die Philosophie gewiesen; Thatsachen und Erscheinungen haben in der Natur sich hervorgethan, deren Erklärung mit den gewöhnlichen und angenommenen Mitteln nicht mehr zu bestreiten ist und durchaus höher gestellte Begriffe fordert. [...] Nicht mehr die Speculation, sondern die Natur selbst stört die Ruhe der althergebrachten Hypothesen. [...] Nicht minder stellt die Geschichte der Menschheit Thatsachen auf, die man sich bisher mit ungenügenden Theorien zu umnebeln und gleichsam unkenntlich zu machen gesucht hat, die man aber nur in ihrer Nacktheit und reinen Bloßheit darzustellen braucht, um sich zu überzeugen, daß nur eine bis auf die tiefsten Anfänge zurückgehende Philosophie ihnen gewachsen sey. Kurz, worin wir im weiten Gebiete menschlicher Erkenntniß und Wissenschaft blicken, sehen wir überall die Anzeichen der Annäherung jenes Zeitpunkts, den die begeisterten Forscher aller Zeiten vorausgesehen, wo die innere Identität aller Wissenschaften sich enthüllt, der Mensch endlich des eigentlichen Organismus seiner Kenntnisse und seines Wissen sich bemächtigt [...]. (SW IX, S. 362ff.)

7.4 Begriffe, Symbole und Bilder der Geschichte

7.4.1 »Was sind wir und für welches Leben sind wir geboren?«

Die Rechtsverfassung und die Geschichte des Absoluten

»Die Mythologie läßt die Geschichte mit dem ersten Schritt aus der Herrschaft des Instinkts in das Gebiet der Freiheit, mit dem Verlust des goldenen Zeitalters, oder mit dem Sündenfall, d.h. mit der ersten Aueßerung der Willkür, beginnen.« (SW III, S. 589) Dieser programmatische Satz des *Systems des transscendentalen Idealismus* aus dem Jahre 1800 kann als Zusammenfassung des komplexen Ganzen der Schellingschen Interessen an der Geschichte gelesen werden: der Sündenfall, die Mythologie, die Geschichte und die Freiheit sind die Signaturen, unter denen er über Geschichte schreibt, und es wird beständig darum gehen, »die Freiheit überall zur Darstellung zu bringen« (Ehrhardt 1976, S. 116).

»Quid sumus, & quidnam victuri gignimur? ordo Quis datus? [Was sind wir und für welches Leben sind wir geboren? Was für eine Ordnung ist gegeben?] (AA I,1, S. 61; Übers.: ebd., S. 104; SW I, S. 2). Mit diesem Motto, einem Zitat aus Persius Flaccus' *Saturae*, gibt 1792 der junge Tübinger Student einen ersten Schlüssel zu seinem Denken. Was ihn bereits in *Antiquissimi de prima malorum humanorum origine* [...], seiner Magisterarbeit »zur ordnungsgemäßen Erlangung des höchsten Grades in der Philosophie« *(Ein kritischer philosophischer Auslegungsversuch des ältestens Philosophems von Genesis III über den ersten Ursprung der menschlichen Bosheit)* interessiert, ist die »communis naturae humanae observatio«, denn »In hac enim historiae generis humani universae ultimae rationes quaerendae sunt.« (AA I,1, S. 82; SW I, S. 21. Übers.: »die Betrachtung der gemeinen menschlichen Natur. In dieser sind nämlich die letzten Gründe der Menschheitsgeschichte zu suchen.« AA I,1, S. 126) Damit hat Schelling *seine* Problematik entdeckt. (Jacobs 1993, S. 209, sieht in der Magisterarbeit, der 1793 *Über Mythen, historische Sagen und Philosopheme der ältesten Welt* folgt, das »erste Geschichtskonzept des Deutschen Idealismus«). Das Problem der menschlichen Natur bleibt und bestimmt – ungeachtet der Veränderungen in den Problemlösungen – das weitere Denken:

[D]ie bohrende Unruhe [...] hinsichtlich der menschlichen Bosheit, die uns größtenteils unsere Kultur eingebracht hat, kann jedem zu schaffen machen, dem die menschlichen Dinge am Herzen liegen und der sich um sie Sorge macht. Es ist ein großes und schwieriges Problem, wie der Anfang der in uns freigesetzten Kultur bzw. Vernunft auch zum Anfang der mensch-

lichen Bosheit werden konnte, und warum wir damals so außerordentlich
glücklich waren, als wir von jedem Vernunftgebrauch – und das heißt in
der Tat: von der höchsten Würde, die wir besitzen – noch weit entfernt waren. (Übers. AA I,1, S. 140f.)

Es wird die hier und noch einige Jahre lang als möglich erscheinende Problem*lösung* sein, der gegenüber er skeptischer werden wird.
Zunächst aber heißt es emphatisch in § VII, »daß, wenn es sich mit
Worten ausdrücken läßt, die Zeiten wieder zu dem ehemals goldenen Zeitalter zurückkehren [...] – allein unter der Führung und Lei-
tung der Vernunft« (ebd., S. 147). Auch 1798 macht Schelling in
Über Offenbarung und Volksunterricht hieran keine Abstriche, doch
er setzt einen Akzent auf die »Geschichte der Religion«, die für ihn
die »fortgehende Offenbarung oder symbolische Darstellung jener
Ideen [ist], so wie überhaupt die ganze Geschichte unsers Geschlechts nichts anders ist, als die fortgehende Entwicklung des moralischen Weltplans, den wir als prädestinirt durch die Vernunft (insofern sie absolut ist) annehmen müssen.« Alles Wirkliche ist »nur
Entwickelung einer absoluten Vernunft«, und deshalb »müssen wir
auch in der Geschichte, und insbesondere in der Geschichte des
menschlichen Geistes, überall die Spur jener *absoluten Vernunft* finden, die uns vom empirischen (lediglich *praktischen*) Standpunkt aus
als *Vorsehung* erscheinen wird, die zum voraus gleichsam alles so an-
geordnet hat, wie wir es in der Wirklichkeit finden.« (AA I,4, S.
255; SW I, S. 480f.)
    Die ›Spuren der Vernunft‹ wird Schelling auf verschiedenen We-
gen verfolgen, von denen sich aus seiner späteren Sicht einige als
Sackgassen erweisen. Bis hinein in des *System des transscendentalen
Idealismus* von 1800 bildet zunächst die *Natur* das Medium der Entdeckung; wesentlich ist: nie geht es um Naturgeschichte um ihrer
selbst willen; zu entdecken ist die »Geschichte unseres Geistes«:

Was [...] die Seele anschaut, ist immer ihre *eigne, sich entwickelnde Natur.*
Ihre Natur aber ist nichts anderes als jener oft angezeigte Widerstreit, den
sie in bestimmten Objekten darstellt. So bezeichnet sie durch ihre eignen
Produkte, für gemeine Augen unmerklich, für den Philosophen deutlich
und bestimmt, den Weg, auf welchem sie allmählich zum Selbstbewußtseyn
gelangt. Die äußere Welt liegt vor uns aufgeschlagen, um in ihr die Geschichte unseres Geistes wieder zu finden. (AA I,4, S. 110; SW I, S. 383)

Die große in der Magisterdissertation umrissene Thematik gerät
aber auch in der Zeit, in der sich Schelling vorrangig der Naturphilosophie widmet, nie in Vergessenheit. Die »ganze Geschichte unseres Geschlechts [...] beginnt mit dem Sündenfall, d.h. mit der ersten

willkürlichen That, und endet mit dem Vernunftreich, d.h. wenn
alle Willkür von der Erde verschwindet.« (AA I,4, S. 166; SW I, S.
439) Bereits hier scheint auch eine spätere Einsicht jenes Schellings
auf, der von »historische[r] Dialektik« (SW XI, S. 9) sprechen wird:
Das Heraufkommen des *geist*begabten Menschen in der Natur bezeichnet nicht nur das Ende ihrer Entwicklung, sondern den Beginn
einer »völlig andern und neuen über der Natur sich erhebenden und
über sie hinausgehenden Welt, der Welt des *Wissens, der Geschichte,*
und des menschlichen *Geschlechts.*« (SW XI, S. 400; vgl. Knatz
1996) Der ›Sündenfall‹ ist für Schelling kein Gegenstand moralisie-
render Kritik; für die gesamte Konstruktion der Theorie der Geschichte und der Freiheit erfüllt er vielmehr die Funktion einer *notwendigen Bedingung:* »Schelling deutet den Sündenfall als den ersten
Freiheitsakt des Menschen, in dem und mit dem die menschliche Vernunft, das Selbstbewußtsein entspringt.« Er will »den Mythos vom
Sündenfall als den a priori konstruierbaren Anfang der ›philosophischen Geschichte der Menschheit‹ verstanden wissen. [...] Damit der
Mensch seine Vernunft realisieren kann, muß er sich von seiner natu-
ralen Bestimmtheit befreien, indem er die ihm durch die Sinnlichkeit
gesetzten Grenzen überschreitet. Der Abfall von der Natur ist also
vom Wesen des Menschen her notwendig.« (Pieper 1985, S. 203)
In seinen *Ideen zu einer Philosophie der Natur* hat Schelling 1797
das Programm vorgelegt, das drei Jahre später das *System des transscendentalen Idealismus* verwirklichen sollte: »Was für die *theoretische*
Philosophie die *Physik* ist, ist für die *praktische* die *Geschichte,* und
so entwickeln sich aus diesen beiden Hauptheilen der Philosophie
die beiden Hauptzweige unseres empirischen Wissens. Mit einer Bearbeitung der *Philosophie der Natur,* und der *Philosophie des Menschen* hoffe ich daher die gesammte *angewandte* Philosophie zu umfassen. Durch jene soll die Naturlehre, durch diese die Geschichte
eine wissenschaftliche Grundlage erhalten.« (SW II, S. 4) Im *System*
geht Schelling von zwei Voraussetzungen aus:

[1.] Die Mythologie läßt die Geschichte mit dem ersten Schritt aus der
Herrschaft des Instinkts in das Gebiet der Freiheit, mit dem Verlust des
goldenen Zeitalters, oder mit dem Sündenfall, d.h. mit der ersten Aeußerung der Willkür, beginnen. In den Ideen der Philosophen endet die Geschichte mit dem Vernunftreich, d.h. mit dem goldenen Zeitalter des
Rechts, wenn alle Willkür von der Erde verschwunden ist, und der Mensch
durch Freiheit an denselben Punkt zurückgekehrt seyn wird, auf welchen
ihn ursprünglich die Natur gestellt hatte, und den er verließ, als die Geschichte begann [...]. (SW III, S. 589)
[2.] daß ebensowenig das absolute Gesetzlose, oder eine Reihe von Begebenheiten ohne Zweck und Absicht, den Namen der Geschichte verdiene,

und daß nur Freiheit und Gesetzmäßigkeit in Vereinigung, oder das allmähliche Realisiren eines nie völlig verlorenen Ideals durch eine ganze Gattung von Wesen das Eigenthümliche der Geschichte constituire. (Ebd., S.
590)

Die Philosophie, die eine Erklärung der Geschichte zu leisten hat,
ist selbst

eine Geschichte des Selbstbewußtseyns, die verschiedene Epochen hat, und
durch welche jene Eine absolute Synthesis successiv zusammengesetzt wird.
[...] Das progressive Princip in dieser Geschichte ist die ideelle als unbegrenzbar vorausgesetzte Thätigkeit. Die Aufgabe der theoretischen Philosophie: die *Idealität* der Schranke zu erklären, ist = der, zu erklären, wie auch
die bis jetzt als unbegrenzbar angenommene ideelle Thätigkeit begrenzt
werden könne. (SW III, S. 399)

Es ist hier nicht möglich, die Begründungsschritte näher darzustellen. Der Weg, den Schelling wählt, führt zu einem Ergebnis, das
ganz kantisch anmutet und mit dessen *Ideen zu einer allgemeinen
Geschichte in weltbürgerlicher Absicht* es doch wenig mehr als die *po-
litisch-geschichtliche* Zielsetzung gemein hat: »das einzig wahre Objekt der Historie [kann] nur das allmähliche Entstehen der weltbürgerlichen Verfassung seyn [...], denn eben diese ist der einzige
Grund einer Geschichte.« Zwar liegt auch für Schelling »im Begriff
der Geschichte der Begriff einer unendlichen Progressivität«, doch
will er daraus nicht mehr »unmittelbar auf die unendliche Perfekti-
bilität der Menschengattung« schließen; es kommt erschwerend hinzu, daß sich »diejenigen, welche dafür oder dawider sich vernehmen
lassen, über den Maßstab, nach welchem die Fortschritte gemessen
werden sollen, in der größten Verworrenheit sich befinden, indem
einige auf die *moralischen* Fortschritte der Menschheit reflektiren,
wovon wir wohl den Maßstab zu besitzen wünschten« (SW III, S.
591 ff.).

Ist bereits hier die Differenz zum Denken der Aufklärung und zu
Kant offensichtlich, so machen die Folgesätze endgültig klar, daß Schelling ein *anderes Subjekt einer anderen Geschichte* denkt: Es ist nicht

vom Handeln des Individuums, sondern vom Handeln der *ganzen Gattung*
die Rede. Jenes zweite Objektive, was uns entstehen soll, kann nur durch
die Gattung, d.h. in der Geschichte, realisirt werden. Die Geschichte aber
objektiv angesehen ist nichts anderes als eine Reihe von Begebenheiten, die
nur subjektiv als eine Reihe freier Handlungen erscheint. Das Objektive in
der Geschichte ist also allerdings ein Anschauen, aber nicht ein Anschauen
des Individuums, denn nicht das Individuum handelt in der Geschichte,
sondern die Gattung (SW III, S. 597f.).

Was sind wir und für welches Leben sind wir geboren, wenn diese Sätze den Geschichtsbegriff bestimmen?

7.4.2 Vorgeschichte, Mythologie und Offenbarung der Geschichte Gottes

In geschichtsphilosophischer Hinsicht ist es nicht sinnvoll, zwischen dem ›frühen‹ Schelling des *Systems,* dem ›späteren‹ der *Weltalter* und dem ›späten‹ der *Philosophie der Offenbarung* Bruchlinien zu projizieren. Schon der Schelling des Jahres 1800 nimmt für die Periodisierung der Geschichte Maß an den »drei Perioden [der] Offenbarung [...] Den Eintheilungsgrund dazu geben uns die beiden Gegensätze, Schicksal und Vorsehung, zwischen welchen in der Mitte die Natur steht, welche den Uebergang von dem einen zum andern macht.« (SW III, S. 603f.) In der ersten Periode herrscht das Schicksal als blinde Macht; in diese Periode fällt »der Untergang des Glanzes und der Wunder der alten Welt«; in der zweiten Periode verwandelt sich, was Schicksal war, in Natur und »offenes *Naturgesetz* [...], das die Freiheit und die ungezügeltste Willkür zwingt einem *Naturplan* zu dienen, und so allmählich wenigstens eine mechanische Gesetzmäßigkeit in der Geschichte herbeiführt«; ihre Manifestation ist die »Ausbreitung der großen römischen Republik«. Es ist *dieser* Naturplan, der zu einem zu überwindenden Stadium der Geschichte gehört, »der in seiner vollständigen Entwicklung den allgemeinen Völkerbund und den universellen Staat herbeiführen muß«, und aus dieser Prämisse erklärt sich, warum Schelling das Recht und den Staat als »zweite *Natur*« versteht.

Die dritte Periode der Geschichte wird die seyn, wo das, was in den früheren als Schicksal und als Natur erschien, sich als *Vorsehung* entwickeln und offenbar werden wird, daß selbst das, was bloßes Werk des Schicksals oder der Natur zu seyn schien, schon der Anfang einer auf unvollkommene Weise sich offenbarenden Vorsehung war.
Wann diese Periode beginnen werde, wissen wir nicht zu sagen. Aber wenn diese Periode seyn wird, dann wird auch Gott seyn. (SW III, S. 603f.; vgl. SW V, S. 290)

Damit ist zum einen der Philosophie der Geschichte ihr eigentliches Subjekt und ihr eigentlicher Gegenstand gegeben; zum zweiten ist so ihre unabschließbare *Offenheit* bestimmt: es gibt kein *Ende der Geschichte,* auch nicht als weltliche universelle Rechtsverfassung (vgl. SW XI, S. 229ff., 551f.). Für Schelling erschließt sich so endgültig das Terrain, auf dem die traditionelle rationale Metaphysik der Ge-

schichte versagt. Und es zeichnet sich klar ab, daß die von ihm beabsichtigte Geschichtstheorie auch mit den traditionellen Methoden
spekulativer rationaler Geschichts*konstruktion* brechen muß. Es
kann freilich nicht oft genug betont werden, daß für Schelling die
Alternative keineswegs im ›Irrationalismus‹ besteht; die rationalen
»logischen« Systeme bleiben für ihn unverzichtbare historische und
systematische Voraussetzungen des Begreifens der Wirklichkeit; sie
»werden erst falsch wenn sie das Positive ausschließen und sich
selbst dafür ausgeben« (SdW, S. 12). Entsprechend heißt es an anderer Stelle: »Mit der Vernunftwissenschaft ist eine Philosophie der
wirklichen Geschichte unmöglich, obgleich wir zugegeben haben,
daß auch die Philosophie der Geschichte ihre negative Seite hat«
(SW XI, S. 568). Schellings Philosophie entwickelt ihre eigene Ra-
tionalitätsform: sie wird in genau dem Sinne *historisch*, daß sie im
Interesse der Zukunft die Vergangenheit aus der Perspektive der Gegenwart *erklärt*.

Die im *System des transscendentalen Idealismus* wichtige Idee der
Rechtsverfassung war »genau besehen [...] nur ein provisorisches Sur-
rogat für das Fehlen anderer Leitfäden« (Cesa 1986, S. 514). Insofern bedeutet es kein Abrücken von einer zuvor anderen Perspektive,
wenn Schelling nur zwei Jahre später in den *Vorlesungen über die
Methode des akademischen Studiums* von den negativen Aspekten der
Verfassung und von einem »endlosen Mechanismus« spricht, »in
dem nichts Unbedingtes angetroffen wird« (SW V, S. 316). Das
›wirkliche‹, als »successive Offenbarung des Urwissens« (ebd., S.
280) verstandene *Wissen* »weist auf etwas zurück, das sehr viel be-
deutender als Humanität und Recht ist« (Cesa 1986, S. 514f.). Für
Schelling haben 1804 in den Würzburger Vorlesungen zum *System
der gesammten Philosophie* die »menschenfreundlichen Ideen eines
künftigen goldenen Zeitalters, eines ewigen Friedens u.s.w. [...] gro-
ßentheils ihre Bedeutung [verloren]. Das goldene Zeitalter würde
von selbst kommen, wenn es jeder in sich darstellte, und wer es in
sich hat, bedarf es nicht *außer* sich.« (SW VI, S. 563ff.) Sein Geschichtskonzept greift weiter aus: »Das Absolute als Grund des Seienden hat seine historische Entsprechung in einem anfänglichen
Zustande, der nicht die Unschuld des Gartens Eden ist, sondern
eine artikulierte und reiche, selbst der Geschichte der Zivilisation
vorangehende Struktur.« (Cesa 1986, S. 514f.)

Deshalb läßt Schelling die Geschichte, die ihn interessiert – die
große allgemeine Geschichte, »welche nicht bloß das Menschengeschlecht, sondern die Schöpfung selbst von Anfang her begreift«
(SW XIII, S. 197) –, nicht erst dort beginnen, wo sie aus schriftlicher Überlieferung bekannt ist; sie wird erweitert um jene »*Vorge-*

schichte« der Freiheit und der durch sie ermöglichten Offenbarung, deren Manifestationen die Mythen sind. Die Philosophie wird »darauf verwiesen, bei ihrer Auseinandersetzung mit der Vorgeschichte der Subjektivität deren Spuren nachzugehen; denn es reicht nicht hin, die Geschichte allein an die Grenze zu ›geschichtsloser‹ Zeit zurückzuverfolgen, wie es Hegel tat. Es muß vielmehr eine Untersuchung der unbewußten ›Erinnerungen‹ an die Vorgeschichte aufgenommen werden, in der ›Subjektivität erwacht‹. [...] Mythologien repräsentieren eine reale Vorgeschichte, den *realen, objektiven* Prozeß der prähistorischen Ausbildung von Subjektivität und damit der Grundlegung der Geschichte«; deshalb sind die »mythologischen Bilder der Schöpfung (und Gottes)« aus der Perspektive des ›Sündenfalles‹ gezeichnet: »Gott wird in ihnen von den reflektierenden Subjekten ›entworfen‹ als ein Widerschein einer verlorengegangenen Vergangenheit.« (Smid 1987, S. 354)

In dieser Sicht auf Schelling erweisen sich die frühen Aussagen *Über Mythen, historische Sagen und Philosopheme der ältesten Welt* (1793) nicht als das, was man der ›Jugend‹ zu verzeihen hätte, sondern als wegweisend. Zum »Begriff der mythischen Geschichte« heißt es hier, mythisch sei »diejenige Geschichte, welche Sagen aus einer Zeit enthält, in welcher noch keine Begebenheit schriftlich verzeichnet, sondern jede nur mündlich fortgepflanzt wurde.« (AA I,1, S. 195f.; SW I, S. 43f.) Hier entsteht ein neuer Begriff *geschichtlicher Wahrheit:* Jede Geschichte, »durch die *irgend eine* Wahrheit versinnlicht wird, kann, wenigstens den Hauptumständen nach, wahre Geschichte seyn« (AA I,1, S. 230; SW I, S. 71; Hervorh. von mir). Von hier aus führt ein direkter Weg zur Aussage des *Systems* von 1800: Was »der Philosoph nur subjektiv darzustellen vermag«, kann die *Kunst* »mit allgemeiner Gültigkeit objektiv« machen. Die vollendete Philosophie, die »in der Kindheit der Wissenschaft von der Poesie geboren und genährt worden ist«, wird »in den allgemeinen Ocean der Poesie zurückfließen«. Das »Mittelglied der Rückkehr der Wissenschaft zur Poesie« ist die Mythologie: »Wie aber eine neue Mythologie, welche nicht Erfindung des einzelnen Dichters, sondern eines neuen, nur Einen Dichter gleichsam vorstellenden Geschlechts seyn kann, selbst entstehen könne, dieß ist ein Problem, dessen Auslösung allein von den künftigen Schicksalen der Welt und dem weiteren Verlauf der Geschichte zu erwarten ist.« (SW III, S. 629)

Es ist nicht zu bezweifeln, daß es für Schelling ein existentielles und ein theoretisches Interesse am Zusammenhang von *Philosophie und Religion* (1804) gibt:

Die große Absicht des Universum und seiner Geschichte ist keine andere als die vollendete Versöhnung und Wiederauflösung in die Absolutheit. Die Bedeutung einer Philosophie, welche das Princip des Sündenfalls, in der höchsten Allgemeinheit ausgesprochen, wenn auch unbewußt, zu ihrem eignen Princip macht, kann, nach der vorhergehenden Vermischung der Ideen mit den Begriffen der Endlichkeit im Dogmatismus, nicht groß genug angeschlagen werden. (SW VI, S. 43)

Es wäre aber falsch, das in den Konzepten ›Vorgeschichte‹ und ›Mythologie‹ auch erkennbare Motiv für zweitrangig zu halten: Erst durch ihre Erweiterung in die Geschichten der symbolischen Formen, der Mythen, der Religionen und der Künste wird die *Geschichte* so zum Sprechen gebracht, daß aus der Rekonstruktion des Prozesses der *Freiheit*, der in der Überführung des ›unvordenklichen Seins‹ in Welt und Wirklichkeit beginnt und für den der Sündenfall unabdingbar ist, die Idee einer Zukunft entsteht. Zwar ist es für Schelling *ein* Prinzip, das in allen geschichtlichen Prozessen waltet, aber es tritt in den verschiedensten Gestalten auf, die in dem Maße als gleichrangig gelten können, wie sie sich aus der blinden Natur emanzipiert haben. (E. Cassirers *Philosophie der symbolischen Formen* zeigt sich gerade an diesem Schelling interessiert.) In seiner *Einleitung in die Philosophie* (1830) spricht Schelling erneut davon,

daß über der Natur sich eine neue zweite ideale Welt erhebe, reicher als die Natur an Sinnen. In dieser zweiten Welt wird die Geschichte der Natur durch das menschliche Bewußtsein wiederholt; es kehrt das Prinzip der sukzessiven Überwindung nur in einer gesteigerten Gestalt wieder (Geschichte im engern Sinn). Wie dieses Prinzip in der Natur ein wahrer Proteus ist, so wird es auch in der Geschichte unter verschiedenen Gestalten sich zeigen, obwohl es in sich stets dasselbe bleibt. Auf diese Weise glaube ich in der Geschichte den[n] Ariadnes Faden gefunden zu haben. (EPh, S. 141f.)

Die Schrift *Über das Wesen der menschlichen Freiheit und die damit zusammenhängenden Gegenstände* (1809) führt in den »Ungrund«, das Grundlose vor aller Geschichte, zurück, um die Geschichte als Geschichte der Freiheit zu erklären. Der nun geschichtlich konkretisierte »reale und lebendige Begriff« der Freiheit hat seinen Grund im menschlichen »Vermögen des Guten und des Bösen« (SW VII, S. 352). Weil es um die »Thatsache der Freiheit« (SW VII, S. 336) geht, ist die »Methode Schellings in der Freiheitsabhandlung [...] keine transzendentale mehr. Es wird nicht mehr wie im *System des transscendentalen Idealismus* von 1800 nach Bedingungen der Möglichkeit gefragt und durch eine reduzierende Nachkonstruktion der sich selbst konstruierenden Vernunft geantwortet. Schelling ist jetzt bereits davon überzeugt, daß – wie es 1812 und 1814 ausdrücklich heißen wird – ›Gott uns zum Mitwisser seines eigenen Planes haben wollte‹.« (Marx 1981, S. 50)

Bereits vor der *Freiheitsschrift* hatte Schelling in *Philosophie und Religion* dafür plädiert, es solle der Akt der Freiheit, der sich im Bösen des Sündenfalls zeigt, »von einer mehr positiven Seite angesehen werden«, weil »die Endabsicht der Geschichte die Versöhnung des Abfalls ist« (SW VI, S. 63). Dieser Schelling hatte die konservative Theologie seiner Zeit nicht auf seiner Seite. Hinter den Buchstaben der vermeintlich ›religiösen‹ Philosophie war jener rebellische Geist zu entdecken, der sich im veröffentlichten Werk vorsichtig und um so unverhohlener in den privaten philosophischen Entwürfen zu den *Weltaltern* ausspricht, so etwa im Tagebuch 1810: »Der Mensch ist die *Gott setzende* Natur. – also die Natur in ihm ist das Setzende Gottes. Nun |ist| aber Gott nicht schlechthin gesetzt – sondern geschichtlich.« (TGB 1809-13, S. 43) In einer späteren, weniger anstößigen, aber nichts dementierenden Version liest sich dies so: »Also, wenn nicht Gott, konnte zufolge eines ganz richtigen Schlusses nur der Mensch der Zerbrecher der Einheit seyn.« (SW XIII, S. 360) Mit dem Satz der Schlange im Paradies »Ihr werdet sein wie Gott oder als Gott« ist – so Schelling in der frühen Münchener *Urfassung der Philosophie der Offenbarung* – dieses »als Gott Sein« und mit ihm »die Veranlassung zum Umsturz« ausgesprochen. Die Tatsache des ›Abfalls‹ läßt sich zwar nicht a priori beweisen; von dieser Tatsache schlechthin, der »Urtatsache der Geschichte«, kann aber – im Unterschied zu einer »im Mechanismus fortschreitende[n] Philosophie« des Fortschritts – gesagt werden, »daß sie sich begeben hat«. In ihr wurde »der Mensch Anlaß einer neuen Folge von Ereignissen« (UPhO, S. 223).

Man kann Schellings ›Geschichte‹ als *Heilsgeschichte* lesen; aber die Geschichte ist als »eine successiv sich entwickelnde Offenbarung Gottes« (SW VI, S. 57) die Geschichte der Menschen. In den *Weltaltern* hebt sie mit der »Geschichte der Entwickelungen des Urwesens« an, mit der »vorweltlichen Zeit«. (WA, S. 10) Daß sich das ›Urwesen‹ ent-wickeln konnte, daß der ›Un-grund‹ zum Grund werden konnte und daß es eine »Genealogie der Zeit« gibt (ebd., S. 75), kann nur in einer Geschichte der menschlichen Freiheit ex-pliziert werden. Dies ist der Kontext, in dem Schelling immer wieder betonen konnte, das Christentum sei »eine eminent geschichtliche Religion«, und »wo das Christentum nicht ist, da ist keine Geschichte« (vgl. Kap. 9). Im Unterschied zu Konzeptionen historischer Notwendigkeit behauptet das »geschichtliche System« Schellings, »daß alles auf Willen, Freiheit und wirklicher Tat beruhe«.

Das Christentum ist eine »geschichtliche Anschauung des Universums«, und es kann »nur aus solcher (geschichtlich-philosophischer) Ansicht« gegriffen werden. Deshalb »wäre eine Philosophie der Offenbarung nichts anderes, als der höchste Triumph der geschichtlichen Philosophie selbst, nämlich ihre letzte Entwicklung.« (UPhO, S. 5f.)

Schelling hat das ›System der Zeiten‹ nicht auf das Christentum *hin* geschrieben, um mit ihm als dem Maßstab des Vergleichs die ›heidnische‹ Geschichte zu disqualifizieren. Die kosmisch-theogonische Geschichte beläßt den Mythen und den polytheistischen Religionen ihren Rang als *konstitutive Voraussetzungen* der monotheistischen Religionen, darunter des Christentums. Bereits in der *Philosophie der Kunst* der Würzburger Zeit hat Schelling seine Sicht erläutert, es gehöre »wesentlich zum Christenthum, auf die Offenbarungen des Weltgeistes zu achten, und nicht zu vergessen, daß es zu seinem Plane gehörte, auch *diese* Welt, welche die moderne Mythologie sich gebildet hatte, zu einer Vergangenheit zu machen« (SW V, S. 442). Das Christentum ist eine *historische Erscheinung;* es repräsentiert das Ideal der *Subjektivität;* es ist aber weder der Anfang noch das Ende der Geschichte; in seinen Anfängen ist es »eine bloß einzelne Erscheinung des *allgemeinen* Geistes, der sich bald der ganzen Welt bemächtigen sollte. Nicht das Christenthum hat den Geist der damaligen Jahrhunderte einseitig erschaffen; es war *von* diesem allgemeinen Geist zuerst nur eine Aeußerung« (SW V, S. 424). Die Geschichte, die zu schreiben und zu erklären ist, kann nicht mit der Offenbarung beginnen; sie hat vielmehr die Gründe dafür zu erklären, daß eine Offenbarungsgeschichte möglich werden konnte:

Der wahre Gott, der Gott in seiner Uebernatürlichkeit, kann sich also nur offenbaren, indem er jene Verdunkelung oder jene Verborgenheit durchbricht, in die er für das Bewußtseyn dadurch gesetzt ist, daß in diesem nur die getrennten Potenzen wirken (diese bloß das Aeußere, Natürliche, Exoterische Gottes). Hieraus ist also klar, daß man in der Geschichte der Menschheit nicht gleich mit Offenbarung anfangen kann, wie die, welche alle menschliche Kenntniß und Bildung von Offenbarung herleiten. Erst muß die Verborgenheit erklärt werden. Der ursprüngliche Mensch ist nicht in einem solchen Verhältniß, wo eine Offenbarung nöthig und möglich war. Sein Bewußtseyn ist mit dem göttlichen Seyn selbst verschmolzen; es muß sich also erst entfremdet haben, wenn eine Offenbarung eintreten soll. Dieses dem Gott als solchen, d.h. dem *wahren* Gott, entfremdete Bewußtseyn ist nun eben in der Mythologie gegeben. Diese oder vielmehr das mythologisch afficirte Bewußtseyn *selbst* ist also die Voraussetzung einer möglichen Offenbarung. (SW XIII, S. 187f.)

Die Mythologie ist für Schelling »nicht aus zufälligen, bloß empiri-
schen, Voraussetzungen zu erklären, nicht aus einer zufälligen Ver-
wirrung; sie ist nicht aus Mißverständnissen erwachsen.« Sie hat ihre
Wurzeln in jener »unvordenkliche[n] Tatsache, ohne welche es keine
Geschichte gäbe. Die Geschichte könnte nicht Geschichte sein, hätte nicht der Mensch die Grundlage aufs neue erschüttert.« (UPhO,
S. 238)
   Es ist keine Überschätzung der Leistung seiner geschichtlichen
Philosophie, wenn Schelling in der späten *Philosophie der Offenbarung* beim »Übergang zum Vortrag über Philosophie der Mythologie« hervorhebt, durch diese Lehre »eines unwillkürlichen und
nothwendigen *Processes*, in dem die Mythologie entstanden« ist, sei
»für die Geschichte der Menschheit eine völlig neue Thatsache gewonnen, wodurch jener bis jetzt ganz leere Raum erfüllt wird, bis zu
dem keine Historie hinaufgeht, der Raum der im weitesten Sinne
vorgeschichtlichen Zeit. Wenn gefragt wird, was die Menschheit in
jener Zeit beschäftigt, aus welcher keine sichere Kunde eines äußeren Ereignisses zu uns gekommen, so ist darauf zu antworten: jene
stille vorgeschichtliche Zeit war erfüllt von jenen ungeheuern Er-
schütterungen des menschlichen Gemüths und Bewußtseyns, welche die Göttervorstellungen der Völker erzeugten oder begleiteten«.
(SW XIII, S. 380f.)

7.5 Empirie und Theorie – Die große Tatsache der Welt

Schellings Philosophieren war durch das klare Bewußtsein ausgezeichnet, der Untersuchung von *Prinzipien* müßten – wie es schon
1799 in der *Einleitung zu dem Entwurf eines Systems der Naturphilosophie* heißt – Untersuchungen über den Unterschied zwischen Spekulation und Empirie vorangehen. Denn was

reine Empirie ist, ist nicht Wissenschaft, und umgekehrt, was Wissenschaft
ist, ist nicht Empirie. Dieses soll nicht etwa zur Herabsetzung der Empirie,
sondern dazu gesagt seyn, um sie in ihrem wahren und eigenthümlichen
Lichte darzustellen. Reine Empirie, ihr Objekt sey welches es wolle, ist Geschichte (das absolut Entgegengesetzte der Theorie), und umgekehrt, nur
Geschichte ist Empirie. [...] Der Gegensatz zwischen Empirie und Wissenschaft beruht nun eben darauf, daß jene ihr Objekt im *Seyn* als etwas Ferti-
ges und zu Stande Gebrachtes, die Wissenschaft dagegen das Objekt im
Werden und als ein erst zu Stande zu Bringendes betrachtet. (SW III, S.
282f.)

Die *Propädeutik der Philosophie* (um 1804) hebt das *Humesche Problem* hervor, das auch für die Empirie und Theorie der Geschichte von Bedeutung ist – das Problem der *Induktion:* »es wird gezeigt, daß unter denselben Umständen, solange man noch sie beobachtet habe, immer dasselbe erfolgt sey. Aber dieß ist durchaus keine wahre oder strenge, sondern nur angenommene und nur vergleichungsweise geltende Allgemeinheit. Denn daraus, daß etwas jederzeit bisher beobachtet worden ist, folgt nicht, daß es auch künftig so ohne Ausnahme erfolgen werde.« (SW VI, S. 75)

Will man der ›geschichtlichen Tendenz‹ Schellings gerecht werden, so wird man dem Methodentheoretiker stärker als bisher Aufmerksamkeit schenken müssen. Für ihn gibt es, nicht anders als für Hume und Kant, unumgehbare Voraussetzungen der Wissenschaft in der Erfahrung, wie es andererseits eine ›Theoriegeladenheit‹ empirischer Daten gibt. Erklärt Schelling zu Beginn der 1830er Jahre in seiner *Grundlegung der positiven Philosophie*, diese sei mit dem Empirismus in der »friedlichsten und freundlichsten Übereinstimmung« und erst die positive Philosophie lasse ihm sein Recht widerfahren (GPPh, S. 248), dann ist dies, verglichen mit den verächtlichen Äußerungen etwa Hegels zum Empirismus, keineswegs eine Selbstverständlichkeit. Schelling verteidigt einen »höheren [...] Begriff des Empirismus«:

Denn wenn das Höchste, wozu gewiß nach allgemeiner Uebereinstimmung selbst der bis jetzt anders Denkenden, die Philosophie gelangen kann, eben dieses seyn würde, die Welt als frei Hervorgebrachtes und Erschaffenes zu begreifen, so wäre demnach Philosophie in Ansehung der Hauptsache, die sie erreichen kann, oder sie würde, gerade indem sie ihr höchstes Ziel erreicht, Erfahrungswissenschaft, ich will nicht sagen im formellen, aber doch im materiellen Sinn, nämlich daß ihr Höchstes selbst ein seiner Natur nach Erfahrungsmäßiges wäre. (SW X, S. 199)

Was nun ›höherer Empirismus‹ meint, wird deutlich, wenn Schelling in bezug auf *seinen* Gegenstand betont, er schliesse »auf das Daseyn Gottes stets nur, wie auf die Existenz einer anderen Persönlichkeit, aus empirischen, erfahrungsmäßigen Spuren, Merkmalen, Fußstapfen oder Kennzeichen« und begründe »dadurch jenes wohlthätige *freie* Verhältniß zu Gott, das der Rationalismus aufhebt« (ebd., S. 198). Die ›negative Philosophie‹ war »apriorischer Empirismus« bzw. »Apriorismus des Empirischen, aber eben darum nicht selbst Empirismus«; die ›positive Philosophie‹ hingegen ist »empirischer *Apriorismus*, oder sie ist der Empirismus des Apriorischen, inwiefern sie das Prius *per posterius* als Gott seyend erweist. In Ansehung der *Welt* ist die positive Philosophie Wissenschaft a priori, aber vom absoluten Prius abgeleitete; in Ansehung *Gottes* ist sie Wissenschaft und Erkenntniß a posteriori. Die Erfahrung, welcher die positive Philosophie zugeht, ist nicht nur eine *gewisse,* sondern die gesammte Erfahrung von Anfang bis zu Ende.« (SW XIII, S. 130)

Das Problem, das sich Schelling in der *Grundlegung der positiven Philosophie* – genauer: in der »Darstellung des philosophischen Empirismus« – 1832/33 stellt, formuliert er in der Frage: »Wie geht <nun> der Empirismus [...] von der Erfahrung *aus?* Erfahrung ist <ja> ein höchst weitschichtiger Begriff. Soll die Philosophie, *um zu dem Begriff des höchsten Wesens zu gelangen,* von der Erfahrung in ihrer ganzen Weite ausgehen, wie könnte da Hoffnung sein, einen solchen Weg zurückzulegen? Soll sie von der Tatsache des Bewusstseins ausgehen? Damit würde sie gleich von vornherein die ganze Aussenwelt von ihren Betrachtungen ausschliessen.« (GPPh, S. 272) Mit seiner Antwort reiht sich Schelling in die in den 1830/40er Jahren breite Bewegung *hin zu den Tatsachen* ein, ohne aber der pauschalen Philosophie-Kritik seitens der Wissenschaften Tribut zu zollen (vgl. Kap. 1). So wird es nicht überraschen, ihn als Theoretiker der Geschichte in Distanz zu Hegel und in Nähe zu Droysen zu finden; der Schelling der Ära ›positiver Wissenschaften‹ ist Zeitgenosse von dessen *Historik* (1857); es sind sehr ähnliche Theorie- und Methodenprobleme, denen er sich stellt. Droysen widersetzt sich der »gewöhnliche[n] Meinung von der Geschichte [...] Sachlich hat sie nicht bloß zu tun mit dem, was herkömmlich in den Bereich der Geschichtsschreibung gehört; sondern alles Werden und Sein *menschlicher* Dinge hat ein Moment an sich, das geschichtlicher Natur ist, also wissenschaftlich nur der Historie zusteht, und dies Moment ist das in menschlichen Dingen wichtigste, es ist das wesentlich menschliche.« (Droysen 1977, S. 4; vgl. zur Kritik am späten Schelling ebd., S. 52) Es sind die ›Tatsachen‹, die Schelling im Kontext der Frage nach der Empirie zum Problem werden, und die Antworten Schellings und Droysens könnten sich wechselseitig stellvertreten. Droysen schreibt: »Die Aufgabe der Kritik könnte, wenn sie wirklich die eigentlichen Tatsachen suchen wollte, nur die sein, zu den Willensakten in ihrem unmittelbaren Ausdruck hinabzusteigen. Und diese eigentliche Tatsache würde im sittlichen, d.h. geschichtlichen Bereich genau die Stelle einnehmen, wie die Lehre von der Zelle in den organischen Gebilden.« (Ebd., S. 114)

Für Schelling kann die Philosophie »ihren Stützpunkt nicht in irgendeiner Tatsache, sondern nur in der *grossen Tatsache der Welt* suchen. Die Philosophie kann sich von den anderen Wissenschaften nur dadurch unterscheiden, dass sie die *Tatsache der Welt* findet. Aber was ist daran die *eigentliche* Tatsache? Offenbar nicht ein Äusserliches. [...] Die wahre Tatsache ist überhaupt nur jederzeit etwas Innerliches.« (GPPh, S. 272) Unter dieser ›Tatsache‹ versteht er, daß die »*Genesis der ganzen Natur* [...] *auf einem Übergewicht [beruht], welches fortschrittweise dem Subjektiven über das Objektive bis zu dem Punkt gegeben ist, wo das Objektive selbst zum Subjektiven geworden ist im menschlichen Bewusstsein.*« Hielte man sich allein an das Faktische, so müßte »man bemerken, dass der Process <mit der Natur schon irgendwie> vollendet und geschlossen ist. Erhebt sich über die Natur gleichwohl eine zweite Welt, so ist dies eine Überhebung des schon in der Natur *überwundenen* Objektiven. Der allgemeine *Weltprocess* beruht <so> auf einem Fortschreiten und endlichen *Sieg des Subjektiven über das Objektive.* Wir verlangen aber für die<se> Tatsache einen allgemeingültigen Ausdruck, wie sie eine *von vorn anfangende* Philosophie darstellen würde, also ohne etwas vorauszusetzen.« (Ebd., S. 275)

Der »gereinigte Empirismus« kann sich auf F. Bacon beziehen, »den gedankenlose, handwerksmäßige Empiriker umsonst als ihren Schutzherrn anrufen«. Der ›wahre Empirismus‹ schließt nichts aus, »was in der Natur, was in der großen Geschichte des Menschengeschlechts und seiner Entwicklungen vorliegt«, wie der ›wahre Rationalismus‹ »ebensowohl die gesammte Natur wie die großen Thatsachen der Geschichte umfaßt« (SW XIII, S. 111ff.).

In allen seinen Reflexionen zur *historischen Methode* hat Schelling an seiner frühen Unterscheidung der »verschiedenen Standpunkte, auf welchen Historie gedacht werden könnte«, im wesentlichen festgehalten:

Der höchste [...] ist der religiöse oder derjenige, in welchem die ganze Geschichte als Werk der Vorsehung begriffen wird. Daß dieser nicht in der Historie als solcher geltend gemacht werden könne, folgt daraus, daß er von dem philosophischen nicht wesentlich verschieden ist. Es versteht sich, daß ich hiemit weder die religiöse noch die philosophische Construktion der Geschichte leugne; allein jene gehört der Theologie, diese der Philosophie an, und ist von der Historie als solcher nothwendig verschieden. Der entgegengesetzte Standpunkt des Absoluten ist der empirische, welcher wieder zwei Seiten hat. Die der reinen Aufnahme und Ausmittlung des Geschehenen, welche Sache des Geschichtforschers ist, der von dem Historiker als solchen nur eine Seite repräsentirt. Die der Verbindung des empirischen Stoffs nach einer Verstandes-Identität, oder, weil die letztere nicht in den Begebenheiten an und für sich selbst liegen kann, indem diese empirisch viel mehr zufällig und nicht harmonisch erscheinen, der Anordnung nach einem durch das Subjekt entworfenen Zweck, der insofern didaktisch oder politisch ist. Diese Behandlung der Geschichte, in ganz bestimmter, nicht allgemeiner Absicht, ist, was, der von den Alten festgesetzten Bedeutung zufolge, die pragmatische heißt. [...]

Auch die wahre Historie beruht auf einer Synthesis des Gegebenen und Wirklichen mit dem Idealen, aber nicht durch Philosophie, da diese die Wirklichkeit vielmehr aufhebt und ganz ideal ist, Historie aber ganz in jener und doch zugleich ideal seyn soll. Dieses ist nirgends als in der Kunst möglich, welche das Wirkliche ganz bestehen läßt, wie die Bühne reale Begebenheiten oder Geschichten, aber in einer Vollendung und Einheit darstellt, wodurch sie Ausdruck der höchsten Ideen werden. Die Kunst also ist es, wodurch die Historie, indem sie Wissenschaft des Wirklichen als solchen ist, zugleich über dasselbe auf das höhere Gebiet des Idealen erhoben wird, auf dem die Wissenschaft steht; und der dritte und absolute Standpunkt der Historie ist demnach der der historischen Kunst. (SW V, S. 307-310)

Literatur

H.M. Baumgartner: »Vernunft im Übergang zu Geschichte. Bemerkungen zur Entwicklung von Schellings Philosophie als Geschichtsphilosophie«. In: Hasler, L. (Hrsg.): *Schelling. Seine Bedeutung für eine Philosophie der Natur und der Geschichte. Referate und Kolloquien der Internationalen Schelling-Tagung Zürich 1979*. Stuttgart 1981, S. 175-192.

P.C. Hayner: *Reason and Existence. Schelling's Philosophy of History*. Leiden 1969.

W.G. Jacobs: *Gottesbegriff und Geschichtsphilosophie in der Sicht Schellings*. Stuttgart-Bad Cannstatt 1993.

L. Knatz: »Schellings Welt der Geschichte«. In: Sandkühler (Hrsg.) 1996, S. 45-58.

W. Marx: *Schelling. Geschichte, System, Freiheit*. Freiburg 1977.

H.J. Sandkühler (Hrsg.): *Weltalter – Schelling im Kontext der Geschichtsphilosophie*. Hamburg 1996 [*Dialektik 1996/2*].

8. Die Philosophie der Mythologie

8.1 Vorbemerkung

Eine Philosophie der Mythologie – ein Widerspruch in sich? Die Philosophie scheint nämlich seit ihren frühesten Anfängen gerade im Ausschluß des Mythischen die Bedingung ihrer Existenz zu haben. Insofern scheint die Diskussion um das Problem des Mythos und der Mythologie originär in Wissenschaften wie der Ethnologie, Philologie, Psychologie und Psychoanalyse beheimatet zu sein. Dabei wird übersehen, daß Mythologie nicht erst seit Hans Blumenbergs *Arbeit am Mythos* (1979) Teil auch der Philosophie ist. Blumenbergs Werk ist einzuordnen in die lange Reihe von Versuchen, den Mythos diskursiv zu reflektieren. Prominente Beispiele für diese Tendenz sind Platons Mythen und die unterschiedlichen Formen der Mythenallegorese in der Philosophie des Neuplatonismus und der Renaissance. Konträr zu allen diesen Versuchen verhält sich ein Werk, das innerhalb der Philosophie zum ersten Mal dem Mythos eine eigentümliche Realität zuerkennt und diese zum Anlaß für eine Revision des Vernunftbegriffs und damit der Verfassung der Philosophie insgesamt nimmt: Schellings *Philosophie der Mythologie*. Im folgenden werde ich in vier Teilen Grundlinien dieses Werkes skizzieren. Der erste Teil thematisiert die Textüberlieferung; der zweite bestimmt den systematischen Ort der *Philosophie der Mythologie* in Schellings Denken; der dritte erörtert Grundzüge ihres Inhalts; der vierte widmet sich Aspekten ihrer Rezeption.

8.2 Textüberlieferung

Schellings *Philosophie der Mythologie* wurde 1856/57 von seinem Sohn K.F.A. Schelling in zwei Bänden aus dem Nachlaß herausgegeben. Sie beruht auf Vorlesungen, die Schelling im Sommersemester 1821 in Erlangen begonnen, ab 1828 in München und ab 1842 in Berlin wiederholt gehalten hat, und umfaßt folgende in sich geschlossene Abhandlungen:

1. *Historisch-kritische Einleitung in die Philosophie der Mythologie* (SW XI, S. 1-252);
2. *Philosophische Einleitung in die Philosophie der Mythologie oder Darstellung der reinrationalen Philosophie* (SW XI, S. 253-572);

3. *Der Monotheismus* (SW XII, S. 1-131);
4. *Die Mythologie* (SW XII, S. 133-674).

Die genannten Abhandlungen sind nicht datiert, spiegeln aber im wesentlichen den Reflexionsstand wider, den Schellings Überlegungen in Berlin erreicht hatten; dies gilt insbesondere für die unter 2. genannte Abhandlung. Außerdem ist hinzuweisen auf sechs Nachschriften der Vorlesungen über *Philosophie der Mythologie*:

1. La Philosophie de la Mythologie de Schelling. D'après Ch. Secrétan (Munich 1835-36) et H.-F. Amiel (Berlin 1845-46). Publiée et annotée par L. Pareyson et M. Pagano (Philosophica varia inedita vel rariora 7). Milano 1991;
2. F.W.J. Schelling: Philosophie der Mythologie. Nachschrift der letzten Münchener Vorlesungen 1841. Mit einer Einleitung von W.E. Ehrhardt hg. v. A. Roser u. H. Schulten. Stuttgart-Bad Cannstatt 1996;
3. F.W.J. Schelling: Philosophie der Mythologie in drei Vorlesungsnachschriften 1837/1842. Hrsg. v. K. Vieweg u. Chr. Danz unter Mitarbeit v. G. Apostolopoulou. München 1996.

Daneben wird die Urfassung der *Philosophie der Mythologie* von 1828 und 1828/29 in einer Nachschrift von Ernst von Lasaulx zur Publikation vorbereitet. Bis zum Vorliegen der Edition vgl. einstweilen die bereits publizierte Zusammenfassung der Vorlesungen durch Lasaulx. (Peetz 1989, S. 348-354)

8.3 Systematischer Ort

8.3.1 Vernunft und Einbildungskraft

»Die Beschäftigung mit der Mythologie zieht sich durch Schellings sämtliche Werke hindurch. Sie ist in den theologischen Jugendschriften der erste und in der Philosophie der Mythologie und Offenbarung der letzte Gegenstand seiner Studien«. (Allwohn 1927, S. 23)

Gerade weil Schelling sich immer wieder mit dem Phänomen der Mythologie auseinandersetzt, ist das letzte Ergebnis dieser Auseinandersetzung, seine *Philosophie der Mythologie*, wie kein anderer Teil seiner Philosophie geeignet, sowohl Schellings Denkentwicklung im ganzen wie die in der Weltalter-Phase (1811-1827) sich vollziehende grundlegende Wende seines Denkens im besonderen zu verdeutlichen. Sie läßt sich zu der folgenden These zuspitzen: Schellings *Philosophie der Mythologie* ist das Ergebnis einer Inversion des Konzepts einer Mythologie der Vernunft in das einer Vernunft der Mythologie (dazu Peetz 1995, S. 230ff. u. 311).

Die These läßt sich anhand folgender Werke erläutern, auf die ich in der Reihenfolge ihrer Entstehung eingehen werde: *Antiquissimi de prima malorum humanorum origine philosophematis genes. III explicandi tentamen criticum et philosophicum* (1792); *Ueber Mythen, historische Sagen und Philosopheme der ältesten Welt* (1793); *Philosophie der Kunst* (1802/03); *Die Weltalter* – Druck I (1811); *Ueber die Gottheiten von Samothrace* (1815); *Philosophie der Mythologie.*

Schellings erste, im Zusammenhang mit seinen theologischen Studien am Tübinger Stift entstandene Deutung des Mythos ist *rationalistisch.* In seiner Magisterdissertation von 1792 versucht er den Nachweis zu erbringen, daß es sich bei der Sündenfallerzählung (Gen. 3) um ein Philosophem in der Form eines Mythos handle. Mit ihm parallelisiert er inhaltlich verwandte Mythen der ältesten Völker, insbesondere die Prometheus- und Pandoraerzählung. Die in dieser Arbeit noch fehlende Bestimmung des Begriffs Mythos reicht Schelling in seinem 1793 erschienenen Aufsatz »Ueber Mythen, historische Sagen und Philosopheme der ältesten Welt« nach. Der Mythenaufsatz ist eine abrißartige Darstellung der historisch-rationalistischen Mythentheorie des klassischen Philologen Christian Gottlob Heyne. Mythos ist für Heyne die der Kindheit des Menschengeschlechts eigentümliche Sprachform, in der sich eine auf die Stufe der Einbildungskraft eingeschränkte Tätigkeit des Geistes dokumentiert. Heyne unterscheidet – worauf Schelling im Titel seines Aufsatzes Bezug nimmt – zwei Typen von Mythen, den historischen und den philosophischen Mythos. Der historische Mythos ist eine bildhafte Erzählung, die von wirklichen Ereignissen berichtet; der philosophische Mythos ist eine bildhafte Erzählung, die Wahrheit beanspruchende Lehren mitteilt. Die von Schelling untersuchte Sündenfallerzählung repräsentiert den Typ des philosophischen Mythos. Da dieser wie sein historisches Pendant mündlicher Überlieferung entstammt und sich nur innerhalb der Grenzen der Einbildungskraft bewegen kann, muß sein Sinn jeweils durch gesonderte Kritik erhoben und in die Begriffssprache der Vernunft übersetzt werden. Beide Typen können sich im Einzelfall überschneiden (vgl. hierzu Jacobs 1993, S. 37-53). Im Blick auf die weitere Entwicklung von Schellings Mythologiekonzept wird vor allem der Zusammenhang von Vernunft und Einbildungskraft wichtig.

Dieser Zusammenhang bestimmt die zweite Phase von Schellings Auseinandersetzung mit dem Phänomen des Mythos, beginnend mit der *Philosophie der Kunst* (1802/03). Anders als im Mythenaufsatz deutet Schelling den Mythos hier *ästhetisch.* Konzeptuell knüpft er damit nicht mehr an Heyne, sondern deutlich an das sog. *Älteste Systemprogramm des deutschen Idealismus* an. Dessen Verfasser (möglicherweise Schelling selbst) fordert für das gegenwärtige Bewußtsein, das er durch eine Entfremdung von Vernunft und Einbildungskraft gekennzeichnet sieht, eine neue Mythologie. Aus der Feststellung, daß die Philosophie des Geistes eine ästhetische Philosophie sei, leitet er die Forderung einer »Mythologie der Vernunft« ab, die ihrerseits »im Dienste der Ideen« stehen soll. Mythologie erhält den Charakter didaktischer Poesie, welche die Aufgabe hat, Philosophie »mythologisch«, d.h. sinnlich zu machen. Schellings *Philosophie der Kunst* ist die Anwendung dieses Konzepts. In enger Anlehnung an die *Götterlehre* von Karl Philipp Moritz begreift er Mythologie als ein freies Produkt der Einbildungskraft, dem ästhetische Autonomie zukommt. Mythologie sei »die nothwendige Bedingung und der erste Stoff aller Kunst« (SW V, S. 405). Indem in ihr die Ideen als Götter real angeschaut werden, bildet sie in gegenbildliche Realität ein, was Philosophie in urbildlicher Idealität erkennt. Mythologie ist für Schelling in diesem Stadium seines Denkens das Produkt einer ihre Produktion an Ideen orientierenden und sich damit einer von ihr geschiedenen Vernunft unterwerfenden Einbildungskraft (vgl. Barth 1991). Als »das Ganze der Götterdichtungen« (SW V, S. 405) ist sie mit Poesie identisch. Schelling gibt hiermit eine rein ästhetische Wesensbestimmung der Mythologie, die aus zwei Gründen problematisch bleiben muß: Erstens erweist sich seine Antwort auf die Frage nach der Entstehung der Mythologie als klärungsbedürftig. Denn einerseits soll Mythologie das Werk eines Geschlechts sein, »das Individuum wie Ein Mensch ist« (SW V, S. 414), auf der anderen Seite soll umgekehrt eben diese Einheit des Geschlechts durch die Kunst erst ermöglicht sein (vgl. SW V, S. 415). Zweitens bleibt die religiöse Dimension der Mythologie unberücksichtigt (hierzu Hennigfeld 1973, S. 81ff.).

Der zweite Text, in dem Schelling – wenn auch implizit – das Konzept einer Mythologie der Vernunft fortschreibt, ist der erste *Weltalter*-Entwurf von 1811. In dessen Einleitung fordert er eine auf dialektisch-reflexivem Weg zu vollziehende Ermittlung des ersten Prinzips, des »Urlebendigen«, als Vorbereitung für eine künftige Weltalter-Erzählung, die sich am Modell des Platonischen Mythos orientieren soll (hierzu vgl. Peetz 1996). Fluchtpunkt ist eine philosophische Mythologie; die Identität von Mythologie und Poesie bleibt unangetastet.

8.3.2 Die Entdeckung der Positivität

Von diesem Mythologieverständnis rückt Schelling in seinem als
Beilage zu den Weltaltern charakterisierten Akademievortrag *Ueber
die Gottheiten von Samothrake* (1815) zum ersten Mal deutlich ab; er
markiert damit den Beginn der dritten Phase von Schellings Auseinandersetzung mit dem Phänomen des Mythos. Schelling deutet ihn
nunmehr *religiös*. Zwei Aspekte sind hierfür wesentlich:

1. Die These der Identität von Mythologie und Poesie wird zwar
   noch aufrechterhalten, zugleich aber deutlich abgeschwächt dadurch, daß Mythologie auf faktisch bestehende Religion bezogen
   wird. Dies in dem Sinn, daß sie nunmehr die subjektiv-poetische
   Auflösung des objektiv-religiösen Bandes sein soll, »wodurch die
   vielen Götter Ein Gott sind« (SW VIII, S. 363). Dieses durch
   die Mythologie verspielte monotheistische Band soll durch den
   »Ernst der Geheimlehren« (ebd.) wiederhergestellt werden.
2. Mit der Entdeckung der religiösen Dimension der Mythologie
   bahnt sich bei Schelling zugleich ein Wandel seines Philosophie-
   verständisses an, der in der Abhandlung selbst als Methoden-
   wechsel greifbar wird. Ihre Hauptthese, die urkundlich bekannten samothrakischen Gottheiten bildeten eine »von unten wie
   Zahlen aufsteigende Reihe« (SW VIII, S. 359), wird nämlich
   nicht apriorisch, sondern historisch auf der Grundlage umfangreichen, in einem gesonderten Anmerkungsapparat unterge-
   brachten religionsgeschichtlichen und philologischen Materials
   entwickelt; sie soll auf diese Weise Schellings Potenzenlehre auf
   historischem Feld verankern und zudem im Fokus des Ceres-My-
   thos die Anwendbarkeit von Schellings Naturphilosophie auf den
   Bereich der Mythologie dokumentieren. Schellings späte Bemerkung »Was uns (Idealisten) die Natur, ist dem Griechen die eigne
   Götterwelt, bewußtlos ihnen entstanden, wie uns die Natur«
   (SW XI, S. 482) hat bereits hier Gültigkeit.

Mit der Samothrake-Abhandlung wird nicht nur die seit der *Philosophie der Kunst* behauptete Identität von Mythologie und Poesie, sondern zugleich auch die bisherige Form der Schellingschen Philosophie insgesamt brüchig. Die Abhandlung ist das erste Dokument
dafür, daß Schellings Philosophie sich aufgrund ihrer Konfrontation
mit der religiösen Dimension der Mythologie in der Weise wandelt,
daß für sie fortan die Erkenntnis ihres Gegenstandes erst dann vollständig ist, wenn sie auch dessen geschichtliche Dimension in sich
zu integrieren vermag. Dies zeigt seine Nachschrift zur Abhandlung,
in der es heißt, diese sei der »Anfang und Uebergang zu mehreren

andern, deren Absicht ist, das eigentliche Ursystem der Menschheit, nach wissenschaftlicher Entwickelung, wo möglich auf geschichtlichem Weg, aus langer Verdunkelung ans Licht zu bringen. Denn untrennlich von Geschichte ist die bis zu einem gewissen Punkt gelangte Wissenschaft und fast nothwendig der Uebergang der einen in die andere« (SW VIII, S. 423).

Die angekündigten Abhandlungen hat Schelling nicht geschrieben. Aber das ist nicht der Grund, weswegen die Bemerkung aus der Nachschrift wichtig ist. Sie ist es vielmehr deswegen, weil sich an ihr das Motiv für den Wandel von Schellings Mythologieverständnis ablesen läßt: Schelling argumentiert gegen *Hegel*. Es geht ihm um die Konzeption einer Philosophie, die der Wirklichkeit nicht Vernunft vorschreibt, sondern umgekehrt in der Begegnung mit der Wirklichkeit selbst Vernunft annimmt. Jetzt gewinnt die schon in seinem frühen Mythenaufsatz festgestellte, für den Mythos konstitutive Rückbindung der in ihm enthaltenen Lehre an Geschichte (vgl. S. 152) systematische Relevanz. Die Deutung des Mythos als Sediment realer religiöser Erfahrung führt Schelling zu einem neuen Begriff von *Positivität*, mit dem er der Sache nach Hegels logische Aufhebung der Religion in der Idee ähnlich unterläuft wie vorher in seiner Naturphilosophie Fichtes logische Vereinnahmung der Natur durch das Subjekt.

Die wichtigste Konsequenz aus diesem Begriff ist eine veränderte Bestimmung des Verhältnisses von Denken und Sein. Sein ist kein Implikat des Denkens, sondern dessen unvordenkliche Voraussetzung. Denken bezieht sich auf Sein, ist aber nicht mit ihm identisch: Sein ist mehr als Denken. Auf das Problem der Mythologie bezogen, bedeutet dies: Mythologie ist kein Produkt autonom-reflexiver Subjektivität, sondern hat einen Grund, der sich deren Verfügbarkeit entzieht. Infolge dieser Einsicht kann es Schelling nicht mehr darum gehen, eine neue Mythologie zu entwerfen, welche die Ideen der Philosophie lehrend veranschaulicht, sondern umgekehrt darum, diese Ideen in der alten, bereits existierenden Mythologie als solche zu identifizieren und sie damit als historisch wirksam zu erweisen. Die Vernunft muß nicht mythologisch werden, weil die Mythologie selbst bereits vernünftig ist; gerade sie ist es, die die Vernunft zu sich bringt. Damit aber hat Schelling das Konzept einer Mythologie der Vernunft (als deren Spätform er Hegels *Wissenschaft der Logik* betrachtete) in das Konzept einer Vernunft der Mythologie umgekehrt.

8.3.3 Negative und positive Philosophie

Die Umsetzung dieses Konzepts ist die *Philosophie der Mythologie*. Schelling skizzierte sie erstmals in seiner Erlanger Vorlesung vom Sommersemester 1821, beabsichtigte auch, sie bei Cotta als Buch zu veröffentlichen – wozu es aber nicht kam – , trug sie dann in entwickelter Form in München ab 1828 und schließlich in Berlin ab 1842 wiederholt vor. Vor dem Hintergrund der dargelegten Entwicklung erscheint Schellings Bestimmung ihres systematischen Ortes, auf die nun einzugehen ist, folgerichtig. Die *Philosophie der Mythologie* ist Teil der von ihm sog. *geschichtlichen* oder *positiven Philosophie*. Sie ist damit in den Rahmen der für seine Spätphilosophie ab 1827 grundlegenden Unterscheidung von negativer und positiver Philosophie einzuordnen, wobei in systematischer Perspektive in München die positive, in Berlin die negative Philosophie stärker differenziert wird.

In der programmatischen Münchener Vorlesung *System der Weltalter* von 1827/28 stellt er die *positive Philosophie* der bisherigen, von ihm sog. *negativen Philosophie* an die Seite, ohne diese deswegen außer Kraft setzen zu wollen. Den Grund für die Notwendigkeit einer Erweiterung der Philosophie sieht er in einem Kapazitätsdefizit der negativen Philosophie hinsichtlich ihres Prinzips, welches sich im sog. ontologischen Argument kondensiert. Wenn diesem zufolge die Existenz Gottes als notwendiges Implikat seines Begriffs verstanden und somit rein logisch hergeleitet wird, so vermag eine solche Logik die schöpferische Wirklichkeit Gottes, wie sie sich historisch in heidnischer Mythologie und christlicher Offenbarung be(ur)kundet, bei weitem nicht adäquat zu erkennen. Insbesondere ist die Existenz eines persönlichen Schöpfergottes, wie sie sich in der christlichen Gotteserfahrung dokumentiert, auf logischem Weg nicht zu beweisen. Die positive Philosophie versucht diesem Defizit dadurch zu begegnen, daß sie diesen Beweis nicht logisch, also auf dem Weg eines apriorischen Beweises, sondern historisch führt, indem sie erweist, wie Gott real in den geschichtlichen Gestalten der Religion Gegenstand des Bewußtseins wird. Hieraus folgt eine Änderung der Stellung, nicht aber eine Aufhebung der negativen Philosophie. Vielmehr muß von der negativen zur positiven Philosophie in der Weise übergegangen werden, daß die logische Philosophie durch eine geschichtliche Philosophie ergänzt wird und in ihr die Funktion rationaler Rechtfertigung übernimmt (hierzu vgl. Peetz 1990 und 1995).

In der Berliner *Philosophische[n] Einleitung in die Philosophie der Mythologie oder Darstellung der reinrationalen Philosophie* (hierzu vgl.

Franz 1992) werden die beiden Typen der Philosophie von Schelling
in Form einer Zwei-Wege-Theorie integriert und verselbständigt zugleich: Ziel der negativen Philosophie ist die Gewinnung des ersten
Prinzips auf logischem Weg, Ziel der positiven Philosophie ist die
Realisierung des ersten Prinzips auf historisch-praktischem Weg.
Näherhin differenziert Schelling die negative bzw. *reinrationale* Philosophie in das *reine Denken* und die *erste Wissenschaft*: Aufgabe des
reinen Denkens ist es, zu dem ersten Prinzip im Ausgang vom Endlichen durch Dialektik aufzusteigen; methodisches Vorbild ist Platons Verfahren hypothetischer Dialektik, wie es im Liniengleichnis
der *Politeia* und im *Phaidon* entwickelt ist. Aufgabe der ersten Wissenschaft ist es, die Implikate des ersten Prinzips zu entfalten, also
all das, was als Folge dieses Prinzips theoretisch denkbar ist und damit als möglich vorgestellt werden kann. Als Paradigma einer solchen apriorischen ersten Wissenschaft betrachtet Schelling offenbar
sein zwischen 1801 und 1804 ausgebildetes Identitätssystem. Führt
die negative Philosophie auf diese Weise zum ersten Prinzip hin, so
geht demgegenüber die positive Philosophie als *höchste Wissenschaft*
vom ersten Prinzip aus und sucht dieses dadurch als wirklich zu erweisen, daß sie die historischen Formen des Gottesbewußtseins auf
die entsprechenden apriorischen Formen der Vernunftwissenschaft
bezieht und sie als Potenzen, d.h. als realisierte Möglichkeiten dieses
Prinzips identifiziert.

Schelling unterscheidet drei Potenzen bzw. Stadien der Entwicklung des Gottesbewußtseins: heidnische Mythologie, christliche Offenbarung und die von ihm mit der positiven Philosophie identifi-
zierte *philosophische Religion*, welche Mythologie und Offenbarung
philosophisch begreift, ohne deren historische Eigenständigkeit bzw.
Positivität in Frage stellen zu wollen. Anders als für Hegel hebt für
Schelling die Philosophie die Religion im Begriff nicht auf, sondern
klärt deren Selbstverständnis. Die religiöse Erfahrung bedarf der
philosophischen Erhellung, ohne daß damit die eine durch die andere ersetzbar würde.

Die Mythologie betrachtet Schelling als die erste Form der geschichtlichen Entwicklung des Gottesbewußtseins, die über sich
selbst hinausführt; dementsprechend ist seine *Philosophie der Mythologie* adäquat erst dann verstanden, wenn man sie als den ersten Teil
der positiven Philosophie versteht, der sich mit deren zweitem Teil,
der *Philosophie der Offenbarung*, zu einem Ganzen zusammen-
schließt.

Nach der Skizzierung des systematischen Orts der *Philosophie der
Mythologie* im Kontext von Schellings Spätphilosophie sind nun die
materialen Aspekte seines Mythologiekonzepts zu erörtern.

8.4 Grundzüge

8.4.1 Das Verhältnis der Mythologie zu Wahrheit und Sprache

Für Schellings Mythologiekonzept in materialer Hinsicht wichtig sind die *Historisch-kritische Einleitung in die Philosophie der Mythologie* (SW XI, S. 1-252) sowie die Abhandlung »Der Monotheismus«. (SW XII, S. 1-131)

Die *Historisch-kritische Einleitung* ist in zweifacher Hinsicht aufschlußreich: Einmal werden in ihr die konstellativen Komponenten von Schellings Mythologiekonzept greifbar; zum anderen gewinnt gerade im Fokus der Bestimmung des Mythos sein neuer Begriff der Positivität Kontur. Folgende Aspekte sind hierfür wesentlich:

1. Der Mythos ist *autopoietisch*. Er ist nicht ideale Götterdichtung und damit nicht das Produkt poetischer Subjektivität, sondern Vollzug autopoietischer Objektivität. Er ist nicht gemacht, sondern erzeugt sich selbst. Indem er sich selbst erzeugt, ist er Ursache seiner selbst (*causa sui*) und hat damit die Struktur eines Organismus.

2. Der Mythos ist *wahr*. Weil er organisch verfaßt, also Ursache seiner selbst ist, ist er vollkommene Selbstübereinstimmung.

3. Der Mythos ist *tautegorisch* (ein Ausdruck, den Schelling von Coleridge entlehnt). Weil seine Wahrheit nicht – allegorisch – außerhalb seiner, sondern in ihm selbst liegt, bedeutet er auch nichts anderes, sondern dasselbe, nämlich sich selbst.

Der in den vorstehenden Thesen facettierte Begriff von Positivität kommt in der »Historisch-kritischen Einleitung« zur Entfaltung. Schelling destruiert auf dem Weg einer kritisch-dialektischen Erörterung alle subjektivistischen Erklärungsweisen der Realität des Mythos.

Hierzu gehört einmal die *poetische* Erklärungsweise von Karl Philipp Moritz, an den Schelling sich in seiner *Philosophie der Kunst* noch eng angelehnt hatte. Hierzu gehört zum anderen die *allegorisch-doktrinelle* Erklärungsweise. Mit ihren diversen Varianten setzt Schelling sich besonders ausführlich auseinander.

Als erste Variante der allegorisch-doktrinellen Erklärungsweise erörtert er die historische, welche von den mythologischen Göttern entweder behauptet, sie seien nur zu Göttern erhöhte Menschen, oder aber sagt, sie seien poetische Personifikationen unpersönlicher Gegenstände. Als zweite Variante erörtert er die moralische, die in ihnen lediglich »Symbole sittlicher Begriffe« (SW XI, S. 28) sieht. Drittens schließlich die physikalische Variante, die Schelling wegen der Beziehung der Mythologie auf Natur besonders interessiert. Deren Vertreter sind die klassischen Philologen Christian Gottlob Heyne und Gottfried Hermann. Heyne sieht in der Mythologie eine allegorisch verkleidete Geschichte der Natur; Inhalt der Mythologie sind daher Philosopheme über die Weltbildung, von Philosophen zum Zweck der Aufklärung breiter Schichten vorgetragen. Götternamen bedeuten also etwas anderes, als sie sagen. Sie sind Personifikationen natürlicher und historischer Inhalte (vgl. hierfür bereits Schellings oben skizzierten Mythenaufsatz von 1793). Dieselbe Perspektive liegt auch der Mythendeutung von Hermann zugrunde, nur daß dieser über Heyne noch hinausgehend nicht nur die Bedeutung, sondern auch die Etymologie von Götternamen auf Natur bezieht, indem er in ihnen Prädikate von Naturkräften festzumachen sucht. So bedeute etwa Okeanos »der Schnelläufer«, d.h. »das über alles sich verbreitende und alle Tiefen erfüllende Wasser« (SW XI, S. 39).

Schelling bestreitet nicht, daß solche Forschungen im Einzelfall durchaus von Nutzen sein können, und er hebt verschiedentlich die Verdienste beider Forscher hervor. Was er an deren allegorischer Erklärungsweise ebenso wie an der poetischen Erklärungsweise eines Karl Philipp Moritz jedoch kritisiert, ist etwas anderes: Die Vertreter beider Erklärungsweisen entfalten das Problem im *Horizont der Subjektivität*. Denn sie begreifen die Mythologie generell als *Produkt der Phantasie*. Diese Hypothese schließt aber die Annahme einzelner Dichter oder Philosophen als Urheber der Mythologie ein – eine Annahme, die für Schelling deswegen inakzeptabel ist, weil sie, wie vor ihm schon Herder gesehen hatte, nicht ausreicht, um die faktische Herrschaft und ungeheure Gewalt zu erklären, die die Mythologie über das Bewußtsein ganzer Völker nachweislich ausgeübt hat. Ihre Entstehung verlangt daher nach einer Erklärung, die dieser eigentümlichen Realität gerecht zu werden vermag.

Philosophisch gesehen, bedeutet dies nichts anderes, als daß die dem Mythos eigentümliche *Positivität* es erforderlich macht, die Grenzen der Subjektivität zu überschreiten. Schelling realisiert diese Horizonterweiterung der Philosophie in der Weise, daß er die Entstehung der Mythologie mit der Entstehung der *Sprache* verknüpft. Wie die Sprache ist die Mythologie der Grund, aus dem Poesie und Philosophie gleichursprünglich hervorgehen: Beide sind in der Mythologie noch »aneinander gebunden«, und deswegen »kann eigentlich keine frei wirken: die Mythologie wäre also ein Erzeugniß an sich freier, hier aber unfrei wirkender Thätigkeiten, also wie das Organische eine Geburt von frei-nothwendiger Entstehung, und inwiefern das Wort Erfindung noch anwendbar ist, einer unabsichtlich-

absichtlichen instinktartigen Erfindung« (SW XI, S. 53). Wie die
Sprache ist die Mythologie »nicht überhaupt nur ein *natürliches*,
sondern ein organisches Erzeugniß« (SW XI, S. 53). Das bedeutet:
Sie hat nicht nur eine autopoietische Struktur (womit die Antwort
auf die in der *Philosophie der Kunst* offengebliebene Frage nach ihrer
Entstehung gegeben ist); aufgrund ihrer organischen Verfassung stehen ihre Teile untereinander auch in einem objektiv-notwendigen,
genetischen Zusammenhang und haben insofern *Wahrheitsrelevanz*.
Wahrheit aber wiederum bestimmt sich von diesem Fundament her
notwendig als geschichtliches Werden. Im Kontext der positiven
Philosophie erscheint die für Wahrheit konstitutive Selbstübereinstimmung folglich als Selbsterzeugung (vgl. oben die Thesen 1 und
2). Daraus ergibt sich für die Mythologie unmittelbar, daß sie nicht
allegorisch auf etwas anderes außer sich als ihre Wahrheit verweist,
sondern tautegorisch auf sich selbst als dasselbe (vgl. These 3).

Was die skizzierte Selbstgenerierung der Mythologie betrifft, so
ist sie für Schelling nicht nur mit der Entstehung der Sprache verknüpft – die Sprache bezeichnet er en passant als »verblichene Mythologie« (SW XI, S. 52) –, sondern zugleich mit der Entstehung eines Volkes. Denn dieses konstituiert sich nicht primär durch geogra-
phische oder biologische Faktoren, sondern durch ein gemeinschaftliches Bewußtsein, das sich in einer gemeinsamen Sprache manife-
stiert. Mythologie-, Sprach- und Völkerentstehung bilden also einen
Zusammenhang gleichursprünglicher Momente.

8.4.2 Mythologie als Naturgeschichte des Bewußtseins

Doch mit diesem Ergebnis ist das Problem der Mythologie als ganzes noch nicht gelöst. Zu erklären bleibt, weshalb ungeachtet ihrer
Vielfalt die mythischen Vorstellungen der verschiedenen Völker eine
parallele Verlaufsstruktur zeigen. Diesen Tatbestand hatte insbesondere Friedrich Creuzer in seinem 1810-1812 erschienenen Werk
Symbolik und Mythologie der alten Völker, besonders der Griechen er-
mittelt und ihn mit der Hypothese erklärt, daß der mythische Polytheismus die Entstellung einer der ganzen Menschheit zuteil gewordenen Uroffenbarung sei. Inhaltlich gesehen, ist Schellings Mythologiekonzept das Ergebnis einer Auseinandersetzung mit Creuzers
Hypothese im Fokus einer Bestimmung des Begriffs ›mythischer Polytheismus‹. Er stimmt mit Creuzer darin überein, daß der Polytheismus die Völkertrennung erzeugt; daß folglich die dieser Trennung
voraufgehende Einheit der Völker ihren Grund in dem Bewußtsein
der Einheit Gottes gehabt haben muß; daß deswegen als Vorausset-

zung des Polytheismus ein Monotheismus anzunehmen ist. Anders
als Creuzer weist Schelling aber darauf hin, daß dessen Zusatzan-
nahme, dieser anfängliche Monotheismus sei ein geoffenbarter, deswegen problematisch bleiben muß, weil zwei Arten des Polytheismus denkbar sind, aus denen sich unterschiedliche Konsequenzen
ergeben.

Die erste Art ist der *simultane* Polytheismus, demzufolge Göttervielheit in dem Sinn verstanden wird, daß die vielen Götter einem
höchsten Gott gemeinschaftlich unterworfen sind wie z.B. die Götter der griechischen Mythologie dem Zeus. Polytheismus der ersten
Art ist also »durch das bloße Auseinandergehen einer ursprünglichen Einheit« (SW XI, S. 122) charakterisiert. Wichtig ist, daß diese selbst unbeschadet der ihr untergeordneten Vielheit bestehen
bleibt.

Die zweite Art ist der *sukzessive* Polytheismus. In ihm ist die
Göttervielheit eine Vielgötterei, die dadurch entsteht, daß »*mehrere
höchste* und so weit sich gleiche Götter aufeinander folgen, die nicht
wieder in eine höhere Einheit sich auflösen können« (SW XI, S.
121). Der wesentliche Unterschied zwischen beiden Arten besteht
darin, daß im sukzessiven Polytheismus die göttliche Einheit wirklich aufgehoben wird, indem die höchsten Götter gegeneinander
kämpfen. Genau hiervon aber ist in der Mythologie, etwa in He-
siods Theogonie, die Rede. Der sukzessive Polytheismus impliziert
zugleich einen anderen Begriff des Monotheismus. Denn wenn der
Eine Gott am Anfang nur der *Erste* Gott einer Reihe und daher nur
solange der Eine Gott ist, als der zweite noch nicht in Erscheinung
getreten ist, ist er nur relativ Einer.

Je nachdem, welche Art des Polytheismus man zugrundelegt, ist
also auch die Art des Urmonotheismus eine andere. Dem simulta-
nen Polytheismus entspricht der absolute, dem sukzessiven Polytheismus der *relative* Urmonotheismus. Nur letzterer vermag aber
Schelling zufolge den historischen Gang der Mythologie, der wesentlich in der Abfolge von höchsten Göttern besteht, wirklich zu
erklären. Wenn aber der Urmonotheismus ein relativer und somit
selbst mythologischer ist, bedeutet dies, daß sein Übergang in den
Polytheismus nicht darauf zurückgeführt werden kann, daß eine an-
fänglich reine Erkenntnis des einen Gottes durch willkürliche Vorstellungen des Bewußtseins verdunkelt worden ist, wie Creuzer annimmt. Dann ist der Grund für den Übergang in den Polytheismus
vielmehr im Urmonotheismus selbst zu suchen. Dieser muß aus sich
selbst den Polytheismus im Bewußtsein erzeugen. Daraus aber folgt,
daß der mythische Polytheismus kein Willkürakt der Phantasie, sondern ein *notwendiger Prozeß* ist, der sich im Bewußtsein real ereignet

hat. Insofern als dieser Prozeß sich im Bewußtsein abspielt, ist er zwar subjektiv; insofern aber als die sich dem Bewußtsein aufdrängenden Vorstellungen von diesem weder erfunden noch freiwillig angenommen sind, sind sie objektiv. *Sie sind also nicht vom Bewußtsein erzeugt, sondern erzeugen sich im Bewußtsein;* – sie sind, wie Schelling sagt, »Erzeugnisse eines vom Denken und Wollen unabhängigen Processes«, die »für das ihm unterworfene Bewußtseyn von unzweideutiger und unabweislicher Realität sind« (SW XI, S. 194).

Mit der Einführung des Prozeßbegriffs in seine Philosophie und dessen Anwendung auf das Phänomen der Mythologie realisiert Schelling sein neues Konzept der Positivität und setzt sich damit in bewußten Gegensatz zu Creuzers Theorie, die sich einem subjektivistischen Erklärungsmodell verhaftet erweist. Mit dem Begriff des Prozesses stellt Schelling sowohl den autopoietischen als auch den realgeschichtlichen Charakter der Mythologie heraus. Er betont deren »unbedingte Eigentlichkeit«: »Sie ist eine Bewegung, der das Bewußtseyn *in der That* unterworfen ist, die sich *wahrhaft ereignet*« (SW XI, S. 197). Dies in der Weise, daß Völker und Individuen nicht Herren, sondern nur

Werkzeuge dieses Processes [sind], den sie nicht überschauen, dem sie dienen, ohne ihn zu begreifen. Es steht nicht bei ihnen, sich diesen Vorstellungen zu entziehen, sie aufzunehmen oder nicht aufzunehmen; denn sie *kommen* ihnen nicht von außen, sie *sind* in ihnen, ohne daß sie sich bewußt sind, wie; denn sie kommen aus dem Inneren des Bewußtseyns selbst, dem sie mit einer Nothwendigkeit sich darstellen, die über ihre Wahrheit keinen Zweifel verstattet. (SW XI, S. 194)

Die Mythologie als im Bewußtsein sich ereignende, aber nicht von ihm hervorgebrachte Tatsache ist hinsichtlich der Notwendigkeit ihres Auftretens das Erscheinen der Natur im Bewußtsein, genauer: *das Erscheinen der Produktivität der Natur auf der Stufe und im Medium des Bewußtseins.* Die Produkte der Produktivität der Natur auf der Stufe des Bewußtseins sind dessen geschichtliche Wirklichkeit, also nicht etwa nur dessen unwesentliche Einkleidung, von der eine prinzipiell von ihr unabhängige zeitfreie Lehre abstrahiert werden könnte. Vielmehr ist die Lehre bzw. Vorstellung untrennbar mit der Geschichte verwoben, »das Doctrinelle der Mythologie ist gerade im Geschichtlichen enthalten« (SW XI, S. 198). Das bedeutet für die Mythologie: Sie ist ein sich im Bewußtsein wirklich ereignender *theogonischer Prozeß,* sie ist Götter*lehre* nur als Erfahrung wirklicher Götter*geschichte.* Die Dinge, mit denen der Mensch im mythologischen Prozeß zu tun hat, sind infolgedessen nicht Produkte autonomer Reflexion, sondern »*im Innern des Bewußtseyns selbst aufstehende*

Mächte, von denen es bewegt ist« (SW XI, S. 207). Es sind »nicht
bloß *vorgestellte* Potenzen«, sondern die »reinen erschaffenden Potenzen, deren ursprüngliches Erzeugniß das Bewußtseyn selbst ist«
(ebd.). Es ergibt sich somit folgendes: Die schöpferischen Potenzen
der Natur sind zugleich die Potenzen, welche das Bewußtsein erzeugen und in ihm in Form des mythologischen Prozesses wirksam
werden.

8.4.3 Kosmogonischer und mythologischer Prozeß

Eine Weiterführung dieses Gedankengangs ist die Abhandlung *Der
Monotheismus.* (SW XII, S. 1-131) Wenn, wie aus der *Historisch-kritischen Einleitung* deutlich geworden ist, die Mythologie das Erscheinen der Produktivität der Natur im Bewußtsein ist, ergibt sich daraus unmittelbar, daß der mythologische Prozeß mit dem methodischen Instrumentarium der Naturphilosophie, also der Potenzenlehre, dargestellt werden kann. Die genannte Abhandlung ist die Realisierung dieser Einsicht. Ihre Konturen seien im folgenden mit einem Ausblick auf den Prozeß der Mythologie in inhaltlicher Hinsicht skizziert, wie Schelling ihn in der Abhandlung *Die Mythologie*
(SW XII, S. 133-674) darlegt.
    Grundgedanke der Abhandlung *Der Monotheismus* ist, daß Gott
der All-Eine ist, d.h. derjenige, der Einer und Mehrere sein kann.
Nur auf diese Weise kann das mythologische Phänomen des Polytheismus in den Monotheismus integriert werden. Schelling bestimmt das Verhältnis so, daß er die Einheit als Einzigkeit auf das
Wesen Gottes beschränkt; hinsichtlich seiner Existenz aber ist Gott
nicht der Eine und Einzige, sondern mehrere. Monotheismus ist
folglich die Idee einer selbstgesetzten Mehrheit in Gott bzw. die
Idee der Möglichkeit, ein in seiner freien Verfügung stehendes Exi-
stenzpotential (*potentia existendi*) zu aktualisieren.
    Gott als Gott ist unbedingt und bedarf der Verwirklichung dieses
Potentials nicht; das Faktum der Mythologie beweist aber, daß er
sich entschlossen hat, zu existieren und sich damit auch den Bedingungen der Existenz, nämlich der geschichtlichen Stufenfolge der
Potenzen, zu unterwerfen. Dadurch kommt der Prozeß der Weltschöpfung zustande, dessen Ziel die Selbstverwirklichung des göttlichen Geistes ist. Durch diesen *kosmogonischen Prozeß* entsteht die
Welt *praeter Deum*, d.h. als Schöpfung, in welcher sich die verschiedenen Potenzen unter der Herrschaft des göttlichen Willens entfalten und in der Schöpfung des Menschen kulminieren. Dieser Urmensch, Produkt der Potenzen und doch frei von ihnen, weil in sei-

nem Wesen ruhender Wille wie Gott, steht mit diesem in unmittelbarem Rapport (vgl. Kap. 9), damit aber zugleich auch im Verhältnis ambivalenter Indifferenz. Als ruhender Wille hat er die Möglichkeit, dem Willen Gottes gemäß zu sein oder nicht. Da nun nach Schelling das Weltgesetz, nämlich die Wahrheit, Offenbarkeit des Willens will – sie ist für Schelling identisch mit der griechischen Nemesis, dem Un-Willen über unverdientes Glück (vgl. Aristoteles, Rhet. II 9, 1386 a 5ff.) – , steht der Mensch vor der Notwendigkeit, sich zu entscheiden, d.h. das, was ihm zugefallen ist, zu seinem Wesen zu machen oder nicht. Wie die alttestamentliche Sündenfallerzählung exemplarisch zeigt, entscheidet er sich für die Gegenmöglichkeit, indem er seinen Eigenwillen gegen Gott aktiviert und damit zu diesem in Konkurrenz zu treten beansprucht. Diese Urtat des Bewußtseins kondensiert sich für Schelling in der Gestalt des Prometheus, der für ihn Prototyp des philosophischen (und modernen) Bewußtseins ist und daher nicht im Kontext der Mythologie, sondern in der *Philosophische[n] Einleitung* in sie abgehandelt wird. (vgl. SW XI, S. 481-489) Der prometheische Feuerraub ist ebenso wie der alttestamentliche Sündenfall der Anfang der Welt *extra Deum*, der *Geschichte* (hierzu vgl. Blumenberg 1979, S. 625-632; Tilliette 1984, S. 108f.; Procesi 1990, S. 109-112). Denn mit ihr bricht das Bewußtsein den göttlich geschlossenen Kreis der Natur auf, erregt den Streit der Potenzen aufs neue und gerät dadurch unter deren sukzessive Herrschaft. Dieser von Schelling sog. *mythologische Prozeß* ist zwar auf der einen Seite Folge einer Entscheidung des Menschen für das Gegengöttliche; zugleich ist er aber von Gott-setzender Natur, weil sich in ihm im Unterschied zum urständlichen Menschen nunmehr die Verwirklichung Gottes im Bewußtsein, also auf der Basis von Wissen und Willen ereignet. Deswegen spricht Schelling auch von einem *theogonischen Prozeß*, der die ganze Menschheit ergriff und dessen Momente »an die verschiedenen Völker wie verschiedene Rollen vertheilt wurden« (SW XIII, S. 380). Da der Prozeß in der Wiedererregung der kosmogonischen Potenzen im menschlichen Bewußtsein besteht, hat deren Kampf im Bewußtsein eine der Natur(geschichte) korrespondierende Struktur: Mythologie ist die Natur(geschichte) des Bewußtseins.

Den Prozeß der Mythologie erläutert Schelling im einzelnen in der Abhandlung *Die Mythologie*. Die ägyptische, indische und griechische Mythologie finden dabei besondere Berücksichtigung. Die Mythologie jedes Volkes repräsentiert ein notwendiges Moment dieses Prozesses, der insgesamt auf die Erkenntnis Gottes im Geist und in der Wahrheit hinausläuft.

Unabhängig von ihrem besonderen Beitrag zum Gesamtprozeß zeigen die einzelnen Mythologien eine parallele Verlaufsstruktur, die Schelling durch Bezug auf die Stufen der griechischen Mythologie paradigmatisch verdeutlicht. So läßt sich in allen Mythologien eine Stufenfolge vom relativen Monotheismus über die Zweigötterlehre zum Polytheismus feststellen. Repräsentant der ersten Stufe ist in der griechischen Mythologie die Herrschaft des Uranos. Ihr entspricht die Astralreligion, die Schelling aber anders als üblich erklärt: In ihr werden nicht die Gestirne als Götter, sondern umgekehrt die Götter als Gestirne verehrt. Und das bedeutet: Das Göttliche ist in der ersten Potenz nicht Prädikat, sondern Subjekt der Natur und deswegen *vor* bzw. *über* ihr. Das beginnende Hervortreten der zweiten Potenz im Bewußtsein zeigt sich daran, daß die erste Potenz in eine weibliche Gottheit übergeht: Uranos wird zu Urania; es kommt jetzt zur Verehrung der Gestirne als Götter. Auf die Herrschaft des Uranos folgt die des Kronos, welche dem Widerstand der unorganischen Natur gegen die aufkeimende organische Natur entspricht und zunächst einen Götterdualismus installiert, der dann mit dem Übergang zu Kybele, der großen Mutter der Götter, die den Aufgang der organischen Natur markiert, verschwindet. Analog zur Entfaltung der organischen Natur entfaltet sich der sukzessive Polytheismus unter der Herrschaft des Zeus, die alle drei Potenzen in sich vereinigt und bewahrt. Eine ähnliche, wenn auch weniger organische Abfolge der Potenzen beobachtet Schelling in der ägyptischen und indischen Mythologie (Typhon, Osiris, Horos bzw. Brahma, Schiwa, Wischnu).

Gegenläufig zu diesem sukzessiven Polytheismus entwickelt sich die griechische Mysterienlehre. Im Gegensatz zur exoterischen Mythologie ist sie esoterisch und dokumentiert im Dionysoskult mit der Hinführung zum künftigen befreienden Gott einen Monotheismus, der das Christentum unmittelbar dadurch vorbereitet (vgl. hierzu bereits Schellings Samothrake-Abhandlung), daß er die in ihn Eingeweihten von der Notwendigkeit des mythologischen Prozesses befreit (vgl. SW XIII, S. 442-459). Schelling denkt auf diese Weise der Mythologie eine Rolle zu, die derjenigen funktional äquivalent ist, welche die Patristik der Platonischen Philosophie zugewiesen hatte. Für Eusebios von Kaisareia (um 263-339) ist diese – in seiner Schrift *Praeparatio evangelica* – Stufe der Selbstoffenbarung des göttlichen Logos, die zusammen mit dem Mosaischen Gesetz die Menschheit auf das Gesetz des Evangeliums vorbereitet. Im Gegensatz zu Eusebios, der der Mythologie den Charakter eines vom Logos offenbarten Gesetzes bestritten hatte, dehnt Schelling den Wirkbereich des göttlichen Logos auf die Mythologie aus und sieht damit auch in ihr die Wahrheit in verborgener Gestalt am Werk. Christus ist im Alten Testament und in der heidnischen Mythologie bereits als natürlich wirkende zweite Potenz präsent, um sich dann im Christentum als Christus zu offenbaren: »Ohne Präexistenz ist Christus nicht Christus. Er existirte als natürliche Potenz, ehe er als göttliche Persönlichkeit erschien« (SW XI, S. 249). Mit der Verklammerung von Mythologie und Offenbarung wird aber zugleich auch die systematische Stellung von Schellings *Philosophie der Mythologie* klar: Sie erschließt sich von der *Philosophie der Offenbarung* her, die den zweiten Teil der positiven Philosophie bildet und diese vollständig macht. *Philosophie der Mythologie* rekonstruiert die *Geschichte des Bewußtseins* auf der Stufe der *Natur*, *Philosophie der Offenbarung* auf der Stufe der *Freiheit*.

Zusammenfassend läßt sich sagen, daß sich in Schellings Behandlung der Mythologie der Gang seiner Philosophie spiegelt: In der ersten Phase seiner Auseinandersetzung mit der Mythologie, die im Zeichen theologischer Bibelexegese steht (1793/1794), zeigt er sich der historisch-rationalistischen Mythenallegorese verpflichtet. In der zweiten Phase (ab 1802) konzipiert er im Rahmen seines Identitätssystems und des ersten Weltalter-Entwurfs den Mythos als Produkt ästhetischer Subjektivität. In der mit der Samothrake-Abhandlung einsetzenden dritten Phase (ab 1815) entdeckt Schelling den irreduzibel religiösen Charakter des Mythos und formuliert von ihm her sein Paradigma von Positivität, woraus sich schließlich (ab 1827) die Notwendigkeit einer Verhältnisbestimmung der neuen positiven zur negativen Philosophie ergibt.

8.5 Rezeption

Schellings *Philosophie der Mythologie* hatte auf den Fortgang der Philosophie im 19. Jahrhundert einen vergleichsweise geringen Einfluß. Wertschätzung erfuhr sie im Kontext der Münchener Spätromantik vor allem in der Religions- und Geschichtsphilosophie von Ernst von Lasaulx (dazu Peetz 1989). Günstige Aufnahme fand sie in der zeitgenössischen klassischen Philologie (Friedrich Creuzer, Friedrich Gottlieb Welcker) und Orientalistik (Antoine Isaac Silvestre de Sacy, Eugène Burnouf). Es überwiegen aber Kritik und Ablehnung. Auf dem Feld der Mythologie-Forschung ist dies etwa schon in dem Werk *Aglaophamus* von Christian August Lobeck (1829) spürbar. Dasselbe gilt für die Stellungnahmen von Schellings Berliner Hörern. Eine für viele repräsentative Stimme ist die von Jacob Burckhardt. Er habe, so Burckhardt in einem Brief an seinen Schüler Albert Brenner, in Schellings Vorlesungen das Gefühl gehabt, »es müßte irgendein Ungetüm von asiatischem Gott auf zwölf Beinen dahergewatschelt kommen und sich mit zwölf Armen sechs Hüte von sechs Köpfen nehmen« (Burckhardt 1969, S. 297).

Die postume Publikation der *Philosophie der Mythologie* durch K.F.A. Schelling in den Jahren 1856/57 änderte an dieser Situation wenig. Die Lage der Philosophie war eine andere geworden. Vertreter der Hegel-Schule wandten sich generell gegen eine vermeintlich romantisch-religiöse Mythendeutung. So restituierte Friedrich Theodor Vischer eine rein ästhetische Interpretation der Mythologie, David Friedrich Strauß forderte eine radikale Entmythologisierung des Christentums und bestritt dem Mythos jede Wahrheitsfähigkeit. Schellings Mythologie-Konzept fand so allenfalls im Rahmen philosophiehistorischer Gesamtdarstellungen seines Denkens Beachtung. Erst mit Ernst Cassirers Auseinandersetzung mit Schellings *Philosophie der Mythologie* im zweiten Teil seiner *Philosophie der symbolischen Formen* (1923) setzte ein Wandel in der Beurteilung ein, der zur Folge hatte, daß die symboltheoretischen Aspekte dieses Teils der Schellingschen Philosophie größere Aufmerksamkeit auf sich zogen. Einen in seiner Tragweite noch gar nicht ausgeloteten systematischen Einfluß hatte Schellings *Philosophie der Mythologie* auf die Philosophie Martin Heideggers, insbesondere auf dessen Einschätzung des Verhältnisses von Sprache und Sein.

Der von Schelling untersuchte Zusammenhang von Mythos und Sprache ist Grund auch für die Aktualität von Schellings Mythologiekonzept in der neueren Mythosforschung. So ist auf dessen konzeptuelle Verwandtschaft mit dem Mythosbegriff Walter F. Ottos, dem strukturalistischen Mythenkonzept von Claude Lévi-Strauss und der Mythendeutung Karl Kerényis hingewiesen worden (Volkmann-Schluck 1969, S. 128ff.; Tilliette 1984, S. 83). Auf dem Feld der Philosophie hat die Diskussion erst begonnen. Provokant wirkt hier der Konflikt zwischen Mythos und Autonomie (Marquard 1971), insbesondere Schellings These von der Unerfindbarkeit des Mythos (vgl. Blumenberg 1979, S. 165f.). Gerade sie macht deutlich, worin die Virulenz der *Philosophie der Mythologie* eigentlich liegt:

Philosophisch stellt sie – wie Schellings Philosophie seit der Freiheitsschrift insgesamt – die Aufgabe einer Revision des Konzepts der Rationalität: Vernunft kann offenbar nur dann zureichend bestimmt werden, wenn es gelingt, parallel zum reflexiven das schöpferisch-kreative Moment der Subjektivität herauszuarbeiten. Dies aber setzt – so wird aus Schellings Philosophie deutlich – eine Autonomisierung der Einbildungskraft in der Weise voraus, daß sie nicht mehr nach dem Muster von Kants »Kritik der Urteilskraft« dem Verstand untergeordnet und in diesem Sinne ihm »angemessen« ist, sondern als selbständiges Vermögen mit dem Verstand zusammenwirkt. Die Konsequenz hieraus ist die Ausarbeitung eines Konzepts poietisch verfaßter Vernunft. In *kultureller* Hinsicht bedeutet dies, daß Aufklärung und Religion einander bedürfen, ohne ineinander aufzugehen. Das Überleben der Aufklärung hängt davon ab, inwiefern sie zur Religion ein Verhältnis findet, und umgekehrt: Die Religion bedarf der Aufklärung, wenn sie zu einem adäquaten Verständnis ihrer selbst gelangen will.

Literatur

A. Allwohn: *Der Mythos bei Schelling.* Berlin 1927.

E. A. Beach: *Schelling's Philosophy of Mythology.* Albany, N.Y. 1991.

X. Tilliette: *La mythologie comprise. L' interpretation schellingienne du paganisme.* Napoli 1984.

K.-H. Volkmann-Schluck: *Mythos und Logos. Interpretationen zu Schellings Philosophie der Mythologie.* Berlin 1969.

J. E. Wilson: *Schellings Mythologie. Zur Auslegung der Philosophie der Mythologie und der Offenbarung.* Stuttgart-Bad Cannstatt 1993.

9. Die Philosophie der Offenbarung

9.1 Jenseits von protestantischer Orthodoxie und Aufklärungstheologie

9.1.1 Schellings Kritik an der zeitgenössischen Theologie

Meine Absicht ist nicht auf die Lehre, auf die Dogmatik, sondern lediglich auf die Sache, auf das Objekt, gerichtet – ich will das Christentum im Zusammenhange mit der großen Geschichte von der Schöpfung her darstellen. Eine Andeutung habe ich schon in den ›Vorlesungen über die Methode des akademischen Studiums‹ gegeben. (UPhO, S. 17)

Nicht eine theologische Dogmatik ist die Absicht der von Schelling am 17. November 1831 in München begonnenen Vorlesung über *Philosophie der Offenbarung,* sondern allein das Christentum soll als eine geschichtliche Gestalt von Religion begriffen werden (vgl. Kap. 7). Diese Zuspitzung auf die Geschichte stellt diese Vorlesungen in einen engen Zusammenhang mit den 1802 in Jena vorgetragenen *Vorlesungen über die Methode des akademischen Studiums,* wie Schelling selbst ausdrücklich betont. Dem Selbstverständnis Schellings zufolge stellen die Vorlesungen über *Philosophie der Offenbarung* keinen Bruch mit seiner frühen Philosophie dar, sondern die konsequente Weiterbildung der Forderung, daß der »Anfang und das Ende aller Philosophie« (SW I, 177) Freiheit sein soll (vgl. Ehrhardt 1977, S. 111-122; anders Fuhrmans 1940). Damit ist auch für die *Philosophie der Offenbarung* zu erwarten, daß sie in ihrer Darstellung der Offenbarung diese als ein Ereignis der Freiheit verstehen will (einen anderen Schwerpunkt in der Interpretation der *Philosophie der Offenbarung* setzt Hutter 1996). Diese Erwartung findet ihre Rechtfertigung nicht nur durch die Forderung, welche Schelling für einen haltbaren Gottesbegriff aufstellt – »*Freiheit* ist unser und der Gottheit Höchstes.« (UPhO, S. 79) – sondern auch durch die Entfaltung der Offenbarung im Christentum. Wird diese doch von Schelling als Befreiung von den heteronomen Bindungen (Fremdbestimmung) begriffen, die in den mythologischen Religionen und im Judentum das menschliche Bewußtsein beherrschten. Aus diesem Grund bildet das Christentum »das gemeinschaftliche Ende des Heiden- und Judentumes« (UPhO, S. 614).

Mit dieser Absichtserklärung ist freilich auch ein kritischer Blick Schellings auf die ihm zeitgenössische Theologie verbunden. Dies verbindet die *Philosophie der Offenbarung* mit den Schriften des jungen Schelling, bildet doch die Auseinandersetzung mit seinen Tübinger theologischen Lehrern sowie der rationalistischen Aufklärungstheologie den Hintergrund für seine ersten philosophischen Schriften. Davon gibt neben diesen Schriften selbst der Briefwechsel mit Hegel ein beredtes Zeugnis (vgl. Jacobs 1989, S. 93-112; Sandkaulen-Bock 1990). Wendet sich Schelling in diesen Schriften auch nicht explizit religionsphilosophischen Fragestellungen zu, so läßt sich doch sein religionsphilosophisches Konzept in den aus dem Nachlaß veröffentlichten Fragmenten *Proben eines Commentars über die früheste Geschichte Jesu nach Lukas und Matthäus* und *Entwurf einer Vorrede [zu den historisch-kritischen Abhandlungen der Jahre 1793-1794]* in Umrissen erkennen (SR, S. 34-43). So schreibt er am 21. 7. 1795 an Hegel über seine Arbeit *De Marcione Paullinarum Epistolarum Emendatore:* »Gerne hätte ich ein anderes Thema gewählt, wenn ich frei gewesen wäre, und das erste Thema, das ich bearbeiten wollte (de praecipuis orthodoxorum antiquiorum adversus haeriticos armis) und das ohne alles mein Verdienst die beißendste Satire gewesen wäre, mir nicht gleich anfangs privatim mißraten worden wäre.« (Briefe von und an Hegel, Bd. 1, S. 27f.) Von dem hier angedeuteten Programm einer *Ketzergeschichte* als Gegenprogramm zu der supranaturalistischen Theologie (Position, die von einer übernatürlichen Offenbarung ausgeht) seiner Tübinger Lehrer und der rationalistischen Aufklärungstheologie (Position, die von der Vernunftgemäßheit der Offenbarung ausgeht) seiner Zeit entfernen sich die Vorlesungen über *Philosophie der Offenbarung* nur auf den ersten Blick. Deutlich wird dies etwa an Schellings Darstellung der Trinitätslehre, die ihre Pointe darin hat, daß ein mit der kirchlichen Lehre übereinstimmender Standpunkt nur dann vertreten werden kann, wenn man zugleich die Positionen mit einbezieht, welche gegen die offizielle Kirchenlehre gerichtet sind.

Entwickelte Schelling sein philosophisches Programm und seine religionsphilosophischen Grundüberzeugungen in Auseinandersetzung mit der Theologie seiner Tübinger Lehrer und der rationalistischen Aufklärungstheologie durch eine Aufnahme der historisch-kritischen Bibelkritik, so sind diese drei Aspekte auch für die *Philosophie der Offenbarung* konstitutiv.

Freilich trägt die *Philosophie der Offenbarung* auch der veränderten theologischen Situation zu Beginn des 19. Jahrhunderts Rechnung, hatte doch Schleiermacher auf dem Gebiet der Theologie selbst eine kritische Neuformulierung der tradierten theologischen

Gehalte gefordert. Da nach Schelling die Zeit der Bekenntnisse vor-
über ist (vgl. SW X, S. 403), kann allein eine wissenschaftliche Umgestaltung der Bestimmtheiten der Religion Anspruch auf allgemeine Geltung erhoffen. An diesem Punkt konvergiert das philosophische Bemühen Schellings mit dem theologischen Programm Schleiermachers (vgl. Süskind 1909; Dierken 1992, S. 332-354).

Ebenso wie Schleiermacher ist auch dessen Berliner Antipode,
Schellings einstiger Jugendfreund Hegel, Bezugspunkt der *Philosophie der Offenbarung*. So sehr Schelling Hegel kritisiert und sich beider Positionen unterscheiden, so stimmen beide doch in der Forderung überein, daß die positive, wirkliche Religion einer philosophischen Durchdringung bedarf. Auf Grund dieser Forderung und ihrer Nichteinlösung warnt Schelling vor einem Zeitalter, das ganz
»theologisch geworden« (SW X, S. 398) sei. Hieraus wird man den
Schluß ziehen dürfen, daß es Schelling in seinen Vorlesungen über
Philosophie der Offenbarung um alles andere als um eine Theologisie-
rung der Philosophie gegangen ist, welche den alten »Gegensatz von
Offenbarung und Vernunft in einer Härte« wiederherstellte, »wie er
nur je in den schönsten Zeiten des Dogmatismus aufgerichtet worden« (Marheineke 1843, S. 14) ist. Vielmehr bekämpft Schelling
mit Vehemenz jeden dogmatischen Standpunkt und plädiert mit
Lessing dafür, daß »wenigstens der Vernunft die *Möglichkeit* der Verhältnisse einleuchtend gemacht ist, auf denen die christlichen
Hauptlehren beruhen« (SW X, S. 404f.; vgl. auch SW VII, S. 412).

9.1.2. Die philosophische Religion

Es wurde schon auf die doppelte Frontstellung der Vorlesungen über
Philosophie der Offenbarung gegen eine supranaturalistische Theologie, wie sie Schelling in Gestalt seiner Tübinger theologischen Lehrer kennen gelernt hatte, und gegen die rationalistische Aufklärungstheologie hingewiesen. Diese Abgrenzung schlägt sich nieder in einem Grundsatz, den Schelling für sein eigenes Programm einer *Philosophie der Offenbarung* aufstellt:

Als erster Grundsatz für sie muß aufgestellt werden (und wurde aufgestellt),
daß diese Verbindung von Philosophie und Offenbarung nicht auf Kosten
entweder der Philosophie oder der Offenbarung geschehe, daß keinem
Theile etwas vergeben werde, keiner Gewalt erleide. (SW XIII, S. 142)

Weder beabsichtigt Schelling eine Auflösung der Philosophie in eine
Offenbarungslehre derart, daß die Philosophie in Religion aufgelöst

werden soll, noch eine Aufhebung der Offenbarung in Philosophie, wie sie in der Hegelschen Figur der Aufhebung der religiösen Vorstellung in den philosophischen Begriff konzipiert ist. Die *Philosophie der Offenbarung* muß daher einen Mittelweg beschreiten, der der Gefahr ausgesetzt ist, »von zwei Seiten dem Mißverstande bloß gegeben« (UPhO, S. 18) zu sein. In diesem Programm, welches Schelling *philosophische Religion* (vgl. SW XI, S. 250f., 255ff.) nennt, spricht sich die Einsicht aus, daß der scheinbare Gegensatz von Philosophie und Religion auf einer Abstraktion beruht (anders Kreiml 1989; Franz 1992). Das Programm der philosophischen Religion, will es nicht selbst einem abstrakten Gegensatz von Philosophie und Religion das Wort reden, hat daher eine Komplementarität von Philosophie und Religion in den Blick zu nehmen. Damit ist gemeint, daß Philosophie und Religion zur Erhellung ihrer je spezifischen Vollzugsaktualitäten einander wechselseitig bedürfen. Denn in einer Zeit, die nicht mehr die Zeit der Bekenntnisse ist und die zudem ganz theologisch geworden ist, kann die Religion nur dann nicht ihrer eigenen Intention widersprechen, wenn sie sich *allgemeingültig* darstellen läßt. So sehr nämlich die christliche Religion auf Befreiung des Bewußtseins von heteronomen Zwängen zielt, so sehr bringt sie sich um diesen ihren eigenen Anspruch, wenn sie sich dunklen unbegriffenen Vorstellungen unterwirft (vgl. Ehrhardt 1988, S. 135).

Die Reformation, welche die speculativen Dogmen, wie sie in der Kirche überliefert waren, unerörtert gelassen hatte, wendete sich vorzüglich nach der Seite des inneren Processes und der soteriologischen Lehren, die, indem sie zuletzt ausschließliche Wichtigkeit erhielten, den Pietismus erzeugten. Den inneren Proceß hat jeder für sich durchzumachen; was allein allen gemeinsam ist, ist der Weg, der geschichtliche Hergang, der durch Lehre, die eben das allen Gemeinschaftliche seyn soll, und selbst durch symbolische Handlungen, Festcyklen (durch den Cultus), gegenwärtig erhalten werden soll – dessen Erkenntniß allein der Kirche selbst ihre Objektivität erhält und sie einerseits vor der Auflösung in bloße, wenn auch fromme Subjektivität, von der andern Seite vor der Auflösung ins leere Allgemeine, das bloß Rationale bewahrt. (SW XIV, S. 333; UPhO, S. 709)

Schelling umreißt in der zitierten Passage das systematische Problem der *Philosophie der Offenbarung* in seiner Frontstellung gegen eine einseitige Auflösung der Religion in subjektive Frömmigkeit und objektive Lehre. Konzentrierte sich im Gefolge von Reformation und Aufklärung die Religion in den gelebten subjektiven Religionsvollzug, so ging damit eine tendenzielle Auflösung der Dogmen des Christentums einher. Damit ging jedoch die Religion jeder Bestimmtheit verlustig, so daß subjektiver Willkür Tür und Tor geöffnet waren. Eine einseitige Betonung der objektiven Bestimmtheiten des Christentums zeitigt jedoch ebenso ruinöse Konsequenzen für die Religion, da sich das Subjekt objektiven Dogmen zu unterwerfen hat, welche selbst nichts anderes sind als Abstraktionen von ihrem subjektiven gedanklichen Vollzug. Der *Philosophie der Offenbarung* stellt sich somit die Aufgabe, den gelebten subjektiven Religionsvollzug (Glaube) mit den objektiven Bestimmtheiten (Lehre) dieses Vollzuges zu vermitteln. Dabei trägt sie dem Sachverhalt Rechnung, daß beide Aspekte nicht aufeinander zu reduzieren sind. Weder ist es möglich, aus dem unmittelbaren Religionsvollzug Bestimmtheiten zu generieren, noch ist es möglich, aus den Bestimmtheiten den subjektiven Vollzug herzuleiten. In dieser *nichtreduzierbaren Differenz* spiegelt sich die Unterscheidung von negativer und positiver Philosophie, die für das Spätwerk Schellings konstitutiv ist. So wenig Vollzugsmoment und Bestimmtheitsmoment von Religion aufeinander zu reduzieren sind, so wenig lassen sie sich trennen. Gleiches gilt auch für die Unterscheidung von negativer und positiver Philosophie. Beide Theoriestränge bilden keine abstrakte Alternative, so, als ob man eine negative Philosophie ohne eine positive durchführen könnte und vice versa. Die genannte Unterscheidung expliziert vielmehr eine fundamentale Doppelheit im Rationalitätsbegriff, die nur um den Preis von Widersprüchen einseitig aufgelöst werden kann. Die zweifache Rationalitätsgestalt der Schellingschen Spätphilosophie zeigt sich einer zentralen Einsicht Kants verpflichtet, nämlich der, daß Freiheit keine Gegebenheit darstellt, sondern eine Forderung (vgl. Peetz 1995, S. 280ff.).

9.2 Grundzüge der Philosophie der Offenbarung

9.2.1 Der Begriff der Offenbarung

»Der Offenbarungsbegriff setzt eine ursprüngliche Verdunklung voraus. Gott kann sich nur offenbaren, indem er jene Verdunklung durchbricht.« (UPhO, S. 10) Setzt die Offenbarung eine Differenz voraus, so ist Offenbarung nur möglich, wenn faktisch eine Differenz von Gott und Mensch aufgetreten ist. Damit grenzt Schelling seinen Offenbarungsbegriff von Konzeptionen einer Uroffenbarung ab, welche die Menschheitsgeschichte mit einer Offenbarung beginnen lassen, – würde doch eine Uroffenbarung voraussetzen, daß das menschliche Bewußtsein im Kern atheistisch zu verstehen sei (vgl. SW XI, S. 180ff.). Eine weitere Eingrenzung erfährt der Begriff der

Offenbarung dadurch, daß Schelling unter Offenbarung das Christentum versteht, der eigentliche Inhalt des Christentums »aber ganz allein die *Person* Christi« (SW XIV, S. 35) ist. Indem Schelling den Offenbarungsbegriff auf die Person Christi konzentriert, weist er darauf hin, daß die Offenbarung nur als ein Geschehen aus Freiheit zu begreifen ist, da nur die Person frei sein kann. Dem Satz, daß der Inhalt der Offenbarung die Person des Christus sei, korrespondiert der Satz, daß der »Inhalt der Offenbarung [...] nichts anderes als eine höhere Geschichte« darstellt, »die bis zum Anfang der Dinge zurück und bis zu deren Ende hinausgeht« (SW XIV, S. 30).

In diesen Bestimmungen, die Schelling dem Offenbarungsbegriff gibt, ist leicht wieder die doppelte Frontstellung gegen den Supranaturalismus (Glaube an eine übernatürliche Offenbarung) und gegen eine rationalistische Aufklärungstheologie herauszuhören. Konzipiert nämlich der Supranaturalismus den Offenbarungsbegriff im Gegenzug und als Abstraktion vom Natürlichen, so wird die Offenbarung zu etwas Unnatürlichem:

> Alle diese Begriffe, wie übernatürlich, überweltlich, sind ohne ihr Correlatum nicht denkbar. Es gibt keinen überweltlichen Gott, der nicht zugleich in der Relation mit der Welt gedacht würde. Durch dieses absolute Losreißen des Uebernatürlichen vom Natürlichen entsteht eben nur das Unnatürliche. (SW XIII, S. 188)

Der rationalistischen Aufklärungstheologie wird in ihrer Opposition gegen den Supranaturalismus die geschichtliche Gestalt der Offenbarung zu einer bloßen Hülle und Einkleidung eines doktrinellen Kernes, der durch die Scheidung von seiner geschichtlichen Form vernünftig expliziert werden kann. Mit dieser Annahme, daß das »*Doktrinelle* und das Geschichtliche« (SW XIII, S. 195) zu unterscheiden seien, macht jedoch die rationalistische Aufklärungstheologie eine Voraussetzung, die mit der des Supranaturalismus darin übereinkommt, daß jeweils ein substantieller Kern zugrunde gelegt wird, der unabhängig von subjektiven Vollzügen gegeben ist.

Schellings Bestimmungen des Offenbarungsbegriffes sind im genauen Gegenzug zu den skizzierten Positionen konzipiert, indem er einerseits darauf hinweist, daß die Person des Christus den Inhalt der Offenbarung bildet und diese nicht anders gegeben ist als in den Urkunden des Christentums, und daß andererseits dieser Inhalt eine ›höhere Geschichte‹ darstellt (vgl. Tilliette 1981, S. 193-204). Aus dieser Bestimmung des Offenbarungsbegriffes ergibt sich, daß die *Philosophie der Offenbarung* eine *Christologie* zum Gegenstand hat, genauer die Geschichte, in der sich der Christus erst zu dem, was er sein soll, nämlich zum Christus bestimmt. Der Gegenstand der *Phi-*

losophie der Offenbarung ist demzufolge eigentlich gar kein Gegenstand, sondern eine *Tathandlung*, eben die freie Tat, durch die sich der Sohn Gottes zum Christus bestimmt. Damit wird deutlich, daß der Titel Christus für Schelling keine Gegebenheit namhaft macht, sondern als Formel für eine Selbstbestimmung verstanden werden muß, die durch ihren Vollzug Freiheit als sich gegebene Freiheit zur Darstellung bringt. Die Christologie thematisiert somit das Dilemma der endlichen Freiheit, sich in jedem ihrer Vollzüge schon voraussetzen zu müssen. Insofern die endliche Freiheit sich immer schon voraussetzen muß, kann sie sich nicht unmittelbar hervorbringen, sondern ist sich gegeben. Thema der *Philosophie der Offenbarung* ist daher eine Theorie der endlichen Freiheit (vgl. Ehrhardt 1990, S. 521ff.).

Dem entspricht, daß sich das Christentum selbst als Befreiung des menschlichen Bewußtseins von den heteronomen Zwängen versteht, denen dieses im Heiden- und Judentum unterworfen war (vgl. SW XIV, S. 20). Die ›höhere Geschichte‹, in der sich Christus als Inhalt der Offenbarung darstellt, meint demzufolge eine Geschichte der Freiheit, die die Bedingungen des endlichen Freiheitsvollzuges expliziert.

Die Offenbarung muß einen Bezug zum Natürlichen haben, sonst gerinnt sie zu einer unnatürlichen Abstraktion. Diesen Bezugspunkt sieht Schelling in dem menschlichen Bewußtsein. Die Theorie des Bewußtseins als Bezugspunkt der Offenbarung erlaubt ein Begreifen der Offenbarung, welches das supranaturalistische Mißverständnis der Offenbarung ebenso ausschließt wie das rationalistische. Die Differenz, welche der Offenbarungsbegriff voraussetzt, wäre dann als eine Differenz des Bewußtseins selbst zu verstehen. Das wirkliche Bewußtsein stellt nach Schelling ein Differenzphänomen dar. Es findet sich in seiner Selbstvergegenwärtigung immer in einer Differenz. Dies bedeutet, daß sich das Bewußtsein nicht selbst durchsichtig werden kann und daß es sich mithin in seinem Vollzug schon voraussetzen muß. Ist das Bewußtsein eine freie Spontaneität, dann kann es aber nur Spontaneität zu seinem zureichenden Grund haben. Die Voraussetzung des wirklichen Bewußtseins bestimmt Schelling daher als Urbewußtsein oder als wesentliches Bewußtsein.

Der Urmensch befand sich nicht in einem Zustande, dem Offenbarung notwendig war; er war – sozusagen – mit dem göttlichen Bewußtsein verbunden – ja das Urbewußtsein könnte man sagen – ist das göttliche Sein selbst gewesen. (UPhO, S. 10)

Auch wenn Schelling hier im Konjunktiv formuliert, so ist doch deutlich, daß mit dem Urbewußtsein die Bedingung formuliert wird, ohne die endliche Freiheit nicht gedacht werden kann. Dieses Urbewußtsein ist nicht als ein Selbstbewußtsein zu verstehen, sondern als reflexionslose Unmittelbarkeit. In dieser Unmittelbarkeit, in diesem »Versenktseyn in Gott« (SW XI, S. 189) besteht die Freiheit des wesentlichen Bewußtseins.

Freiheit stellt jedoch kein bloßes Datum dar, sondern ist nur im Vollzug wirklich. Da der Vollzug der Freiheit nur als Selbstvollzug möglich ist, konstituiert der Vollzug der Freiheit die Entfremdung der Freiheit von ihrem Grunde. Da die Freiheit des wesentlichen Bewußtseins von Schelling als vermittelte Freiheit dargestellt wurde, wird die dem Bewußtsein gegebene Freiheit durch ihren Selbstvollzug in eine selbstgesetzte Freiheit überführt, so daß sie sich in eben diesem Vollzug von ihrem Grunde entfremdet. Der Selbstvollzug der Freiheit konstituiert das Selbstbewußtsein als wirkliches Bewußtsein. Gründet das wirkliche Bewußtsein in seinem Selbstvollzug, so führt eben dieser zu der Differenz von wirklichem und wesentlichem Bewußtsein. Dieser Differenz korrespondiert die Scheidung von wirklichem und wahrem Gott (vgl. Durner 1979, S. 94-109; Korsch 1980, S. 209-213).

Als wirkliches Bewußtsein kann es seinen Grund nur als einen bestimmten Grund vergegenwärtigen. In der Mythologie erscheint daher der Grund des Bewußtseins als eine Sukzession von *seienden* Göttern. Das Bewußtsein ist dieser Sukzession von Göttergestalten unterworfen, da sich die mythologischen Vorstellungen ohne Denken und Wollen mit dem Bewußtsein einstellen (vgl. Kap. 8). Im Judentum entspricht dem die Erfahrung des seienden Willen Gottes, der durch das mosaische Gesetz repräsentiert wird. Da die Entfremdung von Gott und Mensch im Selbstvollzug der dem ursprünglichen Bewußtsein gegebenen Freiheit gründet, kann der Mensch diese nicht aufheben. Jeder Versuch der Überwindung reproduziert nur die Entfremdung von Gott und Mensch.

Die Offenbarung überwindet diese Entfremdung von Gott und Mensch dadurch, daß Christus eine vermittelte Selbstbestimmung vorstellig macht, die sich nicht in unmittelbarer Selbstbestimmung von ihrem Grund entfremdet. Insofern impliziert der Begriff der Offenbarung die Strukturen der Christologie. Thema der Christologie als Inhalt der Offenbarung wäre damit die *Sein-Sollende Freiheit.* Wenn der Offenbarungsbegriff den Christus zum Inhalt hat und dieser als vermittelte Selbstbestimmung in Schellings Christologie expliziert wird, so bedeutet dies, daß der Gottesbegriff als in sich differenziert begriffen werden muß. Die Rede von der ›höheren Geschichte‹, die eben diesen Vollzug der Selbstbestimmung des Christus zum Inhalt hat, bezieht sich auf die Voraussetzungen der Selbstbestimmung des Christus. Thema der Gotteslehre als Voraussetzung der Offenbarung wären damit die Bedingungen der Möglichkeit der Selbstbestimmung des Christus, die jedoch selbst nur im Zeichen der Freiheit begriffen werden können. Freilich kann auch der Grund der Freiheit nicht von den Bedingungen abstrahiert werden, unter denen er gedacht wurde, soll nicht erneut ein Supranaturalismus heraufbeschworen werden.

9.2.2 Der Begriff Gottes

Zieht ein Gottesbegriff, der die Relation zu den Bedingungen seines Gedachtseins tilgt, den Vorwurf des Supranaturalismus nach sich, so kann dem nur dadurch gewehrt werden, wenn der Gottesbegriff im Zuge einer Theorie des Geistes aufgebaut wird. In den Vorlesungen über *Philosophie der Offenbarung* rekonstruiert Schelling den Gottesbegriff im Ausgang von einer Theorie des Geistes. Diese Theorie steht im Dienste der reflexiven Selbstvergewisserung der Philosophie, die sich dadurch selbst als einen freien Vollzug erfassen soll. Es ist daher nicht zufällig, daß die späten Schriften Schellings immer wieder um das Problem der Schöpfung kreisen. Denn der Schöpfungsgedanke impliziert einen freien Akt, so daß die gedankliche Bewältigung des Schöpfungsgedankens zum Prüfstein einer Philosophie wird, die sich ihres eigenen Vollzuges als eines freien vergewissert (vgl. UPhO, S. 5).

Die Philosophie als Wissenschaft, die das Sein von vorneherein erklären will, kann sich ursprünglich keines Ausgangspunkts innerhalb des wirklichen Seins bedienen; denn über dies will sie eben hinausgehen. Nur dadurch, daß sie sich über dieses Sein hinaussetzt, und das Unbestimmte setzt, nur indem sie sich alles Sein als Zukünftiges setzt, setzt sie sich in ein freies Verhältnis zum künftigen Sein. (UPhO, S. 57)

Bei der Vergewisserung ihres eigenen freien Anfanges will die Philosophie nicht mit einem Sein beginnen. Ihr gilt »das Sein, als ewiges Correlatum Gottes, von dem wir aber frei werden wollen«, heißt es in einer Vorlesung von 1834 (Pg. 1), »denn ein solches blindes Sein wäre nicht mehr Gott, sondern der Ungott« (GPP, S. 339). In ein freies Verhältnis zum Sein setzt sie sich. Sie will das sein Könnende vor dem Sein. In diesem Setzen stellt sich das *sein Könnende* als erstes Moment einer dreistelligen Struktur ein, welches schon durch seinen Titel deutlich macht, daß es in einer Relation zum Sein steht. Das sein Könnende ist jedoch nur dann als sein Könnendes zu denken, wenn es in einem zweiten Schritt als *rein Seiendes* gedacht wird.

Da die ganze Operation auf das zielt, was vor dem Sein ist, kann bei den beiden Bestimmungen, die sich als jeweils »relative Negation des andern« (UPhO, S. 58) aufbauen, nicht stehen geblieben werden. Erst in einer dritten Bestimmung dessen, was vor dem Sein ist, nämlich dem *sein Könnenden, das im Sein nicht aufhört, das sein Könnende zu sein,* erreicht die philosophische Selbstvergewisserung ihr Ziel (vgl. Schrödter 1986, S. 562-585; Buchheim 1992, S. 116-135).

Markieren die drei Bestimmungen gewissermaßen eine Stufenleiter zum Geist, so müssen sie als Bestimmungen in die interne Verfaßtheit des Geistes eingehen. Damit ist zunächst erreicht, daß der Geist eine Struktur aufweist, die jedoch durch eine Unbestimmtheit gekennzeichnet ist. Denn da die drei Momente die Binnenstruktur des Geistes darstellen, kommt ihm eine interne Bestimmtheit zu, die jedoch dadurch in eine Unbestimmtheit zurückgenommen ist, daß die drei Bestimmungen als Bestimmungen eines Identischen nicht voneinander unterschieden sind. Der Geist, wie er sich im Zuge der Vergewisserung des Anfangens der Philosophie einstellte, entspricht damit weder einer »leeren Unendlichkeit«, da er vermöge der drei Momente »in sich selbst ein Endliches, durchgängig bestimmtes« darstellt, noch ist das Absolute für die Reflexion etwas Bestimmtes, weil es »keiner einzelnen Form Untertan ist, die eine andere ausschlösse, weil es nach außen völlig frei ist« (UPhO, S. 61). Der Begriff des Geistes kann als ›bestimmte Unbestimmtheit‹ charakterisiert werden, insofern er eine Perspektivendifferenz integriert. Im Hinblick auf die Binnenstruktur ist er durch die dreistellige Struktur bestimmt, und im Hinblick auf Außenrelationen ist er unbestimmt, da er in keinem Außenverhältnis mehr steht.

Da der skizzierte Aufstieg zum Geist von der Philosophie getätigt wurde und somit unter der Voraussetzung steht, daß etwas ist, kann die gesamte Argumentation nur *hypothetisch* sein. Ein hypothetischer Geist trägt jedoch den Makel seiner Konstruktion an sich, der jedoch nur um den Preis einer Abstraktion von den Bedingungen seines Zustandekommens getilgt werden kann. Der Begriff des Geistes führt jedoch selbst zu der Einsicht in seine Grundlosigkeit, da im Aufbau der Struktur des Geistes alle externen Relationen in die Binnenstruktur des Geistes aufgenommen wurden. Daß der Geist ist, erschließt sich folglich dadurch, daß er gedacht wurde. Ihre Rechtfertigung erhält die gesamte Argumentation dadurch, daß Philosophie schon ist. Daher kann der Beweis dieses Geistes »nicht von der Philosophie, sondern nur durch die Philosophie« (UPhO, S. 69) erbracht werden. Allein ihr Vollzug erweist den Geist, da eine Begründung nicht über den Gedanken der Notwendigkeit dieses Geistes hinauskommen kann. »Die Vernunft ist da, nur weil jener Geist ist, und der Geist ist nicht, damit es ein vernünftiges Sein gäbe. Der Geist ist also grundlos, er *ist* ohne vorausgehende Notwendigkeit. Daß der Geist *ist*, das eben ist der wahre Anfang.« (UPhO, S. 69)

Der vollkommene Geist, inwiefern er ist, der sein wird, der nicht an sich gebunden ist, sondern von sich ausgehen kann, also lebendiger Geist ist, kann allein, urkundlichem Sprachgebrauch gemäß, Gott genannt werden. (UPhO, S. 89)

Schelling setzt seinen fundamental entfalteten Begriff des *Monotheismus* unter dem Aspekt der freien Schöpfung nicht nur dem Pantheismus entgegen, sondern auch dem Theismus und dem von Fr. Schlegel so gerühmten Widerpart, dem Dualismus (vgl. UPhO, S. 108).

In bezug auf die Schöpfung ist der Theismus ebenso unvermögend als der Pantheismus. [...] der Gott des Theismus [ist] ein absolut impotenter Gott. [...] Der Monotheismus begnügt sich nicht mit jener negativen, toten Einzigkeit, die Gott schon als Substanz betrachtet zukäme – die Einheit des Monotheismus ist auch eine positive, überschwengliche – Gott ist der göttlich Einzige. (UPhO, S. 142)

Ausgehend von dem gewonnenen Begriff des Geistes entwickelt Schelling einen trinitarischen Gottesbegriff (vgl. Kasper 1965, S. 181-284; Holz 1970, S. 368-437; Danz 1995, S. 25-31). »Diese Idee verhält sich daher auch als Voraussetzung einer *Philosophie der Offenbarung*, ohne welche in diese auch nicht einmal der Eingang gefunden werden könnte.« (SW XIII, S. 316) Besteht die Absicht der *Philosophie der Offenbarung* in einer Erklärung der Person des Christus und soll diese bis zum Anfang der Dinge zurückreichen, dann muß sich der Gottesbegriff durch eine interne Differenzierung aufbauen.

So sehr die Lehre von der Dreieinigkeit Gottes zu den Grundbeständen der christlichen Theologie gehört, so problematisch ist doch deren Formulierung. Der Gedanke des *dreieinigen Gottes* fordert nämlich einerseits, eine Einheit in Dreiheit zu denken, und zwar so, daß weder die Einheit die Dreiheit der Personen aufhebt, noch die Dreiheit der Person die Einheit. Andererseits sind die Personen so zu begreifen, daß die Begründung ihrer Unterschiedenheit nicht zu Unterordnungsverhältnissen führt, sondern so, daß die Personen, ihrer Unterschiedenheit ungeachtet, gleich sind. Unter dem Druck der Aufklärung und der historisch-kritischen Bibelkritik wurde die Forderung nach einer Umgestaltung dieser Lehre für die Theologie un-

abweisbar. In diesem Zusammenhang sind Schellings Ausführungen
zum trinitarischen Gottesbegriff zu würdigen, gleichwohl auch hier
noch einmal betont werden soll, daß Schelling nicht den Anspruch
erhebt, eine dogmatische Lehre aufzustellen. Ihm geht es einzig und
allein um die Explikation der Voraussetzungen der Offenbarung.
Dies wird schon daran deutlich, daß Schelling die kirchliche Lehre,
die sogenannte *Homousie* (Wesensgleichheit der trinitarischen Personen), nur dann als denkbar erachtet, wenn sie zwei klassische häreti-
sche Positionen integriert. Die *Homousie* als orthodoxe (rechtgläubi-
ge) Gestalt der Dreieinigkeitslehre setzt nämlich, so Schelling, den
Sabellianismus, der bei ihm als *Tautousie* (die trinitarischen Personen
als Erscheinungsweisen Gottes) erscheint, und den *Arianismus* oder
die *Heterousie* (Ungleichheit der trinitarischen Personen), voraus.
(Vgl. zu weiteren Erläuterungen das *Glossar.*)

Im Aufbau des trinitarischen Gottesgedankens geht Schelling
von dem skizzierten Geistbegriff aus, der als absolute Freiheit gefaßt
wurde.

Der Gott, in cujus potestate omnia sunt, ist der ganze Gott, – nicht eine
Gestalt Gottes, sondern Gott in absoluter, vollkommener Persönlichkeit,
bei der alles steht, penes quam omnia sunt, die allein was anfangen kann
[...]. Diese absolute Persönlichkeit können wir, eben weil sie das alles Anhe-
bende, Urhebende ist, den Vater auch philosophisch nennen.« (UPhO, S.
156) Aber »Gott ist an nichts, nicht an sein eigenes Sein gebunden«
(UPhO, S. 136). »Er will nur die Einheit, aber damit diese als frei erscheint, muß er das Gegenteil, die Nicht-Einheit setzen. (Ebd.)

Für Schelling ist der Begriff einer *göttlichen Verstellung* so wenig an-
stößig, daß er sagt: »ich gestehe, ohne diese Voraussetzung sei das
ganze Christentum unverständlich« (EPh, S. 114). Dies gilt auch für
den Begriff der *Zeugung,* der ihm »ein wahrer Ausdruck, nicht ein
uneigentlicher« (UPhO, S. 157; vgl. auch SW II, S. 536; SW VII,
S. 346) ist.

Nun kann aber die Handlung, in welcher ein Wesen ein anderes Wesen
sich homogen außer sich, unabhängig von sich *so* setzt, daß das Gesetzte
nicht unmittelbar wirkt, sondern *so,* daß es in einem notwendigen und un-
ablaßbaren actus sich selbst zu verwirklichen genötigt ist – eine Handlung
solcher Art kann mit keinem andern Ausdruck, als mit dem Begriff ›Zeugung‹ bezeichnet werden. (UPhO, S. 157)

Die Erhebung der ersten Gestalt seines Seins im Vollzug der Selbstbestimmung Gottes führt zu einer Negation der zweiten Gestalt, die
durch diese Negation in die Möglichkeit der Selbstverwirklichung
gesetzt wird. Dadurch, daß der Sohn durch die Zeugung in die

Möglichkeit, sich zu verwirklichen, und nicht in die Wirklichkeit als Sohn gesetzt wird, löst Schelling eine gravierende Aporie, welche mit dem Zeugungsbegriff für den Begriff des trinitarischen Gottes gegeben ist. Denn impliziert der Gedanke der Zeugung ein einsinniges Begründungsverhältnis, wäre diese *Asymmetrie* für den Gedanken eines trinitarischen Gottes ruinös, da dadurch der Sohn dem Vater untergeordnet wird. Aber indem Schelling den Zeugungsbegriff so faßt, daß der Sohn, oder wie man genauer formulieren müßte, das, was der Sohn wird, in die Möglichkeit der Selbstverwirklichung gesetzt wird, ist dieses einsinnige Bedingungsverhältnis durch ein gegenläufiges Bedingungsverhältnis aufgebrochen. Denn erst durch die Verwirklichung des Sohnes wird der Vater und auch der Geist als dritte Person des trinitarischen Gottes verwirklicht. Der Begriff des Vaters ist nämlich »ein korrelativer Begriff – er ist erst wirklicher Vater im wirklichen Sohne« (UPhO, S. 183). Indem der Sohn durch seine Selbstverwirklichung den Vater verwirklicht, wird das durch die Zeugung gesetzte asymmetrische Verhältnis in ein *symmetrisches* überführt. Die Verwirklichung des Sohnes verwirklicht den Vater und den Geist, so daß im verwirklichten Geist die Einheit des trinitarischen Gottes realisiert ist (vgl. Buchheim 1992, S. 55ff.).

Dieser Verwirklichung des Sohnes korrespondiert die Verwirklichung der Schöpfung.

Durch die Zeugung ist das Gezeugte nur in die Notwendigkeit der Selbstverwirklichung gesetzt. Erst am Ende des actus ist der Sohn wirklich Sohn, ist *als* Sohn; und da dieses Ende das Ende der Schöpfung ist, so ist er zwar schon vor Anfang der Schöpfung gezeugt, aber nicht als Sohn schon verwirklicht. Das Ende der Schöpfung aber ist das menschliche Bewußtsein. (UPhO, S. 158)

Im menschlichen Bewußtsein als Ende der Schöpfung ist die Einheit Gottes verwirklicht, so daß die Einheit des Bewußtseins die Erscheinung des dreieinigen Gottes darstellt. Diese Einheit des Bewußtseins ist jedoch vermittelt durch die Verwirklichung der trinitarischen Personen, so daß die Freiheit des Bewußtseins eine vermittelte Freiheit ist. Indem sich die Einheit Gottes durch die Verwirklichung der Personen realisiert, welche durch ein gegenläufiges Bedingungsverhältnis aufgebaut ist, kann die Einheit nicht eine vierte Größe neben den trinitarischen Personen sein. Die Einheit ist vielmehr die verwirklichte Differenz der Personen.

Schelling orientiert den Aufbau der Bestimmtheiten des trinitarischen Gottes an der Forderung der Freiheit. »*Freiheit* ist unser und der Gottheit Höchstes.« (UPhO, S. 79) Das Verhältnis von Einheit und Dreiheit im trinitarischen Gottesbegriff kann daher als *Begriff*

der Freiheit verstanden werden, insofern er den Vollzug und die Bestimmtheit der Freiheit darstellt. Hierin spricht sich die Einsicht
Schellings aus, daß ein einsinniges Bedingungsverhältnis für den Begriff der Freiheit ruinös wäre. Bedarf doch eine einsinnige Aktivität
einer Passivität zu ihrer Darstellung. Dadurch, daß der Sohn für die
Freiheit des Vaters notwendig ist, wird das einsinne Bedingungsverhältnis in eine zweisinniges überführt.

Mit dem trinitarischen Gottesbegriff ist die Voraussetzung der
Offenbarung namhaft gemacht, die es erlaubt, diese aus dem Selbstvollzug Gottes heraus zu explizieren. Ein Gottesbegriff, der nicht in
sich differenziert ist, würde der Forderung, daß Christus als Inhalt
der Offenbarung bis in den Anfang der Dinge zurückreicht, nicht
gerecht werden. Das Verhältnis von Gott und Welt bliebe dem Gottesbegriff selbst äußerlich.

9.2.3 Die Tathandlung als Thema der Christologie

Das Thema der Christologie ist weder ein übernatürliches Wunder,
welches allen Bezug zum Natürlichen von sich abgestreift hat und
sich wie ein Fremdkörper in der Welt des Natürlichen ausnimmt,
noch die Gestalt eines Lehrers, der unter der Hülle von fremdartig
anmutenden Vorstellungen eine vernünftige Moral stiftet. »Christus
ist nicht der Lehrer, wie man zu sagen pflegt, Christus nicht der
Stifter, er ist der *Inhalt* des Christenthums.« (SW XIV, S. 35) Führt
nämlich einerseits die supranaturalistische Fassung der Christologie
zu der für diese ruinösen Konsequenz, tendenziell *doketistisch* zu
werden, d.h. eine Aufhebung des Menschseins Jesu Christi zu be-
treiben, so hebt andererseits die rationalistische Aufklärungstheologie das Gottsein des Christus auf. Beide Positionen kommen jedoch
darin überein, daß sie in ihrem jeweiligen Aufbau der Christologie
von Gegebenheiten ausgehen. Im Gegenzug zur supranaturalistischen Theologie und zur rationalistischen Aufklärungstheologie entwickelt Schelling den Grundgedanken seiner Christologie (vgl. Rosenau 1985, S. 115-148; Danz 1996, S. 68-142). Anhand der drei
Hauptthemen der Christologie, *Menschwerdung, Kreuzestod und Auferstehung Christi* sollen im folgenden die Grundlinien von Schellings
Verständnis der Christologie diskutiert werden.

In Konsequenz seiner Forderung, daß der Inhalt der Offenbarung eine ›höhere Geschichte‹ darstellt, welche vom Anfang der
Dinge bis zu deren Ende reicht, orientiert Schelling die Bestimmungen der Christologie an der Selbstbestimmung des Christus. Auf
diese Weise versucht Schelling, die Aporien zu vermeiden, die sich

einer christologischen Theorie stellen, welche von der Gegebenheit von zwei Naturen ausgeht (vgl. UPhO, S. 535). Geht man nämlich in der christologischen Theoriebildung von zwei vorausgesetzten Naturen aus, so ergeben sich bei der Frage, wie deren Vereinigung zu einer Person möglich sein soll, unlösbare Aporien. Denn eine gedankliche Vereinigung beider Naturen führt entweder zu einer Auflösung der menschlichen Natur oder zu einer Auflösung der göttlichen Natur. Im ersten Falle könnte Christus nicht als wahrer Mensch gedacht werden und im zweiten Fall nicht als wahrer Gott.

> Der Sohn *konnte* unabhängig von dem Vater in *eigner* Herrlichkeit existiren, er konnte freilich außer dem Vater nicht der *wahre* Gott, aber er konnte doch außer und ohne den Vater *Gott,* nämlich Herr des Seyns, zwar nicht dem *Wesen* nach, aber doch *actu* Gott seyn. *Diese* Herrlichkeit aber, die er unabhängig von dem Vater haben konnte, verschmähte der Sohn, und *darin* ist er Christus. *Das* ist die Grundidee des Christenthums. (SW XIV, S. 37)

Die *Grundidee* des Christentums besteht in der Negation der Herrlichkeit, die der Sohn ohne den Vater haben konnte, und nur in dem Vollzug dieser Negation ist der Sohn der Christus. Dieser Selbstvollzug und seine Bestimmungen fassen nach Schelling in bündiger Kürze den gedanklichen Gehalt des Christentums zusammen. Dieser besteht darin, daß der Sohn in seiner Selbstbestimmung die ihm vom Vater gegebene Selbstbestimmung als gegebene realisiert. Nur durch diesen Vollzug ist er der Christus.

Das Menschsein des Christus kann damit nicht als eine Gegebenheit verstanden werden, sondern nur als das Ziel eines Prozesses. Diesen Prozeß versteht Schelling als Menschwerdung des Sohnes. Da der Sohn durch die Menschwerdung seine Unabhängigkeit vom Vater aufgibt, die er im mythologischen Prozeß erlangt hat, erweist er sich gerade durch die *Menschwerdung* als Gott (vgl. Browarzik 1971, S. 164-175; Franz 1987, S. 3-19; Danz 1995, S. 21-39). Dabei kommt Schelling alles darauf an, die Menschwerdung des Sohnes als eine freie Tat zu begreifen, so daß diese als Selbstbestimmung zur Besonderung verstanden werden muß. Dadurch, daß sich der Sohn als besonderes Bewußtsein setzt und seine potentielle Allgemeinheit negiert, realisiert er unter den Bedingungen der Entfremdung die *Sein-Sollende Freiheit.* Denn dadurch, daß er als besonderes Bewußtsein den Grund des Bewußtseins zur Darstellung und so seine Selbstbestimmung als eine vermittelte Selbstbestimmung zur Geltung bringt, stellt er die wahre Freiheit unter den Bedingungen der von sich entfremdeten Freiheit dar. Seine Selbstbestimmung, für die die Formel von der Menschwerdung steht, ist folglich keine

Selbstbestimmung, die Selbstentfremdung und Selbstzerstörung zur Folge hat. Da der Sohn sich in einer freien Tat, in seinem Gehorsam (vgl. SW XIV, S. 36), wie Schelling schreibt, zur Besonderung bestimmt, ist die Menschwerdung zugleich als Anerkennung der endlichen Freiheit zu verstehen.

Besteht die Menschwerdung in einer freien Tat des Sohnes, in einer *Tathandlung*, so können im Ausgang von der Selbstbestimmung des Sohnes die Bestimmungen der *Zwei-Naturen-Lehre* (Lehre von der göttlichen und menschlichen Natur und ihrer Vereinigung zur Person Christi) expliziert werden, ohne daß auf vorgegebene Naturen rekurriert werden muß.

Der Actus der Menschwerdung bringt es mit sich, daß das Mensch gewordene bei absoluter Einheit der Personen dennoch in duabus naturis existiert. Da aber diese Trennung aus Einem unauflöslichen Subjekt hervorgeht, so sieht man, wie die Einheit des Subjekts in der Trennung besteht. Dies ist unstreitig alles oder das Höchste, was man verlangen kann. (UPhO, S. 573f.)

Soll die Menschwerdung des Sohnes als Selbstbestimmung verstanden werden, so kann es für diese keinen anderen Grund geben als diese selbst. Die Tathandlung der Menschwerdung setzt so die Differenz und Einheit von Göttlichem und Menschlichem, denn indem der Sohn Mensch wird, setzt er sich »*zugleich* als göttliches und menschliches« (SW XIV, S. 185) Subjekt. Da der Vollzug der Menschwerdung als Negation der potentiellen Selbständigkeit die Bedingung dafür darstellt, daß das Göttliche in ihm erscheinen kann und das Göttliche in ihm die Bedingung dafür darstellt, daß er Mensch wurde, ist die Frage, wie Göttliches und Menschliches in einer Person nebeneinander bestehen können, ohne Rekurs auf vorgegebene Naturen gelöst. Nur dadurch, daß der Sohn Mensch wird, eben als besonderes Bewußtsein, ist er Gott, d.h. stellt er die *Sein-Sollende Freiheit* als ihm gegebene Freiheit dar. Der theologische Locus der *communicatio idiomatum* (Mitteilung der Eigenschaften), dem die Funktion zukommt, das Verhältnis von göttlicher und menschlicher Natur in der Person des Christus zu bestimmen, erfährt durch Schelling insofern eine grundsätzliche Neuinterpretation, als er die Menschwerdung des Sohnes als *communicatio idiomatum* expliziert.

Die Menschheit Christi kann nur als durch einen actus continuus der Entäußerung bestehend gedacht werden; denn Christus sagt: Ich habe Macht, mein Leben zu lassen (in die Menschheit hinzugeben) und es wieder zu nehmen – es ist hier nicht von dem Tod Christi, sondern von seinem selbständigen Seyn die Rede, das er hingeben, und das er auch wieder nehmen könnte. (SW XIV, S. 192f.)

Das Menschsein des Sohnes ist nichts anderes als die Negation der abstrakten Selbstbestimmung und damit die Darstellung seiner Selbstbestimmung als einer vermittelten Selbstbestimmung, worin sein Gottsein zur Geltung kommt. Durch diese Entäußerung allein ist er der Christus, eben die Sein-Sollende Freiheit.

»Aber auch an der Menschwerdung war es nicht genug, sie war nur der Uebergang zum eigentlichen Akt der Versöhnung.« (SW XIV, S. 196) So sehr die Menschwerdung als Besonderung des Sohnes die Voraussetzung für die *Versöhnung* der Freiheit von Gott und Mensch darstellt, so wenig ist sie durch die Menschwerdung schon geleistet. Die Menschwerdung des Sohnes ist insofern unhintergehbare Bedingung der Versöhnung, als der Grund der Differenz von Gott und Mensch in der Selbstkonstitution des Selbstbewußtseins durch die endliche Freiheit besteht. Soll also die Versöhnung der endlichen Freiheit dieser nicht äußerlich sein, so kann sie sich nur am Ort des für-sich-seienden endlichen Bewußtseins vollziehen Eine Versöhnung ist daher nur durch eine Selbstaufgabe des Selbstbewußtseins durch den Menschen möglich, aber dies ist ihm unmöglich, da jeder Selbstvollzug die Differenz von Gott und Mensch reproduziert. Gott muß daher die endliche Freiheit anerkennen, um sie zu versöhnen, denn »nur Persönliches kann Persönliches heilen, und Gott muß Mensch werden, damit der Mensch wieder zu Gott komme« (SW VII, S. 380). Indem der Sohn Mensch wird, unterstellt er sich den Folgen der Selbstkonstitution des Selbstbewußtseins, der Differenz von Gott und Mensch. Diese Differenz von Gott und Mensch dokumentiert sich am Ort des Bewußtseins als Zorn Gottes, so daß sich der Sohn dem Zorn Gottes unterstellt. Der Zorn Gottes als Folge der Selbstkonstitution des Selbstbewußtseins zielt auf die Überwindung des Selbstbewußtseins als unmittelbarer Selbstbestimmung. Unterstellt sich der Sohn also dem Zorn Gottes, so ist der Tod des Sohnes am Kreuz als Negation der Besonderung zu verstehen. Indem der Sohn als besonderes Bewußtsein sich negiert, negiert er den Grund der Differenz von Gott und Mensch.

Wir setzten in der vermittelnden Potenz den Willen voraus, sich Gott gänzlich zu unterwerfen. Aber sich Gott gänzlich zu unterwerfen heißt, sich dem Prinzip des göttlichen Unwillens unterwerfen. [...] Eben dieses Prinzip war aber die Ursache des Todes, dem die menschliche Natur unterworfen war. Sollte die vermittelnde Potenz jenem Prinzip sich ganz unterwerfen, so mußte sie sich bis zum Tode unterwerfen [...] nun aber mit der Unterwerfung bis zum Tode war die ganze Macht jenes Prinzips gebrochen. (UPhO, S. 592)

Durch diesen Vollzug der Selbstnegation, der in der Negation der Selbstheit im Tod kulminiert und der die Menschwerdung als Negation der abstrakten Selbstbestimmung zur Voraussetzung hat, bestimmt sich der Sohn zum Christus. Damit wird deutlich, daß der Titel Christus für Schelling eine Formel für die Sein-Sollende Freiheit darstellt, d. h. für eine Freiheit, die sich in ihrem Vollzug als sich gegebene Freiheit verwirklicht.

Die Auferstehung Christi war der entscheidende Beweis der Unwiderruflichkeit seiner Menschwerdung, und daß er sich von seiner Gottheit nichts als die göttliche Gesinnung, den göttlichen Willen vorbehalten. (SW XIV, S. 217)

Dadurch, daß Christus über den Tod hinaus Mensch blieb, ist gesagt, daß der Tod am Kreuz als Negation der Selbstheit nicht das Ende der Selbstheit überhaupt bedeutet. Indem Christus als Mensch aufersteht, stellt er die gelten sollende Freiheit am Ort des Besonderen dar. In der *Auferstehung* des Christus dokumentiert sich die Anerkennung der endlichen Freiheit als einer vermittelten Freiheit. Da das Wesen des Menschen in der Freiheit besteht und diese nur individuell selbsttätig realisiert werden kann, ist diese durch die Auferstehung des Christus von Gott anerkannt. Indem der Mensch seine Selbstbestimmung als eine vermittelte Selbstbestimmung anerkennt, anerkennt er seine Anerkennung durch Gott (vgl. Tillich 1912, S. 107f.; Danz 1996, S. 127-142).

Die Christologie Schellings, die den eigentlichen Inhalt der Offenbarung bildet, stellt eine *Theorie endlicher Freiheit* dar. Die Forderung nach einer *philosophischen Religion,* unter der die Ausführungen Schellings zur Offenbarung stehen, entspricht daher einer Anwendung der Christologie auf sich selbst. Denn als Theorie endlicher Freiheit muß die Christologie ihre eigene Mitteilbarkeit implizieren. Diese Mitteilbarkeit ist nur im Medium der freien Einsicht möglich, soll der Anspruch der Offenbarung, die letztgültige Befreiung zu sein, nicht unterlaufen werden. Daher muß sich die Offenbarung im Interesse ihrer eigenen Kommunizierbarkeit in einer wissenschaftlichen Form auslegen lassen, die unter dem Kriterium der *freien Einsicht* und der *freien Zustimmung* steht.

9.3 Zur Rezeption der Philosophie der Offenbarung

Schellings *Philosophie der Offenbarung* wirkte zwar nicht in dem Maße schulbildend wie die Hegelsche Philosophie, dennoch ist ein Einfluß auf theologische und philosophische Theoriebildungen unverkennbar. Exemplarisch soll im folgenden auf einige Positionen hingewiesen werden.

Für die theologische Rezeption Schellings spielten vornehmlich dessen Konzeption des Gottesbegriffes, des Geschichtsbebegriffes sowie der Christologie eine zentrale Rolle. In einer allgemeinen Form wurden die Grundgedanken der *Philosophie der Offenbarung* von Schellings Sohn K.F.A. Schelling in dessen Buch *Protestantismus und Philosophie* (Gotha 1848) aufgenommen. Wie aus Schellings Tagebuch von 1848 hervorgeht, hat er diese Schrift seines Sohnes selbst korrigiert, so daß man annehmen kann, daß die Entwicklungsgeschichte des Protestantismus, welche K.F.A. Schelling zeichnet, im Geiste seines Vaters verfaßt ist (vgl. TGB 1848, S. 46, 77). So sieht K.F.A. Schelling das Ziel der Reformation erst mit dem »völligen, freien Verständniß des Evangeliums« (K.F.A. Schelling 1848, S. 2) erreicht. Entsprechend der Konzeption der philosophischen Religion Schellings kann diese Aufgabe nach K.F.A. Schelling nur »mit Hülfe der Wissenschaft und zwar der freiesten Wissenschaft« (ebd.) gelöst werden.

Die von Schelling in der *Philosophie der Offenbarung* bereitgestellten denkerischen Mittel, die es erlaubten, einen Zusammenhang von Gotteslehre und Geschichte zu denken, erfuhren eine Aufnahme in den sogenannten *Kenosischristologien* (Selbstentäußerung Christi). So finden sich Spuren der Schellingschen Christologie bei Gottfried Thomasius und Karl Theodor Albert Liebner (vgl. Schlutter 1915). Eine Aufnahme von Schellingschen Gedanken ist auch in der spekulativen Theologie Richard Rothes und Isaak August Dorners nachweisbar.

In der katholischen Theologie des 19. Jahrhunderts erfuhr die *Philosophie der Offenbarung* in der sogenannten Tübinger katholischen Schule eine Würdigung. Methodologische Grundentscheidungen Schellings, insbesondere seiner Naturphilosophie, werden von Johann Sebastian Drey aufgenommen und in dessen Theologie weitergebildet. Auch andere Vertreter dieser Schule, wie Johann Adam Möhler, Franz Anton Stauenmaier und Johannes Ev. von Kuhn rezipieren Grundüberzeugungen der Schellingschen Philosophie. Insbesondere Schellings Fassung des Gottesbegriffes, welcher scheinbar besser mit dem biblischen Gottesbegriff zu vereinbaren ist als der Hegelsche, beförderten eine theologische Rezeption der *Philosophie der Offenbarung* (vgl. Wolf 1991, S. 133-160).

Systembildend wirkte Schellings *Philosophie der Offenbarung* auf die protestantische Theologie des 20. Jahrhunderts in der Theologie Paul Tillichs. In seinem Spätwerk, der *Systematischen Theologie*, entfaltet Tillich ein theologisches System, in dem sich die Grundannahmen der Schellingschen Philosophie spiegeln. Tillichs Methode der Korrelation, für die eine Verschränkung von Philosophie und Offenbarungstheologie konstitutiv ist, kann als Interpretation von Schellings Unterscheidung von negativer und positiver Philosophie verstanden werden (vgl. Mokrosch 1976).

In der katholischen Theologie des 20. Jahrhunderts fand die *Philosophie der Offenbarung* einen vergleichsweise stärkeren Widerhall als in der protestantischen Theologie. So stellt Walter Kasper den von Schelling hergestellten Zusammenhang von Gotteslehre und Geschichte in das Zentrum seiner Theologie. Schellings Zuspitzung des Gottesgedankens auf den Freiheitsgedanken lassen dessen Konzeption bei Emerich Coreth und Klaus Hemmerle als ein theologisch anschlußfähiges Modell erscheinen.

Auch wenn die *Philosophie der Offenbarung* in der Philosophie des 19. Jahrhunderts nicht die von Schelling erhoffte Wirkung fand, so stützt sich doch die philosophische Kritik an Hegel von Sören Kierkegaard bis Karl Marx implizit und explizit auf Schellingsche Argumente. Aus diesem Grund ist es nicht ganz unberechtigt, von einer untergründigen Wirkungsgeschichte der *Philosophie der Offenbarung* gerade bei solchen Autoren zu sprechen, die Schelling völlig ablehnend gegenüberstanden. Eduard von Hartmanns *Philosophie des Unbewußten* (1869) sieht Schelling als Wegbereiter seiner eigenen Philosophie. Die in der *Philosophie der Offenbarung* ausgeführte ›positive Philosophie‹ deutet er als Vereinigung von Hegel und Schopenhauer.

Die sich in der *Philosophie der Offenbarung* dokumentierende Frontstellung gegen Hegels Logik wurde im 20. Jahrhundert von in ihrem Ansatz so unterschiedlichen Denkern wie Franz Rosenzweig einerseits und Karl Jaspers und Gabriel Marcel andererseits aufgegriffen. In seinem Hauptwerk *Der Stern der Erlösung* (1921) knüpft Rosenzweig mit seiner dialogischen Philosophie an Schellings Spätphilosophie an. Im Zusammenhang der Kritik an dem Formalismus der verschiedenen neukantianischen Schulen kommt es zu einer neuen Würdigung der Philosophie Schellings bei Karl Jaspers und anderen Vertretern der sogenannten Existenzphilosophie. Paul Tillich sieht in der polemischen Spitze der Schellingschen Spätphilosophie gegen die Hegelsche Dialektik »die Anfänge des existentialistischen Protestes« gegen ein einseitiges Vernunftsystem (vgl. Tillich 1955, S. 197-208).

Grundannahmen der *Philosophie der Offenbarung* spiegeln sich auch in Ernst Blochs Philosophie. Nicht nur dessen Verständnis von Dialektik und die diese tragende Konzeption des Verhältnisses von Sein und Logik, sondern auch dessen ›Gott-Materie‹ verraten einen Einfluß der Schellingschen Spätphilosophie (vgl. Wüstehube 1989; Folkers 1990, S. 13-44).

Literatur

Th. Buchheim: *Eins von Allem. Die Selbstbescheidung des Idealismus in Schellings Spätphilosophie.* Hamburg 1992.

Ch. Danz: *Die philosophische Christologie F.W.J. Schellings.* Stuttgart-Bad Cannstatt 1996.

A. Franz: *Philosophische Religion. Eine Auseinandersetzung mit den Grundlegungsproblemen der Spätphilosophie F.W.J. Schellings.* Amsterdam 1992.

W. Kasper: *Das Absolute in der Geschichte. Philosophie und Theologie der Geschichte in der Spätphilosophie Schellings.* Mainz 1965.

D. Korsch: *Der Grund der Freiheit. Eine Untersuchung zur Problemgeschichte der positiven Philosophie und zur Systemfunktion des Christentums im Spätwerk F.W.J. Schellings.* München 1980.

H. Rosenau: *Die Differenz im christologischen Denken Schellings.* Frankfurt a.M./ Bern/ New York 1985.

Für Ratschläge zu diesem Beitrag danke ich Walter E. Ehrhardt.

10. Recht, Staat und Politik bei Schelling

Zwei Grundzüge kennzeichnen sowohl Schellings politische Philosophie als auch sein Verhältnis zum Politischen im allgemeinen. Obwohl Schellings Gesamtwerk keine in allen Einzelheiten ausgearbeitete Philosophie des Rechts, der Politik und des Staates – etwa der *Rechtsphilosophie* Hegels vergleichbar – kennt, so wäre es doch falsch, Schellings Philosophie als unpolitisch zu bezeichnen. Seine ganze Philosophie zielt auf eine Veränderung der Gesamtheit der Lebensverhältnisse der Menschen und der Menschheit ab. In diese Lebensverhältnisse sind, werden sie in einem umfassenden Sinne verstanden, die rechtlichen, politischen und gesellschaftlichen Verhältnisse mit einbegriffen.

Keineswegs sei es »der höchste Zweck der Philosophie, [...] wieder Philosophen zu bilden«, sondern »daß Viele im Staate sind, [...] die in lebendigem Zusammenhang wissenschaftlicher Forschung fortwirken«, sagt der reife Schelling im *System der Weltalter* im Jahre 1827 (SdW, S. 3) und bekräftigt damit, was er auch schon in den frühen Jahren postuliert hat. Das Wesen der Menschen, das, woraus sie ihre Kraft und ihr Dasein schöpfen, ist ihr Bewußtsein oder ihre *Gesinnung*. Die Veränderung des Ganzen setzt also nicht an den politischen oder gar gesellschaftlichen Verhältnissen an, sondern am Bewußtsein der Individuen und nur über diesen Weg ist ein Eingreifen in das Leben der Menschen möglich.

Gebt dem Menschen das Bewußtseyn dessen, was er *ist*, er wird bald auch lernen, zu seyn, was er *soll*: Gebt ihm *theoretische* Achtung für sich selbst, die *praktische* wird bald nachfolgen. (AA I, 2, S. 77f, SW I, S. 157)

Wenn also Schelling versucht, das Verhältnis zwischen dem Absoluten (z.B. Gott) und der Welt (Natur, Menschen) immer wieder neu zu fassen, so sind damit immer auch alle anderen Momente der Wirklichkeit mit einbezogen, auch das Recht, der Staat und die Politik. Umgekehrt sind die besonderen Gegenstände des Politischen stets auch im Hinblick auf das Ganze hin ausgearbeitet worden.

Der zweite Grundzug betrifft das Verhältnis des Individuums zum Staat. Durch alle Wandlungen der Gesamtkonzeption seiner Philosophie hindurch optiert Schelling stets für eine freie Entfaltung des Individuums und gegen eine Politik, die die Entwicklungsmöglichkeiten des Individuums von seiten des Staates einzuschränken versucht. Dabei weisen Schellings philosophische Explikationen und sein persönliches Verhalten in Wort und Tat zu diesen Fragen eine hohe Homogenität auf. Diese Übereinstimmung kann man für die späte Phase seines Lebens, im Jahre 1848, exemplarisch nachvollziehen (s.u.).

10.1 Der Staat als Mechanismus und das Recht

Bereits im »Ältesten Systemprogramm des deutschen Idealismus« ist diese zugunsten des menschlichen *Individuums* vorgenommene negative Bewertung des Staates ausgesprochen:

Die Idee der Menschheit voran, will ich zeigen, daß es keine Idee vom *Staat* gibt, weil der Staat etwas *Mechanisches* ist, so wenig es eine Idee von einer *Maschine* gibt. Nur was Gegenstand der *Freiheit* ist, heißt *Idee*. Wir müssen also über den Staat hinaus! – Jeder Staat muß freie Menschen als mechanisches Räderwerk behandeln; und das soll er nicht; also soll er *aufhören*. (HW 1, S. 234f.)

Die geistige Atmosphäre im Tübinger Stift der 1790er Jahre war durch die politischen Umwälzungen in Frankreich so aufgeladen, daß kaum eine Äußerung, eine Predigt oder ein Buch nicht auch als Stellungnahme zu den politischen Verhältnissen in Frankreich und noch vielmehr zu den Verhältnissen im Herzogtum Württemberg betrachtet werden konnte (vgl. Jacobs 1989, S. 18). Der absolutistisch gesonnene Herzog führte in seinem Land überall dort, wo er es konnte, ein strenges Regiment. Das Stift und die Universität gehörten zu diesen Domänen des Herzogs, der von diesen Einrichtungen erwartete, daß sie treue Staatsdiener und ergebene Geistliche hervorbrachten. Staat und Kirche wurden von ihm als eine Einheit betrachtet. Daß die Ideen der Französischen Revolution bei den Stiftlern auf fruchtbaren Boden gefallen waren, ist durch die Forschung bezeugt, und wir können aus guten Gründen annehmen, daß auch Schelling dieses mit Politik und Revolution gesättigte Klima in sich aufgenommen hatte. Über das politische Leben Schellings berichten Anekdoten, die die neuere Forschung bezweifelt, so etwa seine Teilnahme an einem Tanz um einen Freiheitsbaum, oder über die Marseillaise, die Schelling ins Deutsche übersetzt haben und deswegen vom Herzog bei einer Inspektion darüber persönlich befragt worden sein soll. Glaubwürdiger dagegen sind die Zeugnisse über Schellings Beteiligung an einem als »Unsinnskollegium« getarnten politischen Klub (vgl. Jacobs 1989, S. 33-45 und ders. 1981, S. 289ff.).

Die erste rechtsphilosophische Schrift ist die »Neue Deduktion des Naturrechts«. Diese verfaßte Schelling 1796 in großer Eile, denn er wollte einer von Fichte angekündigten ähnlichen Schrift zuvorkommen. (Auch Kants *Metaphysik der Sitten* erschien erst 1797.) Sie ist zugleich die einzige Schrift Schellings, in der ausschließlich Gegenstände der praktischen Philosophie abgehandelt werden. Darin geht es Schelling nicht darum, einzelne Sätze der Rechts- bzw. der Naturrechtslehre abzuleiten und aufzustellen, vielmehr will er die Prinzipien der praktischen Philosophie aus dem Unbedingten ableiten. Insofern das Naturrecht allein aus der Vernunft abgeleitet wird, versteht Schelling unter ›Naturrecht‹ nicht mehr so sehr das der Aufklärung und erst recht nicht ein religiös begründetes göttliches Naturrecht; dennoch kann seine Naturrechts-Konzeption ihre Abhängigkeit von aufgeklärten Naturrechtslehren nicht verleugnen.

Schelling führt einen Gedanken aus, der in den vorangegangenen theoretischen Schriften nicht durchzuführen war: Das Unbedingte (das Absolute) soll realisiert werden. Dazu ist die theoretische Vernunft nicht in der Lage, denn dieser *erscheint* alles, was ist, als *Objekt*, was dem Charakter des Unbedingtseins entgegengesetzt ist, da jedes Objekt bedingt ist (§ 1). Das Unbedingte muß daher Subjekt, Ich sein, »das allem Existirenden zu Grunde liegt« (AA I,3, S. 139, SW I, S. 247). Um das Unbedingte realisieren zu können, ergeht an das Individuum, an das Ich die Aufforderung: »*Sei!* im höchsten Sinne des Worts; höre auf, *selbst* Erscheinung zu sein: strebe, ein *Wesen an sich* zu werden!« (AA I, 3, S. 139; SW I, S. 247)

Nur unter dieser Voraussetzung ist es möglich, daß Freiheit das Prinzip der moralischen Wirklichkeit ist, daß kein fremdes Gesetz das Streben des Ich einschränkt. Dieses Prinzip der Freiheit liegt auch der Natur zugrunde. Diese ist zwar, sofern man sie als Objekt betrachtet, durch Naturgesetze, durch physische Kausalität bestimmt, aber dies ist sie nur in der Erscheinung, der die Freiheit als zugrundeliegend gedacht werden muß. Die an der empirischen Oberfläche der Natur *erscheinende* Freiheit ist *das Leben*.

In dem Streben des Menschen nach freier Entfaltung stößt er auf das Streben anderer Menschen, die das gleiche tun. Damit wird die Moral, in deren Umkreis nur die Forderung des *einzelnen Individuums* nach absoluter Freiheit abgehandelt wird, zur Ethik erweitert, in der die Forderungen *aller* Menschen formuliert werden: die Ethik ist das Gebiet des allgemeinen Willens im Unterschied zu dem des einzelnen Willens, das die Moral philosophisch behandelt. Schelling hält ausdrücklich eine eindeutige Abhängigkeit des Allgemeinwillens vom Einzelwillen fest: »*Der allgemeine Wille ist bedingt durch den in-*

dividuellen, nicht der individuelle durch den allgemeinen.« (AA I,3, S. 145, SW I, S. 253)

Schelling versucht nun, ausgehend von der ursprünglichen Uneingeschränktheit des Willens überhaupt, des absoluten Willens, den Bereich der Moral und aus der Beziehung von Individual- und Allgemeinwillen die Bereiche der Ethik und des Rechts näher zu bestimmen. Das höchste Gebot der Ethik lautet demnach: *»handle so, daß dein Wille absoluter Wille sei;* [...] handle so, daß durch deine Handlung [...] kein vernünftiges Wesen als bloßes *Object,* sondern als mithandelndes *Subject* gesetzt werde.« (AA I,3, S. 148, SW I, S. 255) Von hier aus bestimmt Schelling die *Pflicht* des Individuums als das, was es tun *soll,* »was schlechthin *ist,* weil es sein soll« (AA I,3, S. 152, SW I, S. 259). Dagegen ist das Recht das, was das Individuum tun *darf* (§ 65). Steht alles, was man tun *soll,* unter einem *Gebot,* so kann man das, was man tun *darf,* nicht fordern. Dementsprechend stellt Schelling der Wissenschaft der Pflicht eine Wissenschaft des Rechts gegenüber. Die Ethik betrachtet den individuellen Willen in bezug auf den allgemeinen, die Rechtswissenschaft den allgemeinen in bezug auf den individuellen Willen. Beide sind insofern einander entgegengesetzt, als der allgemeine und der individuelle Wille nie völlig identisch sein können. Schelling leitet aus der Wechselbeziehung von individuellem und allgemeinem Willen unter Hinzuziehung des Begriffspaares »Form« und »Materie« (Inhalt), die er bereits in der Schrift *Über die Möglichkeit einer Form der Philosophie überhaupt* (1794) expliziert hatte, die einzelnen Bestimmungen der praktischen Philosophie ab. Im einzelnen sind dies

— das *Recht der moralischen Freiheit,* das besagt, daß der individuelle Wille gegen gesetzwidrige *und* gegen gesetzmäßige Handlungen frei bleiben muß,

— das *Recht der formalen Gleichheit,* daß jeder seine Individualität gegen jede andere Individualität behaupten darf und

— das *Naturrecht im engeren Sinne,* daß jeder ein uneingeschränktes Recht auf die Erscheinungswelt, auf Sachen und auf Objekte hat. (Diese letzte Bestimmung stimmt nicht mit dem tradierten Begriff des Naturrechts überein; es geht eher um ein Sachenrecht.)

Alle späteren Explikationen Schellings zu Recht, Politik und Staat sind eingefügt in umfassendere Abhandlungen; manche wichtige Ausführungen sind auch erst aus dem Nachlaß bekannt geworden. Im *System des transzendentalen Idealismus* führt Schelling die Möglichkeit an, daß die Menschen durch ihr wechselseitiges freies Handeln einen Zustand herbeiführen können, in dem gerade dieses freie Handeln unmöglich ist. Dies müsse ausgeschlossen werden. Die

Einschränkung der Freiheit des einzelnen ist nur indirekt möglich, denn die Freiheit gehört ebenso wie die Vernünftigkeit zum Wesen des Menschen. Der Mensch kann nur durch äußere Mittel dazu gebracht werden, sich selbst in seinen Handlungen zu beschränken.

Es muß eine zweite und höhere Natur gleichsam über der ersten errichtet werden, in welcher ein Naturgesetz, aber ein ganz anderes, als in der sichtbaren Natur herrscht, nämlich ein Naturgesetz zum Behuf der Freiheit. Unerbittlich, und mit der eisernen Notwendigkeit, mit welcher in der sinnlichen Natur auf die Ursache ihre Wirkung folgt, muß in dieser zweiten Natur auf den Eingriff in fremde Freiheit der augenblickliche Widerspruch gegen den eigennützigen Trieb erfolgen. Ein solches Naturgesetz, wie das eben geschilderte, ist das Rechtsgesetz, und die zweite Natur, in welcher dieses Gesetz herrschend ist, die Rechtsverfassung. (SW III, S. 583)

Der Terminus »zweite Natur« drückt zweierlei aus. Zum einen entsteht die Rechtsverfassung nicht unmittelbar aus dem Wesen des Menschen; sie ist den Menschen ebenso äußerlich aber auch ebenso notwendig wie die äußere Natur. Das Ziel, die Wesensbestimmung des Menschen ist es nicht, sich als Bürger am Staatsleben zu beteiligen. Es ist ihm unbenommen, dies zu tun, und zur Sicherung des Lebens sind diese Tätigkeiten durchaus notwendig, es entspricht aber nicht seiner eigentlichen höheren Bestimmung. Zum anderen ist diese Rechtsverfassung auch etwas rein Mechanisches. Die Rechtslehre untersucht den Mechanismus, unter welchem freie Wesen, die wechselseitig aufeinander wirken, leben müssen. Folglich ordnet Schelling die Rechtswissenschaft nicht den praktischen, sondern den theoretischen Wissenschaften zu. Somit ist die rechtliche Ordnung nicht bloß keine moralische Ordnung, sondern es müssen alle Versuche, sie, statt sie bloß als eine reine Naturordnung, nämlich als »Supplement der sichtbaren Natur« (SW III, S. 583) zu behandeln, moralisch gestalten zu wollen, in ihr Gegenteil, in den Despotismus, umschlagen. Gerade solche Staaten, in denen nicht ein mechanisches, für jeden Menschen ein gleichermaßen bindendes und blind wirkendes Gesetz herrscht, sondern »der Wille eines Richters [...] herrscht, der das Recht als eine Vorsehung, die in das Innere sieht, unter beständigen Eingriffen in den Naturgang des Rechts ausübt« (SW III, S. 584), sind das Unwürdigste und Empörendste. In diesen im Jahre 1800 veröffentlichten Ausführungen kann man die Reflexionen über die revolutionären Ereignisse des letzten Jahrzehnts ebenso erkennen wie in den weiteren Überlegungen. In der Entwicklung einer rechtlichen Verfassung gibt es keine durch die Vernunft vorgegebene Richtschnur; zwischen der Idee einer Verfassung und der wirklichen Ausführung gibt es viele Zufälle;

die meisten Verfassungen werden daher schon den Keim des Untergangs in sich tragen, sie werden nur temporär bestehen. Das Volk, das unter dem Drang der Umstände manche Rechte aufgegeben hat, die es nicht auf ewig veräußern kann, wird diese Rechte früher oder später zurückfordern, wodurch der Umsturz der Verfassung unvermeidlich ist. Wenn es auch kein zentrales Moment im Rechtsdenken Schellings ist, so werden hier doch dem Volk unveräußerliche Rechte zugesprochen. Eine vollkommene Verfassung jedoch kann es nicht geben, zuviel ist vom Zufall abhängig. Auch die Versuche, den Verfassungen dadurch auf Dauer die Rechtlichkeit zu sichern, daß man die drei Gewalten, auf denen der Staat beruht, voneinander trennt, tragen nichts zur Vervollkommnung eines Staatswesens bei; vielmehr sind solche Versuche gerade der Beweis seiner prinzipiellen Unvollkommenheit. Die Sicherheit und Rechtlichkeit des einzelnen Staates kann daher nicht durch Gewaltenteilung, ein »höchst oberflächlich ausgedachtes Sicherungsmittel«, garantieren, sondern wird »allein auf dem guten Willen derjenigen beruhen, welche die höchste Gewalt in Händen haben« (SW III, S. 586).

Da dies aber eine sehr labile und zufällige Sicherheit des Rechts darstellt, muß eine neue Instanz gesucht werden, die unabhängig ist von den einzelnen Kräften innerhalb eines einzelnen Staates. Diese sieht Schelling, indem er Gedanken einer zu dieser Zeit wesentlich im Anschluß an Kants Schrift *Zum ewigen Frieden* geführten Diskussion aufgreift, in einer transnationalen Instanz: einer »Föderation aller Staaten«, die sich wechselseitig untereinander ihre Verfassung garantieren. Die Möglichkeit einer solchen Instanz ist jedoch an zwei Bedingungen geknüpft, nämlich an eine allgemeine Anerkennung der Grundsätze einer wahren Rechtsverfassung – eine Bedingung, die zur Zeit der Abfassung nicht gegeben war –, und an die Unterwerfung dieser Staaten unter ein gemeinschaftliches Gesetz, so daß alle Staaten zusammen – Schelling spricht von *allen kultivierten Nationen* – gegenüber einem einzigen rebellischen Staatsindividuum die allgemein anerkannte Rechtsverfassung mit Hilfe eines allgemeinen Völker-Areopags durchsetzen können. Aber auch diese überstaatlichen Instanzen dienen ebenso wie die einzelnen Staaten nur der äußeren Garantie der Freiheit, sie sind nicht der Zweck des menschlichen Lebens.

10.2 Der organische Staat, die Kritik
des rationalistischen Naturrechts
und der Staat als bloße Notwendigkeit

Diesen negativ besetzten Staatsbegriff hat Schelling nach der Abfassung des *Systems des transzendentalen Idealismus* in der Zeit der »Identitätsphilosophie« verlassen. In den *Vorlesungen über die Methode des akademischen Studiums* (1803) bestimmt Schelling den Staat (in Abkehr von der Bestimmung eines bloßen Mechanismus) als einen »objektiven Organismus der Freiheit« (SW V, S. 312), in dem eine Harmonie der Notwendigkeit und der Freiheit erreicht ist.

> Die vollkommene Erscheinung [...] ist der vollkommene Staat, dessen Idee erreicht ist, sobald das Besondere und das Allgemeine absolut eins, alles was nothwendig zugleich frei und alles frei Geschehende zugleich nothwendig ist. (SW V, S. 313f.)

Dieser Übergang vom Begriff eines *mechanischen* zu dem eines *organischen* Staates (vgl. auch SW VI, S. 575f.) hat aber zur Folge, daß Schelling innerhalb des öffentlichen Lebens die Aufgaben des *Staates* im engeren Sinne von denen der *bürgerlichen Freiheit* absondert. Insofern wird unter der objektiven Harmonie nur das öffentliche Leben des Staates im engeren Sinne verstanden, von dem das bürgerliche Privatleben, die rein endliche Seite, aus dem Begriff des Staates ausgeschlossen bleibt. Der antike Staat – Schelling nennt als klassische Darstellung Platons *Politeia* – entsprach am ehesten dem Begriff des vollkommenen Staates, weil dort die ›Seite der Vielheit‹ – damit meint Schelling den Sklavenstand – in einer eigenen Welt abgeschlossen war, während »die Freien in dem reinen Äther eines idealen und dem der Ideen gleichen Lebens sich bewegten« (SW V, S. 314). Gegenüber dem antiken Staat sind im modernen die Beziehungen vermischt. Die »sogenannte bürgerliche Freiheit« ist nur eine trübe Vermengung der Sklaverei mit der Freiheit. Die Einheit des Staatslebens kulminiert in der Monarchie, die darin eng mit dem Begriff der Kirche verbunden ist.

Mit dieser modifizierten Staatsauffassung geht eine Kritik des *rationalistischen Naturrechts* der Aufklärung einher. Der Ausgangspunkt dieses Naturrechts ist die Gleichheit aller Personen, alle besitzen auf alles das gleiche Recht, es gibt keine innerlich bindende Pflichten, sondern nur äußeren Zwang, keine positive Handlungen, sondern nur äußere Unterlassungen und Einschränkungen. Grundlage dieses Naturrechts sind »die absolute Personalität des Einzelnen« (SW VIII, S. 10) und (in einer Anspielung auf Hobbes) die schnödeste Selbstsucht und Feindseligkeit aller gegen alle. Der Staat des rationalistischen Naturrechts wurde als auf einem *gegenseitigen Vertrag* gegründet gedacht, entstanden durch menschliche Übereinkunft. In einem solchen Staatsgebilde, so kritisiert Schelling die verschiedenen Vertragslehren der Aufklärung, ist kein *positives Leben* möglich. Ein Gesetz der Sittenlehre kann die Handlungen, die auf das Ganze gerichtet sind, nur negativ formulieren, nämlich »*nichts zu thun,* das dem Willen des Ganzen, wenn es als solches einen haben könnte, widerstreitet«. Alle Tugenden sind bloß negativer Art, nämlich Tugenden des Privatlebens (vgl. SW VIII, S. 11). Auch wird ein Staat, der auf der Egoität der Individuen errichtet ist, weder positive Tugenden einfordern noch sich um die Gesinnungen der einzelnen kümmern. Handlungen, die gegen die Existenz des Staates gerichtet sind, wird er mit Gewalt zu verhindern suchen, und solche, die er zu seiner Existenz benötigt, wird er erzwingen können. Dieser Staat des bürgerlichen Naturrechts bewirkt eine vollkommene Mechanisierung aller Talente und Einrichtungen des Staates, er ist eine *Maschine,* die durch Zwang und äußeren Antrieb funktioniert. Die Folge einer solchen Einrichtung des Staates ist die Vernichtung der Individualität des einzelnen. Erfolgreich werden in einem solchen mechanisch geformten Staatswesen nicht die großen Individuen sein, die Menschen der wahren Wissenschaft, sondern die gewöhnlichsten Talente und die am meisten ›mechanisch aufgezogenen Seelen‹ (vgl. SW VIII, S. 12).

In den »Stuttgarter Privatvorlesungen«, die er ein Jahr nach der Veröffentlichung seiner für die Entwicklung der späten Philosophie so entscheidenden *Freiheitsschrift* (1809) vor einem kleinen ausgewählten Publikum vorgetragen hatte, führt Schelling seine Synthese eines nur negativen und eines nur positiven Staatsbegriffs weiter aus, indem er noch mehr als bisher die *religiöse* Dimension des Menschen mit einbezieht; er betont nun aber neben der Einheit wieder mehr die Differenz beider. Der Ausgangspunkt ist der einzelne Mensch, der in der Gemeinschaft mit den anderen Menschen die Menschheit, das Menschengeschlecht bildet. Diese Menschheit verlangt nun eine Einheit, die sie nur in Gott haben kann. »Sie sucht die Einheit und findet sie nicht. Hätte sie ihren Einheits- und Verklärungspunkt erreicht, so wäre sie ganz organisch, sie hätte sich auf die höchste Stufe des Seyenden mit erhoben« (ebd.). Da die Menschen als wesentlich freie Wesen ihre Einheit suchen und finden müssen, diese jedoch in Gott nicht finden können, suchen sie eine *zweite Einheit,* die jedoch niemals die wahre Einheit für diese freien Wesen sein kann, vielmehr eine Natureinheit, die ein zeitliches, vergängliches Band ist.

[Diese] Natureinheit, diese zweite Natur über der ersten, zu welcher der Mensch nothgedrungen seine Einheit nehmen muß, ist der Staat; und der Staat ist daher, um es gerade heraus zu sagen, eine Folge des auf der Menschheit ruhenden Fluchs. (SW VII, , S. 461)

In der von Schelling selbst korrigierten Georgi-Nachschrift dieser Stuttgarter Vorlesungen heißt es: »In dem Staat liegt ein wahrer Widerspruch: er erklärt sich für eine Natur-Einheit, die doch zugleich eine Einheit freyer Geister seyn soll, auf die in der letzten Instanz nur mit rein geistigen Motiven gewürkt werden kann, über die er doch nicht zu gebieten vermag.« (Vetö 1973, S. 174; vgl. auch SW VII, S. 461) Die wahre Republik könne nur in Gott sein. Der Vernunftstaat sei deshalb unmöglich, weil diese Einheit auf den Prinzipien der Freiheit und der Unschuld beruhe. »Woher sollen die in unseren Staaten kommen?« (Ebd.)

Die Bestimmungen des Staates sind in dieser Phase seiner philosophischen Entwicklung wesentlich differenzierter geworden als noch zur Zeit des »Ältesten Systemprogramms«. Er ist nicht mehr das absolut Negative, nicht derjenige, der schlechthin aufhören soll; er ist eine Notwendigkeit infolge der Lossagung des Menschen von Gott, allerdings eine Notwendigkeit, die es aus sich heraus niemals zu einer höheren Einheit bringen kann. Es ist daher notwendig, den Staat auf das Notwendigste zu beschränken, damit das gedeihen kann, worin der (individuelle) Mensch seine organische Einheit realisieren kann, nämlich in der Wissenschaft, in der Kunst und vor allem in der Religion. Beibehalten wird die Ablehnung des Konstitutionalismus.

Eben die Unmöglichkeit, die wahre Einheit in den Staat zu bringen, zeigt sich bei Verfertigung der Constitutionen. Will man dem Staat die Kraft-Einheit geben, so verfällt er in den abscheulichsten Despotismus: beschränkt man die oberste Staats-Gewalt durch Verfaßung und Stände, so hat er nicht die gehörige Kraft. (Vetö 1973, S. 174f.)

Nur wenn der einzelne, individuelle Mensch sich wieder Gott zuwendet, wenn er nach dem von ihm selbst verschuldeten Abfall von Gott wieder eine Hinwendung zu Gott vollzieht, ist es möglich, daß er sich der erstrebten Einheit mit Gott annähert. Der Staat kann eine solche Hinwendung des Menschen zu Gott unterstützen, aus sich selbst heraus hat er niemals die Kraft, er hat auch wesentlich gar nicht die Möglichkeit, sich zu dieser Einheit zu entwickeln.

10.3 Die Gemeinschaft, die Ungleichheit und der Staat in der Spätphilosophie

Die politische Philosophie in der letzten Phase des Denkens Schellings ist eingebettet in die *Philosophische Einleitung in die Philosophie der Mythologie oder Darstellung der reinrationalen Philosophie*, also in jenen Teil des Systems, der seinen Ausgangspunkt nimmt beim reinen Seienden, dem Gegenstand des reinen Denkens, der bloßen Vernunft, und der endet bei dem, das die Vernunft allein nicht erreichen kann, was über der Vernunft ist, zu dem sie sich nur noch als Forderung zu verhalten vermag, nämlich zu dem zu gelangen, was über der Vernunft, über dem Seienden ist: dem Überseienden oder Gott. Auf diesem Weg durchläuft das Denken auch die Sphäre des Politischen (vgl. Schraven 1989, S. 153-180, ders. 1995, S. 193-206). Dieser Teil der Schellingschen Spätphilosophie ist, obwohl es sich um eine Einleitung handelt, die letzte große Arbeit Schellings, an der er seit 1846 bis zu seinem Lebensende arbeitete und die er nicht mehr ganz zu vollenden vermochte. Insofern kann die darin ausgearbeitete politische Philosophie als seine letzte und endgültige angesehen werden.

Der Ausgangspunkt der politischen Philosophie ist das menschliche Ich. Dieses wird bei Schelling nicht als der vorfindliche Mensch aufgefaßt, wie er geht und steht, der mit vielfältgen geistigen, seelischen und körperlichen Eigenschaften begabt ist, der sich durch seine Arbeit reproduzieren muß, sondern er wird wesentlich von seiner intelligiblen Seite her verstanden. Diese ist sein Wesen und mit dieser ist der einzelne Mensch in einer ihm vorausgesetzten Sphäre des Seienden oder der intelligiblen Ordnung eingebettet. Der Mensch ist zuerst Geist, der sich als menschliche Seele unabhängig von Gott, von dem sie sich losgesagt hat, in der Welt vorfindet. Dort ist das Ich, »das in jedem Menschen ist, und an dessen Stelle jeder sein eigenes denken mag« (SW XI, S. 527), konfrontiert mit der es umgebenden Welt. Zu ihr verhält es sich erkennend und wollend. Im *Erkennen* nimmt es die Welt (theoretisch) in sich auf, doch ist es begrenzt und beschränkt durch das, was es vorfindet. Erkannt werden kann nur das, was sein Gegenstand ist. Der *Wille* strebt nach einer schrankenlosen Erfüllung seiner selbst, doch er ist doppelt bestimmt. Zunächst ist er ähnlich wie der Verstand begrenzt in bezug auf das, was er vorfindet. Er kann sich nur auf das beziehen, was sich ihm von außen darbietet. Die Welt und die in ihr vorhandenen Dinge können dem Ich, d.h. dem Willen des Ich, nur insofern entsprechen, als sie die vom Willen verlangten Eigenschaften aufweisen. Nach einer anderen Seite ist der Wille unbeschränkt. Insofern der

Wille sich selbst seine Zwecke setzt, ist er ganz unabhängig, frei von den Einschränkungen der ihn umgebenden Welt. Sofern also der Wille bei sich bleibt, nur von sich ausgeht, genießt er absolute Freiheit, und doch ist diese Freiheit nicht ungetrübt. Das Ich stößt auf Schranken, die weder in der Sinnlichkeit des Menschen und der der Welt liegen können noch von Gott herstammen.

Obwohl der Mensch *auch* ein Sinnenwesen ist – dies einzuräumen fällt Schelling nicht schwer –, können die Einschränkungen, um die es hier in der systematischen Entwicklung geht, nicht sinnlicher Art sein. Denn wenn das Ich – hier näher: das mit einem Willen begabte Ich – intelligibel ist, kann es, da nur Gleiches durch Gleiches begrenzt werden kann, nur durch ein Intelligibles affiziert werden. Obwohl also Schelling die materielle und sinnliche Existenz des Menschen nicht in Frage stellen will, betont er, daß die Einschränkungen, auf die sich der an sich freie und unbegrenzte Wille einzustellen hat, nicht der Sphäre der Sinnlichkeit entspringen können. Auch eine andere Möglichkeit der Beschränkung des menschlichen Willens schließt Schelling aus, obwohl er sie unter die intelligiblen »Dinge« rechnet: *Gott*. Der Sache nach hat sich die Seele bereits im Vorfeld der hier zu betrachtenden Entwicklung von Gott entfernt, sich von ihr losgesagt. Diese Lossagung der Seele von Gott ist in bezug auf die politische Philosophie von weitreichender Bedeutung. Mit der Absage an Gott ist dem menschlichen Geist in der weiteren Entwicklung durch die Sphären des Rechts und des Staates die Möglichkeit genommen, in irgendeiner Form auf eine göttliche Legitimation zurückzugreifen. Gott wird in der philosophischen Entwicklung bei Schelling erst wieder in den Umkreis der Betrachtung gezogen, wenn der rechtlich-politische Raum längst wieder verlassen ist. Obwohl also Schelling seinen gesamten Weltentwurf als einen von Gott ausgehenden und wieder zu ihm sich hinbewegenden Weltprozeß darstellt, verzichtet er im Bereich des Politischen auf jede direkte religiöse Legitimation. So hat Schelling die Rechtsphilosophie von Friedrich Julius Stahl, in der sich dieser ausdrücklich auf die Grundsätze Schellings berufen hatte, deutlich mißbilligt: Stahl läßt seine Rechtsphilosophie mit der Persönlichkeit Gottes anheben; Schelling indes erkennt nicht bloß seinen eigenen Ansatz in dem Stahls nicht wieder, sondern er kritisiert ausdrücklich Stahls Berufung auf die Bibel als Prinzip der Philosophie (vgl. SSZ I, S. 431; vgl. auch die Äußerungen zu Stahl in der Nachschrift der Münchener Vorlesungen zur Philosophie der Mythologie von 1841, hrsg. von A. Roser/ H. Schulten, S. 209).

Wenn also weder Gott noch die sinnlich-materielle Natur des Menschen und der Welt die Einschränkungen erklären können, denen doch ganz offensichtlich die Menschen ausgesetzt sind, dann bleibt nur noch die eine Möglichkeit offen, daß der menschliche Wille durch einen anderen menschlichen Willen in seiner unbeschränkten Entfaltung gehindert wird, denn sonst gibt es nichts Intelligibles mehr auf dieser Welt. In der gegenseitigen Begrenzung der einzelnen Menschen, weisen die Individuen Unterschiede auf, die zuvor schon ihren Seelen angelegt waren. Zwar geht Schelling davon aus, daß in jeder Seele der Möglichkeit nach das Ganze des Seienden angelegt ist, doch kommen nicht in jeder einzelnen Seele alle Möglichkeit zum Tragen, d.h. die individuelle Seele umfaßt immer nur einen Teil der in ihr als Möglichkeit angelegten Fülle. Jedes Individuum hat Teil an der unendlichen Möglichkeit aller Seelen, so daß sich die einzelnen Seelen in ihrem Verhältnis zueinander sowohl begrenzen als auch ergänzen.

Durch diese gegenseitige Begrenzung und Ergänzung wird die Grundlage einer in sich gegliederten Ordnung ausgebildet. Diese intelligible Ordnung, von der Schelling sagt, daß sie älter sei »als die wirklichen Menschen, und nicht erst von der Wirklichkeit sich herschreibt, also auch in dieser fortdauert« (SW XI, S. 528), ist je nach den Vermögen der einzelnen Individuen (der individuellen Seelen), hierarchisch gegliedert; sie bestimmt dem einzelnen das ihm zustehende Recht und gebietet ihm, dieses Recht nicht zu überschreiten. Insofern dieses Gesetz jedem Individuum gleichermaßen das nach seiner Bestimmtheit zustehende Recht zuweist, herrscht *Gleichheit*. Hierarchisch prägt sich diese Ordnung aufgrund der unterschiedlichen Ausgestaltungen der Individuen aus.

Es besteht kein Zweifel, daß Schelling mit dieser Herleitung einer Ordnung die rechtliche, soziale und politische Struktur eines jeden Gemeinwesens in einer der Willensbildung der einzelnen entzogenen Sphäre verankern will. Eine hierarchische Ordnung der menschlichen *Gemeinschaft* – Schelling unterscheidet deutlich zwischen *menschlicher Gemeinschaft* und *Gesellschaft* – und des Staates ist also schon konstituiert, bevor Schelling bei seiner Entwicklung in die Sphäre der menschlichen Gemeinschaft und des Staates eingetreten ist. Es ist auch der Versuch, *Freiheit* und *Zwang* systematisch in ihrem Zusammenhang zu begreifen. Wurde der menschliche Wille zunächst insofern als völlig frei bestimmt, als er selbstbestimmend, autonom sich selbst seine Zwecke setzt, so findet er sich nun wieder in einem System, das der individuellen Freiheit, so scheint es zunächst, keinen Raum mehr läßt, sich selbstbestimmend, nach eigener Willkür und nach eigenen Maßgaben, zu entfalten. Die Freiheit ist reduziert auf die Möglichkeit, das, was der Mensch als intelligible Substanz in sich trägt, zu entfalten. Der Zweck, in dessen Setzung

der *einzelne Wille* zunächst frei war, wird nur noch als freie Zweck-
setzung der gesamten *Menschheit* gedacht, denn nur in der Menschheit existiert das Intelligible in seinem vollen Umfang; der einzelne
Mensch ist nur ein Partikel.

Diese hierarchische Ordnung ist aber nicht nur gekennzeichnet
durch eine differenzierte Struktur der menschlichen Gemeinschaft,
sondern Schelling hebt ausdrücklich das Moment der *Ungleichheit*
hervor, ohne allerdings genau anzugeben, worin diese Ungleichheit
besteht. Strukturierte Ordnung geht bei Schelling einher mit Ungleichheit, und diese Ungleichheit verknüpft er sogleich mit dem
politischen Strukturmoment von *Herrschaft* und *Knechtschaft*. Den
Anspruch auf Gleichheit der Menschen dagegen anerkennt er zwar
als einen Wunsch des menschlichen Gefühls, im übrigen sei es aber
ein vergebliches Bemühen, die Unterschiede aufzuheben. Diese Ungleichheit bestehe *von Geburt an;* es ist, betont Schelling unter Berufung auf Aristoteles, ein allgemeines Gesetz, »daß das eine herrscht,
das andere beherrscht wird« (SW XI, S. 530). Eine Differenzierung
von individuellen, sozialen und politischen Unterschieden und Un-
gleichheiten findet sich bei Schelling nicht. Damit hat er noch vor
der Begründung des Staates eine Ordnung der Herrschaft und
Knechtschaft konstituiert, die jedem weiteren Zugriff – von welcher
Seite auch immer – entzogen ist. Gemildert wird diese natürliche
Zwangsgewalt dadurch, daß dem Menschen ein Platz zugewiesen
wird, den dieser erfüllen, den er als seinen Zweck ansehen kann.
Gelänge es also, jedem Individuum einen Platz zu geben, den es
ausfüllen kann, das, was von ihm gefordert ist, zugleich als seinen
Selbstzweck anzusehen – dies wäre etwa in einer nach einer prästabi-
lierten Harmonie funktionierenden Gemeinschaft der Fall –, könnte
eine solche Konstruktion gelingen.

Die in den individuellen Seelen sich ausprägende Ordnungsstruktur bedarf aber, um in der äußeren Wirklichkeit sich geltend
zu machen, der *Vermittlung*, einer Mitteilung des Intelligiblen an
die Wirklichkeit. Naheliegend wäre nun, in der individuellen Vernunft, der individuellen Einsicht, diejenige Instanz zu sehen, die
die Erfordernisse des Intelligiblen der äußeren Realität mitteilt.
Aber gerade durch ihre Absonderung von der allgemeinen Vernunft ist die individuelle autonome Vernunft dieser Möglichkeit
beraubt. Mit dieser Ausgrenzung, die zugleich eine Abgrenzung
zur politischen Philosophie der Aufklärung impliziert, leitet Schelling über zum *Gewissen*. In ihm und nicht im Verstand oder der
individuellen Vernunft teilt sich die intelligible Macht dem
menschlichen *Willen* mit. Das Gewissen umfaßt mehr als das individuelle Wissen; im Gewissen drückt sich auch die Wirksamkeit

und die Macht aus, mit der die allgemeine Vernunft immer wieder das ihr Gemäße einfordert.

Allerdings sind nun die in den Individuen angelegte Ordnung und die durch das Gewissen motivierten Handlungen nicht schon von sich aus allein in der Lage, die äußere Ordnung, die ein Zusammenleben der Menschen ermöglicht, zu konstituieren und zu stabilisieren. Dazu bedarf es eines *äußeren Gesetzes*, das die in der Natur des Menschen angelegte Ordnungsstruktur, die jeder Mensch in seinem Gewissen empfindet, auch wirksam in der Welt der tatsächlichen Menschen ausgestaltet. Diese Instanz, die mit den Mitteln der Gewalt *Herrschaft* und *Unterwerfung* durchsetzt, ist der Staat (vgl. SW XI, S. 533). Dieser entspricht also einer Vernunftordnung, insofern er die in der über- und vorindividuellen Vernunft eingeschlossene Ordnung in die äußere Wirklichkeit bringt und durchsetzt. Er ist kein Vernunftstaat, wenn man darunter einen der autonomen Vernunft eines jeden einzelnen entsprechenden Staat versteht. Allen Ansätzen zu einer demokratischen Legitimation des Staates oder einer Konstitution des Staates durch einen Vertrag (Vertragslehre) sind damit die Voraussetzungen genommen. Denn wenn jeder einzelne seine Zustimmung zum Staat geben muß, dann bildet nicht mehr die objektive, praktisch wirksame Vernunft die Grundlage des Staates, sondern die bloß subjektive Vernunft des einzelnen, »was nämlich diesem zusagt und genehm ist« (SW XI, S. 537). Die einzige Staatsform, die dieser intelligiblen Ordnung entspricht, ist die *Monarchie*. Eine Beteiligung oder gar Mitgestaltung der Individuen als *Bürger* oder als *Staatsbürger* (Schelling vermeidet diese Ausdrücke) am Staatsleben ist nicht erforderlich, ja sie ist nicht einmal wünschenswert.

Aufgrund der Gesamtanlage der reinrationalen Philosophie, innerhalb derer die politische Philosophie nur ein Teil, ein Durchgangspunkt der Entwicklung des Seienden zu Gott ist, führt Schelling seine Philosophie des Staates nicht in allen Einzelheiten aus. Nur das Verhältnis von Individuum und Staat betrachtet er näher, denn diese Beziehung ist so, wie sie bis hierher entwickelt wurde, unbefriedigend. Auf der einen Seite steht das Individuum mit seinem an sich freien Willen, auf der anderen ein Staat, der alles, was er zu seiner Existenz bedarf, mit Gewalt erzwingen kann. Der Staat fordert vom Individuum Pflichten ein und gewährt Rechte. Das Verhältnis beider ist rein äußerlich, rein mechanisch. Das gesetzmäßige Verhalten des einzelnen läßt keine Schlüsse auf seine moralischen Beweggründe zu. Das Individuum ist in diesem Verhältnis zum Staat *Person,* und das Verhältnis der Person zum Staat ist das der *äußeren Gerechtigkeit*. Die Moral des einzelnen ist in diesem Verhältnis ohne Bedeutung.

Aber mit diesem *Reich der Notwendigkeit*, dem sowohl das Mitglied der Gemeinschaft als auch der Staat mit der Staatsführung (der Monarch) angehören, sind die Möglichkeiten des Individuums nicht erschöpft. Auch kann es sich unter diesen Bedingungen der Herrschaft und Knechtschaft nicht wohl fühlen, es kann sich nicht entfalten. Das Individuum sucht sich daher aufgrund seines *an sich freien Willens*, den es mit dem Eintritt in die Gemeinschaft und die Unterwerfung unter die Staatsgewalt nicht ablegen konnte, einen Freiraum vom Druck des Staates. Dieses *Reich der Freiheit* findet das Individuum in *einzelnen autonomen Kreisen* (vgl. SW XI, S. 547), in denen es sich frei weiß vom Druck des Staates. Diese autonomen Kreise, die man nicht mit den Ständen verwechseln sollte – denn diese sind einerseits Träger des Staates, andererseits politische und wirtschaftliche Einheiten –, sind Lebensbereiche, in denen das Individuum das ausbilden kann, wozu es innerhalb des Staates nicht in der Lage ist. In diesen autonomen Kreisen, sozusagen staatsfreien Räumen, kann das Individuum seine *Gesinnung* ausbilden, die bei der Einhaltung der Gesetze gerade ausgeklammert war. Die Ausbildung der Gesinnung und die mit ihr unmittelbar zusammenhängende Ausübung der *freiwilligen Tugenden* ermöglichen es dem Menschen, sich innerlich vom Staat zu befreien, über den Staat hinauszukommen. Zugleich ist mit der Sphäre der Gesinnung und der Tugend jener Bereich eröffnet, den Schelling, mit dem üblichen Sprachgebrauch nicht übereinstimmend, *Gesellschaft* nennt. Daher ist bei Schelling der Staat der Träger der Gesellschaft. Indem der Staat die technischen Notwendigkeiten des Gemeinschaftslebens regelt und nötigenfalls erzwingt, können die Individuen befreit davon innerhalb der Gesellschaft das entfalten, was Schelling die freiwilligen Tugenden nennt. In der Gesellschaft findet das Individuum seine höheren Ziele, die höheren Güter, das geistige Leben in den Bereichen der *Religion*, der *Kunst* und der *Wissenschaft*. Auf diesen Gebieten können die Menschen, vor allem aber die Besten einer Gemeinschaft *den Staat innerlich überwinden*, über ihn hinaus gelangen.

Schellings Verhältnis zum Staat scheint auch in seiner späten Lebensphase ambivalent zu sein. Während er einerseits die Notwendigkeit eines mit absoluter Zwangsgewalt ausgestatteten Staates zu begründen versucht, strebt er andererseits in den Bereichen der Religion, der Kunst und der Wissenschaft – unter denen für ihn ganz selbstverständlich die Philosophie die oberste Stelle einnimmt, weil durch sie erst das Ganze begriffen werden kann – danach, den Staat in seine Schranken zu weisen.

Diese scheinbare Ambivalenz sowie auch Schellings persönliches Verhalten, das eine hohe Übereinstimmung mit seiner politischen

Philosophie aufweist, hat in der Schelling-Rezeption die Tendenz hervorgebracht, jeweils *ein* Moment aus dem konkreten ganzen herauszugreifen. Einerseits lehnte Schelling im Jahre 1819, wenn auch nur aus Gründen ihrer Unzweckmäßigkeit, die *Karlsbader Beschlüsse* ab; er hatte auch maßgeblichen Einfluß auf die Studienordnung der Münchener Universität genommen, in der staatliche Einflüsse und Prüfungszwang weitgehend zurückgedrängt wurden; ferner sprach er sich, wie A. Ruge berichtet (vgl. SSZ I, S. 430), gegen ein Verbot der *Hallischen Jahrbücher* durch die preußische Regierung aus; ebenso widersprach er den Versuchen des preußischen Monarchen, sich in die inneren Angelegenheiten der Kirche einzumischen (vgl. SW X, S. 391-418). Solche Beispiele ›liberalen‹ Verhaltens haben den falschen Eindruck erwecken können, Schelling hege Sympathien für die »gemäßigten Konstitutionalisten« oder gar für die »Liberalen« (Cesa 1968, S. 228); und doch steht er »bedingungslos zum Königtum« (Jaspers 1986, S. 251). Andererseits hat seine kategorische Ablehnung jeder liberalen oder demokratischen Staatsverfassung das gegenteilige Urteil hervorgerufen, Schelling und seine späte Philosophie seien rundweg reaktionär (vgl. Lukács 1983, S. 199-226; Sandkühler 1968). Auch diese Annahme ist nicht richtig (vgl. Sandkühler 1989, der sein Urteil aus dem Jahre 1968 revidiert hat). Trotz mancher Variation im Detail – in der politischen Philosophie Schellings liegt der gelegentlich behauptete grundlegende Umschwung von einer frühen radikalen Staatsablehnung zu einer späten uneingeschränkten Staatsgläubigkeit nicht vor.

Wenn Schelling auch während der Revolution des Jahres 1848 etwa die blutige Niederschlagung des Wiener Oktoberaufstandes als »glückliches Augurium« (TGB 1848, S. 163) begrüßt, so feiert er damit nicht den Triumph des Staates. Vielmehr kommt es bei ihm zu einer *Koinzidenz* der *politischen Philosophie* und der *realen Politik* des in seinem Bestand bedrohten Staates, die in manchem zufällig ist, von ihm aber auch gewollt wurde und die nicht ohne Dissonanzen ist. Schelling stimmt der Politik insofern zu, als er sich mit ihrem ersten Ziel einig weiß: sowohl den bürgerlichen als auch den proletarischen demokratischen Bestrebungen muß entgegengetreten werden. Obwohl er dieser Politik zustimmt oder sie teilweise als zu halbherzig kritisiert, – die preußische reaktionäre Politik und Schellings Philosophie stimmen nicht unmittelbar und bruchlos überein. Denn während Schelling die Politik des Staates notwendigerweise an den *einen* Zweck bindet, die künstlerische, religiöse und wissenschaftliche *Entfaltung des Individuums nach außen hin zu sichern*, taucht dieses Ziel in der Politik der preußischen Regierung nur marginal auf. Ihr ging es um die Absicherung und Verteidigung der ge-

gebenen politischen und sozialen Herrschaftsverhältnisse, die nach
Schellings Auffassung nur das Mittel für die höheren Zwecke sein
durften. Daher ist es kein Widerspruch, wenn Schelling jede Form
der Staatsumwälzung kategorisch ablehnt und zugleich in den geistigen und geistlichen Bereichen äußerste Zurückhaltung des Staates
verlangt. Die Revolution von 1848 ist für Schellings letzten Lebens-
abschnitt das markante Signal einer Entwicklung, in der die Bürger,
aber auch schon das Proletariat, ihre Rechte einfordern. Schelling
ignoriert diese Signale keineswegs. Die Eintragungen in sein Tagebuch von 1848 spiegeln seine Beschäftigung mit den Ereignissen,
denen er sich in Berlin hautnah ausgesetzt sieht, unmißverständlich
wider. Er weiß, daß die Ursachen der Unruhen sowohl in den Forderungen der Bürger nach politischen Rechten bestehen als auch in
den sozialen Verhältnissen der Proletarier zu suchen sind. Und doch
faßt er diese ›Artikulation‹ des Politischen und Sozialen als ein un-
angemessenes Aufbegehren gegen die eigentliche Bestimmung des
Menschen auf, die er nur in Kunst, Religion und Wissenschaft finden kann. Diesen politischen und sozialen Bereichen des menschlichen Daseins, die Schelling keineswegs ignoriert oder gar leugnet,
kommt keine tragende Bedeutung zu. Der Sphäre des Alltags, des
täglichen Broterwerbs, kurz der Bereich der sozialen Produktion
und Reproduktion der »Gemeinschaft«, sowie der Notwendigkeit
des Staates, in diese Bereiche gestaltend einzugreifen, wird keine
selbständige, den Inhalt der Staatstätigkeit ausfüllende Bedeutung
zugemessen.

Schelling hat sich deshalb Kritik zugezogen. Auch wenn sie eher
›von außen‹ und nicht immanent aus der Philosophie Schellings begründet ist, kann sie nicht mit leichter Hand abgewiesen werden;
denn Schelling will die *gegenwärtige Welt* begreifen; insofern ist es
nicht gleichgültig, in welche Beziehung sich diese Welt zu Schellings
Philosophie stellt. Gerade in der Zeit, als Schelling mit der Ausarbeitung seiner späten politischen Philosophie befaßt war, machten
sich in den revolutionären Bewegungen der Jahre 1848/49 die Politik und die sozialen Verhältnisse energisch bemerkbar, sie pochten
auf ihre Eigenständigkeit und auf ihren Anspruch, den Gang der
Geschichte bestimmen zu wollen und die tragenden Säulen zu sein,
auf denen das politische und in der Folge auch das geistige Leben
erst gründen.

Schellings Insistieren auf der Wahrheit seiner Philosophie und
die Ansprüche von Politik und Ökonomie auf ihre grundlegende
Bedeutung standen sich in gegenseitiger Entfremdung gegenüber.
Schelling leugnete die Bedeutung dieser Sphären, und diese sprachen Schellings Philosophie ihre Relevanz ab. In der sich verändern-

den Gesellschaft Deutschlands stieß seine Philosophie immer weniger auf Verständnis. Die auf Schelling folgende Entwicklung hat seine Philosophie nicht philosophisch widerlegt, sie hat sich von ihr abgewandt.

Literatur

A. Hollerbach: »Schelling«. In: *Staatslexikon. Recht, Wirtschaft, Gesellschaft*, hrsg. von der Görres-Gesellschaft. Freiburg 1961, Bd. 6, S. 1100-1105.

W.G. Jacobs: »Schellings politische Philosophie«. In: Hasler 1981, S. 289-297.

H.J. Sandkühler: »F.W.J. Schelling – Philosophie als Seinsgeschichte und Anti-Politik«. In: Pawlowski/ Smid/ Specht 1989, S. 199-226.

M. Schraven: *Philosophie und Revolution. Schellings Verhältnis zum Politischen im Revolutionsjahr 1848*. Stuttgart-Bad Cannstatt 1989

Anhang

I. Handschriften, Werke, Briefe, Tagebücher, Ausgaben, Siglen

1. Der Nachlaß

Schellings handschriftlicher Nachlaß wird, soweit er den Zweiten Weltkrieg unbeschadet überstanden hat, im wesentlichen im Archiv der Berlin-Brandenburgischen Akademie der Wissenschaften (NL-Schelling) aufbewahrt. Er besteht aus Aufzeichnungen, Vorlesungsmitschriften und eigenen Arbeiten aus der Schüler- und Studentenzeit, aus Manuskripten, namentlich zu den *Weltaltern* und zur ›positiven Philosophie‹, die der von seinem Sohn K.F.A. Schelling posthum herausgegebenen Werk-Ausgabe zugrundegelegen haben, aus davon abweichenden unveröffentlichten Varianten, aus seinen für die Jahre 1809-1854 erhaltenen, ca. 4000 Seiten umfassenden *Jahreskalendern,* aus etwa 1000 *Briefen,* vor allem Dritter an Schelling, und aus Varia (wie z.B. Dokumenten zu Schellings Leben). Der Münchener Bestand, der u.a. die Handexemplare Schellings enthielt, wurde 1944 vernichtet; gerettet wurde wenig, darunter die Handschrift der Vorlesung »System der Weltalter« von 1827.

2. Zitierfähige Werkausgaben

Bezeichnet man Schellings Werk als eines ›im Werden‹, so trägt man nicht nur der Tatsache Rechnung, daß es keineswegs als ein System vorliegt, sondern auch dem Umstand, daß »der ganze Schelling« erst nach Abschluß der *Historisch-kritischen Ausgabe* (AA) bekannt sein wird. Diese Ausgabe wird von der *Schelling-Kommission* der Bayerischen Akademie der Wissenschaften in München betreut. Sie erscheint in vier *Reihen:* I: Werke; II: Nachlaß; III: Briefe; IV: Vorlesungsnachschriften. Philologisch akribisch ediert, erschließt diese Ausgabe durch umfangreiche, aber keineswegs ausufernde editorische Berichte zum Quellenbestand, zur Textentwicklung und – sofern nachweisbar – zur Wirkungsgeschichte Schellings Entwicklungsgang und seine Ideen über den engeren Kreis der Forschung hinaus auch für jene Leser, die gewöhnlich nicht die Adressaten entsprechender historisch-kritischer Editionen sind; der Ertrag kommt auch den Studierenden zugute – von den editorischen Berichten bis zur minutiösen Bibliographie und zu detaillierten Registern, welche die Wege zum Text öffnen. Die Historisch-kritische Ausgabe setzt nicht nur Maßstäbe bei der Wiederveröffentlichung bereits publizierter Werke Schellings, sondern sie erweitert den Quellenbestand und die Forschungsgrundlage. Die Editoren geben im Vorwort zu Bd. I,4 die Erklärung, dieses Anwachsen sei »nicht allein dadurch bedingt, daß einige kleine Veröffentlichungen Schellings in die Edition aufgenommen wurden, die K.F.A. Schelling nicht ediert hat; der vermehrte Umfang resultiert vor allem aus den gestiegenen Ansprüchen an eine Edition und dem größeren zeitlichen Abstand, der umfangreiche Apparate nötig macht, um die Texte dem Verständnis heutiger Leser zu erschließen.«

F.W.J. Schelling: Historisch-kritische Ausgabe. Im Auftrag der Schelling-Kommission der Bayerischen Akademie der Wissenschaften hrsg. v. H.M. Baumgartner, W.G. Jacobs, H. Krings und H. Zeltner. Stuttgart-Bad Cannstatt 1976ff. Reihe I: Werke; II: Nachlaß; III: Briefe; IV: Vorlesungsnachschriften. [Die Ausgabe erscheint im Verlag Frommann-Holzboog. Stuttgart-Bad Cannstatt] [*Zitiert: Reihen-Ziffer röm., Band-Ziffer arab., S.*]

Bis zum Abschluß dieser Ausgabe werden noch Jahrzehnte vergehen. Für das Studium Schellings bleibt deshalb die von M. Schröter auf der Grundlage der von K.F.A. Schelling herausgegebenen *Sämmtlichen Werke* (SW) besorgte Ausgabe *(Jubiläumsausgabe)* unverzichtbar:

F.W.J. von Schellings sämmtliche Werke. Hrsg. v. Karl F. August Schelling. I. Abteilung: 10 Bde. [= I-X]; 2. Abteilung: 4 Bde. [= XI-XIV]. Stuttgart/ Augsburg 1856-1861. [*Zitiert: SW Band-Ziffer röm., S.*]
Schellings Werke. Nach der Originalausgabe in neuer Anordnung hrsg. v. M. Schröter, 6 Hauptbde., 6 Ergänzungsbde. München 1927ff., ²1958ff.

Zitierfähig sind alle Ausgaben, die auf die *Sämmtlichen Werke* zurückgreifen und deren Band- und Seitenzählung aufführen.

Die Anordnung in der Schröter-Ausgabe

Erster Hauptband: Jugendschriften, 1793-1798

Bd. und Seite nach SW

I	V-VIII	Vorwort von K.F.A. Schelling	
	41-84	Über Mythen, historische Sagen und Philosopheme der ältesten Welt	1793
	85-112	Über die Möglichkeit einer Form der Philosophie	1794
	149-244	Vom Ich als Prinzip der Philosophie	1795
	281-342	Philosophische Briefe über Dogmatismus und Kritizismus	1795
	245-280	Neue Deduktion des Naturrechts	1796
	343-452	Abhandlungen zur Erläuterung des Idealismus usw.	1796
	453-488	Aus der allgemeinen Übersicht usw., Rezensionen	1797
II	1-73	Einleitung zu den Ideen zu einer Philosophie der Natur	1797
	345-584	Von der Weltseele, eine Hypothese der höheren Physik	1798

Zweiter Hauptband: Schriften zur Naturphilosophie, 1799-1801

Bd. und Seite nach SW

III	V-VIII	Vorwort von K.F.A. Schelling	
	1-268	Erster Entwurf eines Systems der Naturphilosophie	1799
	269-326	Einleitung zu dem Entwurf eines Systems der Naturphilosophie oder über den Begriff der spekulativen Physik	1799
	327-634	System des transzendentalen Idealismus	1800
IV	1-78	Allgemeine Deduktion des dynamischen Prozesses	1800
	79-104	Über den wahren Begriff der Naturphilosophie usw.	1801

3.   Neuere Quellen-Editionen

3.1 Werke und Nachschriften

In dem Maße, wie das Werk Schellings und seine Erforschung, vor allem seit den 1970er bis 1990er Jahren, immer größeres Interesse gefunden hat, wurden bedeutende Schriften neben der *Historisch-kritischen Ausgabe* und den *Sämmtlichen Werken* erstmals ediert oder in Einzelausgaben vorgelegt; von großer Bedeutung für die Forschung und für das Studium sind *Vorlesungs-Nachschriften* seiner Schüler, von denen inzwischen einige entdeckt und veröffentlicht wurden.

Einleitung in die Philosophie. Hrsg. v. W.E. Ehrhardt. Stuttgart-Bad Cannstatt 1989 [Schellingiana Band 1].

Franz, M.: Schellings Tübinger Platon-Studien. Göttingen 1996 [Im Anhang: Studienhefte 28 und 34].

Grundlegung der positiven Philosophie. Münchner Vorlesung WS 1832/ 33 und SS 1833. Hrsg. und kommentiert v. H. Fuhrmans, I. Torino 1972.

Initia philosophiae universae. Erlanger Vorlesung WS 1820/ 21. Hrsg. v. H. Fuhrmans. Bonn 1969.

Koktanek, A.M.: Schellings Seinslehre und Kierkegaard. Mit Erstausgabe der Nachschriften zweier Schelling-Vorlesungen von G.M. Mittermair und S. Kierkegaard. München 1962.

La Philosophie de la Mythologie. Nachschriften von Charles Secrétan (München 1835/ 36), Henri F. Amiel (Berlin 1845/ 46). Hrsg. und bearb. v. L. Pareyson und M. Pagano. Hamburg 1991.

Loer, B.: Das Absolute und die Wirklichkeit in Schellings Philosophie. Mit der Erstedition einer Handschrift aus dem Berliner Nachlaß. Berlin/ New York 1974.

Philosophie der Mythologie in drei Vorlesungsnachschriften 1837/ 1842 Hrsg. v. K. Vieweg und Ch. Danz unter Mitwirkung v. G. Apostolopoulou. München 1996.

Philosophie der Mythologie. Nachschrift der Münchener Vorlesungen 1841. Einl. v. W.E. Ehrhardt. Hrsg. v. A. Roser und H. Schulten. Stuttgart-Bad Cannstatt 1996 [Schellingiana Band 6].

Schelling. Stuttgarter Privatvorlesungen. Version inédite, accompagnée du texte des Oeuvres, publiée, préfacée et annotée par M. Vetö. Torino 1973. [Vetö]

Schellingiana rariora. Gesammelt u. eingel. v. L. Pareyson. Torino 1977.

System der Weltalter. Münchener Vorlesung 1827/ 28 in einer Nachschrift von Ernst von Lasaulx. Hrsg. und eingel. v. S. Peetz. Frankfurt/M. 1990. [SdW]

Timaeus (1794). Mit einem Beitr. v. H. Krings. Hrsg. v. H. Buchner. Stuttgart-Bad Cannstatt 1994 [Schellingiana Band 4].

Urfassung der Philosophie der Offenbarung. Hrsg. v. W.E. Ehrhardt, 2 Teilbde. Hamburg 1992.

3.2 Philosophische Entwürfe und Tagebücher 1809-1854

Der Berliner Nachlaß enthält auch Schellings *Jahreskalender* für die Jahre 1809-1854 (NL-Schelling, Nr. 35-75). Sie werden von der *Schelling-Forschungsstelle* an der Universität Bremen als *wissenschaftliche Studienausgabe* veröffentlicht. Insgesamt handelt es sich um 41 Hefte, die etwa 4000 Seiten Handschrift enthalten: für 1809 zwei Hefte, 1810-16 je ein Heft, 1817 zwei Hefte, 1818-21 und 1828-1838 je ein Heft, 1839 zwei Hefte, 1840 zwei Hefte, 1843 und 1845-54 je ein Heft; das im Nachlaß irrtümlich als Kalender 1847 archivierte Heft ist wahrscheinlich auf das Jahr 1823 zu datieren. Die Jahreskalender enthalten ganz überwiegend Aufzeichnungen von Schellings Hand, vor allem philosophische Aufzeichnungen, daneben persönliche Notizen. Die Erschließung der Jahreskalender wird nicht nur einen Beitrag zur Erforschung des deutschen Idealismus im 19. Jahrhundert leisten; die Kombination von philosophischen Entwürfen und lebensgeschichtlichem Tagebuch stellt einen für die Zeit einmaligen Quellentypus dar, der bedeutsam ist für die Kennzeichnung der intellektuellen Subjektivität des Philosophen und deren Berücksichtigung bei der Werkinterpretation.

Die Jahreskalender sind eine Quelle zur Biographie Schellings, zur Geschichte der – vor allem Schellingschen – Philosophie, zur Wissenschaftsgeschichte und zur politischen Geschichte. Schelling hat sie nicht in der Absicht hinterlassen, sie der Öffentlichkeit bekannt zu machen. Er hat ihren Inhalt und ihre Bedeutung in seiner Verfügung vom Februar 1853 *Übersicht meines künftigen handschriftlichen Nachlasses* so charakterisiert: »4) Meine über viele Jahre sich erstreckenden Kalender, theils kurze Tagebücher, theils Notata, Excerpte, Entwürfe enthaltend, als auch eigene Gedanken, aber auch viel halbwahre, wo nicht ganz falsche. – Am besten, nachdem sie durchgesehen, zu vernichten.«

Das Tagebuch enthält persönliche Eintragungen zum Haushalt, zu besuchten oder zu besuchenden Personen, zu familiären Begebenheiten, zur Korrespondenz, zu wissenschaftlichen, kulturellen und politischen Ereignissen. Schellings Beobachtungen und Reflexionen finden sich hier in Form eigener Notata oder in Form ausführlicher oder selektiver Exzerpte aus Zeitungen, Zeitschriften, Dokumenten und Büchern. Die Tagesnotizen sind zugleich eine Quelle zur Rekonstruktion des Entwicklungsganges von Vorlesungs- und Schriften-Entwürfen. Aufmerksamkeit verdienen die in den Diarien wie auch in den philosophischen Entwürfen häufig anzutreffenden Verweise auf andere, heute bekannte oder unbekannte Manuskripte; zum einen bezeugen sie, daß nicht prometheische Spontaneität, sondern langsames, gründliches, durch selbstkritischen Zweifel und Revision ausgezeichnetes Arbeiten, ein ständiges Ringen um den Gegenstand der Philosophie, Schellings Denken kennzeichnet; zum anderen können derartige Hinweise die historisch-kritische Identifizierung von Textschichten in der Werkentwicklung erleichtern helfen. Die Jahreskalender sind, mit wenigen Ausnahmen, zugleich die Werkstatt philosophischer Entwürfe. Ausführliche zusammenhängende philosophische Texte sind die Ausnahme, Gedankenfragmente und philosophische Splitter die Regel; oft werden angefangene Absätze oder Sätze nicht beendet, Ideen und Argumentationen fallengelassen.

Das Tagebuch 1848. Rationale Philosophie und demokratische Revolution. Mit A. v. Pechmann und M. Schraven aus dem Berliner Nachlaß hrsg. v. H.J. Sandkühler. Hamburg 1990.

Philosophische Entwürfe und Tagebücher. Aus dem Berliner Nachlaß hrsg. v. H.J. Sandkühler, mit L. Knatz und M. Schraven. Hamburg 1994ff.

Bd. 1: Philosophische Entwürfe und Tagebücher 1809-1813. Philosophie der Freiheit und der Weltalter. Hrsg. v. L. Knatz, H.J. Sandkühler und M. Schraven. Hamburg 1994.

Bd. 12: Philosophische Entwürfe und Tagebücher 1846. Philosophie der Mythologie und reinrationale Philosophie. Herausgegeben v. L. Knatz, H.J. Sandkühler und M. Schraven. Hamburg 1998.

4. Einzelausgaben

Clara. Über den Zusammenhang der Natur mit der Geisterwelt. Vorwort und hrsg. v. K. Dietzfelbinger. Andechs 1987.
Die Weltalter. Fragmente. In den Urfassungen von 1811 und 1813 hrsg. v. M. Schröter, [Schellings Werke, Münchener Jubiläumsdruck, Nachlaßband]. München 1946. [= WA]
Einleitung zu seinem Entwurf eines Systems der Naturphilosophie. Hrsg. und eingel. v. W.G. Jacobs. Stuttgart 1988.
Erste Vorlesung in Berlin, 15. November 1841. Nachdr. d. Ausg. Stuttgart und Tübingen 1841. Amsterdam 1968.
F.W.J. Schelling/ G.W.F. Hegel: Kritisches Journal der Philosophie 1802/ 1803. Hrsg. v. S. Dietzsch. Leipzig 1981.
Philosophie der Offenbarung 1841/ 42 [sog. Paulus-Nachschrift]. Einl. und hrsg. v. M. Frank. Frankfurt/M. Neuaufl. 1992.
Philosophische Untersuchungen über das Wesen der menschlichen Freiheit und die damit zusammenhängenden Gegenstände. Hrsg. v. Th. Buchheim. Hamburg 1997.
Schriften 1804-1812. Hrsg. und eingel. v. S. Dietzsch. Berlin 1982.
System des transzendentalen Idealismus. Mit einem Anhang zeitgenössischer Rezensionen. Hrsg. v. S. Dietzsch. Leipzig 1979.
System des transzendentalen Idealismus. Einl. v. W. Schulz. Bearb. v. H.E. Brandt. Hamburg 1992.
Texte zur Philosophie der Kunst. Ausgew. und eingel. v. W. Beierwaltes. Stuttgart 1982.
Über das Verhältnis der bildenden Künste zu der Natur. Mit einer Bibliographie zu Schellings Kunstphilosophie. Eingel. und hrsg. v. L. Sziborsky. Hamburg 1983.
Über die Gottheiten von Samothrace. Beylage zu den Weltaltern. Nachdr. d. Ausg. Tübingen 1815. Amsterdam 1968.
Über das Wesen der menschlichen Freiheit. Einleitung und Anmerkungen von H. Fuhrmans. Stuttgart 1974.
Vorlesungen über die Methode (Lehrart) des akademischen Studiums. Einl. und hrsg. v. W.E. Ehrhardt, 2. erw. Aufl. Hamburg 1990.
Zur Geschichte der neueren Philosophie. Münchener Vorlesungen. Hrsg. v. M. Buhr. Leipzig 1975, 2. Aufl. 1984.

Eine *Taschenbuchausgabe* in Form von Nachdrucken aus den *Sämmtlichen Werken* liegt, besorgt von M. Frank, in 6 Bänden vor mit:

F.W.J. von Schelling: Ausgewählte Schriften. Frankfurt/M. 1985.

Eine weitere *Auswahl* aus Schellings Werken wird in einer Nachdruck-Ausgabe der Wissenschaftlichen Buchgesellschaft, Darmstadt, angeboten.

5. Eine Quellen-Sammlung

Schelling. Ausgew. und vorgestellt v. M. Boenke. München 1995.

6. Briefe von und an Schelling

Die umfangreiche Korrespondenz Schellings wurde im Vergleich zu anderen Denkern des deutschen Idealismus nur zögernd, oft an abseits liegendem Publikationsort und bis heute nicht vollständig veröffentlicht. Allein der Berliner Schelling-Nachlaß birgt noch um 1000 Briefe. Schellings reicher Briefwechsel ist in besonderem Maße philosophisch und zeitgeschichtlich bedeutsam und muß als wesentlicher Bestandteil seines Oeuvres angesehen werden: Hier hat Schelling u.a. für ihn wesentliche Positionen und Argumente entwickelt, die in seinen veröffentlichten Werken keinen oder nur einen peripheren Ort haben.

Aus Schellings Leben. In Briefen. Hrsg. v. G.L. Plitt. 3 Bde. Leipzig 1869/ 70.

Berg, H./ E. Germann: Ritter und Schelling – Empirie und Spekulation (mit Ritters Briefen an Schelling). In: Die Philosophie des jungen Schelling. Beiträge zur Schelling-Rezeption in der DDR. Weimar 1977, S. 83-113.

Braun, O.: Schelling als Persönlichkeit. Briefe, Reden, Aufsätze. Leipzig 1908.

–: Neue Briefe von A. von Humboldt, Fouqué, Steffens, Platen, Rückert, König Ludwig I. u.a. In: Nord-Süd 33 (1909), S. 85-102.

–: Briefe Schellings an seine Söhne Fritz und Hermann. In: Hochland 9 (1911), S. 316-341.

–: Aus Schellings Nachlaß. In: Nord-Süd 35 (1911), S. 130-145, 325-357.

–: Neue Platenbriefe. In: Deutsche Revue 37 (1912), S. 98-103.

–: Neue Schellingiana. In: Euphorion 24 (1922), S. 384-390, 868-879.

Briefe an Cotta. Hrsg. v. M. Fehling bzw. H. Schiller. 3 Bde. 1925-1934.

Briefe von und an Hegel. Hrsg. v. J. Hoffmeister. 4 Bde, 1 Register-Bd. 3. Aufl. Hamburg 1977.

Caroline. Briefe aus der Frühromantik. Nach G. Waitz vermehrt hrsg. v. E. Schmidt. 2 Bde. Leipzig 1913.

Ehrhardt, W.E.: Schelling Leonbergensis und Maximilian II. von Bayern. Lehrstunden der Philosophie. Stuttgart-Bad Cannstatt 1989 [Schellingiana Band 2].

F.W.J. Schelling: Brief über den Tod Carolines vom 2. Oktober 1809 an Immanuel Niethammer. Mit Faksimile des bisher unbekannten Autographs hrsg. und kommentiert v. J.L. Döderlein. Stuttgart 1975.

F.W.J. Schelling: Briefe und Dokumente. Bd. I: 1775-1809. Hrsg. v. H. Fuhrmans. Bonn 1962.

F.W.J. Schelling: Briefe und Dokumente. Bd. II: 1775-1803. Zusatzband. Hrsg. v. H. Fuhrmans. Bonn 1973.

F.W.J. Schelling: Briefe und Dokumente. Bd. III: 1803-1809. Zusatzband. Hrsg. v. H. Fuhrmans. Bonn 1975.

F.W.J. Schelling: Historisch-kritische Ausgabe. Im Auftrag der Schelling-Kommission der Bayerischen Akademie der Wissenschaften hrsg. v. H.M. Baumgartner, W.G. Jacobs, H. Krings und H. Zeltner. Bd. III,1: Briefe 1786 bis 1799. Hrsg. v. I. Möller und W. Schieche. Stuttgart-Bad Cannstatt 1998.

Fichte-Schelling. Briefwechsel. Hrsg. u. eingel. v. W. Schulz. Frankfurt/M. 1968.

Fichtes und Schellings Briefwechsel. Aus d. Nachlasse Beider hrsg. v. I.H. Fichte u. K.F.A. Schelling. 1856.

Goethe und die Romantik. Briefe u. Erläuterungen. Teil 1. Hrsg. v. C. Schüdde-kopf und O. Walzel. 1898.

J.G. Fichte. Briefwechsel. Kritische Gesamtausgabe. Hrsg. v. H. Schulz. 2 Bde. 1925. [Enthält auch Briefe Schellings.]

J.G. Fichte-Gesamtausgabe der Bayerischen Akademie der Wissenschaften. Hg. v. R. Lauth, H. Gliwitzky und H. Jacob. Stuttgart-Bad Cannstatt. Bd. III,2, 1970; Bd. III,4, 1973; Bd. III,5, 1982 [Briefe Fichte-Schelling].

König Maximilian II. von Bayern und Schelling. Briefwechsel. Hrsg. v. L. Trost u. F. Leist. Stuttgart 1890.

Krisenjahre der Frühromantik. Briefe aus d. Schlegelkreis. Hrsg. v. J. Körner. 2 Bde. 1936/ 37; Bd. 3. Bern 1958.

Lettres de Ravaisson, Quinet et Schelling. Hrsg. v. P.M. Schuhl. In: Revue de Mé-taphysique et de Morale (Paris) 43 (1936), S. 487-506.

Löckle, A.: Briefe Schellings u.a. Philosophen. In: Süddt. Monatshefte 10 (1912), S. 577-591.

M. Victor Cousin. Sa vie et sa correspondance par J. Barthelémy-Saint Hilaire. Tom. III. Paris 1895.

Nolte, P.: Bemerkungen zum Verhältnis des Chemikers Schönbein zu Schelling. Mit 8 Briefen Schellings an Schönbein. In: Deutsche Zschr. für Philos. 28 (1980), S. 746-758.

Sandkühler, H.J.: Unveröffentlichte Briefe von L. Feuerbach (1), A. Ruge (1) u. J. F. Molitor (19) an Schelling. In: Ders.: Freiheit und Wirklichkeit. Zur Dia-lektik von Politik und Philosophie bei Schelling. Frankfurt/M. 1968.

Schelling und Cotta. Briefwechsel 1803-1849. Hrsg. v. H. Fuhrmans und L. Loh-rer. Stuttgart 1965.

Schellings Briefwechsel mit Niethammer vor seiner Berufung nach Jena. Nebst 46 unedierten Briefen Schellings aus den Jahren 1795-1798. Hrsg. v. G. Damm-köhler. 1913.

Sulpiz Boisserée [Briefwechsel. 2 Bde.]. Bd 1. 1862.

7. Schellingiana

Herausgegeben von W.E. Ehrhardt im Auftrag der Internationalen Schelling-Ge-sellschaft. Die *Schellingiana* wollen die Kenntnis der Schellingschen Philosophie und ihre Erforschung fördern. In der Reihe erscheinen Beiträge zur Schelling-For-schung, Editionen, Nachdrucke und auch Studientexte.

F.W.J. Schelling: Einleitung in die Philosophie. Hrsg. v. W.E. Ehrhardt. Stuttgart-Bad Cannstatt 1989 [= Bd. 1].

W.E. Ehrhardt: Schelling Leonbergensis und Maximilian II. von Bayern. Lehr-stunden der Philosophie. Stuttgart-Bad Cannstatt 1989 [= Bd. 2].

H.M. Baumgartner/ W.G. Jacobs (Hrsg.): Philosophie der Subjektivität? Zur Be-stimmung des neuzeitlichen Philosophierens. 2 Bde. Stuttgart-Bad Cannstatt 1989 [= Bd. 3.1, 3.2].

F.W.J.: Schelling: Timaeus (1794). Hrsg. v. H. Buchner. Stuttgart-Bad Cannstatt 1994 [= Bd. 4].

H.M. Baumgartner/ W.G. Jacobs (Hrsg.): Schellings Weg zur Freiheitsschrift. Le-gende und Wirklichkeit. Stuttgart-Bad Cannstatt 1992 [= Bd. 5].

F.W.J. Schelling: Philosophie der Mythologie. Nachschrift der letzten Münchener Vorlesungen 1841. Hrsg. v. A. Roser und H. Schulten mit einer Einl. v. W.E. Ehrhardt. Stuttgart-Bad Cannstatt 1996 [= Bd. 6].

W. Schmied-Kowarzik: »Von der wirklichen, von der seyenden Natur«. Schellings Ringen um eine Naturphilosophie in Auseinandersetzung mit Kant, Fichte und Hegel. Stuttgart-Bad Cannstatt 1996 [= Bd. 8].

Ch. Danz: Die philosophische Christologie F.W.J. Schellings. Stuttgart-Bad Cannstatt 1996 [= Bd. 9].

J. Jantzen (Hrsg.): Die Realität des Wissens und das wirkliche Dasein. Erkenntnisbegründung und Philosophie des Tragischen beim frühen Schelling. Mit einer Einl. Stuttgart-Bad Cannstatt 1997 [= Bd. 10].

J. Jantzen (Hrsg.): Das antike Denken in der Philosophie Schellings. Mit einer Einl. Stuttgart-Bad Cannstatt 1997 [= Bd. 11].

II. Zeugnisse von Zeitgenossen, Beiträge zur Biographie und Bibliographien

1. Zeugnisse von Zeitgenossen

Von großer Bedeutung für die Kenntnisnahme der kontroversen Urteile von Zeitgenossen über Schelling und seiner Wirkungsgeschichte sind die Quellensammlungen:

Tilliette, X. (Hrsg.): Schelling im Spiegel seiner Zeitgenossen. Torino 1974 [SSZ I].

–: (Hrsg.): Schelling im Spiegel seiner Zeitgenossen. Ergänzungsband. Melchior Meyr über Schelling. Torino 1981 [SSZ II].

–: (Hrsg.): Schelling im Spiegel seiner Zeitgenossen. Bd. III. Zusatzband. Milano o.J. [SSZ III].

–: (Hrsg.): Schelling im Spiegel seiner Zeitgenossen. Bd. IV. Nachklänge. Milano 1997 [SSZ IV].

2. Zur Biographie

Eine umfassende und zuverlässige Biographie steht noch aus; herangezogen werden können:

Dietzsch, S.: F.W.J. Schelling. Berlin/ Köln 1978.

Gulyga, A.: Schelling. Leben und Werk. Aus d. Russ. übertr. v. Elke Kirsten. Stuttgart 1989.

Kirchhoff, J.: F.W.J. von Schelling in Selbstzeugnissen und Bilddokumenten dargestellt. Reinbek bei Hamburg 1982.

3. Bibliographien

Schneeberger, G.: F.W.J. von Schelling. Eine Bibliographie. Mit acht Faksimile-Reproduktionen und drei Beilagen. Bern 1954.

Diese bisher umfangreichste Bibliographie der Schriften zur Philosophie F.W.J. Schellings erstreckt sich über den Zeitraum 1797 bis 1953.

Sandkühler, H.J.: F.W.J. Schelling. Stuttgart 1970, S. 24-41.

Ergänzung der Bibliographie für den Zeitraum 1954 bis 1969. Korrekturen und Ergänzungen zu dieser Bibliographie hat Xavier Tilliette vorgelegt in: Schelling. Une philosophie en devenir. T. II. Paris 1970, S. 507f.

Gabel, G.U.: Schelling. Ein Verzeichnis westeuropäischer und nordamerikanischer Hochschulschriften 1885-1980. Köln 1986.

Eine Bibliographie unveröffentlichter Hochschulschriften.

III. Bibliographie zum Studium der Philosophie Schellings

1. Siglen

AA	F.W.J. Schelling: Historisch-kritische Ausgabe. Im Auftrag der Schelling-Kommission der Bayerischen Akademie der Wissenschaften hrsg. v. H.M. Baumgartner, W.G. Jacobs, H. Krings und H. Zeltner. I. Werke; II. Nachlaß; III. Briefe; IV. Nachschriften. Stuttgart 1976ff.
EE	F.W.J. Schelling: Erster Entwurf zu einem System der Naturphilosophie.
EPh	F.W.J. Schelling: Einleitung in die Philosophie. Hrsg. v. W.E. Ehrhardt. Stuttgart-Bad Cannstatt 1989 (= Schellingiana Band 1).
GA	J.G. Fichte-Gesamtausgabe der Bayerischen Akademie der Wissenschaften. Hrsg. v. R. Lauth, H. Gliwitzky und H. Jacob. Stuttgart-Bad Cannstatt.
GPPh	F.W.J. Schelling: Grundlegung der positiven Philosophie. Münchener Vorlesung WS 1832/ 33 und SS 1833, hrsg. und kommentiert v. H. Fuhrmans, I. Torino 1972.
HW	G.W.F. Hegel: Werke in zwanzig Bänden. Theorie-Werkausgabe. Auf der Grundlage der *Werke* von 1832-1845 neu edierte Ausg. Frankfurt/ M. 1971.
Initia	F.W.J. Schelling: Initia philosophiae universae. Erlanger Vorlesung WS 1820/21. Hrsg. v. H. Fuhrmans. Bonn 1969.
Jb.	Jahrbuch
KdU	I. Kant: Kritik der Urteilskraft
KpV	I. Kant: Kritik der praktischen Vernunft.
KrV	I. Kant: Kritik der reinen Vernunft (A und B)
MA	I. Kant: Metaphysische Anfangsgründe der Naturwissenschaft (1. Aufl.)
NL	Schelling-Nachlaß der Berlin-Brandenburgischen Akademie der Wissenschaften.
Plitt	G.L. Plitt (Hrsg.): Aus Schellings Leben. 3 Bde. Leipzig 1870.

Pr.	I. Kant: Prolegomena
SdW	F.W.J. Schelling: System der Weltalter. Münchener Vorlesung 1827/ 28 in einer Nachschrift von Ernst von Lasaulx. Herausgegeben und eingeleitet v. S. Peetz. Frankfurt/M. 1990.
SR	Schellingiana rariora. Gesammelt u. eingel. v. L. Pareyson. Torino 1977.
SSZ I	X. Tilliette (Hrsg.): Schelling im Spiegel seiner Zeitgenossen. Torino 1974.
SSZ II	X. Tilliette (Hrsg.): Schelling im Spiegel seiner Zeitgenossen. Ergänzungsband. Melchior Meyr über Schelling. Torino 1981.
SSZ III	X. Tilliette (Hrsg.): Schelling im Spiegel seiner Zeitgenossen. Bd. III. Zusatzband. Milano o.J.
SSZ IV	X. Tilliette (Hrsg.): Schelling im Spiegel seiner Zeitgenossen. Bd. IV. Nachklänge. Milano 1997.
SW	F.W.J. von Schellings sämmtliche Werke. Hrsg. v. Karl F. August Schelling. 1. Abteilung: 10 Bde. (= I-X); 2. Abteilung: 4 Bde. (= XI-XIV). Stuttgart/ Augsburg 1856-61. *(Zitiert: SW Bd., S.)* [= Schellings Werke. Nach der Originalausgabe in neuer Anordnung hrsg. v. M. Schröter, 6 Hauptbde., 6 Ergänzungsbände. München 1927ff., ²1958ff.]
TGB 1809-13	F.W.J. Schelling: Philosophische Entwürfe und Tagebücher 1809-1813. Philosophie der Freiheit und der Weltalter. Hrsg. v. L. Knatz, H.J. Sandkühler und M. Schraven. Hamburg 1994 [Philosophische Entwürfe und Tagebücher. Aus dem Berliner Nachlaß hrsg. v. H.J. Sandkühler, mit L. Knatz und M. Schraven. Bd. 1].
TGB 1846	F.W.J. Schelling: Philosophische Entwürfe und Tagebücher 1846. Philosophie der Mythologie und reinrationale Philosophie. Herausgegeben v. L. Knatz, H.J. Sandkühler und M. Schraven. Bd. 12. Hamburg 1998.
TGB 1848	F.W.J. Schelling: Das Tagebuch 1848. Rationale Philosophie und demokratische Revolution. Mit A. v. Pechmann und M. Schraven aus dem Berliner Nachlaß herausgegeben v. H.J. Sandkühler. Hamburg 1990.
Timaeus	H. Buchner (Hrsg.): F.W.J. Schelling, »Timaeus« (1794). (Schellingiana Bd. 4) Stuttgart-Bad Cannstatt 1994.
Trost/Leist	König Maximilian II. von Bayern und Schelling. Briefwechsel. Hrsg. v. L. Trost u. F. Leist. Stuttgart 1890.
UPhO	F.W.J. Schelling: Urfassung der Philosophie der Offenbarung. Hrsg. v. W.E. Ehrhardt, 2 Teilbde. Hamburg 1992.
Vetö	F.W.J. Schelling: Stuttgarter Privatvorlesungen. Version inédite, accompagnée du texte des Oeuvres, publiée, préfacée et annotée par M. Vetö. Torino 1973.
VüM	F.W.J. Schelling: Vorlesungen über die Methode (Lehrart) des akademischen Studiums. Mit einer Beilage »Schellings philosophisches Testament«, neu hrsg. v. W.E. Ehrhardt, Hamburg 1990.
WA	F.W.J. Schelling: Die Weltalter. Fragmente. In den Urfassungen von 1811 und 1813 hrsg. v. M. Schröter, [Schellings Werke, Münchener Jubiläumsdruck, Nachlaßband]. München 1946.

2. Ältere Gesamtdarstellungen

Benz, E.: *Schelling. Werden und Wirken seines Denkens.* Zürich 1955.

Erdmann, J.E.: *Versuch einer wissenschaftlichen Darstellung der Geschichte der neueren Philosophie.* Vorw. v. H. Glockner, 2. Aufl. Stuttgart-Bad Cannstatt 1977.

Fischer, K.: *Schellings Leben, Werke und Lehre.* Heidelberg 1902.

Hartmann, E. v.: *Schelling's philosophisches System.* Leipzig 1897.

Hartmann, N.: *Die Philosophie des deutschen Idealismus.* Berlin/ New York ³1974.

Jaspers, K.: *Schelling. Größe und Verhängnis.* München 1986 (unveränderter Nachdruck von 1955).

Rosenkranz, K.: *Schelling. Vorlesungen, gehalten im Sommer 1842 an der Universität zu Königsberg.* Danzig 1843. Neudruck Aalen 1969.

Zeltner, H.: *Schelling.* Stuttgart 1954.

3. Neuere Einführungen

Baumgartner, H.M. (Hrsg.): *Schelling. Einführung in seine Philosophie.* In Zusammenarbeit mit H. Holz u.a. Freiburg 1975.

Baumgartner, H.M./ H. Korten: *F.W.J. Schelling.* München 1996.

Bausola, A.: *F.W.J. Schelling.* Firenze 1975.

Frank, M.: *Eine Einführung in Schellings Philosophie.* Frankfurt/M. 1985.

Gamm, G.: *Der Deutsche Idealismus. Eine Einführung in die Philosophie von Fichte, Hegel und Schelling.* Stuttgart 1997.

Tilliette, X.: *Schelling. Une philosophie en devenir. I: Le système vivant, 1794-1821. II: La dernière philosophie, 1821-1854.* Paris 1970.

4. Lexikalische und Handbuch-Darstellungen

Cesa, C.: »F.W.J. Schelling«. In: *Pipers Handbuch der politischen Ideen.* Hrsg. v. I. Fetscher und H. Münkler, Bd. 4. München/ Zürich 1986, S. 226-251.

Ehrhardt, W.E.: »Die Wirklichkeit der Freiheit«. In: *Grundprobleme der großen Philosophen.* Hrsg. v. J. Speck. Philosophie der Neuzeit II. Göttingen 1976, S. 109-144.

Förster, W.: »Schelling, F.W.J.« In: *Philosophenlexikon,* v. einem Autorenkoll. hrsg. v. E. Lange und D. Alexander. Berlin 1982, S. 819-825.

Fuhrmans, H.: »Schelling«. In: *Lexikon für Theologie und Kirche.* Hrsg. v. J. Höfer und K. Rahner. 2. Aufl.: Bd. 9. Freiburg/ Brsg. 1964, Sp. 385-387.

Hollerbach, A.: »Schelling«. In: *Staatslexikon. Recht, Wirtschaft, Gesellschaft,* hrsg. v. der Görres-Gesellschaft. 6. Aufl. Freiburg 1961, Bd. 6, S. 1100-1105.

Jacobs, W.G.: »Schelling«. In: *Staatslexikon. Recht, Wirtschaft, Gesellschaft,* hrsg. v. der Görres-Gesellschaft. 7. Aufl. Freiburg/ Basel/ Wien 1988, Bd. 4, S. 1017-1019.

Jantzen, J.: [Darstellungen einzelner Schellingscher Werke]. In: *Lexikon der philosophischen Werke.* Hrsg. v. F. Volpi/ J. Nida-Rümelin. Red. verantwortl. Mithrsg. G.M. Koettnitz/ H. Olechnowitz. Stuttgart 1988.

Margoshes, A.: »Schelling, F.W.J. von«. In: Paul Edwards (Ed.): *The Encyclopedia of Philosophy.* Vol. 7. New York/ London 1975, S. 305-309.

Sandkühler, H.J.: »Schelling, F.W.J.« In: *Metzler Philosophen Lexikon. Von den Vorsokratikern bis zu den Neuen Philosophen.* 2., aktual. und erw. Aufl. Unter redakt. Mitarbeit von Norbert Retlich, hrsg. v. B. Lutz. Stuttgart/ Weimar 1995, S. 786-793.

Schulz, W.: »Schelling«. In: *Die Religion in Geschichte und Gegenwart. Handwörterbuch für Theologie und Religionswissenschaft.* Hrsg. v. K. Galling. 3. Aufl., Bd. 5. Tübingen 1961, Sp. 1396-1400.

Wolters, G.: »Schelling, F.W.J.« In: *Enzyklopädie Philosophie und Wissenschaftstheorie.* Hrsg. v. J. Mittelstraß. Bd. 3. Stuttgart/ Weimar 1995, S. 691-697.

5. Sammelwerke

Baumgartner, H.M./ W.G. Jacobs (Hrsg.): *Philosophie der Subjektivität? Zur Bestimmung des neuzeitlichen Philosophierens.* Stuttgart-Bad Cannstatt 1993.

–: *Schellings Weg zur Freiheitsschrift.* Stuttgart-Bad Cannstatt 1996.

Courtine, J.-F./ J.-F. Marquet (Ed.): *Le dernier Schelling. Raison et positiviste.* Paris 1994.

Dietzsch, S. (Hrsg.): *Natur – Kunst – Mythos. Beiträge zur Philosophie F.W.J. Schellings.* Berlin 1978.

Frank, M./ G. Kurz (Hrsg.): *Materialien zu Schellings philosophischen Anfängen.* Frankfurt/M. 1975.

Hasler, L. (Hrsg.): *Schelling. Seine Bedeutung für eine Philosophie der Natur und der Geschichte. Referate und Kolloquien der Internationalen Schelling-Tagung Zürich 1979.* Stuttgart 1981.

Heckmann, R./ H. Krings/ R.W. Meyer (Hrsg.): *Natur und Subjektivität. Zur Auseinandersetzung mit der Naturphilosophie des jungen Schelling. Referate, Voten und Protokolle der II. Internationalen Schelling-Tagung Zürich 1983.* Stuttgart 1985.

Höffe, O./ A. Pieper: *F.W.J. Schelling. Über das Wesen der menschlichen Freiheit.* Berlin 1995.

Koktanek, A.M. (Hrsg.): *Schelling-Studien. Festgabe für M. Schröter zum 85. Geb.* München/ Wien 1965.

Lange, E. (Hrsg.): *Die Philosophie des jungen Schelling.* Collegium Philosophicum Jenense, Heft 1. Weimar 1977.

Pawlowski, H.-M./ S. Smid/ R. Specht (Hrsg.): *Die praktische Philosophie Schellings und die gegenwärtige Rechtsphilosophie.* Stuttgart-Bad Cannstatt 1989.

Planty-Bonjour, G. (Ed.): *Actualité de Schelling.* Travaux du Centre de Documentation et de Recherche sur Hegel et sur Marx. Paris 1979.

Sandkühler, H.J. (Hrsg.): *Natur und geschichtlicher Prozeß. Studien zur Naturphilosophie F.W.J. Schellings. Mit einem Quellenanhang als Studientext und einer Bibliographie.* Frankfurt/M. 1984.

Schellings Philosophie der Freiheit. Festschrift der Stadt Leonberg zum 200. Geb. des Philosophen. Stuttgart 1977.

Tilliette, X. (ed.): *Attualità di Schelling.* Milano 1974.

Verhandlungen der Schelling-Tagung in Bad Ragaz vom 22. -25. 9. 1954. Studia philosophica. Jb. der Schweizerischen Philosophischen Gesellschaft, Vol. XIV. Basel 1954.

6. Literatur zu einzelnen Gegenstandsbereichen

Die folgende Bibliographie umfaßt sowohl die in den einzelnen Beiträgen zu diesem Band zitierte als auch thematisch weiterführende Literatur; Doppelnennungen ergeben sich aus der Einschlägigkeit von Titeln für mehrere Themenbereiche. Die Titel werden hier in Kurzform gegeben; sie sind über die anschließende alphabetische Gesamtbibliographie zu erschließen.

6.1 Zum Stand der Schelling-Forschung

Andreeva 1980; Baumanns 1994; Baumgartner/ Korten 1996; Braun 1990; Buchheim 1992; Düsing 1988; Ehrhardt 1977, 1989, 1989, 1992, 1994; Frigo 1979; Heuser-Keßler/ Jacobs 1994; Hogrebe 1989; Jacobs 1977; Loer 1974; Moiso 1974; Pieper 1977; Planty-Bonjour 1979; Schmied-Kowarzik 1996; Schulte 1993; Tilliette 1974.

6.2 Schelling und der Deutsche Idealismus

Assunto 1965; Barnouw 1972; Baumanns 1989; Behler 1972; Bianco 1994; Biedermann 1975, 1976; Blans 1979; Bonsiepen 1981; Bracken 1974; Brinkmann 1976; Brito 1987; Brüggen 1967/68, 1971; Buchheim 1988; Buchner 1965; Cesa 1969; Ciancio 1975, 1977; Düsing 1969, 1977, 1989, 1993; Ehrhardt 1983; Fehér 1993; Ford 1965; Frank 1987; Fujita 1985, 1994; Hartkopf 1976, 1983; Hartnack 1979; Heintel 1981; Henrich 1970, 1982; Herzog 1992; Horstmann 1986, 1991; Ivaldo 1990; Jacobs 1994; Kuderowicz 1976; Lauth, 1989, 1994; Leijen 1980; Majoli 1954; Marín Morales 1980; Market 1988; Marquard 1977, 1989; Marquet 1974; Marx 1977; Moiso 1983, 1985, 1986, 1988; Morresi 1977; Neuser 1986; Nicolin 1974; Pechmann 1988; Petterlini 1977; Reardon 1984; Schmidlin 1993; Schulz 1954; Seebohm 1979; Semerari 1976; Siemek 1989; Simon 1989; Smid 1987; Sobotka 1978; Theunissen 1965; Thomas 1985; Tilliette 1966, 1968, 1969, 1977, 1989; Vieillard-Baron 1988; Wetz 1991; Zajecaranovic 1970; Zhixüe 1989; Zimmerli 1978, 1981.

6.3 Philosophie der Natur

Adolphi 1992; Bensaude-Vincent 1994; Bloch 1972, 1975; Bonsiepen 1997; Braun 1983; Breidbach 1994; Crummenauer 1994; Durner 1990, 1991, 1994; Förster 1974; Gloy/ Burger 1993; Grün 1993; Hartkopf 1979; Hasler 1981; Heckmann/ Krings/ Meyer 1985; Heuser-Keßler 1986, 1989, 1993, 1994; Heuser-Keßler/ Jacobs 1994; Holz 1975, 1993; Jantzen 1994, 1998; Krings 1994; Küppers 1992; Mende 1975, 1976/77, 1979; Merleau-Ponty 1975, 1990, 1994; Mutschler 1990; Partington 1961-62; Rang 1988; Rudolph 1993; Sandkühler 1984; Schmied-Kowarzik 1996; Schulz 1993; Stengers 1994; Stichweh 1984; Szilasi 1961; Warnke 1993; Wiehl 1994; Wieland 1975; Zimmerli 1986; Zimmerli/ Stein/ Gerten 1997.

6.4 Philosophie der Kunst

Barth 1991; Behler 1976; Beierwaltes 1982; Biemel 1959; Dietzsch 1978; Dittmann 1963; Düsing 1988; Frank 1989; Freier 1976; Frühwald 1989; Giersberg 1974; Hennigfeld 1973; Henrich 1964; Jacobs 1990; Jähnig 1966/1969, 1975;

Knatz 1990; Küster 1979; Leinkauf 1987; Lypp 1972; Marquard 1963/1975, 1968, 1989; Marquet 1979; Oesterreich 1996; Paetzold 1983; Salber 1989; Schneider 1983; Schulz 1975; Sziborsky 1983, 1986, 1996; Szondi 1974; Tilliette 1978; Titzmann 1978; Wanning 1988; Zimmerli 1978.

6.5 Geschichtsphilosophie

Baumgartner 1975, 1981; Boenke 1990; Bourgeois 1996; Buhr 1981; Cerny 1983; Dietzsch 1973, 1975, 1984; Durner 1979; Ehrhardt 1981; Fuhrmans 1981; Habermas 1954, 1963; Hasler 1981; Hayner 1969; Jacobs 1975, 1977, 1993, 1996, 1998; Jahnig 1970//1, 1972; Kasper 1965; Knatz 1996; Kuhnert 1978; Lanfranconi 1992, 1996; Lawrence 1984; Lisco 1884; Loer 1974; Lübbe 1954; Marx 1974, 1977, 1981; Mehlis 1906; Oesterreich 1996; Peetz 1996; Pieper 1985; Sandkühler 1968, 1981, 1984, 1989, 1991, 1996; Schulz 1975, 1977; Smid 1987; Tilliette 1981, 1983, 1987; Zeltner 1965.

6.6 Philosophie der Mythologie

Barth 1991; Blumenberg 1979; Burckhardt 1969; Cassirer 1987; Courtine/ Marquet 1994; Czuma 1969; Dekker 1930; Frank 1982; Franz 1992; Griffero 1994; Hennigfeld 1973; Jacobs 1993; Jamme 1991; Kreiml 1989; Marquard 1971, 1981; Peetz 1989, 1990, 1996; Procesi 1990; Ruprecht 1938/1939; Stegelmann 1978.

6.7 Philosophie der Religion und Theologie

Bannach 1995; Bausola 1965; Becker 1966; Bladel 1965; Browarzik 1971; Brown 1990; Buchheim 1988, 1992; Coreth 1985; Czuma 1969; Danz 1995, 1996; Dierken 1992; Dorner 1883; Durner 1979; Ehrhardt 1977, 1984, 1988, 1990, 1993, 1994; Engels 1977; Folkers 1990; Franz 1987, 1990, 1992; Fuhrmans 1940, 1965; Hasler 1981; Hemmerle 1966, 1968; Hermanni 1994; Holz 1970; Hutter 1996; Jacobs 1989, 1993; Kasper 1965, 1970, 1973; Kile 1965; Korsch 1980, 1993; Kreiml 1989; Marheineke 1843; Mokrosch 1976; O'Meara 1982; Peetz 1995; Rosenau 1985, 1987, 1992; Sandkaulen-Bock 1990; Schlutter 1915; Schmidlin 1971/72; Schoepsdau 1973; Schrödter 1986; Schulze 1964; Schütze 1996; Smid 1983; Stüttler 1961; Süskind 1909; Theunissen 1964/65; Tillich 1910, 1912/1989, 1955; Tilliette 1981, 1987; Trillhaas 1981; Ullmann 1985; Vergauwen 1975; Wilson 1993; Wolf 1991; Wolfinger 1981; Wüstehube 1989.

6.8 Politik, Recht und Staat

Cesa 1986, 1989; Hollerbach 1957; Jacobs 1981, 1989; Losurdo 1989; Lukács 1983; Pawlowski/ Smid/ Specht 1989; Sandkühler 1968, 1989; Schraven 1989, 1995.

7. Gesamtbibliographie

Adolphi, R.: »Ontologie der Natur oder Theorie der wissenschaftlichen Erkenntnis? Zur Konzeption einer Philosophie der Natur zwischen Kant und Schelling.« In: *Erfahrungen der Negativität. Festschrift für M. Theunissen.* Hildesheim 1992, S. 131-152.

Andreeva, I.S.: »Novye Raboty o Schellinge«. [Neue Arbeiten über Schelling]. In: *Filosofski Nauki* 23 (1980), S. 133-135.

Assunto, R.: »Le relazioni fra arte e filosofia nella Philosophie der Kunst di Schelling e nelle Vorlesungen über die Ästhetik di Hegel.« In: *Hegel-Jb.* 3 (1965), S. 84-121.

Bannach, K.: »Schellings Philosophie der Offenbarung. Gehalt und theologiegeschichtliche Bedeutung«. In: *NZSThRph* 37 (1995), S. 57-74.

Bardili, Chr.G.: *Epochen der vorzüglichsten Philosophischen Begriffe, nebst den nöthigsten Beylagen. Erster Theil. Epochen von einem Geist, von Gott und der menschlichen Seele. System und Aechtheit der beiden Pythagoreer, Ocellus und Timäus.* Halle 1788.

Barnouw, J.: »*Der Trieb, bestimmt zu werden.* Hölderlin, Schiller und Schelling als Antwort auf Fichte.« In: *Deutsche Vierteljahrsschrift für Literaturwissenschaft und Geistesgeschichte.* 46 (1972), S. 248-293.

Barth, B.: *Schellings Philosophie der Kunst. Göttliche Imagination und ästhetische Einbildungskraft.* Freiburg/München 1991.

Baumanns, P.: »Fichtes und Schellings Spätphilosophie.« In: Mues, A. (Hrsg.): *Transzendentalphilosophie als System. Die Auseinandersetzung zwischen 1794 und 1806.* Hamburg 1989, S. 471-482.

–: »Die Entstehung der Philosophie Schellings aus der Fichtekritik«. In: Hoffmann/ Ungler (Hrsg.): *Aufhebung der Transzendentalphilosophie.* Würzburg 1994, S. 41-61.

Baumgartner, H.M. (Hrsg.): *Schelling. Einführung in seine Philosophie.* In Zusammenarbeit mit H. Holz u.a. Freiburg 1975.

Baumgartner, H.M.: »Vernunft im Übergang zu Geschichte. Bemerkungen zur Entwicklung von Schellings Philosophie als Geschichtsphilosophie«. In: Hasler 1981, S. 175-192.

Baumgartner, H.M./ H. Korten: *F.W.J. Schelling.* München 1996.

Baumgartner, H.M./ W.G. Jacobs (Hrsg.): *Philosophie der Subjektivität? Zur Bestimmung des neuzeitlichen Philosophierens.* 2 Bde. Stuttgart-Bad Cannstatt 1989.

–: *Schellings Weg zur Freiheitsschrift. Legende und Wirklichkeit.* Stuttgart-Bad Cannstatt 1992.

Bausola, A.: *F.W.J. Schelling.* Firenze 1975.

–: *Metafisica e rivelazione nella filosofia positiva di Schelling.* Milano 1965.

Becker, W.: »Über Schellings Konstruktion des Christentums«. In: Henrich, D./ H. Wagner (Hrsg.): *Subjektivität und Metaphysik. Festschrift für Wolfgang Cramer.* Frankfurt/M. 1966, S. 1-20.

Behler, E.: »Die Geschichte des Bewußtseins. Zur Vorgeschichte eines Hegelschen Themas.« In: *Hegel-Studien* 7 (1972), S. 169-216.

–: »Schellings Ästhetik in der Überlieferung von Henry Crabb Robinson«. In: *Philosophisches Jb.* 83 (1976), S. 133-153. [Enthält S. 153ff. eine Nachschrift der Jenaer Fassung von Schellings Philosophie der Kunst.]

Beierwaltes, W.: *Einleitung.* In: *F.W.J. Schelling: Texte zur Philosophie der Kunst.* Ausgewählt und eingeleitet von W. Beierwaltes. Stuttgart 1982, S. 3-46.

Bensaude-Vincent, B.: »Lavoisier: Eine wissenschaftliche Revolution.« In: Serres, M. (Hrsg.): *Elemente einer Geschichte der Wissenschaft.* Frankfurt/M. 1994, S. 645-685.

Benz, E.: *Schelling. Werden und Wirken seines Denkens.* Zürich 1955.

Bianco, B.: »Ein Votum für Jacobi gegen Schelling. Fries' Teilnahme am Streit um die göttlichen Dinge.« In: Jaeschke, W. (Hrsg.): *Religionsphilosophie und spekulative Theologie. Der Streit um die Göttlichen Dinge (1799-1812).* Hamburg 1994, S. 155-173.

Biedermann, G.: »Schelling und Hegel in Jena.« In: *Dt. Zschr. f. Philos.* 23 (1975), S. 737-744.

–: »Bemerkungen zum Verhältnis von Schelling und Hegel.« In: *Wissenschaftliche Zschr. Gesellschafts- und Sprachwissenschaftliche Reihe.* 25 (1976), S. 35-42.

Biemel, W.: *Die Bedeutung von Kants Begründung der Ästhetik für die Philosophie der Kunst.* Köln 1959.

Bladel, L. van: »Die Funktion der Abfallslehre in der Gesamtbewegung der Schellingschen Philosophie«. In: Koktanek 1965, S. 49-82.

Blans, G.H.T.: »Schelling en Hegel. De Hegel-kritiek in Schellings latere filosofie.« In: *Tijdschrift voor Filosofie.* 41 (1979), S. 187-216.

Bloch, E.: *Das Materialismusproblem, seine Geschichte und Substanz.* Frankfurt/M. 1972 (= Gesamtausgabe Bd. 7)

–: »Natur als organisierendes Prinzip – Materialismus beim frühen Schelling.« In: Frank/ Kurz 1975, S. 292-304.

Blumenberg, H.: *Arbeit am Mythos.* Frankfurt/M. 1979.

Boenke, M.: *Transformation des Realitätsbegriffs. Untersuchungen zur frühen Philosophie Schellings im Ausgang von Kant.* Stuttgart-Bad Cannstatt 1990.

Bonsiepen, W.: »Zu Hegels Auseinandersetzung mit Schellings Naturphilosophie in der Phänomenologie des Geistes«. In: Hasler 1981, S. 167-172.

–: *Die Begründung einer Naturphilosophie bei Kant, Schelling, Fries und Hegel.* Frankfurt/M. 1997.

Bourgeois, B.: »Geschichtsphilosophie im deutschen Idealismus«. In: Sandkühler 1996, S. 15-32.

Bracken, J.A.: »The *Late* Schelling's Critique of Hegel in the Matter of Dialectic.« In: *Hegel-Jb.* (1974), S. 508-513.

Braun, B.: *Schellings zwiespältige Wirklichkeit. Das Problem der Natur in seinem Denken.* St. Ottilien 1983.

Braun, H.: »Ein Bedürfnis nach Schelling«. In: *Philos. Rundschau* 37 (1990).

–: »F.W.J. Schelling (1775-1854)«. In: O. Höffe (Hrsg.): *Klassiker der Philosophie.* 2. Bd. Von Immanuel Kant bis Jean-Paul Sartre. München ³1995.

Breidbach, O.: »Anmerkungen zu einem möglichen Dialog Schellings mit der modernen Biologie.« In: Heuser-Keßler, M.-L./ Jacobs, W.G. (Hrsg.) 1994, S. 135-148.

Brinkmann, K.: »Schellings Hegel-Kritik.« In: Hartmann, K. (Hrsg.): *Die ontologische Option. Studien zu Hegels Propädeutik, Schellings Hegel-Kritik und Hegels Phänomenologie des Geistes.* Berlin/ New York 1976, S. 117-210.

Brito, E.: »La création chez Hegel et Schelling«. In: *Revue Thomiste. Revue doctrinale de théologie et de philosophie.* Année 95. Tome 87. (1987), S. 260-279.

Browarzik, U.: »Die dogmatische Frage nach der Göttlichkeit Jesu. Dargestellt an Schellings Interpretation von Phil. 2,5-11 im Zusammenhang der neueren Exegese«. In: *NZSThRph* 13 (1971), S. 164-175.

Brown, R.F.: »Resources in Schelling for new directions in theology«. In: *Idealistic Studies* 20 (1990), S. 1-15.

Brüggen, M.: »Jacobi und Schelling.« In: *Philosophisches Jb.* 75 (1967/68), S. 419-429.

–: »Jacobi, Schelling und Hegel.« In: Hammacher, K. (Hrsg.): *F. Heinrich Jacobi. Philosoph und Literat der Goethezeit.* Frankfurt /M. 1971, S. 209-232.

Buchheim, Th.: »Die reine Abscheidung Gottes. Eine Vergleichbarkeit im Grundgedanken von Fichtes und Schellings Spätphilosophie«. In: *Ztschr. f. philos. Forschung* 42 (1988), S. 95-106.

–: *Eins von allem. Die Selbstbescheidung des Idealismus in Schellings Spätphilosophie.* Hamburg 1992.

Buchner, H.: »Hegel und das Kritische Journal der Philosophie.« In: *Hegel-Studien.* 3 (1965), S. 95-156.

Buhr, M.: »Geschichtsphilosophie im Übergang von der vernünftigen Geschichte zur geschichtlichen Unvernunft«. In: Hasler 1981, S. 233-238.

Burckhardt, J.: Weltgeschichtliche Betrachtungen. Hrsg. v. R. Marx, Stuttgart 1969.

Cassirer, E.: *Philosophie der symbolischen Formen. Zweiter Teil: Das mythische Denken.* Darmstadt [8]1987.

Cerny, J.: »Zu einigen Gedanken der Schellingschen Geschichtsphilosophie im System des transzendentalen Idealismus«. In: *Philosophie und Geschichte. Beiträge zur Geschichtsphilosophie der deutschen Klassik.* Weimar 1983, S. 133-142.

Cesa, C.: »Alle origini della concezione *organica* dello Stato: le critiche di Schelling a Fichte.« In: *Rivista critica di Storia della Filosofia.* 24 (1969), S. 135-147.

–: »F.W.J. Schelling«. In: *Pipers Handbuch der politischen Ideen.* Hrsg. v. I. Fetscher und H. Münkler, Bd. 4. München/ Zürich 1986, S. 226-251.

–: »Schellings Kritik des Naturrechts«. In: Pawlowski/ Smid/ Specht 1989, S. 177-197.

Ciancio, C.: »Il dialogo polemico tra Schelling e Jacobi.« In: Filosofia. Rivista trimestrale. Terza Serie. Jg. 26, (1975), S. 3-52, 149-202, 275-306, 399-413, 414-452.

–: »Jacobi critico della filosofia della natura di Schelling.« In: *Studi Urbinati.* 51 Nuova Serie B (1977), S. 71-84.

Coreth, E.: »Zur Philosophie der Trinität im Denken der Neuzeit bis Schelling«. In: Möller, J. (Hrsg.): *Der Streit um den Gott der Philosophen. Anregungen und Antworten.* Düsseldorf 1985, S. 48-80.

Courtine, J.-F./ J.-F. Marquet (Ed.): *Le dernier Schelling. Raison et positivité.* Paris 1994.

Crummenauer, H.: »Schellings Naturphilosophie. Ein Forschungsbericht.« In: *Information Philosophie* 3 (1994), S. 22-36.

Czuma, H.: *Der philosophische Standpunkt in Schellings Philosophie der Mythologie und Offenbarung.* Innsbruck 1969.

Danz, Ch.: »Im Anfang war das Wort. Zur Interpretation des Johannesprologes bei Schelling und Fichte«. In: Hammacher, K./ W. H. Schrader/ R. Schottky (Hrsg.): Fichte-Studien. Bd. 8. Religionsphilosophie. Amsterdam 1995, S. 21-39.

–: *Die philosophische Christologie F.W.J. Schellings.* Stuttgart-Bad Cannstatt 1996.

Dekker, G.: *Die Rückwendung zum Mythos. Schellings letzte Wandlung.* München/ Berlin 1930.

Dierken, J.: »Das Absolute und die Wissenschaften. Zur Architektonik des Wissens bei Schelling und Schleiermacher«. In: *Philos. Jb.* 99 (1992), S. 332-354.

Dietze, A. und W. (Hrsg.): *Ewiger Friede? Dokumente einer deutschen Diskussion um 1800.* Leipzig/ Weimar 1989.

Dietzsch, S.: *Zeit und Geschichte. Untersuchungen zur Identitätsphilosophie von Schelling*. Leipzig <Diss.> 1973.

–: »Naturphilosophie als Handlungstheorie? Geschichtsphilosophische Bemerkungen zur frühen Naturphilosophie Schellings«. In: *Dt. Zschr. f. Philos.* 23 (1975), S. 1467-1476.

(Hrsg.): *Natur – Kunst – Mythos. Beiträge zur Philosophie F.W.J. Schellings*. Berlin 1978.

–: *F.W.J. Schelling*. Berlin/ Köln 1978.

–: »Geschichtsphilosophische Dimensionen der Naturphilosophie Schellings«. In: Sandkühler 1984, S. 241-258.

Dittmann, L.: *Schellings Philosophie der bildenden Kunst*. In: Bauer, Hermann [u.a.] (Hrsg.): *Probleme der Kunstwissenschaft*. Bd 1: *Kunstgeschichte und Kunsttheorie im 19. Jahrhundert*. Berlin 1963, S. 38-82.

Dorner, I.A.: »Ueber Schelling's neues System, besonders seine Potenzenlehre«. In: Ders., *Gesammelte Schriften aus dem Gebiet der systematischen Theologie, Exegese und Geschichte*.Berlin 1883, S. 378-431 (zuerst 1860 in Jb. f. dt. Theol. V).

Droysen, J.G., 1977 [1857/1858], Historik. Rekonstruktion der ersten vollständigen Fassung der Vorlesungen (1857). Grundriß der Historik in der ersten handschriftlichen (1857/1858) und in der letzten gedruckten Fassung (1882). Textausgabe von P. Leyh, Stuttgart-Bad Cannstatt.

Durner, M.: *Wissen und Geschichte bei Schelling. Eine Interpretation der ersten Erlanger Vorlesung*. München 1979.

–: »Schellings Begegnung mit den Naturwissenschaften in Leipzig (1796-1798)«. In: *AGPh* 72 (1990), S. 220-236.

–: »Die Naturphilosophie im 18. Jahrhundert und der naturwissenschaftliche Unterricht in Tübingen. Zu den Quellen von Schellings Naturphilosophie.« In: *AGPh* 73 (1991), S. 71-103.

–: »Theorien der Chemie.« In: Durner, M./ Moiso, F./ Jantzen, J.: *Wissenschaftshistorischer Bericht zu Schellings naturphilosophischen Schriften*. Stuttgart 1994, S. 1-161 (= F.W.J. Schelling. Historisch-Kritische Ausgabe. Ergänzungsband).

Düsing, K.: »Spekulation und Reflexion. Zur Zusammenarbeit Schellings und Hegels in Jena.« In: *Hegel-Studien*. 5 (1969), S. 95-128.

–: »Spekulative Logik und positive Philosophie. Thesen zur Auseinandersetzung des späten Schelling mit Hegel.« In: Henrich, D. (Hrsg.): *Ist systematische Philosophie möglich?* Bonn 1977, S. 117-128.

–: »Idealistische Substanzmetaphysik. Probleme der Systementwicklung bei Schelling und Hegel in Jena.« In: Hegel-Tage Zwettl 1977. Hegel in Jena. Die Entwicklung des Systems und die Zusammenarbeit mit Schelling. Hegel-Studien, Beiheft 20. Bonn 1980, S. 25-44.

–: *Schellings und Hegels erste absolute Metaphysik*. Köln 1988.

–: *Schellings Genieästhetik*. In: Gethmann-Siefert, Annemarie (Hrsg.): *Philosophie und Poesie*. Otto Pöggeler zum 60. Geburtstag. Stuttgart-Bad Cannstatt 1988, S. 193-213.

–: »Die Entstehung des spekulativen Idealismus. Schellings und Hegels Wandlungen zwischen 1800 und 1801.« In: Jaeschke, W. (Hrsg.): *Transzendentalphilosophie und Spekulation. Der Streit um die Gestalt einer Ersten Philosophie (1799-1807)*. Hamburg 1993, S. 144-163.

Ehrhardt, W.E.: »Die Wirklichkeit der Freiheit«. In: *Grundprobleme der großen Philosophen*. Hrsg. v. J. Speck. Philosophie der Neuzeit II. Göttingen 1976, S. 109-144.

–: »Nur ein Schelling«. In: Atti del Convegno internazionale di studio. Il concetto di natura. Schelling e la »Critica del giudizio«. Urbino, Università, ottobre 1975. In: *Studi Urbinati* 51 (1977), S. 111-122.

–: »Nur ein Schelling«. In: *Studi Urbinati* 51 (1977), S. 111-122.

–: »Die Absolutheit der Vernunft und der Geschichte«. In: Hasler 1981, S. 239-244.

–: »Die Geschichte der Philosophie und die Geschichte der Philosophiegeschichtsschreibung: Schelling und Hegel.« In: *Annalen der Internationalen Gesellschaft für Dialektische Philosophie. Societas Hegeliana.* Bd. I. Köln 1983, S. 106-112.

–: »Die Naturphilosophie und die Philosophie der Offenbarung. Zur Kritik materialistischer Schelling-Forschung«. In: Sandkühler 1984, S. 337-359.

–: »F.W.J. Schelling. Die Wirklichkeit der Freiheit«. In: Speck, Josef (Hrsg.): *Grundprobleme der großen Philosophen. Philosophie der Neuzeit II.* Göttingen ³1988, S. 109-144.

–: *Schelling Leonbergensis und Maximilian II. von Bayern. Lehrstunden der Philosophie.* Stuttgart-Bad Cannstatt 1989.

–: »Freiheit ist unsere Gottheit«. In: *Dt. Ztschr. f. Philos.* 6 (1990), S. 521-527.

–: »Schellings letzte Kritik an Hegel zu dessen Lebzeiten«. In: *Hegel-Jb.* 1992, S. 7-16.

–: »Schellings ›Urfassung der Philosophie der Offenbarung‹. Bericht über die Edition einer Handschrift aus den Beständen der Bibliothek der katholischen Universität Eichstätt«. In: *Hist. Verein Eichstätt* 86 (1993), S. 103-110.

–: »Schelling ›untergräbt‹ Spinoza«. In: Delf/ Schoeps/ Walther (Hrsg.): *Spinoza in der europäischen Geistesgeschichte.* Berlin 1994, S. 263-274.

–: »Selbstorganisation als Metapher«. In: *Selbstorganisation. Jb. für Komplexität in den Natur-, Sozial- und Geisteswissenschaften* 5 (1994), S. 27-32.

–: »... also muß auf Schelling zurückgegangen werden«. In: *Philos. Rundschau* 42 (1995), S. 1-10 und S. 225-233.

–: »Das Ende der Offenbarung«. In: O. Höffe/ A. Pieper (Hrsg.): *F.W.J. Schelling: Über das Wesen der menschlichen Freiheit.* Berlin 1995, S. 221-234.

Engels, F.: »Schelling und Philosoph in Christo, oder die Verklärung der Weltweisheit zur Gottesweisheit. Für gläubige Christen, denen der philosophische Sprachgebrauch unbekannt ist«. In: MEW Erg. Bd. 2, Berlin 1977, S. 223-248.

Erdmann, J.E.: *Versuch einer wissenschaftlichen Darstellung der Geschichte der neueren Philosophie.* Vorw. v. H. Glockner, 2. Aufl. Stuttgart-Bad Cannstatt 1977.

Fehér, I.: »Zur Auseinandersetzung von Fichte und Schelling: Hermeneutische Überlegungen im Anschluß an die Untersuchungen R. Lauths.« In: *Mesotes* (1993), S. 98-117.

Fischer, K.: *Schellings Leben, Werke und Lehre.* Heidelberg 1902.

Folkers, H. »Schellings Erfahrung der Offenbarung und Blochs Fahrt nach Utopien. Mit einem ungedruckten Brief Ernst Blochs zur dynamischen Physik des jungen Schelling«. In: *Bloch-Almanach* 10 (1990), S. 13-44.

Ford, L.S.: »The controversy between Schelling and Jacobi.« In: *Journal of the History of Philosophy* 3 (1965), S. 75-89.

Förster, W.: »Die Entwicklungsidee in der deutschen Naturphilosophie am Ausgang des 18. und zu Beginn des 19. Jahrhunderts.« In: Stiehler, G. (Hrsg.): *Veränderung und Entwicklung. Studien zur vormarxistischen Dialektik.* Berlin 1974, S. 171-210.

Förster, W.: »Schelling, F.W.J.« In: *Philosophenlexikon*, v. einem Autorenkoll. hrsg. v. E. Lange und D. Alexander. Berlin 1982, S. 819-825.

Frank, M./ G. Kurz (Hrsg.): *Materialien zu Schellings philosophischen Anfängen.* Frankfurt/M. 1975.

Frank, M.: *Der kommende Gott. Vorlesungen über die Neue Mythologie. I. Teil.* Frankfurt/M. 1982.

–: *Eine Einführung in Schellings Philosophie.* Frankfurt/M. 1985.

–: »La critique schellingienne de Hegel et les débuts de la dialectique de Marx.« In: Seel, G. (Hrsg.): *Marx et les sciences humaines: actes du colloque organisée les 16 et 17 décembre 1983, dans le carde des Rencontres Interdisciplinaires de Neu Châtel.* Neu Châtel 1987, S. 32-53.

–: *Einführung in die frühromantische Ästhetik. Vorlesungen.* Frankfurt/M. 1989.

Franz, A.: »War am Anfang der Mythos? Auseinandersetzung mit Schellings Rezeption des Johanneischen Logos-Begriffes«. In: *Perspektiven der Philosophie* 13 (1987), S. 3-19.

–: »Die philosophische Idee des Bösen. Zur Satanologie Schellings und Dantes«. In: *Trierer Theologische Zschr.* 99 (1990), S. 81-94.

–: *Philosophische Religion. Eine Auseinandersetzung mit den Grundlegungsproblemen der Spätphilosophie F.W.J. Schellings.* Amsterdam/Atlanta 1992.

Franz, M.: *Schellings Tübinger Platon-Studien,* Göttingen 1996 [Im Anhang: Schellings Studienhefte 28 und 34].

Freier, H.: *Die Rückkehr der Götter. Von der ästhetischen Überschreitung der Wissensgrenze zur Mythologie der Moderne. Eine Untersuchung zur systematischen Rolle der Kunst in der Philosophie Kants und Schellings.* Stuttgart 1976.

Frigo, G.: »Schelling wieder buchstabieren. Neue Texte zur Interpretation Schellings«. In: *Philos. Literaturanzeiger* 32 (1979), S. 92-102.

Frühwald, W.: »Schelling und die Dichter«. In: *Philos. Jb.* 96. (1989), S. 328-342.

Fuhrmans, H.: *Schellings letzte Philosophie. Die negative und positive Philosophie im Einsatz des Spätidealismus.* Berlin 1940.

–: *Dokumente zur Schellingforschung IV. Schellings Verfügung über seinen literarischen Nachlaß.* In: *Kant-Studien.* 51 (1959/60), S. 14-26.

–: *F.W.J. Schelling. Briefe und Dokumente.* 3 Bde., Bonn 1962ff.

–: »Schelling«. In: *Lexikon für Theologie und Kirche.* Hrsg. v. J. Höfer und K. Rahner. 2. Aufl.: Bd. 9. Freiburg/ Brsg. 1964, Sp. 385-387.

–: »Der Gottesbegriff in der Schellingschen positiven Philosophie«. In: Koktanek 1965, S. 9-47.

–: *Schellings Lehre vom Sündenfall als der »Urtatsache« der Geschichte«.* In: Hasler 1981, S. 227-231.

Fujita, M.: *Philosophie und Religion beim jungen Hegel. Unter besonderer Berücksichtigung seiner Auseinandersetzung mit Schelling.* Bonn 1985.

–: »Hegels Kritik an Schelling.« In: Gawoll, H.-J. (Hrsg.): *Idealismus mit Folgen. Die Epochenschwelle um 1800 in Kunst und Geisteswissenschaften.* München 1994, S. 211-219.

Gamm, G.: *Der Deutsche Idealismus. Eine Einführung in die Philosophie von Fichte, Hegel und Schelling.* Stuttgart 1997.

Giersberg, S.: *Kunst und Reflexion. Die Stellung der Kunst in dem Vernunftsystem des Deutschen Idealismus.* Köln 1974 (Diss.).

Gloy, K./ P. Burger (Hrsg.): *Die Naturphilosophie im Deutschen Idealismus.* Stuttgart 1993.

Griffero, T.: *Senso e imagine. Simbolo e mito nel primo Schelling.* Milano 1994.

Grün, K.-J.: *Das Erwachen der Materie. Studie über die spinozistischen Gehalte der Naturphilosophie Schellings.* Hildesheim/ Zürich/ New York 1993.

Gulyga, A.: *Schelling. Leben und Werk.* Aus d. Russ. übertr. v. Elke Kirsten. Stuttgart 1989.

Habermas, J.: *Das Absolute und die Geschichte. Über die Zwiespältigkeit in Schellings Denken.* Bonn <Diss.> 1954.

–: »Dialektischer Idealismus im Übergang zum Materialismus – geschichtsphilosophische Folgerungen aus Schellings Idee einer Contraction Gottes«. In: Ders.: *Theorie und Praxis. Sozialphilosophische Studien.* Neuwied/ Berlin 1963, S. 108-161.

–: »Die Anfänge der Dialektik bei Schelling und Hegel. Zusammenhänge und Unterschiede.« In: *Zschr. für philosophische Forschung.* 30 (1976), S. 545-566.

–: »Schellings Naturphilosophie.« In: *Philosophia Naturalis* 17 (1979), S. 349-372.

–: »Schellings Absolutes – Hegels Weltgeist. Hegel auf dem Wege zur Weltgeistkonzeption.« In: *Hegel-Jb.* (1983), S. 17-37.

Hartmann, E. v.: *Schelling's philosophisches System.* Leipzig 1897.

Hartmann, N.: *Die Philosophie des deutschen Idealismus.* Berlin/ New York ³1974.

Hartnack, J.: »Del empirismo radical al idealismo absoluto III: De Schelling a Hegel.« In: *Teorema.* 9 (1979), S. 147-163.

Hasler, L. (Hrsg.): *Schelling. Seine Bedeutung für eine Philosophie der Natur und der Geschichte. Referate, Voten und Protokolle der Internationalen Schelling-Tagung Zürich 1979.* Stuttgart 1981.

Hayner, P.C.: *Reason and Existence. Schelling's Philosophy of History.* Leiden 1969.

Heckmann, R./ H. Krings/ R.W. Meyer (Hrsg.): *Natur und Subjektivität. Zur Auseinandersetzung mit der Naturphilosophie des jungen Schelling. Referate, Voten und Protokolle der II. Internationalen Schelling-Tagung* Zürich 1983. Stuttgart 1985.

Heine, H.: *Reisebilder. Die Stadt Lukka.* In: Historisch-kritische Ausgabe, hrsg. von A. Opitz, Bd. 7/1, 1986.

Heintel, E.: »Das Fundamentalphilosophische Problem von Transzendentalphilosophie und Naturphilosophie.« In: *Der transzendentale Gedanke.* 1981, S. 421-434.

Hemmerle, K.: »Zum Verständnis der Potenzenlehre in Schellings Spätphilosophie«. In: *Philos. Jb.* 74 (1966), S. 99-125.

–: *Gott und das Denken in Schellings Spätphilosophie.* Freiburg 1968.

Hennigfeld, J.: *Mythos und Poesie. Interpretationen zu Schellings »Philosophie der Kunst« und »Philosophie der Mythologie«.* Meisenheim/Glan 1973.

Henrich, D.: *Kunst und Natur in der idealistischen Ästhetik.* In: Jauß, H.R. (Hrsg.): *Nachahmung und Illusion.* München 1964, S. 128-134.

–: »Some Historical Presuppositions of Hegel's System.« In: Christensen, D.E. (Hrsg.): *Hegel and the Philosophy of Religion.* The Hague 1970, S. 25-44.

–: »Andersheit und Absolutheit des Geistes. Sieben Schritte auf dem Weg von Schelling zu Hegel.« In: Ders.: *Selbstverhältnisse. Gedanken und Auslegungen zu den Grundlagen der klassischen deutschen Philosophie.* Stuttgart 1982, S. 57-82.

–: *Konstellationen. Probleme und Debatten am Ursprung der idealistischen Philosophie (1789-1795).* Stuttgart 1991.

Hermanni, F.: *Die letzte Entlastung. Vollendung und Scheitern des abendländischen Theodizeeprojektes in Schellings Philosophie.* Wien 1994.

Herzog, K.: »Die Differenzschrift von 1801.« In: Zimmermann, R.E. (Hrsg.): *System und Struktur. Neue Aufsätze zur spekulativen Physik.* Cuxhaven 1992, S. 121-128.

Heuser-Keßler, M.-L.: *Die Produktivität der Natur. Schellings Naturphilosophie und das neue Paradigma der Selbstorganisation in den Naturwissenschaften.* Berlin 1986.

—: »Schellings Organismusbegriff und seine Kritik des Mechanismus und Vitalismus.« In: *Allgem. Zschr. f. Philos.* 14 (1989), S. 17-36.

—: »Subjektivität als Selbstorganisation. Schellings Transformation des Subjektbegriffs und sein Einfluß auf erste mathematische Ansätze einer Theorie der Selbstorganisation im 19. Jahrhundert.« In: Baumgartner/ Jacobs 1993, S. 431-440.

—: »Schelling und die Selbstorganisation.« In: Heuser-Keßler/ Jacobs 1994, S. 231-255.

Heuser-Keßler, M.-L./ W.G. Jacobs (Hrsg.): *Schelling und die Selbstorganisation. Neue Forschungsperspektiven.* Berlin 1994 (= Selbstorganisation. Jb. für Komplexität in den Natur-, Sozial- und Geisteswissenschaften Bd. 5).

Höffe, O./ A. Pieper: *F.W.J. Schelling. Über das Wesen der menschlichen Freiheit.* Berlin 1995.

Hogrebe, W.: *Prädikation und Genesis. Metaphysik als Fundamentalheuristik im Ausgang von Schellings »Die Weltalter«.* Frankfurt/M. 1989.

Hölderlin, F.: *Sämtliche Werke,* hrsg. von Friedrich Beißner. Bd. 7.1. Briefe an Hölderlin. Dokumente 1770-1793, hrsg. von Adolf Beck. Stuttgart 1968.

Hollerbach, A.: *Der Rechtsgedanke bei Schelling. Quellenstudien zu seiner Rechts- und Sozialphilosophie.* Frankfurt/M. 1957.

—: »Schelling«. In: *Staatslexikon. Recht, Wirtschaft, Gesellschaft,* hrsg. v. der Görres-Gesellschaft. 6. Aufl. Freiburg 1961. Bd. 6, S. 1100-1105.

Holz, H.: *Spekulation und Faktizität. Zum Freiheitsbegriff des mittleren und späten Schelling.* Bonn 1970.

—: »Perspektive Natur.« In: Baumgartner, H.M. (Hrsg.): *Schelling. Einführung in seine Philosophie.* Freiburg/ München 1975, S. 58-74.

—: »Über das spekulative Verhältnis von Natur und Freiheit.« In: Baumgartner/ Jacobs 1993, S. 92-110.

Horstmann, R.-P.: Logifizierte Natur oder naturalisierte Logik? Bemerkungen zu Schellings Hegel-Kritik. In: Ders. und Petry, M.J. (Hrsg.): *Hegels Philosophie der Natur. Beziehungen zwischen empirischer und spekulativer Naturerkenntnis.* Stuttgart 1986, S. 290-308.

—: *Die Grenzen der Vernunft. Eine Untersuchung zu Zielen und Motiven des Deutschen Idealismus.* Frankfurt/M. 1991.

Hutter, A.: *Geschichtliche Vernunft. Die Weiterführung der Kantischen Vernunftkritik in der Spätphilosophie Schellings.* Frankfurt/M. 1996.

Ivaldo, M.: »La Dottrina della scienza nella controversia con Schelling.« In: *Paradigmi* 23 (1990), S. 252-271.

Jacobs, W.G.: »Geschichte als Prozeß der Vernunft«. In: Baumgartner 1975, S. 39-44.

—: »System und Geschichte. Neueste Forschungsergebnisse zu Schellings frühester Entwicklung«. In: Henrich 1977, S. 165-170.

—: »Schellings politische Philosophie«. In: L. Hasler 1981, S. 289-297.

—: »Schelling«. In: *Staatslexikon. Recht, Wirtschaft, Gesellschaft,* hrsg. v. der Görres-Gesellschaft. 7. Aufl. Freiburg/ Basel/ Wien 1988. Bd. 4, S. 1017-1019.

—: *Zwischen Revolution und Orthodoxie? Schelling und seine Freunde im Stift und an der Universität Tübingen. Texte und Untersuchungen.* Stuttgart-Bad Cannstatt 1989.

—: *Geschichte und Kunst in Schellings »System des transzendentalen Idealismus«.* In: Jaeschke, W. und H. Holzhey (Hrsg.): *Früher Idealismus und Frühromantik. Der Streit um die Grundlagen der Ästhetik (1795-1805).* Hamburg 1990.

—: *Gottesbegriff und Geschichtsphilosophie in der Sicht Schellings.* Stuttgart-Bad Cannstatt 1993.

—: »Von der Offenbarung göttlicher Dinge oder von dem Interesse der Vernunft an der Faktizität.« In: Jaeschke, W. (Hrsg.): *Religionsphilosophie und spekulative Theologie. Der Streit um die göttlichen Dinge (1799-1812).* Hamburg 1994, S. 142-154.

—: »Zur Geschichtsphilosophie des jüngeren Schelling«. In: Sandkühler 1996, S. 33-44.

—: »Das Universum als Geschichte, als moralisches Reich. Zum Verhältnis von Ethik und Geschichte bei Schelling«. In: D. Losurdo (Hrsg.): *Ethik und Geschichtsphilosophie.* Frankfurt a.M./ Berlin/ Bern 1998.

Jähnig, D.: *Schelling. Die Kunst in der Philosophie.* Bd 1: *Schellings Begründung von Natur und Geschichte.* Pfullingen 1966. Bd 2: *Die Wahrheitsfunktion der Kunst.* Pfullingen 1969.

—: »Natur und Geschichte bei Schelling«. In: *W. Robert Corti, Worte der Freundschaft und der Dankbarkeit zu seinem 60. Geb. am 11. September 1970.* Hrsg. von E. Larese und H. Strehler. Amriswil 1970, S. 57-62.

—: »Philosophie und Weltgeschichte bei Schelling«. In: *Studia Philosophica* 30/31, 1970/71, S. 126-166.

—: *Philosophie und Weltgeschichte bei Schelling.* Basel 1972.

—: *Die Schlüsselstellung der Kunst bei Schelling.* In: Frank/ Kurz 1975, S. 329-340.

—: *Weltgeschichte – Kunstgeschichte. Zum Verhältnis von Vergangenheitserkenntnis und Veränderung.* Köln 1975.

Jamme, Ch.: *Einführung in die Philosophie des Mythos. Bd. 2: Neuzeit und Gegenwart.* Darmstadt 1991.

Jantzen, J.: [Darstellungen einzelner Schellingscher Werke]. In: *Lexikon der philosophischen Werke.* Hrsg. v. F. Volpi/ J. Nida-Rümelin. Red. verantwortl. Mithrsg. M. Koettnitz/ H. Olechnowitz. Stuttgart 1988.

—: »Eschenmayer und Schelling.« In: Jaeschke, W. (Hrsg.): *Religionsphilosophie und spekulative Theologie.* Hamburg 1994, S. 74-97.

—: »Physiologische Theorien.« In: Durner, M./ Moiso, F./ Jantzen, J.: *Wissenschaftshistorischer Bericht zu Schellings naturphilosophischen Schriften.* Stuttgart 1994, S. 373-668 (= F.W.J. Schelling. Historisch-Kritische Ausgabe. Ergänzungsband).

—: (Hrsg.): *Das antike Denken in der Philosophie Schellings.* Mit einer Einl. Stuttgart-Bad Cannstatt 1997.

—: (Hrsg.): *Die Realität des Wissens und das wirkliche Dasein. Erkenntnisbegründung und Philosophie des Tragischen beim frühen Schelling.* Mit einer Einl. Stuttgart-Bad Cannstatt 1997.

—: *Editorischer Bericht.* In: AA I,6. 1998.

Jaspers, K.: *Schelling. Größe und Verhängnis.* München 1986 (unveränderter Nachdruck von 1955).

Kasper, W.: *Das Absolute in der Geschichte. Philosophie und Theologie der Geschichte in der Spätphilosophie Schellings.* Mainz 1965.

—: »Die Freiheit als philosophisches und theologisches Problem in der Philosophie Schellings«. In: Ders.: *Glaube und Geschichte.* Mainz 1970, S. 33-47.

—: »Krise und Neuanfang der Christologie im Denken Schellings«. In: *EvTh* 33 (1973), S. 366-384.

Kile, F.O.: *Die theologischen Grundlagen von Schellings Philosophie der Freiheit* (Beihefte d. Ztschr. f. Religions- und Geistesgesch. Bd. 9), Leiden 1965.

Kirchhoff, J.: *F.W.J. von Schelling in Selbstzeugnissen und Bilddokumenten dargestellt.* Reinbek bei Hamburg 1982.

Knatz, L.: »Schellings Naturphilosophie zwischen Revolution und Kunst«. In: *Annalen d. internationalen Gesellschaft f. dialektische Philos. – Societas Hegeliana* VI. 1989. Bd. 1, Milano 1990, S. 310-318.

–: »Schellings Welt der Geschichte«. In: Sandkühler 1996, S. 45-58.

Koktanek, A.M. (Hrsg.): *Schelling-Studien. Festgabe für M. Schröter zum 85. Geb.* München/ Wien 1965.

Korsch, D.: *Der Grund der Freiheit. Eine Untersuchung zur Problemgeschichte der positiven Philosophie und zur Systemfunktion des Christentums im Spätwerk F.W.J. Schellings.* München 1980.

–: »Das doppelte Absolute. Reflexion und Religion im Medium des Geistes«. In: *NZSThRph* 35 (1993), S. 28-56.

Kreiml, J.: *Die Wirklichkeit Gottes. Eine Untersuchung über die Metaphysik und die Religionsphilosophie des späten Schelling.* Regensburg 1989.

Krings, H.: »Genesis und Materie. Zur Bedeutung der ›Timaeus‹-Handschrift für die Naturphilosophie Schellings.« In: Schelling, F.W.J.: »*Timaeus.*« *(1794).* Hrsg. von H. Buchner. Stuttgart-Bad Cannstatt 1994 (= Schellingiana Bd. 4).

Kuderowicz, Z.: »Die Hegelsche Beurteilung der Schellingschen Philosophie.« In: *Wissenschaftliche Zschr. Gesellschafts- und Sprachwissenschaftliche Reihe.* 25 (1976), S. 49-51.

Kuhnert, H.: *Die Geschichtsphilosophie Schellings als Anthropologie.* [= II. Kapitel in: Materialistische Aspekte der Hegel-Kritik in der positiven Philosophie des späten Schelling]. Frankfurt/M. 1978, S. 37-62.

Küppers, B.-O.: *Natur als Organismus. Schellings frühe Naturphilosophie und seine Bedeutung für die moderne Biologie.* Frankfurt/M. 1992.

Küster, B.: *Transzendentale Einbildungskraft und ästhetische Phantasie. Zum Verhältnis von philosophischem Idealismus und Romantik.* Königstein/Ts. 1979.

Lanfranconi, A.: *Krisis. Eine Lektüre der »Weltalter«-Texte F.W.J. Schellings.* Stuttgart-Bad Cannstatt 1992.

–: »Die *Weltalter* lesen«. In: Sandkühler 1996, S. 59-72.

Lange, E. (Hrsg.): *Die Philosophie des jungen Schelling.* Collegium Philosophicum Jenense, Heft 1. Weimar 1977.

Lauth, R.: »Transzendentalphilosophie in Abgrenzung gegen den absoluten Idealismus Schellings und Hegels.« In: Ders.: *Transzendentale Entwicklungslinien von Descartes bis zu Marx und Dostojewski.* Hamburg 1989, S. 360-372.

–: »Kann Schellings Philosophie von 1804 als System bestehen? Fichtes Kritik.« In: *Kant-Studien.* 85 (1994), S. 48-77.

Lavoisier, A.-L.: *System der antiphlogistischen Chemie.* 3 Bde. Berlin/ Stettin 1792.

Lawrence, J.P.: *Der ewige Anfang. Zum Verhältnis von Natur und Geschichte bei Schelling.* Tübingen <Diss.> 1984.

Leijen, A.J.: »De verwerklijking van de intellectuele aanschouwing in de zedelijkheid. Schelling en Hegel rond 1802.« In: *Bijdragen. Tijdschrift voor filosofie en theologie.* 41 (1980), S. 120-134.

Leinkauf, Th.: *Kunst und Reflexion. Untersuchungen zum Verhältnis Philipp Otto Runges zur philosophischen Tradition.* München 1987.

Lisco, H.: *Die Geschichtsphilosophie Schelling's 1792-1809.* Jena. <Diss.> 1884.

Loer, B.: *Das Absolute und die Wirklichkeit in Schellings Philosophie. Mit der Erstedition einer Handschrift aus dem Berliner Schelling-Nachlaß.* Berlin/ New York 1974.

Losurdo, E.: »Von Louis Philippe bis Louis Bonaparte. Schellings späte politische Entwicklung«. In: Pawlowski/ Smid/ Specht 1989, S. 227-254.

Lübbe, H.: *Die Transzendentalphilosophie und das Problem der Geschichte. Untersuchungen zur Genesis der Geschichtsphilosophie. Kant – Fichte – Schelling*, Erlangen. <Habil.-Schr.> 1954.

Lücke, F.: »Kritik der bisherigen Untersuchungen über die Gnostiker, bis auf die neuesten Forschungen darüber vom Herrn Dr. Neander und Herrn Professor Lewald«. In: *Theologische Zschr.*, hrsg. von Schleiermacher, de Wette und Lücke, Heft 2, Berlin 1820.

Lukács, G.: *Die Zerstörung der Vernunft. Bd. 1. Irrationalismus zwischen den Revolutionen*. Darmstadt/ Neuwied 1983.

Lypp, B.: *Ästhetischer Absolutismus und politische Vernunft. Zum Widerstreit von Reflexion und Sittlichkeit im Deutschen Idealismus*. Frankfurt/M. 1972.

Majoli, B.: »La critica ad Hegel in Schelling e Kierkegaard.« In: *Rivista di Filosofia Neo-Scolastica*. 46 (1954), S. 232-263.

Margoshes, A.: »Schelling, F.W.J. von«. In: Paul Edwards (Ed.): *The Encyclopedia of Philosophy*. Vol. 7. New York/ London 1975, S. 305-309.

Marheineke, Ph.: *Zur Kritik der Schellingschen Offenbarungsphilosophie. Schluß der öffentlichen Vorlesungen über die Bedeutung der Hegelschen Philosophie in der christlichen Theologie*. Berlin 1843.

Marín Morales, J.A.: »Kant-Fichte-Schelling-Hegel, sus afinidades y rechazos.« In: *Arbor. Ciencia, pensamiento y cultura*. 106 (1980), S. 369-378.

Market, O.: »La versión schellingiana de la teoría de la subjetividad de Fichte.« In: Falgueras, I. (Ed.): *Los comienzos filosóficos de Schelling*. Malaga 1988, S. 97-119.

Marquard, O.: »Über einige Beziehungen zwischen Ästhetik und Therapeutik in der Philosophie des neunzehnten Jahrhunderts«. In: Schrimpf, H.J. (Hrsg.): *Literatur und Gesellschaft. Vom neunzehnten ins zwanzigste Jahrhundert*. Festgabe für Benno von Wiese. Bonn 1963, S. 22-55. [Wiederabdruck in: Frank/ Kurz 1975, S. 341-377.]

–: *Zur Bedeutung der Theorie des Unbewußten für eine Theorie der nicht mehr schönen Kunst*. In: Jauß, H.R. (Hrsg.): *Die nicht mehr schönen Künste*. München 1968, S. 375-392.

–: »Zur Funktion der Mythologiephilosophie bei Schelling«. In: M. Fuhrmann (Hrsg.): *Terror und Spiel. Probleme der Mythenrezeption*. München 1971, S. 265-294.

–: »Hegels Einspruch gegen das Identitätssystem.« In: Henrich 1977, S. 103-112.

–: »Lob des Polytheismus. Über Monomythie und Polymythie«. In: Ders.: *Abschied vom Prinzipiellen. Philosophische Studien*. Stuttgart 1981, S. 91-116.

–: »Gesamtkunstwerk und Identitätssystem. Überlegungen im Anschluß an Hegels Schellingkritik.« In: Ders.: *Aesthetica und Anaesthetica*. Frankfurt a.M. 1989, S. 100-112.

Marquet, J.-F.: »Schelling et la tentation hégélienne.« In: *Les Études philosophiques*. 2 (1974), S. 187-196.

–: »Schelling et le destin de l'art«. In: *Actualité de Schelling*. Traveaux du Centre de Documentation et de Recherche sur Hegel er sur Marx publiés sous la direction de G. Planty-Bonjour. Paris 1979, S. 75-88.

Marx, W.: »Grundbegriffe der Geschichtsauffassungen bei Schelling und Habermas«. In: *Philos. Jb*. 81, 1974, S. 50-76.

–: »Aufgabe und Methode der Philosophie in Schellings System des transzendentalen Idealismus und in Hegels Phänomenologie des Geistes.« In: Ders.: *Schelling: Geschichte, System, Freiheit*. Freiburg/ München 1977, S. 63-99.

–: »Das Wesen des Bösen und seine Rolle in der Geschichte in Schellings Frei-
    heitsabhandlung«. In: Hasler 1981, S. 49-69.

–: *Schelling. Geschichte, System, Freiheit.* Freiburg 1977.

Mehlis, G.: *Schellings Geschichtsphilosophie in den Jahren 1799-1804, gewürdigt vom
    Standpunkt der modernen geschichtsphilosophischen Problembildung.* Heidelberg.
    <Diss.> 1906.

Mende, E.: »Der Einfluß von Schellings ›Princip‹ auf Biologie und Physik der Ro-
    mantik.« In: *Philosophia Naturalis* 15 (1975), S. 461-485.

–: »Schellings Hypothese eines organischen Ursprunges des Weltsystems und die
    Beobachtungen der Spiralnebel durch Edwin P. Hubble.« In: *Philosophia Natur-
    alis* 16 (1976/ 77), S. 437-444.

–: »Die Entwicklungsgeschichte der Faktoren Irritabilität und Sensibilität in deren
    Einfluß auf Schellings ›Princip‹ als Ursache des Lebens.« In: *Philosophia Natur-
    alis* 17 (1979), S. 327-348.

Merleau-Ponty, M.: »Der Naturbegriff.« In: Frank/ Kurz 1975, S. 280-291.

Moiso, F.: »Nuovi contributi nella ›Schelling-Forschung‹«. In: *Il Pensiero* 19 (1974),
    S. 73-96.

–: »Filosofia e vita: Dialogo e polemica tra Fichte e Schelling.« In: *Annali della Fa-
    coltà di lettere e filosofia dell'università di Macerata.* Padova 1983, S. 211-250.

–: »Fichte e Jacobi nelle Ideen di Schelling.« In: *Anuario Filosófico.* 1 (1985), S.
    105-183.

–: »Die Hegelsche Theorie der Physik und der Chemie in ihrer Beziehung zu
    Schellings Naturphilosophie.« In: Ders. und Petry, M.J.: *Hegels Philosophie der
    Natur. Beziehungen zwischen empirischer und spekulativer Naturerkenntnis.* Stutt-
    gart 1986, S. 54-87.

–: »Il nulla e l'assoluto. La Wissenschaftslehre del 1805 e Philosophie und Religi-
    on.« In: *Anuario Filosófico.* 4 (1988), S. 242-244.

–: *Vita natura libertà. Schelling (1795-1809).* Mailand 1990.

–: »Formbildung, Zufall und Notwendigkeit. Schelling und die Naturwissenschaf-
    ten um 1800.« In: Heuser-Keßler/ Jacobs 1994, S. 73-112.

–: »Magnetismus, Elektrizität und Galvanismus.« In: Durner, M./ Moiso, F./ Jant-
    zen, J.: *Wissenschaftshistorischer Bericht zu Schellings naturphilosophischen Schrif-
    ten.* Stuttgart 1994, S. 165-372 (= F.W.J. Schelling. Historisch-Kritische Ausga-
    be. Ergänzungsband).

Mokrosch, R.: *Theologische Freiheitsphilosophie. Metaphysik, Freiheit und Ethik in der
    philosophischen Entwicklung Schellings und in den Anfängen Tillichs.* Frankfurt/
    M. 1976.

Morresi, R.: »Jacobi e Schelling nello Hegel logico.« In: *Studi Urbinati.* 51. Nuova
    Serie B (1977), S. 279-292.

Mosheim, J.L. von: *Vollständige Kirchengeschichte des Neuen Testaments, aus dessen ge-
    sammten größern Werken und andern bewährten Schriften mit Zusätzen vermehret
    und bis auf die neuern Zeiten fortgesetzet. Des ersten Bandes Erster Theil, welcher die
    drey ersten Jahrhunderte enthält.* Heilbronn und Rothenburg ob der Tauber 1770.

Mutschler, H.-D.: *Spekulative und empirische Physik. Aktualität und Grenzen der Na-
    turphilosophie Schellings.* Stuttgart 1990.

Neuser, W.: »Schelling und Hegels Habilitationsthesen.« In: *Philosophia Naturalis.*
    23 (1986), S. 288-292.

Nicolin, F.: »Aus Schellings und Hegels Disputatorium im Winter 1801/02. Ein
    Hinweis.« In: *Hegel-Studien* 9 (1974), S. 43-48.

O'Meara, Th.F.: *Romantic Idealism and Roman Catholicism. Schelling and the Theologians.* London 1982.

Oesterreich, P.L.: »Geschichtsphilosophie und historische Kunst. Zum mythosnahen Sprachstil der *Weltalter* Schellings«. In: Sandkühler 1996, S. 89-104.

–: »*Die Gewalt der Schönheit*«. *Schellings konnaturale Ästhetik in seiner Rede ›Ueber das Verhältnis der bildenden Künste zu der Natur‹.* In: Baumgartner/ Jacobs 1996, S. 95-109.

Paetzold, H.: *Ästhetik des deutschen Idealismus. Zur ästhetischen Rationalität bei Baumgarten, Kant, Schelling, Hegel und Schopenhauer.* Wiesbaden 1983.

Pareyson, L. (Hrsg.): *Schellingiana Rariora.* Torino 1977.

Partington, J.R.: *A History of Chemistry.* Bde. 2,3. London/ New York 1961-62.

Paulus, H.E.G.: *Die endlich offenbar gewordene positive Philosophie der Offenbarung.* Darmstadt 1843.

Pawlowski, H.-M./S. Smid/ R. Specht (Hrsg.): *Die praktische Philosophie Schellings und die gegenwärtige Rechtsphilosophie.* Stuttgart-Bad Cannstatt 1989.

Pechmann, A. von: »Schellings Hegel-Kritik im Lichte der Gegenwart.« In: *Annalen d. internationalen Gesellschaft für Dialektische Philos. – Societas Hegeliana* IV. Köln 1988, S. 130-138.

Peetz, S.: *Die Wiederkehr im Unterschied. Ernst von Lasaulx.* Freiburg/München 1989.

–: »Einleitung«. In: *Friedrich Wilhelm Joseph Schelling: System der Weltalter. Münchener Vorlesung 1827/28 in einer Nachschrift von Ernst von Lasaulx.* Frankfurt/ M. 1990.

–: *Die Freiheit im Wissen. Eine Untersuchung zu Schellings Konzept der Rationalität.* Frankfurt/M. 1995.

–: »Produktivität versus Reflexivität: Zu einem methodologischen Dilemma in Schellings *Weltaltern*«. In: Sandkühler 1996, S. 73-88.

Petterlini, A.: »Il rapporto filosofia della natura – filosofia trascendentale nel dibattito Fichte-Schelling.« In: *Studi Urbinati.* 51. Nuova Serie B (1977), S. 317-322.

Pieper, A.: »Ethik à la Spinoza«: Historisch-systematische Überlegungen zu einem Vorhaben des jungen Schelling. In: *Zschr. f. Philos. Forschung* 31 (1977), S. 545-564.

–: »Der Ursprung des Bösen. Schellings Versuch einer Rekonstruktion des transzendentalen Anfangs von Geschichte«. In: *Philosophische Tradition im Dialog mit der Gegenwart. Festschrift f. H.A. Salmony,* hrsg. v. A. Cesana/ O. Rubitschon, Basel/ Boston/ Stuttgart 1985, S. 199-216.

Planty-Bonjour, G. (Ed.): *Actualité de Schelling.* Travaux du Centre de Documentation et de Recherche sur Hegel et sur Marx. Paris 1979.

Platon: *Sämtliche Werke.* In der Übersetzung von F. Schleiermacher [...] hrsg. von W.F. Otto, E. Grassi und G. Plamböck. Hamburg 1957ff.

Plessing, F.V.L.: *Versuche zur Aufklärung der Philosophie des ältesten Alterthums.* 2 Bde. Leipzig 1788-1790.

Procesi, L.: *Le genesi della coscienza nella ›Filosofia della mitologia‹ di Schelling.* Milano 1990.

Rang, B.: »Schellings Theorie des Lebens.« In: *Zschr. f. Philos. Forschung* 42 (1988), S. 169-197.

Reardon, B.M.G.: »Schelling's critique of Hegel.« In: *Religious Studies.* 20 (1984), S. 543-557.

Röd, W.: *Der Weg der Philosophie von den Anfängen bis ins 20. Jahrhundert.* Bd. 1. München 1994.

Rosenau, H.: *Die Differenz im christologischen Denken Schellings.* Frankfurt a.M./ Bern/ New York 1985.

–: »Philosophie und Christologie«. In: *NZSThRph* 29 (1987), S. 39-55.

–: »Theogonie. Schellings Beitrag zum Theodizeeproblem nach seiner »Freiheits-schrift« von 1809«. In: *NZSThRph* 32 (1990), S. 26-52.

–: »Die Mythos-Diskussion im deutschen Idealismus«. In: *NZSThRph 34* (1992), S. 149-162.

Rosenkranz, K.: *Schelling. Vorlesungen, gehalten im Sommer 1842 an der Universität zu Königsberg.* Danzig 1843. Neudruck Aalen 1969.

Rossel, H.: *Kritische Geschichte der Untersuchungen über den Gnostizismus von der Reformazion bis auf die neueste Zeit.* In: *Hermann Rossel's Leben und hinterlassene Schriften.* Bd. 2: *Theologische Schriften.* Berlin 1854.

Rudolph, E.: »Die Natur als Subjekt. Zur Leibniz-Rezeption des frühen Schelling.« In: Gloy, K./ Burger, P. (Hrsg.): 1993, S. 101-115.

Rudolph, K. (Hrsg.): *Gnosis und Gnostizismus.* Darmstadt 1975.

Ruprecht, E.: Der Mythos bei Schelling. In: *Blätter für deutsche Philosophie* 12 (1938/1939), S. 389-404.

Salber, D.: *System und Kunst. Eine Untersuchung des Problems bei Kant und Schelling.* Aachen 1989 (Diss.).

Sandkaulen-Bock, B.: *Ausgang vom Unbedingten. Über den Anfang in der Philosophie Schellings.* Göttingen 1990.

Sandkühler, H.J.: *Freiheit und Wirklichkeit. Zur Dialektik von Politik und Philoso-phie bei Schelling.* Frankfurt/M. 1968.

–: »Geschichtsphilosophie als Theorie des historischen Subjekts. Wissenschaftsge-schichtliche Überlegungen zu Schellings früher Philosophie«. In: Hasler 1981, S. 215-225.

–: (Hrsg.): *Natur und geschichtlicher Prozeß. Studien zur Naturphilosophie F.W.J. Schellings. Mit einem Quellenanhang als Studientext und einer Bibliographie.* Frankfurt/M. 1984.

–: »Natur und geschichtlicher Prozeß. Von Schellings Philosophie der Natur und der Zweiten Natur zur Wissenschaft der Geschichte«. In: Ders. 1984, S. 13-80.

–: »F.W.J. Schelling – Philosophie als Seinsgeschichte und Anti-Politik«. In: Paw-lowski/ Smid/ Specht 1989, S. 199-226.

–: »Einleitung. Positive Philosophie und demokratische Revolution«. In: TGB 1848, S. XXIII-LXI.

–: »Schelling, F.W.J.« In: *Metzler Philosophen-Lexikon. Von den Vorsokratikern bis zu den Neuen Philosophen.* 2. aktual. und erw. Aufl. Unter redakt. Mitarbeit hrsg. v. B. Lutz. Stuttgart/ Weimar 1995, S. 786-793.

–: (Hrsg.): *Weltalter – Schelling im Kontext der Geschichtsphilosophie.* Hamburg 1996 [*Dialektik* 1996/2].

Schleiden, M.: *Schelling's und Hegel's Verhältnis zur Naturwissenschaft: zum Verhältnis der physikalischen Naturwissenschaft zur spekulativen Naturphilosophie* [1844]. Mit einer Einleitung hrsg. von O. Breidbach. Weinheim 1988.

Schlutter, K.: *Schelling und die Christologie.* Göttingen 1915.

Schmidlin, G.: »Hölderlin und Schellings Philosophie der Mythologie und Offen-barung«. In: *Hölderlin-Jb.* 17 (1971-1972), S. 43-55.

–: »Zur Konstellation zwischen Hölderlin, Hegel und Schelling im Jahre 1803.«
In: *Hölderlin-Jb.* 28 (1993), S. 204-217.

Schmied-Kowarzik, W.: *»Von der wirklichen, von der seyenden Natur«. Schellings Ringen um eine Naturphilosohie in Auseinandersetzung mit Kant, Fichte und Hegel.*
Stuttgart-Bad Cannstatt 1996.

Schneider, W.: *Ästhetische Ontologie. Schellings Weg des Denkens zur Identitätsphilosophie.* Frankfurt a.M./ Bern 1983.

Schoepsdau, W.: *Die Evidenz Gottes im Mythos.* Mainz 1973.

Schraven, M.: *Philosophie und Revolution. Schellings Verhältnis zum Politischen im Revolutionsjahr 1848.* Stuttgart-Bad Cannstatt 1989.

–: »Schelling und die Revolution von 1848«. In: W. Jaeschke (Hrsg.): *Philosophie und Literatur im Vormärz. Der Streit um die Romantik (1820-1854).* Hamburg 1995, S. 193-206.

Schrödter, H.: »Die Grundlage der Lehre Schellings von den Potenzen in seiner ›reinrationalen Philosophie‹«. In: *Zschr. f. philos. Forschung* 40 (1986), S. 562-585.

Schulte, Ch.: »F.W.J. Schellings Ausleihe von Hand- und Druckschriften aus der Königlichen Hof- und Staatsbibliothek zu München«. In: Zschr. f. Religions- und Geistesgeschichte. 45 (1993), S. 267-277.

Schulz, R.: »Schellings Naturphilosophie und organische Konzeption der Naturwissenschaften – Bruch oder Kontinuität?« In: Gloy, K./ Burger, P. (Hrsg.) 1993, S. 149-174.

Schulz, W.: »Das Verhältnis des späten Schelling zu Hegel. Schellings Spekulationen über den Satz.« In: *Zschr. für philosophische Forschung.* 8 (1954), S. 336-352.

–: »Schelling«. In: *Die Religion in Geschichte und Gegenwart. Handwörterbuch für Theologie und Religionswissenschaft.* Hrsg. v. K. Galling. 3. Aufl, Bd. 5. Tübingen 1961, Sp. 1396-1400.

–: »Freiheit und Geschichte in Schellings Philosophie«. In: *F.W.J. Schelling: Philosophische Untersuchungen über das Wesen der menschlichen Freiheit und die damit zusammenhängenden Gegenstände.* Mit einem Essay von W. Schulz. Frankfurt/ M. 1975.

–: *Die Vollendung des deutschen Idealismus in der Spätphilosophie Schellings.* Pfullingen ²1975.

–: »Freiheit und Geschichte in Schellings Philosophie«. In: *Schellings Philosophie der Freiheit. Festschrift der Stadt Leonberg zum 200. Geb. des Philosophen.* Stuttgart 1977, S. 23-46.

Schulze, W.A.: »Das Johannesevangelium im deutschen Idealismus«. In: *Zschr. f. philos. Forschung* 18 (1964), S. 85-118.

Schütze, I.: »Schellings Deutung des christlichen Dogmas der Dreieinigkeit«. In: Baumgartner, H.M./ W.G. Jacobs (Hrsg.): *Schellings Weg zur Freiheitsschrift. Legende und Wirklichkeit.* Stuttgart-Bad Cannstatt 1996, S. 313-324.

Seebohm, Th.: »Schelling's *Kantian* critique of the Hegelian deduction of categories.« In: *Clio. An Interdisciplinary Journal of Literature, History, and the Philosophy of History.* 8 (1979), S. 239-255.

Semerari, G.: »La critica di Schelling a Hegel.« In: Tessitore, F. (Ed.): *Studi raccolti in occasione del secondo centenario della nascita del filosofo.* Napoli 1976, S. 455-496.

Siemek, M.J.: »Schelling gegen Fichte. Zwei Paradigmen des nachkantischen Denkens.« In: Mues, A. (Hrsg.): *Transzendentalphilosophie als System. Die Auseinandersetzung zwischen 1794 und 1806.* Hamburg 1989, S. 388-439.

Simon, J.: »Die Wirklichkeit der Freiheit (Kant, Schelling, Hegel).« In: Pawlowski/ Smid/ Specht 1989, S. 335-352.

Smid, S.: »Staatliche Organisation und menschliche Freiheit. Zur Dialektik von Vernunft und Offenbarung in F.W.J. Schellings praktischer Philosophie«. In: *Arch. f. Rechts- u. Sozialphilos.* 69 (1983), S. 165-186.

–: »Folgen der Kritik des Geschichtskonzepts in der Hegelschen Rechtsphilosophie durch Schelling für die Staatsphilosophie. Historischer Fortschritt als Problem der Rechtsphilosophie.« In: *Arch. f. Rechts- und Sozialphilos.* 73 (1987), S. 338-358.

Sobotka, M.: »Der Einfluss von Schellings *Ideen zu einer Philosophie der Natur* auf Hegels erste Druckschriften.« In: *Wissenschaftliche Zschr. Gesellschafts- und Sprachwissenschaftliche Reihe.* 27 (1978), S. 533-539.

Spinoza, B. de: *Ethica more geometrico demonstrata.* In: Spinoza Opera. Bd. II. Hrsg. v. Carl Gebhardt. Heidelberg 1925. [Übersetzung: Benedict de Spinoza: Die Ethik nach geometrischer Methode dargestellt. Übers. v. Otto Baensch. Hamburg 1967].

Stegelmann, U.: *Der Begriff des Mythos als Wesen und Wirklichkeit. Eine Auseinandersetzung mit der Spätphilosophie Schellings.* Hamburg 1978.

Stengers, I.: »Die doppelsinnige Affinität: Der newtonsche Traum der Chemie im achtzehnten Jahrhundert.« In: Serres, M. (Hrsg.): *Elemente einer Geschichte der Wissenschaft.* Frankfurt/M. 1994, S. 527-567.

Stichweh, R.: *Zur Entstehung des modernen Systems wissenschaftlicher Disziplinen. Physik in Deutschland 1740-1890.* Frankfurt/M. 1984.

Stüttler, J.A.: »Das Gottesproblem im Spätwerk Schellings. Ein Beitrag zur Schellingschen Spätphilosophie«. In: *Scholastik* 36 (1961), S. 73-83.

Süskind, H.: *Der Einfluß Schellings auf die Entwicklung von Schleiermachers System.* Tübingen 1909.

Sziborsky, L. (Hrsg.): *Einleitung.* In: F.W.J. Schelling. *Über das Verhältnis der bildenden Künste zu der Natur.* Hamburg 1983, S. VII-XXXIX.

–: *Schelling und die Münchener Akademie der Bildenden Künste. Zur Rolle der Kunst im Staat.* In: Gethmann-Siefert, A. und O. Pöggeler (Hrsg.): *Welt und Wirkung von Hegels Ästhetik.* Bonn 1986, S. 39-64.

–: »Übereinstimmungen und Divergenzen in der Kunstphilosophie Schellings und Adornos«. In: *Philos. Jb.* 103 (1996), S. 136-150.

Szilasi, W.: »Schellings Beitrag zur Philosophie des Lebens.« In: *Philosophie und Naturwissenschaft.* München 1961, S. 52-75.

Szondi, P.: *Schellings Gattungspoetik.* In: Ders.: *Poetik und Geschichtsphilosophie II.* Frankfurt/M. 1974, S. 185-307.

Taminiaux, J.: *La Nostalgie de la Grèce à l'aube de l'idéalisme allemand.* Leiden 1967.

Tennemann, W.G.: »Ueber den göttlichen Verstand aus der Platonischen Philosophie. (nous, logos)«. In: *Memorabilien*, hrsg. von H.E.G. Paulus. 1. Stück, 1791.

Theunissen, M.: »Die Dialektik der Offenbarung. Zur Auseinandersetzung Schellings und Kierkegaards mit der Religionsphilosophie Hegels«. In: *Philos. Jb.* 72 (1964-1965), S. 134-160.

–: »Die Dialektik der Offenbarung. Zur Auseinandersetzung Schellings und Kierkegaards mit der Religionsphilosophie Hegels.« In: *Philos. Jb.* 72 (1965), S. 134-160.

Thomas, J.H.: »Fichte and F.W.J. Schelling.« In: *Nineteenth Century Religious Thought in the West.* 1 (1985), S. 41-79.

Tillich, P.: *Die religionsgeschichtliche Konstruktion in Schellings positiver Philosophie, ihre Voraussetzungen und Prinzipien.* Breslau 1910.

Tillich, P.: »Schelling und die Anfänge des existentialistischen Protestes«. In: *Zschr. f. philos. Forschung* 9 (1955), S. 197-208 [= ders, Main Works, Bd. 1, S. 391-402].

–: *Mystik und Schuldbewußtsein in Schellings philosophischer Entwicklung.* Gütersloh 1912 [= ders, Main Works/ Hauptwerke], Bd. 1. Philosophical Writings/ Philosophische Schriften. In: Ratschow, C. H. (Hrsg.): Berlin/New York 1989, S. 21-112.

Tilliette, X.: »Schelling contre Hegel.« In: *Archives de Philosophie.* 29 (1966), S. 89-108.

–: »Hegel et Schelling à Iéna.« In: *Revue de Métaphysique et de Morale.* 73 (1968), S. 149-166.

–: »Schelling Critique de Hegel.« In: *Hegel-Tage, Urbino 1965. Hegel-Studien,* Beiheft 4. Bonn 1969, S. 193-203.

–: *Schelling. Une philosophie en devenir. I: Le système vivant, 1794-1821. II: La dernière philosophie, 1821-1854.* Paris 1970.

–: (ed.): *Attualità di Schelling.* Milano 1974.

–: (Hrsg.): *Schelling im Spiegel seiner Zeitgenossen.* Torino 1974.

–: *Schelling, L'art et les artistes.* In: F.W.J. Schelling. *Textes esthétiques.* Traduits par A. Pernet et présentés par X.T. Paris 1978, S. XI-XLVII.

–: »Hegel in Jena als Mitarbeiter Schellings.« In: Hegel-Tage Zwettl 1977. Hegel in Jena. Die Entwicklung des Systems und die Zusammenarbeit mit Schelling. *Hegel-Studien,* Beiheft 10. Bonn 1980, S. 11-12.

–: (Hrsg.): *Schelling im Spiegel seiner Zeitgenossen. Ergänzungsband: Melchior Meyr über Schelling.* Torino 1981.

–: »Die ›höhere Geschichte‹«. In: Hasler 1981, S. 193-204.

–: »Geschichte und Geschichte des Selbstbewußtseins«. In: *Annalen d. Intern. Ges. f. dialekt. Philos.* Bd. I. Köln 1983, S. 92-99.

–: »Gott und die Geschichte in der positiven Philosophie Schellings«. In: *Auf der Suche nach dem verborgenen Gott. Zur theologischen Relevanz neuzeitlichen Denkens.* Hrsg. v. A. Halder, K. Kienzler und J. Aller. Düsseldorf 1987, S. 146-159.

Titzmann, M.: *Strukturwandel der philosophischen Ästhetik 1800-1880. Der Symbolbegriff als Paradigma.* München 1978.

Trillhaas, W.: »Der Gott der Philosophen und die kritische Funktion der Religion. Zu Schellings Philosophie der Offenbarung«. In: Hasler 1981, S. 35-48.

Ullmann, W.: »Die Monotheismusdiskussion zwischen Schelling und Schleiermacher«. In: Selge, K.-V. (Hrsg.): *Internationaler Schleiermacher-Kongreß Berlin 1984.* TBd.1. Berlin 1985, S. 381-387.

Vergauwen, G.: *Absolute und endliche Freiheit. Schellings Lehre von Schöpfung und Fall.* Freiburg 1975.

Verra, V.: »Jacobis Kritik am deutschen Idealismus.« In: *Hegel-Studien.* 5 (1969), S. 201-223.

Vieillard-Baron, J.-L.: »La notion de matière et le matérialisme vrai selon Hegel et Schelling à l'époque d'Iena.« In: Ders.: *Platonisme et interprétation de Platon a l'époque moderne.* 1988, S. 165-174.

–: »L'idée de religion révélée chez Hegel et Schelling.« In: *Hegel-Studien.* 24 (1989), S. 97-105.

Wanning, B.: *Konstruktion und Geschichte. Das Identitätssystem als Grundlage der Kunstphilosophie bei F.W.J. Schelling.* Frankfurt/M. 1988.

Warnke, C.: »›Der stete und feste Gang der Natur zur Organisation.‹ Schellings Begriff der organischen Entwicklung.« In: Gloy, K./ Burger, P. (Hrsg.) 1993, S. 116-148.

Wetz, F.J.: »Die rätselhafte Existenz der weltsetzenden Vernunft und vernünftigen Welt. Strukturvergleich der Spätphilosophie Fichtes und Schellings.« In: *Philos. Jb.* 98 (1991), S. 78-92.

Whewell, W.: 1967 [1837, ³1857], *History of the Inductive Sciences.* Part one. In: The Historical and Philosophical Works of William Whewell. Coll. and ed. by G. Buchdahl and L.L. Laudan. Vol. II. London.

Wiehl, R.: »Schellings Naturphilosophie – eine Philosophie des Organismus?« In: Heuser-Keßler, M.-L./ Jacobs, W.G. (Hrsg.) 1994, S. 113-134.

Wieland, W.: *Die Anfänge der Philosophie Schellings und die Frage nach der Natur.* In: Frank, M./ Kurz, G. (Hrsg.): *Materialien zu Schellings philosophischen Anfängen.* Frankfurt/M. 1975, S. 237-278.

Wilson, J.E.: *Schellings Mythologie. Zur Auslegung der Philosophie der Mythologie und der Offenbarung.* Stuttgart-Bad Cannstatt 1993.

Wolf, P.Th.: »Die Landshuter Romantik und Schelling«. In: *Philos. Jb.* 98 (1991), S. 133-160.

Wolfinger, F.: *Denken und Transzendenz – zum Problem ihrer Vermittlung. Der unterschiedliche Weg der Philosophie F.H. Jacobis und F.W.J. Schellings und ihre Konfrontation im Streit um die göttlichen Dinge (1811/12).* Frankfurt/ Bern/ Liencester 1981.

Wolters, G.: »Schelling, F.W.J.« In: *Enzyklopädie Philosophie und Wissenschaftstheorie.* Hrsg. v. J. Mittelstraß. Bd. 3. Stuttgart/ Weimar 1995, S. 691-697.

Wüstehube, A.: *Das Denken aus dem Grund. Die Bedeutung der Spätphilosophie Schellings für die Ontologie Ernst Blochs.* Würzburg 1989.

Zajecaranovic, G.: »Die geschichtliche Dialektik Hegels und die Naturdialektik Schellings.« In: *Hegel-Jb.* (1970), S. 170-178.

Zeltner, H.: *Schelling.* Stuttgart 1954.

–: »Das große Welttheater. Zu Schellings Geschichtsphilosophie«. In: Koktanek 1965.

Zhixüe, Liang: »Das Logische und die intellektuelle Anschauung. Hegel gegen Schelling.« In: Mues, A. (Hrsg.): *Transzendentalphilosophie als System. Die Auseinandersetzung zwischen 1794 und 1806.* Hamburg 1989, S. 376-38.

Zimmerli, W.Ch.: »Schellings *Deduktion eines allgemeinen Organons der Philosophie* als Bindeglied zwischen romantischer Kunstauffassung und der Neubegründung der Dialektik in Hegels Jenaer Philosophie.« In: Brinkmann, R. (Hrsg.): *Romantik in Deutschland. Ein interdisziplinäres Symposion.* Stuttgart 1978, S. 404-420.

–: »Schelling in Hegel. Zur Potenzenmethodik in Hegels *System der Sittlichkeit.*« In: Hasler 1981, S. 255-278.

–: »Potenzenlehre versus Logik der Naturphilosophie.« In: Horstmann, R.-P./ Petry, M.J. (Hrsg.): *Hegels Philosophie der Natur.* Stuttgart 1986, S. 309-327.

Zimmerli, W./ Stein, K./ Gerten, M. (Hrsg.): »*Fessellos durch die Systeme.*« *Frühromantisches Naturdenken im Umfeld von Arnim, Ritter und Schelling.* Stuttgart 1997.

Glossar

Autopoietisch/ Autopoiesis: Begriff zur Bezeichnung der operativen Geschlossenheit und ›Selbsterzeugung‹ lebender Systeme (Organismen), hier auf Schellings Analogisierung von Mythos und Organismus bezogen.

Doketismus: Von der Kirche verurteilte Form der christologischen Theoriebildung gnostischen Ursprungs. Christus wird nach dieser Lehre nur ein Scheinleib zugesprochen, so daß er kein wirklicher Mensch ist.

Emanatismus, Emanationslehre: Eine Lehre über den Ursprung und die ontologische Struktur der Welt, meistens in Verbindung gebracht mit Plotin und anderen Neuplatonisten. Nach dieser Lehre ist alles, was existiert, ein »Ausfluß«, eine »Emanation« aus einer ursprünglichen Einheit. Mittels dieser Lehre soll die Annahme zweier ursprünglicher Prinzipien (»Dualismus«), die in der Konsequenz gewisser Theoreme Platons liegt, vermieden werden.

Heterousie: Kirchlich verurteilte Form der Trinitätslehre, welche den Unterschied von Vater und Sohn betont. Geht auf Arius († 336 = Arianismus) zurück, der die Wesensgleichheit Christi mit dem Vater im Interesse der Würde Gottes als des allein Ewigen und Ungezeugten bestritt.

Homousie: Kirchlich anerkannte Lehre von der Trinität, die auf die Konzile von Nicäa (325) und Chalcedon (451) zurückgeht. Im Gegenzug zu anderen Positionen wurde die Wesensgleichheit von Vater und Sohn im dreieinigen Gott durch diese Konzilien anerkannt und damit zur verbindlichen Kirchenlehre.

Kabbala: Die K. – wörtlich: Tradition, nämlich esoterische Tradition – ist die Bewegung, in der vornehmlich zwischen dem 12. und 17. Jahrhundert die mystischen Tendenzen im Judentum in vielfacher Verzweigung ihren religiösen Niederschlag gefunden haben (G. Scholem). Bis zum Ende des 18. Jahrhunderts wurde die K. allgemein für älter gehalten, als sie ist, nämlich für mindestens vorchristlich, wenn nicht gar für vorplatonisch.

Kenosischristologie: Christologische Theoriebildungen, die im Ausgang von dem neutestamentlichen Philipperbrief (Phil. 2, 5-11) die Menschwerdung Christi als Selbstentäußerung seiner göttlichen Gestalt zu begreifen versuchen.

Monophysiten: Vertreter der theologischen Lehre, nach der in dem inkarnierten Gottmenschen Jesus Christus nicht zwei Naturen (göttliche und menschliche), sondern »nur eine Natur« (und zwar die göttliche) vorhanden sei; diese Lehre wurde von dem Konzil zu Chalcedon 451 n.Chr. verurteilt.

Monotheismus: Lehre von dem einen persönlichen Gott (Judentum, Christentum, Islam); Gegenbegriff zu Polytheismus.

Mythenallegorese: Deutung von Mythen als Versinnbildlichungen abstrakter Begriffe.

Nestorianer: Name zunächst für die Anhänger des Bischofs Nestorius, der christologisch eine Zwei-Naturen-Lehre vertreten hatte, die auf dem Konzil von Ephesus (431 n.Chr.) verworfen worden war. Nach 485 n.Chr. der Name für die im Perserreich anerkannte christliche Kirche orientalischen Typs.

Paradeigmata: Die »Vorbilder«, nach denen im platonischen Schöpfungsmythos (im *Timaios*) der Weltschöpfer (»Demiurg«) die Dinge der Welt erschafft. Sie werden häufig den »Ideen« gleichgesetzt, die im »göttlichen Verstand« (*nous*) die archetypischen Urbilder abgeben für ihre weltlichen Abbilder.

Polytheismus: Göttervielheit, die Verehrung mehrerer oder vieler Götter (griech.-röm. Religion); Gegenbegriff zu Monotheismus.

Positivität: Begriff dessen, was nicht durch das Denken gesetzt, sondern ihm vorausgesetzt ist, vor allem das Sein im Modus der Geschichtlichkeit (vgl. positive Philosophie).

Potenz: Der Begriff vereinigt lateinisch *potentia* (Wirksamkeit, Kraft) mit der scholastischen Bedeutung (Möglichkeit) und der mathematischen Bedeutung (Produkt gleicher Faktoren, a2). Bezeichnet das Verhältnis von Stufen in einem Prozeß. Die höhere Stufe wiederholt die untere (ihre Möglichkeit) in höherer Differenzierung. So ist z.B. das Tier in höherer Potenz, was die Pflanze in unterer Potenz ist.

Prozeß, kosmogonischer: Bezeichnung für den Prozeß der Weltschöpfung bis zur Schöpfung des ersten Menschen.

Prozeß, theogonischer/ mythologischer: durch den Sündenfall des ersten Menschen ausgelöster autopoietischer, im menschlichen Bewußtsein sich ereignender Prozeß der Göttersukzession bis zu dessen Befreiung durch das Christentum.

Sefiroth: In der kabbalistischen Lehre sind die S. die zehn archetypischen »Zahlen«, welche die »Grundmächte allen Seins« (Scholem) symbolisieren. Sie strömen (vgl. *Emanatismus*) aus der göttlichen Einheit in die göttliche Schöpfung über. Hier sind Einflüsse des Neuplatonismus und des Gnostizismus zu spüren.

Spekulative Theologie: Theologische Richtung im 19. Jahrhundert, welche an die spekulative Philosophie des Deutschen Idealismus anknüpft.

Supranaturalismus: In sich differenzierte Form der Aufklärungstheologie, die von einer übernatürlichen Offenbarung Gottes in der Sinnenwelt ausgeht. Diese Position steht im Gegensatz zu theologischen Richtungen der Aufklärungstheologie, welche von einer Übereinstimmung des Christentums mit der Vernunft (natürliche Religion) ausgehen.

Tautousie: Kirchlich verurteilte Form der Trinitätslehre, welche die trinitarischen Personen als drei Erscheinungsweisen des einen Gottes auffaßt. Geht auf Sabellius (um 260 = Sabellianismus) zurück: Vater, Sohn und Geist als drei Masken (Rollen) Gottes.

Trinität: Theologische Lehre vom Verhältnis der drei göttlichen Personen, Vater, Sohn und Geist, in dem einen göttlichen Wesen. Dieses Verhältnis soll von der Lehre so gefaßt werden, daß die Unterschiede der Personen deutlich werden und diese Unterschiede keine Unterordnungsverhältnisse nach sich ziehen. Des weiteren soll durch diese Lehre das Verhältnis der Personen zu dem einen göttlichen Wesen so gefaßt werden, daß das Wesen nicht als ein viertes zu den drei Personen hinzukommt.

Zeugung: Durch den Zeugungsbegriff wird der Trinitätstheologie die Personendifferenz zwischen den trinitarischen Personen Vater und Sohn angegeben. Der Vater ist der Ungezeugte und der Sohn der Gezeugte. Schelling reformuliert diesen Begriff auf dem Hintergrund seiner naturphilosophischen Schriften (vgl. SW II, S. 536).

Zwei-Naturen-Lehre: Theologische Lehre, welche das Verhältnis von göttlicher und menschlicher Natur in der Person des Christus bestimmt. Dieses Verhältnis soll so gefaßt werden, daß die menschliche und die göttliche Natur sich so zueinander verhalten, daß sie als unvermischt und unveränderlich, sowie ungeteilt und ungetrennt betrachtet werden können. Die dogmatische Formulierung geht auf das Konzil von Chalcedon (451) zurück.

Namen- und Personenregister

Sachregister

Angaben zum Herausgeber

Hans Jörg Sandkühler, geb. 1940; Promotion über Schelling; Professor für Philosophie an der Universität Bremen; Herausgeber von F.W.J. Schelling, Philosophische Entwürfe und Tagebücher. Autor des Schelling-Bandes in der Sammlung Metzler (1970), der durch diese Einführung ersetzt wird.

Sammlung Metzler

Printed in the United States
By Bookmasters